एम .आइ. एल हिन्दी

TEXT AND GUIDE

आशीष ठाकुर

क्रम-सूची

प्रस्तावना

प्रस्तुत पुस्तक एम.आई.एल हिंदी विद्यार्थियों की सहायता के लिए बनाई गई है। वर्ष 2018 में, NBU (North Bengal University) द्वारा पाठ्यक्रम में बदलाव के बाद कोई भी पुस्तक नये पाठ्यक्रम के अनुसार उपलब्ध नहीं थी। जिसके कारण छात्रों को पाठ्यक्रम ढूंढने तथा पढ़ने में काफी मुसीबतों का सामना करना पड़ता था। अतः इस पुस्तक की रचना छात्रों के सहयोग के लिए की गई है। जिससे उनको कई जगहों से पाठ्यक्रम ढूंढने की आवश्यकता न पड़े। यह पुस्तक NBU द्वारा अनुमोदित होने का किसी भी प्रकार का दावा नहीं करती है।

पुस्तक में संपूर्ण पाठ्यक्रम (व्याकरण,दोहे,आधुनिक कविता तथा गद्य साहित्य) संकलित है। इसे अधिक से अधिक लाभप्रद एवं उपयोगी बनाने के लिए इसमें दोहो के शब्दार्थ तथा व्याख्या,कविताओं के शब्दार्थ तथा व्याख्या तथा गद्य साहित्य सहित महत्वपूर्ण प्रश्न उत्तर दिए गए हैं। परीक्षा में किस प्रकार के प्रश्न पूछे जाते हैं - इसके लिए अंत में प्रश्नपत्र का अद्यतन संकलन दिया गया है। छात्रों को स्वयं से अपने को जांचने के लिए गृहकार्य दिया गया है।

महत्वपूर्ण बातें

• परीक्षा में लघु उत्तरीय प्रश्नों के उत्तर देने के लिए पाठों को ध्यानपूर्वक पढ़ें।

• कभी-कभी कुछ प्रश्न अलग-अलग होते हैं परंतु उनका अर्थ लगभग समान होता है जिसके कारण उसका प्रश्न का उत्तर एक ही होता है। यथा,परीक्षा में अर्थ समझकर उत्तर दें।

• पुस्तक में दिए गए दोहो की व्याख्या, आधुनिक कविताओं की व्याख्या, गद्य साहित्य सहित प्रश्न-उत्तर का उद्देश्य दोहो तथा कविताओं का अर्थ समझाना तथा प्रश्नों के उत्तर देने के ढंग को समझाना है। परीक्षा में यथासंभव अपने शब्दों में उत्तर दें।

मैं मेरे माता-पिता, गुरुजनों, मित्रों, सहपाठियों तथा MRK PUBLICATIONS एवं सभी सहयोगियों का हृदय से आभारी हूँ और विशेष रूप से कृतज्ञ हूँ अपने परम पूज्य गुरुदेव अकबर अली सर का जिन्होंने मुझे इस तरह की पुस्तक लिखने की प्रेरणा दी और मेरा मार्गदर्शन किया। इसके साथ ही वे सभी परिचित, मित्र एवं ज्ञात-अज्ञात स्रोतों जिनसे मुझे निरंतर प्रेरणा मिलती रही उन्हें भी धन्यवाद।

अंत में छात्र-छात्राओं, हिंदी प्रेमियों, विद्वानों, अध्यापकों, समालोचकों से निवेदन है कि इसमें रह गई त्रुटियों और अपने अनमोल सुझावों से निःसंकोच अवगत कराते रहें।

आशीष ठाकुर
मो0 : 8509550774
ashisthakur.slg@gmail.com

भूमिका

MRK Publications

Address: Sainikpuri, Khaprail(TCP More), Siliguri-734009(WB, Darjeeling)email: ranjanthapa316@gmail.com, Contact no: 8116782587/9775816343"CONTACT US FOR PUBLISHING ANY KINDS OF BOOK IN REASONABLE PRICE.""PRINTING YOUR THOUGHTS"

आमुख

हिंदीभाषाऔरसाहित्य (MIL-1)

• हिंदीभाषाकीविशेषताएंकिया, विभक्ति, सर्वनामएवंअव्ययसंबंधी।
• हिंदीशब्दकीव्युत्पत्ति
• हिंदीकीवर्ण-व्यवस्थास्वरएवंव्यंजनतथाइनकेप्रकारमुहावरे, लोकोक्तियां, विविधप्रकारकेपत्रलेखन

साहित्य :

कविता :

कबीरसतगुरसर्वांनकोसगा, रामनामकेपटतरे (गुरुदेवकोअंग), सबैरसायनमैंकिया (रसकोअंग), कबीरमनमधुकरभया (परचाकोअंग)
तुलसीदासबध्योबधिकपर्योपुन्यजल, हमलखिलखहिहमारलखि, जड़चेतनगुनदोष, नहिंजाचतनहिंसंग्रही... |
रहीम : रहिमननिजमनकीव्यथा... रहिमनधागाप्रेमकारहिमनपानीराखिए... कदलीसीपभुजंग
बिहारीजपमालाछापातिलक.... तंत्रीनादकवित्त-रस... कहलानेएकतबसत.... कहतनटतरीझत
मुख।

आधुनिककविता :

हिमाद्रितुंगश्रृंगसे (जयशंकरप्रसाद)
ध्वनि (सूर्यकांतत्रिपाठी "निराला) अकालऔरउसकेबाद (नागार्जुन)
एकपारिवारिकप्रश्न (केदारनाथसिंह)

गद्यसाहित्य :

दोबैलोंकीकथा (प्रेमचंद)
गिल्लू (महादेवीवर्मा)
ठेस (फणीश्वरनाथरेणु)
अधिकारकारक्षक (उपेन्द्रनाथअश्क)

1

व्याकरण

2

हिन्दी शब्द की व्युत्पत्ति

हिन्दीशब्दकीव्युत्पत्ति

'हिन्दी' शब्द की व्युत्पत्ति भारत के उत्तर-पश्चिम में प्रवहमान सिंधु नदी से संबंधित है। विदित है कि अधिकांश विदेशी यात्री और आक्रान्ता उत्तर-पश्चिम सिंहद्वार से ही भारत आए। भारत में आनेवाले इन विदेशियों ने जिस देश के दर्शन किए वह 'सिंधु' का देश था। ईरान (फ़ारस) के साथ भारत के बहुत प्राचीन काल से ही संबंध थे और ईरानी 'सिंधु' को 'हिन्दु' कहते थे। (सिंध हिन्दु, स का ह में तथा ध का द में परिवर्तन-पहलवी भाषा प्रवृति के अनुसार ध्वनि परिवर्तन।) 'हिन्दु' से 'हिन्द' बना और फिर 'हिन्द' में फ़ारसी भाषा के संबंध कारक प्रत्यय 'ई' लगने से 'हिन्दी' बन गया। 'हिन्दी' का अर्थ है–'हिन्द का'। इस प्रकार हिन्दी शब्द की उत्पत्ति हिन्द देश के निवासियों के अर्थ में हुई। आगे चलकर यह शब्द 'हिन्द की भाषा' के अर्थ में प्रयुक्त होने लगा।

उपर्युक्त बातों से तीन बातें सामने आती हैं :

1. 'हिन्दी' शब्द का विकास कई चरणों में हुआ
सिंधु हिन्दु हिन्द + ई हिन्दी।

2. 'हिन्दी' शब्द मूलतः फ़ारसी का है न कि हिन्दी भाषा का। यह ऐसे ही है जैसे बच्चा हमारे घर जनमे और उसका नामकरण हमारा पड़ोसी करे। हालांकि कुछ कट्टर हिन्दी प्रेमी 'हिन्दी' शब्द की व्युत्पत्ति हिन्दी भाषा में ही दिखाने की कोशिश की है, जैसे हिन (हनन करनेवाला) + दु (दुष्ट) = हिन्दु अर्थात दुष्टों का हनन करनेवाला हिन्दु और उन लोगों की भाषा हिन्दी; हीन (हीनों) + दु (दलन) = हिन्दु अर्थात् हीनों का दलन करनेवाला हिन्दु और उनकी भाषा हिन्दी। चूँकि इन व्युत्पत्तियों में प्रमाण कम, अनुमान अधिक है इसलिए सामान्यतः इन्हें स्वीकारा नहीं जाता।

3. 'हिन्दी' शब्द के दो अर्थ हैं— 'हिन्द देश के निवासी' (यथा- 'हिन्दी है हम, वतन है हिन्दोस्तां हमारा' - इक़बाल) और 'हिन्द की भाषा'। हाँ, यह बात अलग है कि अब यह शब्द इन दो आरंभिक अर्थों से पृथक् हो गया है। इस देश के निवासियों को अब कोई 'हिन्दी' नहीं कहता बल्कि भारतवासी, हिन्दुस्तानी आदि कहते हैं। दूसरे, इस देश की व्यापक भाषा के अर्थ में भी अब 'हिन्दी' शब्द का प्रयोग नहीं होता क्योंकि भारत में अनेक भाषाएँ हैं जो सब हिन्दी नहीं कहलाती। बेशक ये सभी हिन्द की भाषाएं हैं लेकिन केवल हिन्दी नहीं हैं। उन्हें हम पंजाबी, बांग्ला, असमिया, उड़िया, मराठी आदि नामों से पुकारते हैं इसलिए हिन्द की इन सब भाषाओं के लिए 'हिन्दी' शब्द का प्रयोग नहीं किया जाता।

3

क्रिया

क्रिया

परिभाषा : क्रिया का एक अर्थ कार्य करना होता है। जिन शब्दों या पदों से यह पता चले की कोई कार्य हो रहा है या किया जा रहा है, उसे **'क्रिया'** कहते हैं। **जैसे :** खाना, नाचना, खेलना, मारना, पीना, जाना, सोना, लिखना, जागना, रहना, गाना, दौड़ना आदि।

व्याकरण में कोई भी वाक्य क्रिया के बिना पूरा नहीं होता है। इसे भी व्याकरण का एक विकारी शब्द माना जाता है। इसका रूप लिंग, वचन, और पुरुष के अनुसार बदलता हैं।

क्रिया हमें समय सीमा के बारे में संकेत देती है। क्रिया के रूप की वजह से हमें यह पता चलता है की कार्य वर्तमान में हुआ है, भूतकाल में हो चूका है या भविष्यकाल में होगा।

क्रिया का निर्माण धातू से होता है। जब धातू में ना लगा दिया जाता है तब क्रिया बन जाती है। क्रिया को संज्ञा और विशेषण से भी बनाया जाता है। क्रिया को सार्थक शब्दों के आठ भेदों में से एक माना जाता है।

धातु

परिभाषा : जिस मूल रूप से क्रिया को बनाया जाता है, उसे **'धातु'** कहते है। यह क्रिया का ही एक रूप होता है। धातु को क्रिया का मूल रूप कहते हैं। **जैसे :** बोल, पढ़, घूम, लिख, गा, हँस, देख, जा, खा, बोल, रो आदि।

धातुकेभेद

व्युत्पत्ति अथवा शब्द निर्माण की दृष्टि से धातु दो प्रकार की होती है।

क)मूलधातु : जो धातु किसी पर आश्रित न होकर स्वतंत्र होती हैं, उसे **'मूलधातु'** कहते हैं। **जैसे :** खा, पढ़, लिख, गा, जा, रो आदि।

ख)यौगिकधातु :दो या दो से अधिक धातुओं और दूसरे शब्दों के सहयोग से या धातुओं में प्रत्यय लगाने से जो क्रिया बनती है, उसे **'यौगिकधातु'** कहा जाता हैं। **जैसे :** चलना-चलाना, हँसना-हँसाना, चलना-चल देना।

क्रियाकेभेद

क्रिया दो प्रकार की होती हैं :

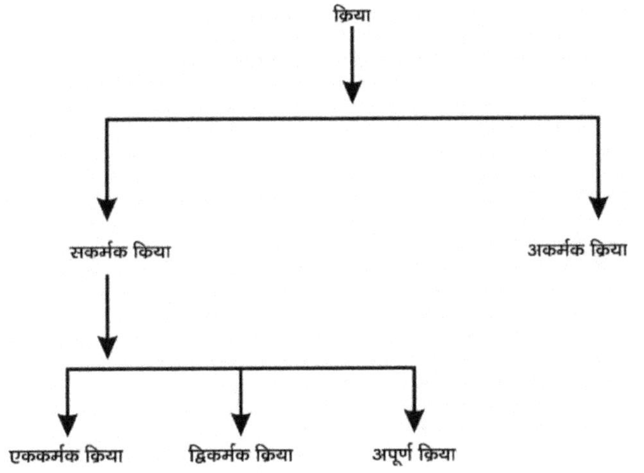

क्रिया दो प्रकार की होती हैं :

क)सकर्मकक्रिया: सकर्मक का अर्थ होता है कर्म के साथ या कर्म सहित। जिस क्रिया का फल कर्ता पर न पड़कर कर्म पर पड़ता है, उसे **'सकर्मकक्रिया'** कहते हैं।

जैसे : (i) वह चढाई चढ़ता है।

(ii) मैं खुशी से हँसता हूँ।

(iii) नीता खाना खा रही है।

व्याख्या: उदाहरण के लिए - श्याम आम खाता है। इस वाक्य में 'श्याम' कर्ता है, 'खाने' के साथ उसका कर्तृरूप से संबंध है। प्रश्न होता है, क्या खाता है? उत्तर है, 'आम'। इस तरह 'आम' का सीधा 'खाने' से संबंध है। अतः, 'आम' कर्मकारक है। यहाँ श्याम के खाने का फल 'आम' पर अर्थात कर्म पर पड़ता है। इसलिए, 'खाना' क्रिया सकर्मक है। कभी-कभी सकर्मक क्रिया का कर्म पीछे रहता है। जैसे वह गाता है; वह पढ़ता है। यहाँ 'गीत' और 'पुस्तक' जैसे कर्म छिपे हैं।

सकर्मकक्रियाकेभेद

१)एककर्मकक्रिया : जिस क्रिया से केवल एक कर्म के पुरे होने का पता चलता है, उसे **'एककर्मकक्रिया'** कहते हैं।

जैसे : (i) वह रोटी खाता है।

(ii) श्याम टीवी देख रहा है।

(iii) नौकर झाड़ू लगा रहा है।

२)द्विवकर्मकक्रिया : द्विवकर्मक का अर्थ होता है दो कर्म वाला या दो कर्म सहित। जिस क्रिया के साथ दो कर्मों के पूर्ण होने का पता चलता है, उसे **'द्विवकर्मकक्रिया'** कहते हैं।

जैसे : (i) सोहन ने गुरूजी को प्रणाम किया।

(ii) नर्स रोगी को दवा पिलाती है।

(iii) श्याम अपने भाई के साथ टीवी देख रहा है।

३)अपूर्णक्रिया : जब क्रिया के होते हुए तथा क्रिया और कर्म के रहते हुए भी अकर्मक और सकर्मक क्रिया स्पष्ट अर्थ न दें वहाँ पर अपूर्ण क्रिया होती है। इनके अर्थों को पूरा करने के लिए जिन शब्दों का प्रयोग किया जाता है उसे पूरक कहते है।

जैसे : (i) महात्मा गाँधी थे – महात्मा गाँधी राष्ट्रपिता थे। इसमें राष्ट्रपिता लिखने से स्पष्टता आ गई है।

(ii) तुम हो – तुम बुद्धिमान हो।

(iii) मैं अगले वर्ष बन जाउँगा – मैं अगले वर्ष अध्यापक बन जाउँगा।

ख)अकर्मकक्रिया : अकर्मक क्रिया का अर्थ होता है कर्म के बिना या कर्म रहित। जिन क्रियाओं का फल और व्यापर कर्ता हो, उसे **'अकर्मकक्रिया'** कहते हैं।

जैसे : (i) वह चढ़ता है।

(ii) श्याम रोता है।

(iii) नीता खा रही है।

व्याख्या : उदाहरण के लिए - श्याम सोता है। इसमें 'सोना' क्रिया अकर्मक है। 'श्याम' कर्ता है, 'सोने' की क्रिया उसी के द्वारा पूरी होती है। अतः सोने का फल भी उसी पर पड़ता है। इसलिए, 'सोना' क्रिया अकर्मक है।

4

विभक्ति

विभक्ति

परिभाषा : कारकों के बोध के लिए संज्ञा या सर्वनाम के आगे जो प्रत्यय (चिन्ह) लगाए जाते हैं, उन्हें व्याकरण में **'विभक्ति'** कहते हैं।

विभक्तियोंकीप्रायोगिकविशेषताएँ

१) सामान्यतः विभक्तियाँ स्वतंत्र है। इनका अस्तित्व स्वतंत्र है। चूँकि इनका काम शब्दों का संबंध दिखाना है, इसलिए इनका अर्थ नहीं होता। **जैसे :** ने, से आदि।

२) हिंदी की विभक्तियाँ विशेष रूप से सर्वनाम के साथ प्रयुक्त होने पर प्रायः विकार उत्पन्न कर उनमें मिल जाती है। **जैसे :** मेरा, हमारा, उसे, उन्हें।

३) विभक्तियाँ प्रायः संज्ञाओं या सर्वनामों के साथ आती है। **जैसे :** मोहन की दुकान से यह चीज आई है।

विभक्तिकेभेद

विभक्ति दो प्रकार की होती है :

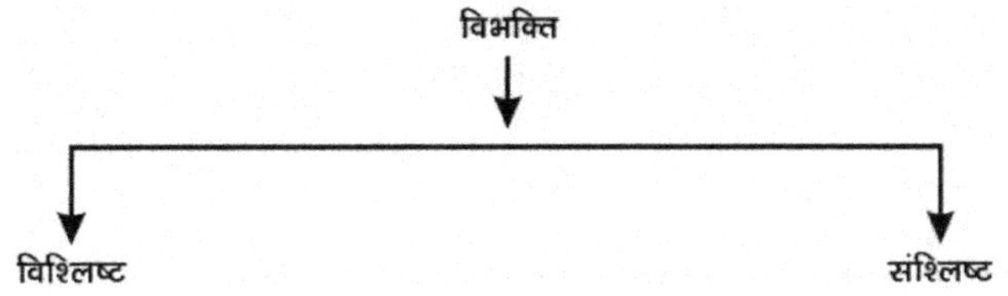

क) **विश्लिष्ट :** संज्ञाओं के साथ आनेवाली विभक्तियाँ विश्लिष्ट होती हैं, अर्थात वे संज्ञाओं से अलग रहती हैं। **जैसे :** राम ने, टेबुल पर, लड़कियों को, लड़कों के लिए आदि।

ख) **संश्लिष्ट :** सर्वनामों के साथ आने वाली विभक्तियाँ संश्लिष्ट होती हैं, अर्थात वे सर्वनामों से मिली होती हैं। **जैसे :** उसका, किसपर, तुमको, तुम्हें, तेरा, तुम्हारा, उन्हें।

5

सर्वनाम

सर्वनाम

परिभाषा :संज्ञा के बदले प्रयोग में आने वाले शब्द को '**सर्वनाम**' कहते हैं। **जैसे :** यह, वह, तू, आप इत्यादि।

हिंदीमेंकुलग्यारहमूलसर्वनामहै

मैं, तुम, आप, यह, वह, जो, सो, कोई, कुछ, कौन, क्या।

सर्वनामकेभेद

सर्वनाम छः प्रकार के होते हैं :

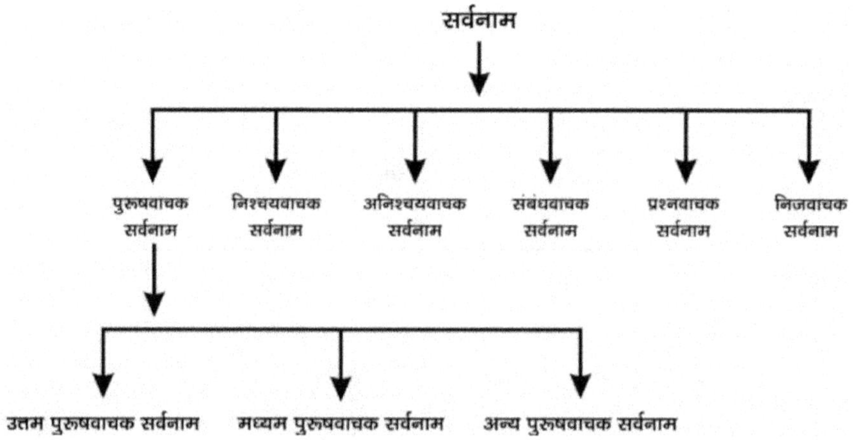

क)पुरुषवाचकसर्वनाम: जिस सर्वनाम का प्रयोग स्त्री एवं पुरुष दोनों के लिए किया जाता है, उसे '**पुरुषवाचकसर्वनाम**' कहते हैं। **जैसे :** मैं, हम, तुम, यह, आदि।

पुरुषवाचकसर्वनामकेभेद

१)उत्तमपुरुषवाचकसर्वनाम : जिन शब्दों का प्रयोग कहने वाला खुद को प्रकट करने के लिए करता है, उसे '**उत्तमपुरुषवाचकसर्वनाम**' कहते हैं अर्थात् जिन शब्दों का प्रयोग बोलने वाला खुद के लिए करता है, उसे 'उत्तम पुरुषवाचक सर्वनाम' कहते हैं। **जैसे :** मैं, हम, हमारा, मुझे, मुझको, हमको, मेरा, हमें आदि।

२)मध्यमपुरुषवाचकसर्वनाम :जिन शब्दों को सुनने वाले के लिए प्रयोग किया जाता है, उसे '**मध्यमपुरुषवाचकसर्वनाम**' कहते हैं अर्थात् जिन शब्दों का प्रयोग बोलने वाला यानि वक्ता, सुनने वाले यानि की श्रोता के लिए प्रयोग करता है, उसे 'मध्यम पुरुषवाचक सर्वनाम' कहते हैं। **जैसे :** तुम, आप, तू, तुझे, तुम्हारा, आप, आपको, तेरा, तुम्हे, आपका, आप लोग, तुमसे, तुमने आदि।

३)अन्यपुरुषवाचकसर्वनाम : जो व्यक्ति उपस्थित नही होता है वह वक्ता और श्रोता के लिए अन्य व्यक्ति होता है। जिन शब्दों का प्रयोग अन्य व्यक्तियों के लिए किया जाये वे सभी अन्य पुरुषवाचक सर्वनाम होते हैं। अर्थात् जिन शब्दों का प्रयोग बोलने वाला, सुनने वाले के अलावा जिसके लिए करता है, उसे '**अन्यपुरुषवाचकसर्वनाम**' कहते हैं। **जैसे :** वह, वे, उसने, यह, ये, इसने, वो, उसका, उनका, उन्हें, उसे आदि।

ख)निश्चयवाचकसर्वनाम : जिस सर्वनाम से वक्ता के पास या दूर किसी वस्तु के निश्चय का बोध होता है, उसे '**निश्चयवाचकसर्वनाम**' कहते हैं। **जैसे:** यह, वह, वे आदि। इसे संकेतवाचक सर्वनाम भी कहते हैं।

ग)अनिश्चयवाचकसर्वनाम : जिस सर्वनाम से किसी निश्चित वस्तु का बोध ना हो, उसे '**अनिश्चयवाचकसर्वनाम**' कहते हैं। **जैसे :** कोई, कुछ, किसी, कौन, किसने, जहाँ, वहाँ आदि।

घ)संबंधवाचकसर्वनाम : जिस सर्वनाम से एक शब्द या वाक्य का दूसरे शब्द या वाक्य से संबंध जाना जाता है, उसे '**संबंधवाचकसर्वनाम**' कहते हैं। **जैसे :** जैसी, वैसी, जैसा, जो, जिसकी, सो, जिसने, तैसी, जहाँ, वहाँ, जिसकी, उसकी, जितना, उतना आदि।

ङ)प्रश्नवाचकसर्वनाम : जिस सर्वनाम का प्रयोग प्रश्न करने के लिए किया जाए, उसे '**प्रश्नवाचकसर्वनाम**' कहते हैं। **जैसे :** क्या, कौन, किसने, कैसे, किसका, किसको, किसलिए, कहाँ आदि।

च)निजवाचकसर्वनाम : जिस सर्वनाम का प्रयोग कर्ता कारक स्वयं के लिए करता है, उसे '**निजवाचकसर्वनाम**' कहते हैं। **जैसे :** हमें, तुम, अपने, आप, अपने आप, निजी, खुद, स्वंय आदि।

****संयुक्तसर्वनाम :** संयुक्त सर्वनाम अलग श्रेणी के सर्वनाम होते हैं। सर्वनाम से इनकी भिन्नता इस लिए है क्योंकि उनमें एक शब्द नहीं बल्कि एक से ज्यादा शब्द होते हैं। कुछ शब्द ऐसे होते हैं जो संयुक्त सर्वनाम के होते हैं। संयुक्त सर्वनाम के शब्दों को संज्ञा के शब्दों के साथ स्वतंत्र रूप से प्रयोग किया जाता है। **जैसे :** जो कोई, कोई न कोई, कोई कोई, कौन कौन, कुछ कुछ, सब कोई, हर कोई, और कोई, कोई और आदि।

6

अव्यय

अव्यय

अव्ययक्याहोताहै

अव्यय का शाब्दिक अर्थ होता है – जो व्यय न हो। जिनके रूप में लिंग, वचन, पुरुष, कारक, काल आदि की वजह से कोई परिवर्तन नहीं होता। अव्यय शब्द हर स्थिति में अपने मूल रूप में रहते हैं। इन शब्दों को अविकारी शब्द भी कहा जाता है।

परिभाषा : वे शब्द जिनके ऊपर क्रिया, काल, लिंग, वचन तथा कारक का कोई भी प्रभाव नहीं पड़ता अर्थात उनका रूप परिवर्तित नहीं होता, उन्हें **'अवयव'** कहते हैं। **जैसे :** जब, तब, अभी, अगर, वह, वहाँ, यहाँ, इधर, उधर, किन्तु, परन्तु, बल्कि, इसलिए, अतएव, अवश्य, तेज, कल, धीरे, लेकिन, चूँकि, क्योंकि आदि।

अव्ययकेभेद

अव्यय पाँच प्रकार के होते हैं :

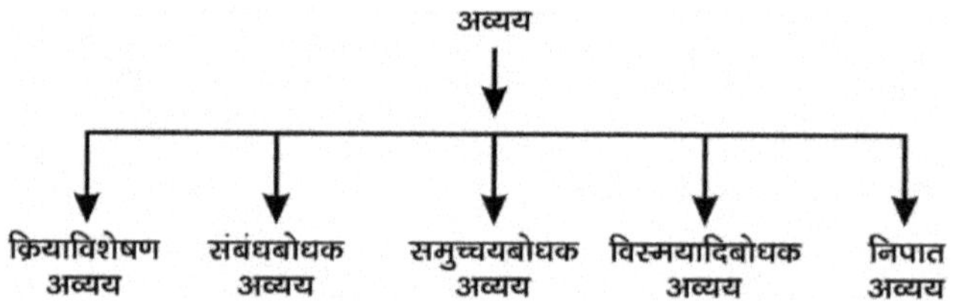

क)क्रिया-विशेषणअव्यय : जिन शब्दों से क्रिया विशेषण या दूसरे क्रिया विशेषण की विशेषता प्रकट हो, उसे **'क्रिया-विशेषण अव्यय'** कहते हैं।

जहाँ पर यहाँ, तेज, अब, रात, धीरे-धीरे, प्रतिदिन, सुंदर, वहाँ, तक, जल्दी, अभी, बहुत आते हैं वहाँ पर क्रियाविशेषण अव्यय होता है।

जैसे : (i) वह यहाँ से चला गया।

(ii) घोडा तेज दौड़ता है।

(iii) अब पढना बंद करो।

(iv) बच्चे धीरे-धीरे चल रहे थे।

(v) वे लोग रात को पहुँचे।

ख)संबंधबोधकअव्यय : जो अव्यय किसी संज्ञा के बाद आकर उस संज्ञा का संबंध वाक्य के दूसरे शब्द से दिखाता है, उसे **'संबंधबोधकअव्यय'** कहते हैं।

जहाँ पर बाद, भर, के ऊपर, की और, कारण, ऊपर, नीचे, बाहर, भीतर, बिना, सहित, पीछे, से पहले, से लेकर, तक, के अनुसार, की खातिर, के लिए आते हैं वहाँ पर संबंधबोधक अव्यय होता है।

जैसे : (i) मैं विद्यालय तक गया।

(ii) स्कूल के समीप मैदान है।

(iii) धन के बिना व्यवसाय चलाना कठिन है।

(iv) सुशील के भरोसे यह काम बिगड़ गया।

(v) मैं पूजा से पहले स्नान करता हूँ।

ग)**समुच्चयबोधकअव्यय :** जो शब्द दो शब्दों, वाक्यों और वाक्यांशों को जोड़ते हैं, उन्हें '**समुच्चयबोधकअव्यय**' कहते हैं। इन्हें योजक भी कहा जाता है। ये शब्द दो वाक्यों को परस्पर जोड़ते हैं।

जहाँ पर और, तथा, लेकिन, मगर, व, किन्तु, परन्तु, इसलिए, इस कारण, अतः, क्योंकि, ताकि, या, अथवा, चाहे, यदि, कि, मानो, आदि, यानि, तथापि आते हैं वहाँ पर समुच्चयबोधक अव्यय होता है।

जैसे : (i) सूरज निकला और पक्षी बोलने लगे।

(ii) छुट्टी हुई और बच्चे भागने लगे।

(iii) किरन और मधु पढने चली गईं।

(iv) मंजुला पढने में तो तेज है परन्तु शरीर से कमजोर है।

(v) तुम जाओगे कि मैं जाऊं।

घ)**विस्मयादिबोधकअव्यय :** जिन अव्यय शब्दों से हर्ष, शोक, विस्मय, ग्लानी, लज्जा, घर्णा, दुःख, आश्चर्य आदि के भाव का पता चलता है, उन्हें '**विस्मयादिबोधकअव्यय**' कहते हैं। इनका संबंध किसी पद से नहीं होता है। इसे घोतक भी कहा जाता है। विस्मयादिबोधक अव्यय में(!)चिन्ह लगाया जाता है।

जैसे : (i) वाह! क्या बात है।

(ii) हाय! वह चल बसा।

(iii) आह! क्या स्वाद है।

(iv) अरे! तुम यहाँ कैसे।

(v) छिःछिः! यह गंदगी।

ङ)**निपातअव्यय :** जो अव्यय शब्द किसी शब्द या पद के पीछे लगकर उसके अर्थ में विशेष बल लाते हैं, उन्हें '**निपातअव्यय**' कहते हैं। इसे अवधारक शब्द भी कहते हैं।

जहाँ पर ही, भी, तो, तक, मात्र, भर, मत, सा, जी, केवल आते हैं वहाँ पर निपात अव्यय होता है।

जैसे : (i) प्रशांत को ही करना होगा यह काम।

(ii) सुहाना भी जाएगी।

(iii) तुम तो सनम डूबोगे ही, सब को डुबाओगे।

(iv) वह तुमसे बोली तक नहीं।

(v) पढ़ाई मात्र से ही सब कुछ नहीं मिल जाता।

7

हिन्दी की वर्ण - व्यवस्था : स्वर एवं व्यंजन तथा इनके प्रकार

हिन्दीकीवर्ण - व्यवस्था : स्वरएवंव्यंजनतथाइनकेप्रकार

भाषा संस्कृत की '**भाष्**' शब्द से बना है। भाषा का अर्थ बोलना। भाषा की सार्थक इकाई **वाक्य** है। वाक्य की छोटी इकाई **उपवाक्य**, उपवाक्य से छोटी इकाई **पदबंध**, पदबंध से छोटी इकाई **पद (शब्द)**, पद से छोटी इकाई **अक्षर** और अक्षर से छोटी इकाई **ध्वनि** या **वर्ण** है। राम शब्द में दो अक्षर (रा म) एवं चार वर्ण (र् आ म् अ) हैं।

वर्णमाला

वर्णमाला : वर्णों या ध्वनियों के क्रमबद्ध समूह को '**वर्णमाला**' कहते हैं।

वर्ण : भाषा की सबसे छोटी इकाई ध्वनि या वर्ण हैं। ध्वनि,वर्ण का उच्चरित (कथित) रूप है और वर्ण,ध्वनि का लिखित रूप। मूलतः हिन्दी में 52 वर्ण हैं। वर्ण दो प्रकार के होते हैं स्वर और व्यंजन।

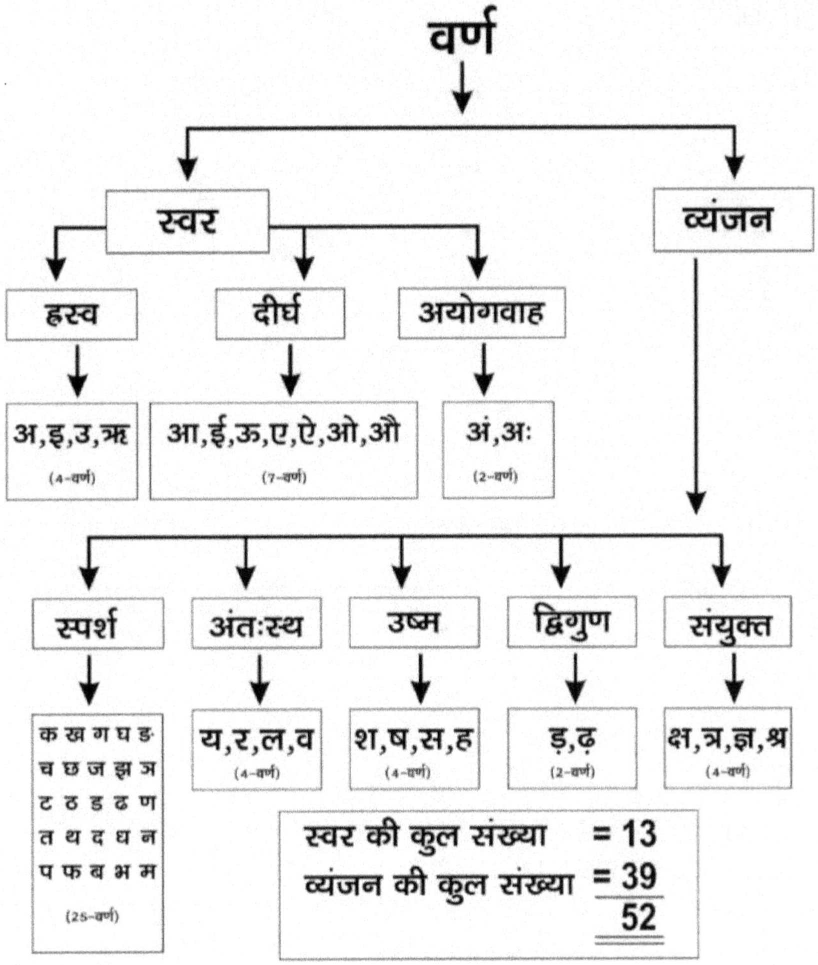
वर्ण
स्वर
व्यंजन
ह्रस्व
दीर्घ
अयोगवाह
अ,इ,उ,ऋ
(4-वर्ण)
आ,ई,ऊ,ए,ऐ,ओ,औ
(7-वर्ण)
अं,अः
(2-वर्ण)
स्पर्श
अंतःस्थ
उष्म
द्विगुण
संयुक्त
क ख ग घ ङ
च छ ज झ ञ
ट ठ ड ढ ण
त थ द ध न
प फ ब भ म
(25-वर्ण)
य,र,ल,व
(4-वर्ण)
श,ष,स,ह
(4-वर्ण)
ड़,ढ़
(2-वर्ण)
क्ष,त्र,ज्ञ,श्र
(4-वर्ण)
स्वर की कुल संख्या = 13
व्यंजन की कुल संख्या = 39
52

वर्णों का वर्गीकरण

वर्णों का वर्गीकरण

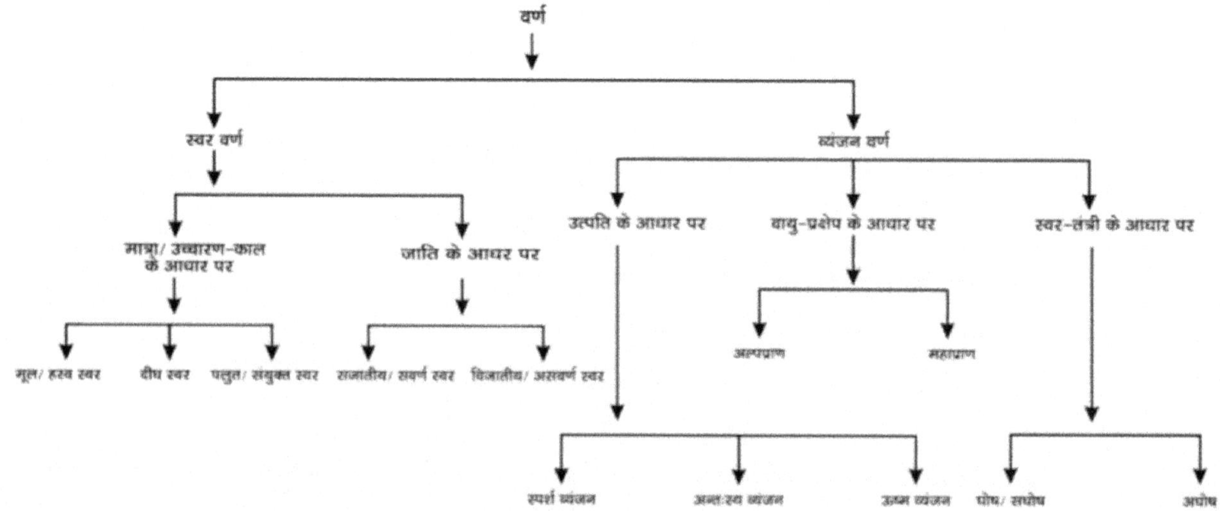

स्वर

परिभाषा : स्वतंत्र रूप से बोले जाने वाले वर्ण **'स्वर'** कहलाते हैं। परंपरागत रूप से इनकी संख्या 11 मानी गई है। अयोगवाह **{** अनुस्वार : अं (ं) तथा विसर्ग : अः (ः) **}** जोड़ देने पर इनकी संख्या 13 हो जाती है।

ध्यातव्य : स्वरों की संख्या को लेकर विद्वानों में विवाद है, इसलिए प्रश्नों की भाषा के अनुरूप जवाब दें। सामान्य स्थिति में स्वरों की संख्या 11, स्वरों की कुल संख्या पूछा जाए तो 13 और शुद्ध उच्चारण की दृष्टि से स्वरों की संख्या 10।

स्वरोंकावर्गीकरण

मात्रायाउच्चारण-कालकेआधारपर

क) मूलयाह्रस्वस्वर : जिन स्वरों के उच्चारण में कम समय (एक मात्रा का समय) लगता है, उन्हें **'मूलयाह्रस्वस्वर'** कहते हैं। इनकी संख्या चार है - अ इ उ ऋ।

ख) दीर्घस्वर : जिन स्वरों के उच्चारण में ह्रस्व स्वर से अधिक समय लगता है, उन्हें **'दीर्घस्वर'** कहते हैं। ये दो स्वरों के मेल से बनते हैं। अतः इन्हें संधि स्वर भी कहा जाता है। इनकी संख्या सात है - आ ई ऊ ए ऐ ओ औ। इनकी संधि प्रकार होती है - अ+अ=आ, इ+इ=ई, उ+उ=ऊ।

ग) संयुक्तयाप्लुतस्वर : जिन स्वरों के उच्चारण में दीर्घ स्वर से भी अधिक समय लगता है, उसे **'संयुक्तयाप्लुतस्वर'** कहते हैं। किसी को पुकारने में या नाटक के संवादों में इसका प्रयोग किया जाता हैं। (रा sss म)।

जातिकेआधारपर

क) सजातीय यासवर्णस्वर : समान उच्चारण स्थान वाले स्वर वर्णों को **'सजातीययासवर्णस्वर'** कहते हैं। **उदाहरण :** अ-आ, इ-ई।

ख) विजातीययाअसवर्णस्वर : असामान्य या विभिन्न उच्चारण स्थान वाले स्वर वर्णों को **'विजातीययाअसवर्णस्वर'** कहा जाता हैं। उदाहरण : अ-इ, उ-ओ।

ध्यातव्य : परंपरानुसार अनुस्वार एवं विसर्ग को स्वरों के साथ रखा जाता है। किन्तु ये स्वर ध्वनियाँ नहीं हैं क्योंकि इनका उच्चारण व्यंजनों के उच्चारण की तरह स्वर की सहायता से होता है। ये व्यंजन भी नहीं हैं क्योंकि इनकी गणना स्वरों के साथ होती है। और उनकी तरह लिखने के लिए मात्राओं (अनुस्वार एवं विसर्ग) का प्रयोग किया जाता है। अर्थात् अनुस्वार और विसर्ग लेखन की दृष्टि से स्वर एवं उच्चारण की दृष्टि से व्यंजन होते हैं। चुकि इन दोनों का जातीय योग न तो स्वर के साथ और न ही व्यंजन के साथ होता है इसलिए इन्हें 'अयोग' कहा जाता है, फिर भी ये अर्थ वहन करते हैं। इसलिए 'अयोगवाह' (अयोग+वाह) कहलाते हैं।

अयोगवाह : ऐसे वर्ण जिनमें स्वर एवं व्यंजन दोनों के गुण पाए जाते हैं, उन्हें **'अयोगवाह'** कहते हैं। इनकी संख्या दो है - अनुस्वार : अं (ं) तथा विसर्ग : अः (ः)।

क)**अनुस्वार :** जिस स्वर के उच्चारण में हवा केवल नाक से निकलती है, उसे '**अनुस्वार**' कहते हैं। **जैसे :** संत, गंगा, अंगूर, अंगद आदि।

ख) विसर्ग : विसर्ग का उच्चारण "ह्"ध्वनि के समान होता है। **जैसे :** अतः, प्रातः, स्वतः आदि।

व्यंजन

परिभाषा : स्वर की सहायता से बोले जाने वाले वर्ण 'व्यंजन' कहलाते हैं। प्रत्येक व्यंजन के उच्चारण में 'अ' स्वर मिला होता है। 'अ' के बिना व्यंजन का उच्चारण संभव नहीं। जब किसी व्यंजन में 'अ' की ध्वनि नहीं मिली होती, तो उसके नीचे एक तिरछी रेखा खींच दी जाती है, जिसे'हलंत' () कहते हैं। **जैसे :** क्, म् आदि। परंपरागत रूप से व्यंजनों की संख्या 33 मानी जाती है। द्विगुण व्यंजन (ड़ ढ़) को जोड़ देने पर इनकी संख्या 35 हो जाती है। तथा संयुक्त व्यंजन (क्ष त्र ज्ञ श्र) को जोड़ देने पर इनकी संख्या 39 हो जाती है।

व्यंजनोंकावर्गीकरण

उत्पतिकेआधारपर

क) स्पर्शव्यंजन : वे व्यंजन वर्ण जो वागिन्द्रियों (कंठ, तालु, मूर्धा, दंत, ओष्ठ आदि) के स्पर्श से उच्चरित होते हैं, उन्हें '**स्पर्शव्यंजन**' कहते हैं। इन्हें वर्गीय व्यंजन भी कहा जाता हैं। इसके अंतर्गत निम्नलिखित वर्ण आते हैं।

उच्चारण स्थान	वर्ग	वर्ण
कंठ	क वर्ग	क ख ग घ ङ
तालु	च वर्ग	च छ ज झ ञ
मूर्धा	ट वर्ग	ट ठ ड ढ ण (ड़ ढ़)
दंत	त वर्ग	त थ द ध न
ओष्ठ	प वर्ग	प फ ब भ म

ध्यातव्य : ड़ और ढ़ - ये दोनों वर्ण ड और ढ से विकास करके बने हैं। इनका प्रयोग शब्दारंभ में नहीं होता। ये मध्य या अंत में आते हैं। जैसे-

मेढ़क, पढ़ना, चढ़ना, गढ़ आदि

लड़का, सड़क, कड़क, कड़ा आदि

बिना बिंदुवाले का प्रयोग शुरुआत में होता है। जैसे- ढोलक, डमरू आदि।

ख) उष्मव्यंजनः वे व्यंजन वर्ण जिनके उच्चारण में विशेष घर्षण के कारण मुख से गर्म हवा निकलती है, उसे '**उष्मव्यंजन**' कहते हैं। इनकी संख्या चार है - श, ष, स, ह।

ग) अन्तःस्थव्यंजनः स्पर्श और उष्म व्यंजनों के बीच आने वाले व्यंजन वर्णों को '**अन्तःस्थव्यंजन**' कहते हैं। इनकी संख्या चार है - य, र, ल, व।

उच्चारणमेंवायु-प्रक्षेपकेआधारपर

क) अल्पप्राणव्यंजन : जिन व्यंजन वर्णों के उच्चारण में अल्प मात्रा में प्राण वायु का प्रयोग होता है, उन्हें '**अल्पप्राणव्यंजन**' कहते हैं। **उदाहरण :** प्रत्येक वर्ग का पहला, तीसरा और पाँचवा व्यंजन - क,ग,ङ ; च,ज,ञ ; ट,ड,ण ; त,द,न ; प,ब,म तथा अन्तःस्थ व्यंजन (य र ल व) तथा अनुस्वार एवं सभी स्वर वर्ण अल्पप्राण हैं।

ख) महाप्राणव्यंजन : जिन व्यंजन वर्णों के उच्चारण में अल्प्राण की तुलना में अधिक प्राण वायु का प्रयोग किया जाता हैं, उन्हें '**महाप्राणव्यंजन**' कहते हैं। **उदाहरण :** प्रत्येक वर्ग का दूसरा और चौथा व्यंजन - ख,घ ; छ,झ ; ठ,ढ़ ; थ,ध ; फ,भ तथा उष्म व्यंजन (श ष स ह) एंव विसर्ग महाप्राण हैं।

स्वरतंत्रीकेआधारपर

क) घोषयासघोष व्यंजन : जिन व्यंजन वर्णों के उच्चारण में स्वर-तंत्रियों में घर्षण होता है, उन्हें '**घोषयासघोषव्यंजन**' कहते हैं। **उदाहरण :** हर वर्ग का तीसरा, चौथा और पाँचवाँ व्यंजन - ग,घ,ङ ; ज,झ,ञ ; ड,ढ,ण ; द,ध,न ; ब,भ,म तथा अन्तःस्थ व्यंजन एंव सभी स्वर घोष हैं ।

ख) अघोषव्यंजन : जिन व्यंजन वर्णों के उच्चारण में स्वर-तंत्रियों में कोई घर्षण नहीं होता, उन्हें 'अघोषव्यंजन' कहते हैं। **उदाहरण :** हर वर्ग का पहला और दूसरा व्यंजन - क,ख ; च,छ ; ट,ठ ; त,थ ; प,फ तथा उष्म व्यंजन अघोष हैं।

***********द्विगुण व्यंजन या उत्क्षिप्त व्यंजन :** वे व्यंजन जिनमें दो गुण होता है, उन्हें द्विगुण या उत्क्षिप्त व्यंजन कहते हैं। इनकी संख्या दो है - ड़, ढ़।

ये वे व्यंजन हैं जो 'ट' वर्ग के 'ड' एवं 'ढ' के नीचे एक बिंदु (.) लगा देने से बन जाते हैं।

*****संयुक्त व्यंजन :** जो व्यंजन दो या दो से अधिक व्यंजनों के मेल से बनते हैं, वे संयुक्त व्यंजन कहलाते हैं। इनकी संख्या चार है – क्ष, त्र, ज्ञ, श्र।

संयुक्त व्यंजन	उदाहरण
क्ष = क् + ष + अ = क्ष	रक्षक, भक्षक, क्षोभ, क्षय
त्र = त् + र् + अ = त्र	पत्रिका, त्राण, सर्वत्र, त्रिकोण
ज्ञ = ज् + ञ + अ = ज्ञ	सर्वज्ञ, ज्ञाता, विज्ञान, विज्ञापन
श्र = श् + र् + अ = श्र	श्रीमती, श्रम, परिश्रम, श्रवण

कुछ लोग ज् + ञ = ज्ञ का उच्चारण 'ग्य' करते हैं। संयुक्त व्यंजन में पहला व्यंजन स्वर रहित तथा दूसरा व्यंजन स्वर सहित होता है।

वर्णों का उच्चारण

वर्णों का उच्चारण करते समय जिह्वा या ऊष्मा (वायु) मुख के जिन भागों का स्पर्श करती है या मुख के जिन स्थानों के प्रयोग से वर्णों का उच्चारण होता है, वे वर्णों के **उच्चारण स्थान** कहलाते हैं।

ध्यातव्य : सामान्यतः प्रत्येक वर्ग के वर्णों का उच्चारण स्थान एक ही होता है, किन्तु प्रत्येक वर्ग के (जैसे क वर्ग, च वर्ग आदि) अन्तिम वर्ण का उच्चारण स्थान एक तो उस वर्ग का उच्चारण स्थान है। दूसरा, अन्तिम वर्णों का नासिका से भी उच्चारण होने से उनका एक उच्चारण स्थान नासिका भी है। इस प्रकार नासिक्य वर्णों के दो-दो उच्चारण स्थान होते हैं। उदाहरण के लिए 'ङ' का उच्चारण स्थान 'नासिका' तथा 'कण्ठ' दोना है, 'ञ' का उच्चारण स्थान 'नासिका' और 'तालु' दोनों हैं। इसी प्रकार संयुक्त वर्णों के भी उच्चारण स्थान दो होते हैं क्योंकि वे दो वर्णों के संयोग से बनते हैं, जैसे- 'क्ष' का उच्चारण स्थान 'कंठ्य' और 'मूर्धा' होता है।

वर्ण का नाम	उच्चारण स्थान	स्वर			व्यंजन				
		मूल या ह्रस्व स्वर	दीर्घ स्वर	अयोगवाह	स्पर्श व्यंजन	उष्म व्यंजन	अन्तःस्थ व्यंजन	द्विगुण व्यंजन या उत्क्षिप्त व्यंजन	संयुक्त व्यंजन
कंठ्य	**कंठ और जीभ का निचला भाग**	अ	आ	अः	क ख ग घ ङ	ह	---	---	क्ष ज्ञ
तालव्य	**तालु और जीभ**	इ	ई	---	च छ ज झ ञ	श	य	---	ज्ञ श्र
मूर्धन्य	**मूर्धा और जीभ**	ऋ	---	---	ट ठ ड ढ ण	ष	र	---	क्ष त्र श्र
दंत्य	**दाँत और जीभ**	---	---	---	त थ द ध न	स	ल	---	त्र
ओष्ठ्य	**दोनों होंठ**	उ	ऊ	---	प फ ब भ म	---	---	---	---
नासिक्य	**नासिका**	---	---	अं ङ ञ ण न म	---	---	---	ड़ ढ़	---
कंठतालव्य	**कंठ,तालु और जीभ**	---	ए ऐ	---	---	---	---	---	---
कंठोष्ठ्य	**कंठ,जीभ और होंठ**	---	ओ औ	---	---	---	---	---	---
दंतोष्ठ्य	**दाँत,जीभ और होंठ**	---	---	---	---	---	व	---	---

- **कंठ्य** = इस श्रेणी में वे सभी वर्ण सम्मिलित किए जाते हैं जिनका उच्चारण स्थान कंठ है। ये कंठ पर जिह्वा के अवरोध से उच्चरित किए जाते हैं और ये मुख्यतः जिह्वा के पिछले भाग के सहारे उच्चरित होते हैं। इसीलिए इन्हें कोमल तालव्य कहे जाने का भी चलन है।
- **तालव्य** = उच्चारण की क्रिया में जिन वर्णों का उच्चारण तालु से होता है, उन्हें तालव्य कहते हैं। तालु पर जिह्वा के स्पर्श से ये वर्ण बोले जाते हैं।
- **मूर्धन्य** = जिन वर्णों का उच्चारण मूर्धा से होता है, वे मूर्धन्य कहे जाते हैं। इस श्रेणी में मूर्धा पर जिह्वा के स्पर्श से उच्चारण संभव होता है।
- **दंत्य** = दंत्य वर्णों से अभिप्राय उन वर्णों से है जिनका उच्चारण दाँतों पर जिह्वा के लगने से होता है।
- **ओष्ठ्य** = जिन वर्णों का उच्चारण होंठो की सहायता से होता है, उन्हें ओष्ठ्य कहते हैं। इन्हें द्वयोष्ठ्य भी कहा जाता है। दोनों होंठो की सहायता से इनका उच्चारण संभव हो पाता है।
- **नासिक्य** = इस वर्ग में मुख और नासिका से उच्चरित होने वाले वर्ण आते हैं। जिनका उच्चारण मुख और नासिका के सम्मिलित योग से होता है।
- **कंठतालव्य** = जिन वर्णों का उच्चारण कंठ एवं तालु के सम्मिलित प्रयास से संभव हो पाता है, वे कंठतालव्य कहे जाते हैं। ये कंठ और तालु पर जिह्वा के स्पर्श से बोले जाते हैं।
- **कंठोष्ठ्य** = कंठ और होंठो के सम्मिलित प्रयास से जिन वर्णों का उच्चारण सम्भव हो पाता है, उन्हें कंठोष्ठ्य कहते हैं। कंठ द्वारा जिह्वा और ओष्ठों के कुछ स्पर्श द्वारा इनका उच्चारण किया जाता है।
- **दन्त्योष्ठ्य** = वे वर्ण जिनका उच्चारण ऊपर के दाँत एवं नीचे के होठों की सहायता से होता है, उन्हें दन्त्योष्ठ्य कहते हैं।

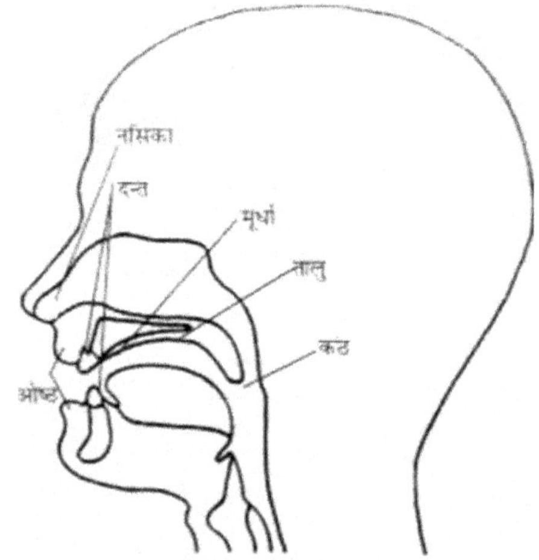
नसिका
दन्त
मूर्धा
तालु
कंठ
ओष्ठ

8

मुहावरे

मुहावरे

परिभाषा : जब कोई वाक्यांश अपने सामान्य अर्थ को छोड़कर विशेष अर्थ में रूढ़ हो जाता है, तो **'मुहावरा'** कहलाता है।

उदाहरण : 'श्री गणेश करना' का अर्थ है 'शुरू करना' ; 'ईद का चांद होना' का अर्थ है 'बहुत दिनों बाद दिखाई देना' ; 'चार चाँद लगाना' का अर्थ है' प्रतिष्ठा बढ़ाना' आदि।

मुहावरा अरबी भाषा का शब्द है जिसका अर्थ है - बातचीत करना है या उत्तर देना। अरबी भाषा का 'मुहावरः' शब्द हिंदी में 'मुहावरा' हो गया। उर्दूवाले 'मुहाविरा' बोलते हैं। इसका अर्थ 'अभ्यास' या बातचीत है। हिंदी में मुहावरा एक परिभाषिक शब्द बन गया है कुछ लोग 'मुहावरा' को 'रोजमर्रा' या 'वागधरा' भी कहते हैं।

मुहावरे के प्रयोग से भाषा में सरलता, सरसता, चमत्कार और प्रभाव उत्पन्न होते हैं। इसका काम है बात इस खूबसूरती से कहना कि सुनने वाले उसे समझ भी जाए और उसे प्रभावित हो भी हो।

मुहावरोंकीविशेषताएँ

१) मुहावरों का प्रयोग वाक्य के प्रसंग में होता है, अलग नहीं। जैसे, कोई कहे कि 'पेट काटना' तो इससे कोई विलक्षण अर्थ प्रकट नहीं होता। इसके विपरीत, कोई कहे कि 'मैंने पेट काटकर अपने लड़के को पढ़ाया', तो वाक्य के अर्थ में लाक्षणिकता, लालित्य और प्रभाव उत्पन्न होगा।

२) मुहावरा अपना असली रूप कभी नहीं बदलता, अर्थात उसे पर्यायवाची शब्दों में अनूदित नहीं किया जा सकता। जैसे, 'कमर टूटना' एक मुहावरा है, लेकिन इसके स्थान पर 'कटिभंग' जैसे शब्दों का प्रयोग गलत होगा।

३) मुहावरे का शब्दार्थ नहीं, उसका अवबोधक अर्थ ही ग्रहण किया जाता है; जैसे - 'खिचड़ी पकाना'। यह दोनों शब्द मुहावरे के रूप में प्रयुक्त होंगे ,तब इनका शब्दार्थ कोई काम न देगा। लेकिन वाक्य में जब इन दोनों शब्दों का प्रयोग होगा, तब अवबोधक का अर्थ होगा - 'गुप्तरूप से सलाह करना'।

४) मुहावरों का अर्थ प्रसंग के अनुसार होता है। जैसे 'लड़ाई में खेत आना' जिसका अर्थ 'युद्ध में शहीद हो जाना' है, न कि लड़ाई के स्थान पर किसी 'खेत' का चला आना।

५) मुहावरे भाषा की समृद्धि और सभ्यता के विकास के मापक है। इनकी अधिकता अथवा न्यूनता से भाषा के बोलनेवालों के श्रम, सामाजिक संबंध, औद्योगिक स्थिति, भाषा-निर्माण की शक्ति, सांस्कृतिक योग्यता, अध्ययन, मनन और आमोदक भाव, सबका एक साथ पता चलता है। जो समाज जितना अधिक व्यवहारिक और कर्मठ होगा, उसकी भाषा में इनका प्रयोग उतना ही अधिक होगा।

६) समाज और देश की तरह मुहावरे भी बनते बिगड़ते हैं। नये समाज के साथ में मुहावरे बनते हैं। प्रचलित मुहावरों का वैज्ञानिक अध्ययन करने पर यह स्पष्ट हो जाएगा कि हमारे सामाजिक जीवन का विकास कितना हुआ। मशीन युग के मुहावरों और सामंतवादी युग के मुहावरों तथा उनके प्रयोग में बड़ा अंतर हैं।

७) हिंदी के अधिकतम मुहावरों का सीधा संबंध शरीर के भिन्न-भिन्न अंगों से है। यह बात दूसरी भाषाओं के मुहावरे में भी पाई जाती है। जैसे : मुँह ,कान, हाथ, पाँव इत्यादि पर अनेक मुहावरे प्रचलित है। हमारे अधिकतर कार्य इन्हीं के सहारे चलते हैं ।

हिन्दीकेमहत्त्वपूर्णमुहावरे, उनकेअर्थऔरप्रयोग

(अ)

1. अंकमेंसमेटना–(गोदमेंलेना, आलिंगन बद्धकरना)

शिशु को रोता हुआ देखकर माँ का हृदय करुणा से भर आया और उसने उसे अंक में समेटकर चुप किया।

2. अंकुशलगाना–(पाबन्दीयारोकलगाना)

राजेश खर्चीला लड़का था। अब उसके पिता ने उसका जेब खर्च बन्द करके उसकी फ़िज़ूलखर्ची पर अंकुश लगा दिया है।

3. अंगबनजाना–(सदस्यबननायाहोजाना)

घर के नौकर रामू से अनेक बार भेंट होने के पश्चात् एक अतिथि ने कहा, "रामू तुम्हें इस घर में नौकरी करते हुए काफी दिन हो गए हैं, ऐसा लगता .. कि जैसे तुम भी इस घर के अंग बन गए हो।"

4. अंग–अंगढीलाहोना–(बहुतथकजाना)

सारा दिन काम करते करते, आज अंग–अंग ढीला हो गया है।

5. अण्डासेना–(घरमेंबैठकरअपनासमयनष्टकरना)

निकम्मे ओमदत्त की पत्नी ने उसे घर में पड़े देखकर एक दिन कह ही दिया, "यहीं लेटे–लेटे अण्डे सेते रहोगे या कुछ कमाओगे भी।"

6. अंगूठादिखाना–(इनकारकरना)

आज हम हरीश के घर ₹10 माँगने गए, तो उसने अँगूठा दिखा दिया।

7. अन्धेकीलकड़ी–(एकमात्रसहारा)

राकेश अपने माँ–बाप के लिए अन्धे की लकड़ी के समान है।

8. अंन्धेकेहाथबटेरलगना–(अनायासहीमिलना)

राजेश हाईस्कूल परीक्षा में प्रथम आया, उसके लिए तो अन्धे के हाथ बटेर लग गई।

9. अन्न–जलउठना–(प्रस्थानकरना, एकस्थानसेदूसरेस्थानपरचले जाना) रिटायर होने पर प्रोफेसर साहब ने कहा, "लगता है बच्चों, अब तो यहाँ से हमारा अन्न–जल उठ ही गया है। हमें अपने गाँव जाना पड़ेगा।"

10. अक्लकेअन्धे–(मूर्ख, बुद्धिहीन)

"सुधीर साइन्स (साइड) के विषयों में अच्छी पढ़ाई कर रहा था, मगर उस अक्ल के अन्धे ने इतनी अच्छी साइड क्यों बदल दी?" सुधीर के एक मित्र ने उसके बड़े भाई से पूछा।

11. अक्लपरपत्थरपड़ना–(कुछसमझमेंनआना)

मेरी अक्ल पर पत्थर पड़ गए हैं, कुछ समझ में नहीं आता कि मैं क्या करूँ।

12. अक्लकेपीछेलट्ठलिएफिरना–(मूर्खतापूर्णकार्यकरना)

तुम हमेशा अक्ल के पीछे लट्ठ लिए क्यों फिरते हो, कुछ समझ–बूझकर काम किया करो।

13. अक्लकाअंधा/अक्लकादुश्मनहोना–(महामूर्खहोना)

राजू से साथ देने की आशा मत रखना, वह तो अक्ल का अंधा है।

14. अपनीखिचड़ीअलगपकाना–(अलग–थलगरहना, किसीकीन मानना) सुनीता की पड़ोसनों ने उसको अपने पास न बैठता देखकर कहा, "सुनीता तो अपनी खिचड़ी अलग पकाती है, यह चार औरतों में नहीं बैठती।"

15. अपनाउल्लूसीधाकरना–(स्वार्थसिद्धकरना)

आजकल के नेता सिर्फ अपना उल्लू सीधा करते हैं।

16. अपनेमुँहमियाँमिठूबनना–(आत्मप्रशंसाकरना) राजू अपने मुँह मियाँ मिठू बनता रहता है।

17. अक्लकेघोड़ेदौड़ाना–(केवलकल्पनाएँकरतेरहना)

सफलता अक्ल के घोड़े दौड़ाने से नहीं, अपितु परिश्रम से प्राप्त होती है।

18. अँधेरेघरकाउजाला–(इकलौताबेटा)

मयंक अँधेरे घर का उजाला है।

19. अपनासामुँहलेकररहजाना–(लज्जितहोना)

विजय परीक्षा में नकल करते पकड़े जाने पर अपना–सा मुँह लेकर रह गया।

20. अरण्यरोदन–(व्यर्थप्रयास)

कंजूस व्यक्ति से धन की याचना करना अरण्य रोदन है।

21. अक्लचरनेजाना–(बुद्धिमतागायबहोजाना)

तुमने साठ साल के बूढ़े से 18 वर्ष की लड़की का विवाह कर दिया, लगता है तुम्हारी अक्ल चरने गई थी।

22. अड़ियलटट्टू–(जिद्दी)

आज के युग में अड़ियल टट्टू पीछे रह जाते हैं।

23. अंगारेउगलना–(क्रोधमेंलाल–पीलाहोना)

अभिमन्यु की मृत्यु से आहत अर्जुन कौरवों पर अंगारे उगलने लगा।

24. अंगारोंपरपैररखना–(स्वयंकोखतरेमेंडालना)

व्यवस्था के खिलाफ लड़ना अंगारों पर पैर रखना है।

25. अन्धेकेआगेरोना–(व्यर्थप्रयत्नकरना)

अन्धविश्वासी अज्ञानी जनता के मध्य मार्क्सवाद की बात करना अन्धे के आगे रोना है।

26. अंगूरखट्टेहोना–(अप्राप्तवस्तुकीउपेक्षाकरना)

अजय, "सिविल सेवकों को नेताओं की चापलूसी करनी पड़ती है"कहकर, अंगूर खट्टे वाली बात कर रहा है, क्योंकि वह परिश्रम के बावजूद नहीं चुना गया।

27. अंगूठीकानगीना–(सजीलाऔरसुन्दर)

विनय कम्पनी की अंगूठी का नगीना है।

28. अल्लाहमियाँकीगाय–(सरलप्रकृतिवाला)

रामकुमार तो अल्लाह मियाँ की गाय है।

29. अंतड़ियोंमेंबलपड़ना–(संकटमेंपड़ना)

अपने दोस्त को चोरों से बचाने के चक्कर में, मैं ही पकड़ा गया और मेरी ही अंतड़ियों में बल पड़ गए।

30. अन्धाबनाना–(मूर्खबनाकरधोखादेना) अपने गुरु को अन्धा बनाना सरल कार्य नहीं है, इसलिए मुझसे ऐसी बात मत करो।

31. अंगलगाना–(आलिंगनकरना)

प्रेमिका को बहुत समय पश्चात् देखकर रवि ने उसे अंग लगा लिया।

32. अंगारेबरसना–(कड़ीधूपहोना)

जून के महीने में अंगारे बरस रहे थे और रिक्शा वाला पसीने से लथपथ था।

33. अक्लखर्चकरना–(समझकोकाममेंलाना)

इस समस्या को हल करने में थोड़ी अक्ल खर्च करनी पड़ेगी।

34. अड्डेपरचहकना–(अपनेघरपररौबदिखाना)

अड्डे पर चहकते फिरते हो, बाहर निकलो तो तुम्हें देखा जाए।

35. अन्धाधुन्धलुटाना–(बहुतअपव्ययकरना)

उद्योगपतियों और बड़े व्यापारियों की बीवियाँ अन्धाधुन्ध पैसा लुटाती हैं।

36. अपनीखालमेंमस्तरहना–(अपनीदशासेसन्तुष्टरहना)

संजय 4000 रुपए कमाकर अपनी खाल में मस्त रहता है।

37. अन्ननलगना–(खाकर–पीकरभीमोटानहोना)

अभय अच्छे से अच्छा खाता है, लेकिन उसे अन्न नहीं लगता।

38. अधरमेंलटकनायाझूलना–(दुविधामेंपड़ारहजाना)

कल्याण सिंह भाजपा में पुन: शामिल होंगे यह फैसला बहुत दिन तक अधर में लटका रहा।

39. अठखेलियाँसूझना–(हँसीदिल्लगीकरना)

मेरे चोट लगी हुई है, उसमें दर्द हो रहा है और तुम्हें अठखेलियाँ सूझ रही हैं।

40. अंगनसमाना–(अत्यन्तप्रसन्नहोना)

सिविल सेवा में चयन से अनुराग अंग नहीं समा रहा है।

41. अंगूठेपरमारना–(परवाहनकरना)

तुम अजीब व्यक्ति हो, सभी की सलाह को अंगूठे पर मार देते हो।

42. अंटीमारना–(कमतौलना)

बहुत से पंसारी अंटी मारने से बाज नहीं आते।

43. अंगटूटना–(थकावटसेशरीरमेंदर्दहोना)

44. अंधेरनगरी–(जहाँधांधलीहो)

पूँजीवादी व्यवस्था 'अंधेर नगरी' बनकर रह गई है।

45. अंकुशनमानना–(नडरना)
युवा पीढ़ी किसी का अंकुश मानने को तैयार नहीं है।
46. अन्नकाटन्नकरना–(बनीचीजकोबिगाड़देना)
अभी–अभी हुए प्लास्टर पर तुमने पानी डालकर अन्न का टन्न कर दिया।
47. अन्न–जलबदाहोना–(कहींकाजानाऔररहनाअनिवार्यहोजाना)
हमारा अन्न–जल तो मेरठ में बदा है।
48. अधरकाटना–(बेबसीकाभावप्रकटकरना)
पुलिस द्वारा बेटे की पिटाई करते देख पिता ने अपने अधर काट लिए।
49. अपनीहाँकना–(आत्मश्लाघाकरना)
विवेक तुम हमारी भी सुनोगे या अपनी ही हाँकते रहोगे।
50. अर्शसेफर्शतक–(आकाशसेभूमितक)
भ्रष्टाचार में लिप्त बाबूजी बड़ी शेखी बघारते थे, एक मामले में निलंबित होने पर वे अर्श से फर्श पर आ गए।
51. अलबी–तलबीधरीरहजाना–(निष्प्रभावीहोना)
बहुत ज्यादा परेशान करोगी तो तुम्हारे घर शिकायत कर दूँगा। सारी अलबी–तलबी धरी रह जाएगी।
52. अस्ति–नास्तिमेंपड़ना–(दुविधामेंपड़ना)
दो लड़कियों द्वारा पसन्द किए जाने पर वह अस्ति–नास्ति में पड़ा हुआ है और कुछ निश्चय नहीं कर पा रहा है।
53. अन्दरहोना–(जेलमेंबन्दहोना)
मायावती के राज में शहर के अधिकतर गुण्डे अन्दर हो गए।
54. अरमाननिकालना–(इच्छाएँपूरीकरना)
बेरोज़गार लोग नौकरी मिलने पर अरमान निकालने की सोचते हैं।

(आ)

55. आगपरतेलछिड़कना–(औरभड़काना)
बहुत से लोग सुलह सफ़ाई करने के बजाय आग पर तेल छिड़कने में प्रवीण होते हैं।
56. आगपरपानीडालना–(झगड़ामिटाना)
भारत व पाक आपसी समझबूझ से आग पर पानी डाल रहे हैं।
57. आग–पानीयाआगऔरफूसकाबैरहोना–(स्वाभाविकशत्रुताहोना)
भाजपा और साम्यवादी पार्टी में आग–पानी या आग और फूस का बैर है।
58. आँखलगना–(झपकीआना)
रात एक बजे तक कार्य किया, फिर आँख लग गई।
59. आँखोंसेगिरना–(आदरभावघटजाना)
जनता की निगाहों से अधिकतर नेता गिर गए हैं।
60. आँखोंपरचर्बीचढ़ना–(अहंकारसेध्यानतकनदेना)
पैसे वाले हो गए हो, अब क्यों पहचानोगे, आँखों पर चर्बी चढ़ गई है ना।
61. आँखेंनीचीहोना–(लज्जितहोना)
बच्चों की करतूतों से माँ–बाप की आँखें नीची हो गईं।
62. आँखेंमूंदना–(मरजाना)
आजकल तो बाप के आँखें मूंदते ही बेटे जायदाद का बँटवारा कर लेते हैं।
63. आँखोंकापानीढलना (निर्लज्जहोना)
अब तो तुम किसी की नहीं सुनते, लगता है, तुम्हारी आँखों का पानी ढल गया है।
64. आँखकाकाँटा–(बुराहोना) मनोज मुझे अपनी आँख का काँटा समझता है, जबकि मैंने कभी उसका बुरा नहीं किया।
65. आँखमेंखटकना–(बुरालगना)
स्पष्टवादी व्यक्ति अधिकतर लोगों की आँखों में खटकता है।
66. आँखकाउजाला–(अतिप्रियव्यक्ति)
राज अपने माता–पिता की आँखों का उजाला है।

67. आँखमारना–(इशाराकरना)
रमेश ने सुरेश को कल रात वाली बात न बताने के लिए आँख मारी।
68. आँखोंपरपरदापड़ना–(धोखाहोना)
शर्मा जी ने सच्चाई बताकर, मेरी आँखों से परदा हटा दिया।
69. आँखबिछाना–(स्वागत, सम्मानकरना)
रामचन्द्र जी की अयोध्या वापसी पर अयोध्यावासियों ने उनके स्वागत में आँखें बिछा दीं।
70. आँखोंमेंधूलडालना–(धोखादेना)
सुभाषचन्द्र बोस अंग्रेज़ों की आँखों में धूल डालकर, अपने आवास से निकलकर विदेश पहुँच गए।
71. आँखमेंघरकरना–(हृदयमेंबसना)
विभा की छवि राज की आँखों में घर कर गई।
72. आँखलगाना– (बुरीअथवालालच भरीदृष्टिसेदेखना)
चीन अब भी भारत की सीमाओं पर आँख लगाये हुए हैं।
73. आँखेंठण्डीकरना–(प्रिय–वस्तुकोदेखकरसुखप्राप्तकरना)
पोते को वर्षों बाद देखकर बाबा की आँखें ठण्डी हो गईं।
74. आँखेंफाड़करदेखना–(आश्चर्यसेदेखना)
ऐसे आँखें फाड़कर क्या देख रही हो, पहली बार मिली हो क्या?
75. आँखेंचारकरना–(आमना–सामनाकरना)
एक दिन अचानक केशव से आँखें चार हुईं और मित्रता हो गई।
76. आँखेंफेरना–(उपेक्षाकरना)
जैसे ही मेरी उच्च पद प्राप्त करने की सम्भावनाएँ क्षीण हुईं, सबने मुझसे आँखें फेर ली।
77. आँखभरकरदेखना–(इच्छाभरदेखना)
जी चाहता है तुम्हें आँख भरकर देख लूँ, फिर न जाने कब मिलें।
78. आँखखिलउठना–(प्रसन्नहोजाना)
पिता जी ने जैसे ही अपने छोटे से बच्चे को देखा, वैसे ही उनकी आँख खिल उठी।
79. आँखचुराना–(कतराना)
जब से विजय ने अजय से उधार लिया है, वह आँख चुराने लगा है।
80. आँखकाकाजलचुराना–(सामनेसेदेखते–देखतेमालगायब करदेना) विवेक के देखते ही देखते उसका सामान गायब हो गया, जैसे किसी ने उसकी आँख का काजल चुरा लिया हो।
81. आँखनिकलना–(विस्मयहोना)
अपने खेत में छिपा खजाना देखकर गोधन की आँख निकल आई।
82. आँखमैलीकरना–(दिखावेकेलिएरोना/बुरीनजरसेदेखना)
अरुण ने अपने घनिष्ठ मित्र की मृत्यु पर भी केवल अपनी आँखें ही मैली की।
83. आँखोंमेंधूलझोंकना–(धोखादेना)
कुछ डकैत पुलिस की आँखों में धूल झोंककर मुठभेड़ से बचकर निकल गए।
84. आँखेंदिखाना–(डराने–धमकानेकेलिएरोषभरीदृष्टिसेदेखना)
रामपाल ने अपने ढीठ बेटे को जब तक आँखें न दिखायीं, तब तक उसने उनका कहना नहीं माना।
85. आँखेंतरेरना–(क्रोधसेदेखना)
पैसे न हो तो पत्नी भी आँखें तरेरती है।
86. आँखोंकातारा–(अत्यन्तप्रिय)
इकलौता बेटा अपने माँ–बाप की आँखों का तारा होता है।
87. आटागीलाहोना–(कठिनाईमेंपड़ना)
सुबोध को एक के पश्चात् दूसरी मुसीबत घेर लेती है, आर्थिक तंगी में। उसका आटा गीला हो गया।
88. आँचलमेंबाँधना–(ध्यानमेंरखना)
पति–पत्नी को एक–दूसरे पर विश्वास करना चाहिए, यह बात आँचल में बाँध लेनी चाहिए।

89. आकाशमेंउड़ना–(कल्पनाक्षेत्रमेंघूमना)
बिना धन के कोई व्यापार करना आकाश में उड़ना है।
90. आकाश–पातालएककरना–(कठिनपरिश्रमकरना)
मैं व्यवस्था को बदलने के लिए आकाश–पाताल एक कर दूंगा।
91. आकाश–कुसुमहोना–(दुर्लभहोना)
किसी सामान्य व्यक्ति के लिए विधायक का पद आकाश–कुसुम हो गया।
92. आसमानसिरपरउठाना–(उपद्रवमचाना)
शिक्षक की अनुपस्थिति में छात्रों ने आसमान सिर पर उठा लिया।
93. आगापीछाकरना–(हिचकिचाना)
सेठ जी किसी शुभ कार्य हेतु चन्दा देने के लिए आगा पीछा कर रहे हैं।
94. आकाशसेबातेंकरना–(काफीऊँचाहोना)
दिल्ली में आकाश से बातें करती बहुत–सी इमारतें हैं।
95. आवाज़उठाना–(विरोधमेंकहना)
वर्तमान व्यवस्था के विरोध में मीडिया में आवाज़ उठने लगी है।
96. आसमानसेतारेतोड़ना–(असम्भवकामकरना)
अपनी सामर्थ्य समझे बिना ईश्वर को चुनौती देकर तुम आकाश से तारे तोड़ना चाहते हो?
97. आस्तीनकासाँप–(विश्वासघातीमित्र)
राज ने निर्भय की बहुत सहायता की लेकिन वह तो आस्तीन का साँप निकला।
98. आठ–आठआँसूरोना–(बहुतपश्चातापकरना)
दसवीं कक्षा में पुन: अनुत्तीर्ण होकर रमेश ने आठ–आठ आँसू रोये थे।
99. आसनडोलना–(विचलितहोना)
विश्वामित्र की तपस्या से इन्द्र का आसन डोल गया।
100. आग–पानीसाथरखना–(असम्भवकार्यकरना)
अहिंसा द्वारा भारत में क्रान्ति लाकर गाँधीजी ने आग–पानी साथ रख दिया।
101. आधीजानसूखना–(अत्यन्तभयलगना)
घर में चोरों को देखकर लालाजी की आधी जान सूख गई।
102. आपेसेबाहरहोना–(क्रोधसेअपनेवशमेंनरहना)
फ़िरोज़ खिलजी ने आपे से बाहर होकर फ़कीर को मरवा दिया।
103. आगलगाकरतमाशादेखना–(लड़ाईकराकरप्रसन्नहोना)
हमारे मुहल्ले के संजीव का कार्य तो आग लगाकर तमाशा देखना है।
104. आगेकापैरपीछेपड़ना–(विपरीतगतियादशामेंपड़ना)
सुरेश के दिन अभी अच्छे नहीं हैं, अब भी आगे का पैर पीछे पड़ रहा है।
105. आटेदालकीफ़िक्रहोना–(जीविकाकीचिन्ताहोना)
पढ़ाई समाप्त होते ही तुम्हें आटे दाल की फ़िक्र होने लगी है।
106. आधातीतरआधाबटेर–(बेमेलचीजोंकासम्मिश्रण)
सुधीर अपनी दुकान पर किताबों के साथ साज–शृंगार का सामान बेचना चाहता है। अनिल ने उसे समझाया आधा तीतर आधा बटेर बेचने से बिक्री कम रहेगी।
107. आगलगनेपरकुआँखोदना–(पहलेसेकोईउपायनकरना)
शर्मा जी ने मकान की दीवारें खड़ी करा लीं, लेकिन जब लैन्टर डलने का समय आया, तो उधार लेने की बात करने लगे। इस पर मिस्त्री झल्लाया–शर्मा जी आप तो आग लगने पर कुआँ खोदने वाली बात कर रहे हो।
108. आवदेखानताव–(बिनासोचे–विचारे)
शिक्षक ने आव देखा न ताव और छात्र को पीटना शुरू कर दिया।
109. आँखोंमेंखूनउतरना–(अत्यधिकक्रोधितहोना)
आतंकवादियों की हरकत देखकर पुलिस आयुक्त की आँखों में खून उतर आया था।

110. आगबबूलाहोना–(अत्यधिकक्रोधितहोना)
कई बार मना करने पर भी जब दिनेश नहीं माना, तो उसके चाचा जी उस पर आग बबूला हो उठे।
111. आसमानसेगिरकरखजूरकेपेड़परअटकना–(उत्तमस्थानको त्यागकरऐसेस्थानपरजानाजोअपेक्षाकृतअधिककष्टप्रदहो) बैंक की नौकरी छोड़ने के बाद किराना स्टोर करने पर दयाशंकर को ऐसा लगा कि वह आसमान से गिरकर खजूर के पेड़ पर अटक गया है।
112. आपमरेजगप्रलय–(मृत्युउपरान्तमनुष्यकासबकुछछूटजाना)
रामदीन मृत्यु–शैय्या पर पड़ा अपने बेटों के कारोबार के बारे में रह–रह पूछ रहा था। उसके पास एकत्र मित्रों में से एक ने दूसरे से कहा, "आप मरे जग प्रलय, रामदीन को बेटों के कारोबार की चिन्ता अब भी सता रही है।"
113. आसमानटूटना–(विपत्तिआना)
भाई और भतीजे की हत्या का समाचार सुनकर, मुख्यमन्त्री जी पर आसमान टूट पड़ा।
114. आटेदालकाभावमालूमहोना–(वास्तविकताकापताचलना)
अभी माँ–बाप की कमाई पर मौज कर लो, खुद कमाओगे तो आटे दाल का भाव मालूम हो जाएगा।
115. आड़ेहाथोंलेना–(खरी–खोटीसुनाना)
वीरेन्द्र ने सुरेश को आड़े हाथों लिया।

(इ)

116. इधर–उधरकीहाँकना–(अप्रासंगिकबातेंकरना)
आजकल कुछ नवयुवक इधर–उधर की हाँकते रहते हैं।
117. इज्जतउतारना–(सम्मानकोठेसपहुँचाना)
दीनानाथ से बीच बाज़ार में जब श्यामलाल ने ऊँचे स्वर में कर्ज वसूली की बात की तो दीनानाथ ने श्यामलाल से कहा, "सरेआम इज्जत मत उतारो, आज शाम घर आकर अपने रुपए ले जाना।"
118. इतिश्रीकरना–(कर्तव्यपूराकरना/सुखदअन्तहोना)
अपनी दोनों कन्याओं की शादी करके रामसिंह ने अपने कर्तव्य की इतिश्री कर ली।
119. इशारोंपरनाचना–(गुलामबनकररहजाना)
बहुत से व्यक्ति अपनी पत्नी के इशारों पर नाचते हैं।
120. इधरकीउधरकरना–(चुगलीकरकेभड़काना)
मनोज की इधर की उधर करने की आदत है, इसलिए उस पर विश्वास मत करना।
121. इन्द्रकीपरी–(अत्यन्तसुन्दरस्त्री)
राजेन्द्र की पत्नी तो इन्द्र की परी लगती है।
122. इनतिलोंमेंतेलनहीं–(किसीभीलाभकीआशानकरना)
कपिल ने कारखाने को देख सोच लिया इन तिलों में तेल नहीं और बैंक से ऋण लेकर बहन का विवाह किया।

(ई)

123. ईंटसेईंटबजाना–(नष्ट–भ्रष्टकरदेना)
असामाजिक तत्व रात–दिन ईंट से ईंट बजाने की सोचा करते हैं।
124. ईंटकाजवाबपत्थरसेदेना–(दुष्टकेसाथदुष्टताकरना)
दुश्मन को सदैव ईंट का जवाब पत्थर से देना चाहिए।
125. ईदकाचाँदहोना–(बहुतदिनोंबाददिखाईदेना)
रमेश आप तो ईद का चाँद हो गए, एक वर्ष बाद दिखाई दिए।
126. ईंट–ईंटबिकजाना–(सर्वस्वनष्टहोजाना)
"चाचाजी का व्यापार फेल हो गया और उनकी ईंट–ईंट बिक गई।"
127. ईमानदेना/बेचना–(झूठबोलनाअथवाअपनेधर्म, सिद्धान्तआदिके विरुद्धआचरणकरना) इस महँगाई के दौर में लोग अपना ईमान बेचने से भी नहीं डर रहे हैं।

(उ)

128. उँगलीउठाना–(इशाराकरना, आलोचनाकरना।)
सच्चे और ईमानदार व्यक्ति पर उँगली उठाना व्यर्थ है।

129. उँगलीपरनचाना–(वशमेंरखना)
श्रीकृष्ण गोपियों को अपनी उँगली पर नचाते थे।
130. उड़तीचिड़ियापहचानना–(दूरदर्शीहोना)
हमसे चाल मत चलो, हम भी उड़ती चिड़िया पहचानते हैं।
131. उँगलियोंपरगिननेयोग्य–(संख्यामेंन्यूनतम/बहुतथोड़े)
भारत की सेना में उस समय उँगलियों पर गिनने योग्य ही सैनिक थे, जब उन्होंने पाकिस्तानी सेना के छक्के छुड़ा दिए थे।
132. उजालाकरना–(कुलकानामरोशनकरना)
आई. ए. एस. परीक्षा में उत्तीर्ण होकर बृजलाल ने अपने कुल में उजाला कर दिया।
133. उल्लूबोलना–(उजाड़होना)
पुराने शानदार महलों के खण्डहरों में आज उल्लू बोलते हैं।
134. उल्टीगंगाबहाना–(नियमकेविरुद्धकार्यकरना)
भारत कला और दस्तकारी का सामान निर्यात करता है, फिर भी कुछ लोग विदेशों से कला व दस्तकारी का सामान मँगवाकर उल्टी गंगा बहाते हैं।

135. उल्टीखोपड़ीहोना–(ऐसाव्यक्तिजोउचितढंगकेविपरीतआचरणकरताहो)"चौधरी साहब, आपका छोटा बेटा बिल्कुल उल्टी खोपड़ी का है, आज फिर वह गाँव में उपद्रव मचा आया।" वृद्ध ने चौधरी को बताया।

136. उल्टेछुरेसेमूंड़ना–(किसीकोमूर्खबनाकरउससेधनऐंठनायाअपनाकामनिकालना) यह पुरोहित यजमानों को उल्टे छुरे से मूंड़ने में सिद्धहस्त है।

137. उँगलीपकड़तेहीपहुँचापकड़ना–(अल्पसहारापाकरसम्पूर्णकी प्राप्तिहेतुउत्साहितहोना) रामचन्द्र ने नौकर को एक कमरा मुफ़्त में रहने के लिए दे दिया; थोड़े समय बाद वह परिवार को साथ ले आया और चार कमरों को देने का आग्रह करने लगा। इस पर रामचन्द्र ने कहा, तुम तो उँगली पकड़ते ही पहुँचा पकड़ने की बात कर रहे हो।

138. उन्नीसबीसहोना–(दोवस्तुओंमेंथोड़ाबहुतअन्तरहोना)
दुकानदार ने बताया कि दोनों कपड़ों में उन्नीस बीस का अन्तर है।
139. उल्टीपट्टीपढ़ाना–(बहकाना)
तुम मैच खेल रहे थे और मुझे उल्टी पट्टी पढ़ा रहे हो कि स्कूल बन्द था और मैं स्कूल से दोस्त के घर चला गया था।
140. उड़नछूहोना–(गायबहोजाना)
रीता अभी तो यहीं थी, मिनटों में कहाँ उड़न छू हो गई।
141. उबलपड़ना–(एकदमगुस्साहोजाना)
सक्सेना साहब तो थोड़ी–सी बात पर ही उबल पड़ते हैं।
142. उल्टीमालाफेरना–(अहितसोचना)
अपने दोस्त के नाम की उल्टी माला फेरना बुरी बात है।
143. उखाड़पछाड़करना–(त्रुटियाँदिखाकरकटूक्तियाँकरना)
उखाड़ पछाड़ करने में ही तुम निपुण हो, लेकिन त्रुटियाँ दूर करना तुम्हारे वश की बात नहीं है।
144. उम्रकापैमानाभरजाना–(जीवनकाअन्तनज़दीकआना)
वह अब बूढ़ा हो गया है, उसकी उम्र का पैमाना भर गया।
145. उरदकेआटेकीतरहऐंठना–(क्रोधकरना)
आप बहल पर उरद के आटे की तरह ऐंठ रहे हो, उसका कोई दोष नहीं है।
146. ऊँचेनीचेपैरपड़ना–(बुरेकाममेंफँसना)
अनुज में बहुत–सी गन्दी आदतें आ गई हैं, उसके पैर ऊँचे–नीचे पड़ने लगे हैं।
147. ऊँटकीचोरीझुके–झुके–(किसीनिन्दित, किन्तुबड़ेकार्यकोगुप्त ढंगसेकरनेकीचेष्टाकरना) हमारे नेताओं ने घोटाला करने की चेष्टा करके उँट की चोरी झुके–झुके को सिद्ध कर दिया है।
148. ऊँटकासुईकीनोंकसेनिकलना–(असम्भवहोना)
पूँजीवादी व्यवस्था में आम जनता का जीवन सुधरना ऊँट का सुई की नोंक से निकलना है।

149. ऊधौकालेनानमाधौकादेना–(किसीसेकिसीप्रकारकासम्बन्धनरखना) वह बेचारा दीन–दुनिया से इतना तंग आ गया है कि अब वह सबके साथ 'ऊधो का लेना, नमाधौ का देना' की तरह का व्यवहार करने लगा है।

(ए)

150. एकहीलकड़ीसेहाँकना–(अच्छे–बुरेकीपहचाननकरना)
कुछ अधिकारी सभी कर्मचारियों को एक ही लकड़ी से हाँकते हैं।

151. एकहीथैलीकेचट्टे–बट्टेहोना–(सभीकाएकजैसाहोना)
आजकल के सभी नेता एक ही थैली के चट्टे–बट्टे हैं।

152. एड़ियाँघिसना / रगड़ना–(सिफ़ारिशकेलिएचक्करलगाना)
इस दौर में अच्छे पढ़े–लिखे लोगों को भी नौकरी ढूँढने के लिए एड़ियाँ घिसनी पड़ती हैं।

153. एकम्यानमेंदोतलवारें–(एकवस्तुयापदपरदोशक्तिशाली व्यक्तियोंकाअधिकारनहींहोसकता) विद्यालय की प्रबन्ध–समिति ने दो–दो प्रधानाचार्यों की नियुक्ति करके एक म्यान में दो तलवारों वाली बात कर दी है।

154. एकढेलेसेदोशिकार–(एककार्यसेदोउद्देश्योंकीपूर्तिकरना)
पुलिस दल ने बदमाशों को मारकर एक ढेले से दो शिकार किए। उन्हें पदोन्नति मिली और पुरस्कार भी मिला।

155. एककीचारलगाना–(छोटीबातोंकोबढ़ाकरकहना)
रमेश तुम तो अब हर बात में एक की चार लगाते हो।

156. एकआँखसेदेखना–(सबकोबराबरसमझना)
राजा का कर्तव्य है कि वह सभी नागरिकों को एक आँख से देखे।

157. एड़ी–चोटीकापसीनाएककरना–(घोरपरिश्रमकरना)
रिक्शे वाले एड़ी–चोटी पसीना एक कर रोजी कमाते हैं।

158. एक–एकनसपहचानना–(सबकुछसमझना)
मालिक और नौकर एक–दूसरे की एक–एक नस पहचानते हैं।

159. एकघाटपानीपीना–(एकताऔरसहनशीलताहोना)
राजा कृष्णदेवराय के समय शेर और बकरी एक घाट पानी पीते थे।

160. एकपंथदोकाज–(एककार्यकेसाथदूसराकार्यभीपूराकरना)
आगरा में मेरी परीक्षा है, इस बहाने ताजमहल भी देख लेंगे। चलो मेरे तो एक पंथ दो काज हो जाएँगे।

161. एकऔरएकग्यारहहोतेहैं–(संघमेंबड़ीशक्तिहै)
भाइयों को आपस में लड़ना नहीं चाहिए, क्योंकि एक और एक ग्यारह होते हैं।

162. ऐसी–तैसीकरना–(दुर्दशाकरना)
“भीमा मुझे बचा लो, वरना वह मेरी ऐसी–तैसी कर देगा।”लल्लूराम ने भीमा के पास जाकर गुहार की।

163. ऐबोंपरपरदाडालना–(अवगुणछुपाना)
प्रायः लोग झूठ–सच बोलकर अपने ऐबों पर परदा डाल लेते हैं।

(ओ)

164. ओखलीमेंसिरदेना–(जानबूझकरअपनेकोजोखिममेंडालना)
“अपने से चार गुना ताकतवर व्यक्ति से उलझने का मतलब है, ओखली में सिर देना, समझे प्यारे।”राजू ने रामू को समझाते हुए कहा।

165. ओसपड़जाना–(लज्जितहोना)
ऑस्ट्रेलिया से एक दिवसीय श्रृंखला बुरी तरह हारने से भारतीय टीम पर ओस पड़ गई।

166. ओलेपड़ना–(विपत्तिआना)
देश में पहले भूकम्प आया फिर अनावृष्टि हुई; अब आवृष्टि हो रही है। सच में अब तो चारों ओर से सिर पर ओले ही पड़ रहे हैं।

(औ)

167. औने–पौनेकरना–(जोकुछमिलेउसेउसीमूल्यपरबेचदेना)
रखे रखे यह कूलर अब खराब हो गया है, इसको तुरन्त ही औने–पौने में कबाड़ी के हाथ बेच दो।

168. औंधेमुँहगिरना–(पराजितहोना)
आज अखाड़े में एक पहलवान ने दूसरे पहलवान को ऐसा दाँव मारा कि वह औंधे मुँह गिर गया।

169. औंधीखोपड़ी–(मूर्खता)
वह तो औंधी खोपड़ी है उसकी बात का क्या विश्वास।

170. औकातपहचानना–(यहजाननाकिकिसमेंकितनीसामर्थ्यहै)

"हमारे अधिकारी तुम जैसे नेताओं की औकात पहचानते हैं। चलिए, बाहर निकलिए।"चपरासी ने छोटे नेताओं को ऑफिस से भगाते हुए कहा।

171. औरकाऔरहोजाना–(पहलेजैसानारहना, बिल्कुलबदलजाना)

विमाता के घर आते ही अनिल के पिताजी और के और हो गए।

(क)

172. कंधादेना–(अर्थीकोकंधेपरउठाकरअन्तिमसंस्कारकेलिएश्मशानलेजाना) नगर के मेयर की अर्थी को सभी नागरिकों ने कंधा दिया।

173. कंचनबरसना–(अधिकआमदनीहोना)

आजकल मुनाफाखोरों के यहाँ कंचन बरस रहा है।

174. कच्चाचिट्ठाखोलना–(सबभेदखोलदेना)

घोटाले में अपना हिस्सा न पाने पर सह–अभियुक्त ने पुलिस के सामने सारे राज उगल दिए थे।

175. कच्चाखा/चबाजाना–(पूरीतरहनष्टकरदेनेकीधमकीदेना)

जब से दोनों मित्र अशोक और नरेश की लड़ाई हुई है, तब से दोनों एक–दूसरे को ऐसे देखते हैं, जैसे कच्चा चबा जाना चाहते हों।

176. कब्रमेंपाँवलटकना–(वृद्धयाजर्जरहोजाना/मरनेकेकरीबहोना)

"सुनीता के ससुर की आयु काफ़ी हो गई है। अब तो उनके कब्र में पाँव लटक गए हैं।"सोनी ने अफसोस ज़ाहिर करते हुए कहा।

177. कलेजेपरपत्थररखना–(धैर्यधारणकरना)

गरीब और कमजोर श्यामा को गाँव का चौधरी सबके सामने खरी–खोटी सुना गया, जिसको उसने कलेजे पर पत्थर रखकर सुना लिया।

178. कढ़ीकासाउबाल–(मामूलीजोश)

उत्सवों पर उत्साह कढ़ी का सा उबाल बनकर रह गया है।

179. कलमकाधनी–(अच्छालेखक)

प्रेमचन्द कलम के धनी थे।

180. कलेजेकाटुकड़ा–(बहुतप्यारा)

सार्थक मेरे कलेजे का टुकड़ा है।

181. कलेजाधकसेरहजाना–(डरजाना)

जंगल से गुजरते वक्त शेर को देखकर मेरा कलेजा धक से रह गया।

182. कलेजेपरसाँपलोटना–(ईर्ष्यासेकुढ़ना)

भारतवर्ष की उन्नति देखकर चीन के कलेजे पर साँप लोटता है।

183. कलेजाठण्डाहोना–(मनकोशान्तिमिलना)

आशीष इन्जीनियर बन गया, माँ का कलेजा ठण्डा हो गया।

184. कलीखिलना–(खुशहोना)

बहुत पुराने मित्र आपस में मिले तो कली खिल गई।

185. कलेजामुँहकोआना–(दुःखहोना)

घायल की चीत्कार सुनकर कलेजा मुँह को आता हैं।

186. कंधेसेकंधाछिलना–(भारीभीड़होना)

दशहरा के त्योहार पर लगे मेले में इतनी भीड़ थी कि लोगों के कंधे–से–कंधे छिल गए।

187. कानमेंतेलडालना–(चुप्पीसाधकरबैठेरहना)

राजेश से किसी बात को कहने का क्या लाभ; वह तो कान में तेल डाले बैठा रहता है।

188. किएकराएपरपानीफेरना–(बिगाड़देना)

औरंगजेब ने मराठों से उलझकर अपने किए कराए पर पानी फेर दिया।

189. कानभरना–(चुगलीकरना)

मंथरा ने कैकेई के कान भरे थे।

190. कानकाकच्चा–(किसीभीबातपरविश्वासकरलेना)

जहाँ अधिकारी कान का कच्चा होता है वहाँ सीधे, सरल, ईमानदार कर्मचारियों को परेशानी होती है।

191. कच्चीगोलीखेलना–अनुभवहीनहोना।

तुम हमें नहीं ठग सकते, हमने भी कच्ची गोलियाँ नहीं खेली हैं।

192. काँटोंपरलेटना–(बेचैनहोना) दुर्घटनाग्रस्त पुत्र जब तक घर नहीं आया, तब तक पूरा परिवार काँटों पर लोटता रहा।

193. काँटादूरहोना–(बाधादूरहोना)

राजीव के दूसरे प्रकाशन में जाने से बहुतों के रास्ते का काँटा दूर हो गया।

194. कोढ़मेंखाजहोना–(एकदुःखपरदूसरादुःखहोना)

मंगल बड़ी मुश्किल से गुजर बसर कर रहा था। ऊपर से भयंकर रूप से बीमार हो गया। यह तो सचमुच कोढ़ में खाज होना ही है।

195. काटनेदौड़ना–(चिड़चिड़ाना/क्रोधकरना)

विनीता बहुत कमजोर हो गई है। जरा–जरा सी बात पर काटने को दौड़ती है।

196. कानगरमकरना–(दण्डदेना)

शरारती बच्चों के तो कान गरम करने पड़ते हैं।

197. कामतमामकरना–(मारडालना)

भीम ने दुर्योधन का काम तमाम कर दिया।

198. कीचड़उछालना–(बदनामकरना)

नेताओं का कार्य एक–दूसरे पर कीचड़ उछालना रह गया है।

199. कटजाना–(अलगहोना)

मेरी कड़वी बातें सुनकर वह मुझसे कट गया।

200. कदमउखड़ना–(भागखड़ेहोना)

कारगिल में बोफोर्स तोपों की मार से शत्रु के पैर उखड़ गए।

201. कानकतरना–(अधिकहोशियारहोजाना)

राम चालाकी में बड़े–बड़ों के कान कतरता है।

202. काफूरहोना–(गायबहोजाना)

पेन किलर लेते ही मेरा दर्द काफूर हो गया।

203. काजलकीकोठरी–(कलंकलगनेकास्थान)

मेरठ में कबाड़ी बाज़ार रेड लाइट एरिया काजल की कोठरी है, उधर जाने से बदनामी होगी।

204. कूपमण्डूक–(सीमितज्ञान)

झोला छाप डॉक्टरों पर अधिक विश्वास मत करो, ये तो कूप मण्डूक होते हैं।

205. किस्मतफूटना–(बुरेदिनआना)

सीता का हरण करके तो रावण की किस्मत ही फूट गई।

206. कुत्तेकीदुम–(वैसेकावैसा)

वह तो कुत्ते की दुम है, कभी सीधा नहीं होगा।

207. कुएँमेंहीभाँगपड़ना–(सभीलोगोंकीमतिभ्रष्टहोना)

दंगों में तो लगता है, कुएँ में ही भाँग पड़ जाती है।

208. कौड़ीकेमोल–(व्यर्थहोकररहजाना)

अब भी समय है, आँखें खोलो अन्यथा कौड़ी के मोल बिकोगे।

209. कानमेंडालदेना–(सुनादेनायाअवगतकराना)

विनय ने लड़की के बाप के कान में डाल दिया कि वह मोटर साइकिल लेना चाहता है।

210. कालानाग–(खोटायाघातकव्यक्ति)

मुकेश से बचकर रहना, वह तो काला नाग है।

211. किरकिराहोजाना–(विघ्नपड़ना)

कुछ लोगों द्वारा शराब पीकर हुड़दंग मचाने से पिकनिक का मजा किरकिरा हो गया।

212. कायापलटजाना–(औरहीरूपहोजाना)

पिछले कुछ वर्षों में मेरठ की काया ही पलट गई है।

213. कुआँखोदना–(हानिपहुँचाना)

जो दूसरों के लिए कुआँ खोदता है, वह स्वयं उसी में गिरता है।

214. कूचकरजाना–(चलेजाना)
सेना 12 बजे कूच कर गई।
215. कौड़ी–कौड़ीपरजानदेना–(कंजूसहोना)
लाला रामप्रकाश कौड़ी–कौड़ी पर जान देता है, उससे मदद की आशा मत करो।
216. कालेकोसों–(बहुतदूर)
लड़के की नौकरी काले कोसों दूर लगी है, उसका आना भी नहीं होता।
217. कुत्तेकीमौतमरना–(बुरीमौतमरना)
कुपथ पर चलने वाले कुत्ते की मौत मरते हैं।
218. कलमतोड़देना/कररखदेना–(प्रभावपूर्णलेखनकरना)
वायसराय ने कहा, महादेव लेखन में कलम तोड़ देते हैं।
219. कसरलगना–(हानियाक्षतिहोना)
सेठ जी के पूछने पर उनके मुंशी ने बताया कि इस सौदे में उनको दस लाख रुपए की कसर लग गई।
220. कमरकसना–(तैयारहोना)
अरुण ने पी. सी. एस. परीक्षा के लिए कमर कस ली है।
221. कलईखुलना–(भेदखुलनायारहस्यप्रकटहोना)
रामू ने जब मुन्ना की कलई खोल दी, तो उसका चेहरा फीका पड़ गया।
222. कसौटीपरकसना–(परखना)
श्याम परीक्षा की कसौटी पर खरा उतरा।
223. कहतेनबनना–(वर्णननकरपाना)
"मुझे सुधीर की बीमारी का इतना दुःख है कि मुझसे कहते नहीं बन पा रहा है।" राधा ने अपनी सहेली को बताया।
224. कागजीघोड़ेदौड़ाना–(केवललिखा–पढ़ीकरतेरहना)
नौकरी चाहिए तो पहले अच्छी पढ़ाई करो। यों ही घर बैठे कागजी घोड़े दौड़ाने से कोई बात नहीं बनने वाली।
225. कानपरजूंतकनरेंगना–(बिलकुलध्याननदेना)
दुष्ट व्यक्ति को चाहे जितना समझाओ, उसके कान पर जूं तक नहीं रेंगती।
226. कागजकालेकरना–(अनावश्यकलिखना)
प्रश्न का उपयुक्त उत्तर दीजिए, कागज काले करने से क्या लाभ?
227. काठमारजाना–(स्तब्धरहजाना)
टी. टी. के अन्दर घुसते ही बिना टिकट यात्रियों को काठ मार गया।
228. कानकाटना–(पराजितकरना)
रमेश अपने वाक्चातुर्य से अनेक लोगों के कान काट चुका है।
229. कानखड़ेहोना–(आशंकायाखटकाहोनेपरचौकन्नाहोना)
आधी रात के समय कुत्तों को भौंकता देखकर, चौकीदार के कान खड़े हो गए।
230. कानखाना/खाजाना–(ज़्यादाबातेंकरकेकष्टपहुँचाना)
तुम्हारे मोहल्ले के बच्चे तो बड़े बदतमीज़ हैं, इतना शोरगुल करते हैं कि कान खा जाते हैं।
231. कालिखपोतना–(बदनामीकरना)
ओम ने चोरी करके अपने परिवार पर कालिख पोत दी।
232. किताबकाकीड़ा–(हरसमयपढ़ाईमेंलगारहनेवाला)
एकाग्रता के अभाव में किताबी कीड़े भी परीक्षा में असफल हो जाते हैं।
233. किराएकाटट्टूहोना–(कममजदूरीवालाअयोग्यव्यक्ति)
सेठ बनारसीदास का नौकर उनके लिए हमेशा किराए का टट्टू साबित होता है, क्योंकि वह बस उतना ही कार्य करता है, जितना कहा जाता है।

234. किलाफ़तेहकरना–(विजयपाना/विकटयाकठिनकार्यपूराकरडालना) निशानेबाजी की प्रतियोगिता में विजयी होकर अरविन्द ने किला फ़तेह करने जैसी मिसाल कायम की।

235. किस्साखड़ाकरना–(कहानीगढ़ना)

श्वेता और राजा शुरू में इसलिए कम मिला करते थे क्योंकि कहीं लोग उन्हें एक साथ देखकर कोई किस्सा न खड़ा कर दें।

236. कीलकाँटेसेलैस–(पूरीतरहतैयार)

एवरेस्ट पर चढ़ने वाला भारतीय दल पूरी तरह से कील काँटे से लैस था।

237. कुठाराघातकरना–(तीव्रयाज़ोरदारप्रहारकरना)

धर्मवीर ने अपने शत्रु पर इतना ज़ोरदार कुठाराघात किया कि वह एक ही बार में बेहोश हो गया।

238. कूचकाडंकाबजना–(सेनाकायुद्धकेलिएनिकलना)

सेनापति ने जिस समय कूच का डंका बजाया, तो सैनिक युद्ध स्थल की तरफ़ दौड़ गए।

239. कोल्हूकाबैलहोना–(निरन्तरकाममेंलगेरहना)

भाई साहब थोड़ा–बहुत आराम भी कर लिया करो, आप तो कोल्हू का बैल हो रहे हैं।

240. कौएउड़ाना–(बेकारकेकामकरना)

“जब से नौकरी छूटी है हम तो कौए उड़ाने लगे।”सुमित ने अपने एक मित्र से अफसोस जाहिर करते हुए कहा।

241. कंगालीमेंआटागीला–(अभावमेंभीअभाव)

रतन के पास इस समय पैसा नहीं है, मकान के टैक्स ने उसका कंगाली में आटा गीला कर दिया है।

(ख)

242. खरी–खोटीसुनाना–(बुरा–भलाकहना)

परीक्षा में फेल होने पर रमेश को खरी–खोटी सुननी पड़ी।

243. ख्यालीपुलावपकाना–(कल्पनाएँकरना)

मूर्ख व्यक्ति ही सदैव ख्याली पुलाव पकाते हैं, क्योंकि वे कुछ करने से पहले ही अपने ख्यालों में खो जाते हैं।

244. खाकमेंमिलना–(पूर्णतः नष्टहोना)“राजन क्यों रो रहे हो ?” उसके एक मित्र ने पूछा, तो उसने रोते हुए जवाब दिया, “हमारा मालजहाज में आ रहा था, वह समुद्र में डूबा गया, मैं तो अब खाक में मिल गया।”

245. खाकछानना–(दर–दरभटकना)

आज के युग में अच्छे–अच्छे लोग बेरोज़गारी के कारण खाक छान रहे हैं।

246. खालाजीकाघर–(जहाँमनमानीचले)

मनमानी करने की आदत छोड़ दो क्योंकि यहाँ के कुछ नियम–कानून हैं, इसे ‘खालाजी का घर’ मत बनाओ।

247. खिचड़ीपकाना–(गुप्तमन्त्रणाकरना)

राजनीति में कौन किसका दोस्त और कौन किसका दुश्मन है; अन्दर ही अन्दर एक–दूसरे के विरुद्ध खिचड़ी पकती रहती है।

248. खीरा–ककड़ीसमझना–(दुर्बलऔरतुच्छसमझना)

“रणभूमि में अपने दुश्मन को हमेशा खीरा–ककड़ी समझकर उस पर टूट पड़ना चाहिए।”कमाण्डर अपने सैनिकों को समझा रहे थे।

249. खून–पसीनाएककरना–(कठिनपरिश्रमकरना)

हमारे किसान खून–पसीना एक करके अन्न पैदा करते हैं।

250. खेल–खेलमें–(आसानीसे)

आजकल लोग खेल–खेल में एम. ए. पास कर लेते हैं।

251. खेतरहना–(युद्धमेंमाराजाना)

“कारगिल युद्ध में ‘बी फॉर यू’टुकड़ी के केवल दो सैनिक ही खेत रहे थे”’ टुकड़ी के कमाण्डर ने अपने अधिकारी को बताया।

252. खोपड़ीकोमानजाना–(बुद्धिकालोहामानना)

सभी विरोधी दल श्री नरेन्द्र मोदी की खोपड़ी को मान गए।

253. खूनखौलना–(गुस्साचढ़ना)

कारगिल पर पाकिस्तान के कब्जे से भारतीय सैनिकों का खून खौल उठा।

254. खूनसवारहोना–(किसीकोमारडालनेकेलिएउद्यतहोना) रमेश के सिर पर खून सवार हो गया जब उसने देखा कि कुछ लड़के उसके भाई को मार रहे थे।

255. खराखेलफर्रुखाबादी–(निष्कपटव्यवहार)

राजीव तो सभी से खरा खेल फर्रुखाबादी खेलता है।

256. खुलेहाथ–(उदारतासे)

बहुत से धनी लोग खुले हाथ से दान देते हैं।

257. खूनखुश्कहोना–(भयभीतहोना)
सेना को देख आतंकवादियों का भय से खून खुश्क हो जाता है।
258. खालउधेड़ना–(कड़ादण्डदेना)
यदि तुमने फिर चोरी की तो खाल उधेड़ दूंगा।
259. खूनकेचूंटपीना–(बुरीलगनेवालीबातकोसहलेना)
ससुराल में अपने घरवालों के विषय में आपत्तिजनक बातें सुनकर राधिका खून के चूंट पीकर रह गयी थी।
260. खूनपीना–(तंगकरना/मारडालना)
साहूकार ने तो किसानों का खून पी लिया है।
261. खूनसफेदहोजाना–(दयानरहजाना)
उस पर अनेक हत्या, अपहरण जैसे अभियोग हैं, उसे जघन्य कृत्य करने में संकोच नहीं है, क्योंकि उसका खून सफेद हो गया है।
262. खूटेकेबलकूदना–(कोईसहारामिलनेपरअकड़ना)
छोटे–मोटे गुण्डे किसी खूटे के बल ही कूदते हैं।

(ग)

263. गलेकाहारहोना–(अत्यन्तप्रियहोना)
तुलसीदास द्वारा कृत रामचरितमानस जनता के गले का हार है।
264. गड़ेमुर्देउखाड़ना–(पुरानीबातोंपरप्रकाशडालना)
आजकल पाकिस्तान गड़े मुर्दे उखाड़ने की कोशिश कर रहा है, मगर भारत बड़े सब्र से काम ले रहा है।
265. गिरगिटकीतरहरंगबदलना–(किसीबातपरस्थिरनरहना)
राजनीति में लोग गिरगिट की तरह रंग बदलते हैं।
266. गुरुघण्टाल–(बहुतधूर्त)
आपकी लापरवाही से आपका लड़का गुरु घण्टाल हो गया है।
267. गुस्सानाकपररहना–(जल्दीक्रोधितहोजाना)
"जब से मीना की शादी हुई है तब से तो उसकी नाक पर ही गुस्सा रहने लगा।"मीना की सहेलियाँ आपस में बातें कर रही थीं।
268. गूलरकाफूल–(असम्भवबात/अदृश्यहोना)
आजकल बाजार में शुद्ध देशी घी मिलना गूलर का फूल हो गया है।
269. गाँठबाँधना–(यादरखना)
यह मेरी बात गाँठ बाँध लो, जो परिश्रम करेगा, वही सफलता प्राप्त करेगा।
270. गुदड़ीकालाल–(असुविधाओंमेंउन्नतहोनेवाला)
ए. पी. जे. अब्दुल कलाम गुदड़ी के लाल थे।
271. गोबरगणेश–(बुद्ध)
आज के युग में गोबर गणेश लोगों की गुंजाइश नहीं है।
272. गालफुलाना–(रूठना)
बच्चों को पढ़ाई करने को कहो, तो गाल फुला लेते हैं।
273. गँवारकीअक्लगर्दनमें–(मूर्खकोदण्डमिले, तभीहोशमेंआताहै।)बहुत समझाने पर तुमने जुआ, चोरी, शराब पीने की आदत नहीं छोड़ी। जब पुलिस ने जमकर पीटातभी तुमने यह बुरी आदतें छोड़ी। सचमुच तुमने साबित कर दिया, गँवार की अक्ल गर्दन में रहती है।
274. गीदड़–भभकी–(दिखावटीक्रोध)
हम उसे अच्छी तरह जानते हैं, हम उसकी गीदड़ भभकियों से डरने वाले नहीं हैं।
275. गागरमेंसागरभरना–(थोड़ेमेंबहुतकुछकहना)
बिहारी जी ने बिहारी सतसई में गागर में सागर भर दिया है।
276. गालबजाना–(डींगहाँकना)
तुम्हारे पास धेला नहीं, पता नहीं क्यों गाल बजाते फिरते हो।
277. गोलकरजाना–(गायबकरदेना)
चालाक व्यक्ति सही बातों का उत्तर गोल कर जाते हैं।
278. गढ़जीतना–(कठिनकार्यपूराहोना)

मनोज का पी. सी. एस. में चयन हो गया, समझो उसने गढ़ जीत लिया।

279. गुस्सापीजाना–(क्रोधरोकना)

व्यापारी गुस्सा पीना भली–भाँति जानता है।

(घ)

280. घड़ोंपानीपड़ना–(बहुतलज्जितहोना)

कल्लू बहुत अकड़ रहा था, साहब के डाँटने पर उस पर घड़ों पानी पड़ गया।

281. घरफूंकतमाशादेखना–(अपनानुकसानकरकेआनन्दमनाना)

घर फूंक तमाशा देखने वालों को कष्ट उठाना पड़ता है।

282. घाट–घाटकापानीपीना–(बहुतअनुभवप्राप्तकरना)

मुझसे चाल मत चलो, मैं घाट–घाट का पानी पी चुका हूँ।

283. घावपरनमकछिड़कना–(दुःखीकोऔरदुःखीकरना)

रामू अस्वस्थ तो था ही, परीक्षा में असफलता की सूचना ने घाव पर नमक छिड़क दिया।

284. घासछीलना–(व्यर्थसमयबिताना)

हमने पढ़कर परीक्षा उत्तीर्ण की है, घास नहीं खोदी है।

285. घातलगाना–(ताकमेंरहना/उचितअवसरकीप्रतीक्षामेंरहना)

पुलिस के हटते ही उपद्रवियों ने घात लगाकर दुर्घटना करने वाली बस पर हमला कर दिया।

286. घीकेदीएजलाना–(खुशियाँमनाना)

पृथ्वीराज की मृत्यु सुनकर जयचन्द ने घी के दीए जलाए।

287. घोड़ेबेचकरसोना–(निश्चिन्तहोकरसोना)

परीक्षा के बाद सभी छात्र कुछ दिन घोड़े बेचकर सोते हैं।

288. घोड़ेदौड़ाना–(अत्यधिककोशिशकरना)

माया ने निहाल से दुश्मनी लेकर अपने खूब घोड़े दौड़ा लिए, लेकिन वह अभी तक उसका कुछ नहीं बिगाड़ सकी।

289. घीखिचड़ीहोना–(खूबमिल–जुलजाना)

रिश्तेदारों को घी खिचड़ी होकर रहना चाहिए।

290. घरकानघाटका–(कहींकानहीं)

राजीव तुम पहले अपनी पढ़ाई पूरी कर लेते तो अच्छा होता। नौकरी के चक्कर में 'न घर का न घाट का'वाली स्थिति होने की आशंका अधिक है।

291. घरमेंगंगाबहना–(अनायासलाभप्राप्तहोना)

मनोज के पास पाँच भैंसे हैं, दूध की कोई कमी नहीं, घर में गंगा बहती है।

292. घिग्घीबँधना–(डरकेकारणबोलनपाना)

पुलिस के सामने चोर की घिग्घी बँध गई।

293. घोड़ेपरचढ़ेआना–(उतावलीमेंहोना)

जब आते हो घोड़े पर चढ़े आते हो, थोड़ा सब्र करो, सौदा मिलेगा।

294. घटमेंबसना–(मनमेंबसना)

ईश्वर तो प्रत्येक व्यक्ति के घट में बसता है।

295. घरकाटेखाना–(मननलगना/सूनापनअखरना)

भूकम्प में उसका सर्वनाश हो चुका था, अब तो अभागे को घर काटे खाता है।

296. घावहराकरना–(भूलेदुःखकीयाददिलाना)

मेरे अतीत को छेड़कर तमने मेरा घाव हरा कर दिया।

297. घुटनेटेकना–(अपनीहार/असमर्थतास्वीकारकरना)

भारतीय क्रिकेट टीम के समक्ष टेस्ट श्रृंखला में ऑस्ट्रेलिया ने घुटने टेक दिए।

298. घूरेकेदिनफ़िरना–(कमज़ोरआदमीकेअच्छेदिनआना)

विधवा ने मेहनत मजदूरी करके अपने बच्चों को पाला। अब बच्चे कामयाब हो गए हैं, तो अच्छा कमा रहे हैं। सच है घूरे के दिन भी फ़िरते हैं।

299. चकजमाना–(पूरीतरहसेअधिकारयाप्रभुत्वस्थापितहोना)
चन्द्रगुप्त मौर्य ने सम्पूर्ण आर्यावर्त पर चक जमा लिया था।
300. चंगुलमेंफँसना–(मीठी–मीठीबातोंसेवशमेंकरना)
आजकल बाबा लोग सीधे–सादे लोगों को चंगुल में फँसा लेते हैं।
301. चाँदीकाजूतामारना–(रिश्वतयाघूसदेना)
आजकल सरकारी कार्यालयों में बिना चाँदी का जूता मारे काम नहीं हो पाता है।
302. चाँदपरथूकना–(भलेव्यक्तिपरलांछनलगाना)
महात्मा गाँधी की बुराई करना चाँद पर थूकना है।
303. चित्तपरचढ़ना–(सदास्मरणरहना)
अनुज का दिमाग बहुत तेज है, उसके चित्त पर जो बात चढ़ जाती है, फिर वह उसे कभी नहीं भूलता।
304. चादरसेबाहरपाँवपसारना–(सीमाकेबाहरजाना)
चादर से बाहर पैर पसारने वाले लोग कष्ट उठाते हैं।
305. चुल्लूभरपानीमेंडूबमरना–(शर्मकेमारेमुँहनदिखाना)
आप इतने सभ्य परिवार के होते हुए भी दुष्कर्म करते हैं, आपको चुल्लू भर पानी में डूब मरना चाहिए।
306. चूलेंढीलीकरना–(अधिकपरिश्रमकेकारणबहुतथकावटहोना) इस लेखन कार्य ने तो मेरी चूलें ही ढीली कर दीं।
307. चुटियाहाथमेंहोना–(संचालन–सूत्रहाथमेंहोना, पूर्णतःनियन्त्रणमेंहोना) "भागकर कहाँ जाएगा, उसकी चुटिया हमारे हाथ में है।" शत्रु के घर में उसे न पाकर चौधरीरणधीर ने उसकी पत्नी के सामने झल्लाकर कहा।
308. चेरीबनाना/बनालेना–(दासयागुलामबनालेना)
"हमारे गाँव का प्रधान इतना शातिर दिमाग का है कि वह सभी जरूरत मन्द लोगों को चेरी बना लेता है।
309. चूनालगाना–(धोखादेना)
प्राय: विश्वासपात्र लोग ही चूना लगाते हैं।
310. चारपाईसेलगना–(बीमारीसेउठनपाना)
ध्रुव की दुर्घटना क्या हुई, वह तो चारपाई से ही लग गया।
311. चण्डालचौकड़ी–(निकम्मेबदमाशलोग)
राजनीति में प्राय: चण्डाल चौकड़ी नेता को घेरे रहती है।
312. चाँदखुजलाना–(पिटनेकीइच्छाहोना)
विनय तुम सुबह से शरारत कर रहे हो, लगता है तुम्हारी चाँद खुजला रही है।
313. चारदिनकीचाँदनी–(कमदिनोंकासुख)
दीपावली में खूब बिक्री हो रही है, दुकानदारों की तो चार दिन की चाँदनी है।
314. चचाबनाकरछोड़ना–(खूबमरम्मतकरना)
ग्रामीणों ने चोर को चचा बनाकर छोड़ा।
315. चलबसना–(मरजाना)
लम्बी बीमारी के पश्चात् बाबा जी चल बसे !
316. चींटीकेपरनिकलना–(मरनेकेदिननिकटआना)
आजकल संजीव पुलिस से भिड़ने लगा है, लगता है चींटी के पर निकल आए हैं।
317. चोलीदामनकासाथ–(अत्यन्तनिकटता)
पुलिस और पत्रकारों का तो चोली दामन का साथ है।
318. चैनकीबंशीबजाना–(मौज़करना)
जो लोग कम ही उम्र में काफी धन अर्जित कर लेते हैं, वे बाकी की ज़िन्दगी चैन की बंशी बजा सकते हैं।
319. चिरागतलेअँधेरा–(अपनादोषस्वयंदिखाईनहींदेता)
शाकाहार का उपदेश देते हो और घर में मांसाहारी भोजन बनता है, सच है चिराग तले अँधेरा।
320. चोरकीदाढ़ीमेंतिनका–(अपराधीसदैवसशंकरहताहै)
अपराधी प्रवृत्ति वाले व्यक्ति के मन में हमेशा एक खटका बना रहता है मानो "चोर की दाढ़ी में तिनका' हो।
321. चारचाँदलगना–(शोभाबढ़जाना)

किसी पार्टी में ऐश्वर्य राय के पहुँच जाने से पार्टी में चार चाँद लग जाते हैं।

322. चेहरेपरहवाइयाँउड़ना–(आश्चर्य)

रिश्वत लेते पकड़े जाने पर सिपाही के चेहरे पर हवाइयाँ उड़ने लगीं।

323. चूड़ियाँपहनना–(कायरहोना)

चूड़ियाँ पहनकर बैठने से काम नहीं चलेगा, कुछ बदलने के लिए संघर्ष करना पड़ेगा।

(छ)

324. छक्केछूटना–(हिम्मतहारना)

आन्दोलनकारियों ने अंग्रेज़ों के छक्के छुड़ा दिए।

325. छप्परफाड़करदेना–(अनायासहीधनकीप्राप्ति)

ईश्वर किसी–किसी को छप्पर फाड़कर देता है।

326. छातीपरमूंगदलना–(निरन्तरदुःखदेना)

वह कई वर्षों से घर में निठल्ला बैठकर अपने पिताजी की छाती पर मूंग दल रहा है।

327. छातीभरआना–(दिलपसीजना)

दुर्घटनाग्रस्त सोहन को मृत्यु–शैय्या पर तड़पते देखकर उसके मित्र चिंटू की छाती भर आई।

328. छाँहनछूनेदेना–(पासतकनआनेदेना)

मैं बुरे आदमी को अपनी छाँह तक छूने नहीं देता।

329. छठीकादूधयाददिलाना–(संकटमेंडालदेना)

भारतीयों ने, पाकिस्तानी सेना को छठी का दूध याद दिला दिया।

330. छूमन्तरहोना–(गायबहोजाना)

मेरा पर्स यहीं रखा था, पता नहीं कहाँ छूमन्तर हो गया।

331. छक्केछुड़ाना–(हिम्मतपस्तकरना)

भारतीय खिलाड़ियों ने विपक्षी टीम के छक्के छुड़ा दिए।

332. छक्का –पंजाभूलना–(कुछभीयादनरहना)

अधिकारी को देखते ही कर्मचारी छक्के–पंजे भूल गए।

333. छातीठोंकना–(साहसदिखाना)

अन्याय के खिलाफ़ छाती ठोंककर खड़े होने वाले कितने लोग होते हैं।

(ज)

334. जानकेलालेपड़ना–(जानपरसंकटआजाना)

नौकरी छूटने से उसके तो जान के लाले पड़ गए।

335. जबानकैंचीकीतरहचलना–(बढ़–चढ़करतीखीबातेंकरना)

कर्कशा की जबान कैंची की तरह चलती है।

336. जबानमेंलगामनहोना–(बिनासोचेसमझेबिनालिहाजकेबातेंकरना) मनोहर इतना असभ्य है कि उसकी जबान में लगाम ही नहीं है।

337. जलतीआगमेंघीडालना–(क्रोधभड़काना)

धनुष टूटा देखकर परशुराम क्रोधित थे ही कि लक्ष्मण की बातों ने जलती आग में घी डालने का काम कर दिया।

338. जड़जमना–(अच्छीतरहप्रतिष्ठितयाप्रस्थापितहोना)

अब तो नेता ने पार्टी में अपनी जड़ें जमा ली हैं। पार्टी उन्हें इस बार उच्च पद पर नियुक्त करेगी।

339. जानमेंजानआना–(चैनमिलना)

खोया हुआ बेटा मिला तो माँ की जान में जान आई।

340. जहरकाघूँटपीना–(कड़ीऔरकड़वीबातसुनकरभीचुपरहना)

निर्बल व्यक्ति शक्तिशाली आदमी की हर कड़वी बात को ज़हर के घूट की तरह पी जाता है।

341. जिगरीदोस्त–(घनिष्ठमित्र)

राम और श्याम जिगरी दोस्त हैं।

342. ज़िन्दगीकेदिनपूरेकरना–(कठिनाईमेंसमयबिताना)

आज के युग में किसान और मज़दूर अपनी ज़िन्दगी के दिन पूरे कर रहे हैं।

343. जीतीमक्खीनिगलना–(जानबूझकरअन्यायसहना)
आप जैसे समझदार को जीती मक्खी निगलना शोभा नहीं देता।
344. जीचुराना–(किसीकामयापरिश्रमसेबचनेकीचेष्टाकरना)
पढ़ने–लिखने से मैंने एक दिन के लिए भी कभी जी नहीं चुराया।
345. ज़मीनपरपैरनरखना–(अकड़करचलना)
जब से राजेश नायब तहसीलदार हुआ, वह ज़मीन पर पैर नहीं रखता।
346. जोड़–तोड़करना–(उपायकरना)
अब तो जोड़–तोड़ की राजनीति करने वालों की कमी नहीं है।
347. जली–कटीसुनाना–(बुरा–भलाकहना)
रमेश का कटाक्ष सुनकर सुरेश ने उसे खूब जली–कटी सुनाई थी।
348. जूतियाँचाटना–(चापलूसीकरना)
स्वाभिमानी व्यक्ति किसी की जूतियाँ नहीं चाटता।
349. जानहथेलीपररखना–(प्राणोंकीपरवाहनकरना)
सेना के जवान जान हथेली पर रखकर देश की रक्षा करते हैं।
350. जितनेमुँहउतनीबातें–(एकहीविषयपरअनेकमतहोना)
ताजमहल के सौन्दर्य के विषय में जितनी मुँह उतनी बातें हैं।
351. जीखट्टाहोना–(विरतहोना)
पुत्र के व्यवहार से पिता का जी खट्टा हो गया।
352. जामेसेबाहरहोना–(अतिक्रोधितहोना)
राजेश को यदि सरकण्डा कहो तो वह जामे से बाहर हो जाता है।
353. ज़हरकीपुड़िया–(मुसीबतकीजड़)
उसकी बातों पर मत जाना, वह तो ज़हर की पुड़िया है।
354. जोंकहोकरलिपटना–(बुरीतरहपीछेपड़ना)
किसान के ऊपर साहूकार का ऋण जोंक की तरह लिपट जाता है।
355. जीभरआना–(दुःखीहोना)
संजय की मृत्यु का समाचार सुनकर मेरा जी भर आया।
356. जहरउगलना–(कड़वीबातेंकरना)
तुम जहर उगलकर किसी से अपना कार्य नहीं करा सकते।
357. झण्डागड़ना–(अधिकारजमाना)
दुनिया में उन्हीं लोगों के झण्डे गड़े हैं, जो अपने देश पर कुर्बान होते हैं।
358. झकझोरदेना–(हिलादेना/पूर्णतः त्रस्तकरदेना)
पिता की मृत्यु, ने उसे बुरी तरह झकझोर दिया।
359. झाँव–झाँवहोना–(जोरोंसेकहा–सुनीहोना)
इन दो गुटों के बीच झाँव–झाँव होती रहती है।
360. झाड़ूफिरना/फिरजाना–(नष्टकरना)
वार्षिक परीक्षा के दौरान मार्ग–दुर्घटना में घायल होने के कारण राकेश की सारी मेहनत पर झाड़ू फिर गयी।
361. झुरमुटमारना–(बहुतसेलोगोंकाघेराबनाकरखड़ेहोना)
युद्ध में सैनिक जगह–जगह झुरमुट मारकर लड़ रहे हैं।
362. झूमनेलगना–(आनन्द–विभोरहोजाना)
ऋद्धि के भजनों को सुनकर सभागार में उपस्थित सभी लोग झूम उठे।

(ट)

363. टिप्पसलगाना–(सिफारिशकरवाना)
आजकल मामूली काम के लिए मन्त्रियों से टिप्पस लगवाए जाते हैं।
364. टूटपड़ना–(आक्रमणकरना)

भारत की सेना पाकिस्तानी सेना पर टूट पड़ी और उसका विनाश कर दिया।

365. टेढ़ीखीर–(कठिनकामयाबात)

हिमालय के शिखर पर चढ़ना टेढ़ी खीर है।

366. टका–साजवाबदेना–(साफ़इनकारकरदेना)

अटल जी ने अमेरिका को टका–सा जवाब दे दिया कि भारतीय सेना इराक नहीं जाएगी।

367. टाटउलटना–(दिवालानिकलना)

चाँदी की कीमत में एकाएक गिरावट आने से उसे भारी घाटा उठाना पड़ा और अन्ततः उसकी टाट ही उलट गई।

368. टोपीउछालना–(बेइज्जतीकरना)

तुमने अपने पिता की टोपी उछालने में कोई कमी नहीं की है।

369. टाँगअड़ाना–(व्यवधानडालना)

बहुत से लोगों को दूसरों के काम में टाँग अड़ाने की बुरी आदत होती है।

370. टाँय–टाँयफिसहोना–(कामबिगड़जाना)

व्यावहारिक बुद्धि के अभाव से मुहम्मद तुगलक की सारी योजनाएँ टाँय–टाँय फिस हो गईं।

371. ठण्डेकलेजेसे–(शान्तहोकर/शान्तभावसे)

जनाब एक बार ठण्डे कलेजे से फिर सोच लीजिएगा, हमारी बात बन सकती।

372. ठूंठहोना–(निष्प्राणहोना)

अब तो उसका समस्त परिवार ठूंठ होने पर आया है।

373. ठन–ठनगोपाल–(पैसापासनहोना)

अधिक खर्च करने वालों की हालत यह होती है कि महीने के अन्त में ठन–ठन गोपाल हो जाते हैं।

374. ठौर–ठिकानेलगना–(आश्रयमिलना)

अजनबी को किसी भी शहर में जल्दी से ठौर–ठिकाना नहीं मिलता।

375. ठीकराफोड़ना–(दोषलगाना)

राजनीतिक दल नाकामी का ठीकरा एक–दूसरे के सिर पर फोड़ते रहते हैं।

(ड)

376. डंकमारना–(घोरकष्टदेना)

वह मित्र सच्चा मित्र कभी नहीं हो सकता, जो अपने मित्र को डंक मारता हो।

377. डंडपेलना–(निश्चिन्ततापूर्वकजीवनयापनकरना)

बाप लाखों की सम्पत्ति छोड़ गए हैं, बेटा राम डंड पेल रहे हैं।

378. डालीदेना–(अधिकारियोंकोप्रसन्नरखनेकेलिएकुछभेंटदेना)

घुसपैठिए अधिकारियों को डाली देकर ही सीमा पार कर सकते हैं।

379. डींगमारना–(अनावश्यकबातेंकहना)

काम करने वाला व्यक्ति डींग नहीं मारता।

380. डूबना–उतराना–(संशयमेंरहना)

अपने कमरे में अकेली पड़ी मानसी रात–भर गहरे सोच–विचार में डूबती–उतरती रही।

381. डंकाबजना–(ख्यातिहोना)

सचिन तेन्दुलकर का डंका दुनिया में बज रहा है।

382. डेढ़चावलकीखिचड़ीपकाना–(बहुमतसेअलगरहना)

राजेश सदा अपनी डेढ़ चावल की खिचड़ी पकाता है।

383. डाढ़ीपेटमेंहोना–(छोटीउम्रमेंहीबहुतज्ञानहोना)

आवेश के पेट में तो डाढ़ी है।

384. डेढ़बीताकलेजाकरना–(अत्यधिकसाहसदिखाना)

सेना के जवान युद्ध क्षेत्र में डेढ़ बीता कलेजा करके जाते हैं।

385. ढंगपरचढ़ना–(प्रभावयावशमेंकरना)

प्रभात ने सुरेश को ऐसे चक्रव्यूह में फँसाया कि उसे ढंग पर चढ़ा दिया।

386. ढोंगरचना–(किसीकोमूर्खबनानेकेलिएपाखण्डकरना)
चतुर लोग अपना काम निकालने के लिए कई प्रकार के ढोंग रच लेते हैं।
387. ढिंढोरापीटना–(प्रचारकरना)
तुम्हें कोई बात बताना ठीक नहीं, तुम तो उसका ढिंढोरा पीट दोगे।
388. ढाईदिनकीबादशाहत–(थोड़ेसमयकेलिएपूर्णअधिकार
मिलना) जहाँदारशाह की तो ढाई दिन की बादशाहत रही थी।

(त)

389. तंगआजाना–(परेशानहोजाना)
उनकी रोज़–रोज़ की किलकिल से तो मैं तंग आ गया हूँ।
390. तकदीरकाखेल–(भाग्यमेंलिखीहईबात)
अमीरी–गरीबी, यह सब तकदीर का खेल है।
391. तबलचीहोना–(सहायककेरूपमेंहोना)
चाटुकार और स्वार्थी कर्मचारी अपने अधिकारी के तबलची बनकर रहते।
392. ताकपररखना–(व्यर्थसमझकरदूरहटाना)
परीक्षा अब समीप है और तुमने अपनी सारी पढ़ाई ताक पर रख दी।
393. तीसमारखाँबनना–(अपनेकोशूरवीरसमझबैठना)
गोपी अपने को तीसमार खाँ समझता था और जब गाँव में चोर आए, तो वह घर से बाहर नहीं निकला।
394. तिलकाताड़बनाना–(किसीबातकोबढ़ा–चढ़ाकरकहना)
सुरेश हमेशा हर बात का तिल का ताड़ बनाया करता है।
395. तार–तारहोना–(पूरीतरहफटजाना)
तुम्हारी कमीज तार–तार हो गई है, अब तो इसे पहनना छोड़ दो।
396. तेलीकाबैल–(हरसमयकाममेंलगेरहना)
अनिल तो तेली के बैल की तरह काम करता रहता है।
397. तुर्की–ब–तुर्कीबोलना–(जैसेकोतैसा)
मैं आपसे शिष्टतापूर्वक बोल रहा हूँ, यदि आप और गलत बोले तो मैं तुर्की– ब–तुर्की बोलूँगा।
398. तीन–तेरहकरना–(पृथक्ताकीबातकरना)
पाकिस्तान में ही अलगाववादी नेता पाकिस्तान को तीन तेरह करने की बात करते हैं।
399. तीन–पाँचकरना–(टाल–मटोलकरना)
आप मुझसे तीन–पाँच मत कीजिए, जाकर प्रधानाचार्य से मिलिए।
400. तालूसेजीभनलगना–(बोलतेरहना)
शीला की तो तालू से जीभ ही नहीं लगती हर समय बोलती ही रहती है।
401. तूतीबोलना–(रौबजमाना)
मायावती की बसपा में तूती बोलती है।
402. तेलकीकचौड़ियोंपरगवाहीदेना–(सस्तेमेंकामकरना)
सुनील ने लालाजी से कहा कि आप अधिक पैसे भी नहीं देना चाहते और खरा काम चाहते हैं। भला तेल की कचौड़ियों पर कौन गवाही देगा।
403. तालूमेंदाँतजमना–(विपत्तियाबुरासमयआना)
पहले मुकेश की नौकरी छूट गई फिर बीबी–बच्चे बीमार हो गए। लगता है उनके तालू में दाँत जम गए हैं।
404. तेवरचढ़ना–(गुस्साहोना)
अपने पिताजी का अपमान होते देखकर राजीव के तेवर चढ़ गए थे।
405. तारेगिनना–(रातकोनींदनआना)
रघु, राजीव की प्रतीक्षा में रात–भर तारे गिनता रहा।
406. तलवेचाटना–(खुशामदकरना)
चुनाव की घोषणा होते ही चन्दा पाने के लिए राजनीतिक दल के नेता पूँजीपतियों के तलवे चाटने लगते हैं।

(थ)

407. थालीकाबैंगन–(ढुलमुलविचारोंवाला/सिद्धान्तहीनव्यक्ति)
सूरज थाली का बैंगन है, उससे हमेशा बचकर रहना।
408. थुड़ी–थुड़ीहोना–(बदनामीहोना)
शेरसिंह के दुराचार के कारण पूरे गाँव में उसकी थुड़ी–थुड़ी हो गई।
409. थैलीकामुँहखोलना–(खुलेदिलसेव्ययकरना)
बेटी के विवाह में सुलेखा ने थैली का मुँह खोल दिया था।
410. थूककरचाटना–(कहीहुईबातसेमुकरजाना)
कल्याण सिंह ने थूककर चाट लिया और भाजपा में पुनः प्रवेश कर लिया।
411. थाहलेना–(किसीगुप्तबातकाभेदजानना)
शर्मा जी की थाह लेना आसान नहीं है, वे बहुत गहरे इनसान हैं।

(द)

412. दंगरहजाना–(अत्यधिकचकितरहजाना)
अन्त में अर्जुन और कर्ण का भीषण युद्ध हुआ, दोनों का युद्ध देखकर सारे। लोग दंग रह गए।
413. दाँतोंतलेउँगलीदबाना–(आश्चर्यचकितहोना)
शिवाजी की वीरता देखकर औरंगजेब ने दाँतों तले उँगली दबा ली।
414. दालमेंकालाहोना–(संदेहहोना)
राम और श्याम को एकान्त में देखकर मैंने समझ लिया कि दाल में काला है।
415. दुमदबाकरभागना/भागजाना/भागखड़ेहोना–(चुपचापभाग जाना) घर में तीसमार खाँ बनता है और बाहर कमज़ोर को देखकर भी दुम दबाकर भाग जाता है।
416. दूधकादूधऔरपानीकापानी–(पूर्णन्यायकरना)
आजकल न्यायालयों में दूध का दूध और पानी का पानी नहीं हो पाता है।
417. दोनावोंपरसवारहोना–(दुविधापूर्णस्थितिमेंहोनायाखतरेमें डालना) श्यामलाल नौकरी करने के साथ–साथ यूनिवर्सिटी की परीक्षा की तैयारी करते हुए सोच रहा था कि क्या उसके लिए दो नावों पर सवारी करना उचित रहेगा?
418. द्वारझाँकना–(दान, भिक्षाआदिकेलिएकिसीकेदरवाजेपरजाना)
आप जैसे वेदपाठी ब्राह्मण, गुरु–दक्षिणा के लिए हमारे पास आएँ और यहाँ से निराश लौटकर किसी का द्वार झाँके, यह नहीं हो सकता।
419. दिन–रातएककरना–(प्रयासकरतेरहना)
श्यामलाल ने अपने मित्र गोपी को उन्नति करते देख कह ही दिया–"अब तो तुमने दिन–रात एक कर रखे हैं, तभी तो उन्नति कर रहे हो।"
420. दिमागदिखाना–(अहम्भावप्रदर्शितकरना)
"क्या बताऊँ दोस्त, लड़के वाले तो आजकल बड़े दिमाग दिखा रहे हैं।" अपने एक मित्र के पूछने पर दिलावर ने बताया।
421. दिनदूनीरातचौगुनीहोना–(बहुतशीघ्रउन्नतिकरना)
अरिहन्त प्रकाशन दिन दूनी रात चौगुनी उन्नति कर रहा है।
422. दूधकाधुलाहोना–(बहुतपवित्रहोना)
तुम भी दूध के धुले नहीं हो, जो मुझ पर दोष लगा रहे हो।
423. दाँतकाटीरोटी–(घनिष्ठमित्रता)
किसी समय मेरी उससे दाँत काटी रोटी थी।
424. दानापानीउठना–(जगहछोड़ना)
विकास की तबदीली हो गई है, यहाँ से उसका दाना पानी उठ गया है।
425. दिलकागुबारनिकालना–(मनकीबातकहदेना)
अजय ने सुनील को बुरा–भला कहा जिससे उसके दिल का गुबार निकल गया।
426. दिनपहाड़होना–(कार्यकेअभावमेंसमयगुजारना)
जून के महीने में दिन पहाड़ हो जाते हैं।
427. दाहिनाहाथ–(बहुतबड़ासहायकहोना)

अमर सिंह मुलायम सिंह का दाहिना हाथ था।

428. दमड़ीकेतीनहोना–(सस्तेहोना)

अब वह जमाना गया जब दमड़ी के तीन सन्तरे मिलते थे।

429. दिनमेंतारेदिखाईदेना–(बुद्धिचकरानेलगना)

यदि ज़्यादा बोले तो ऐसा थप्पड़ मारूंगा दिन में तारे दिखाई देने लगेंगे।

430. दमभरना–(भरोसाकरना)

अब तो तुम मुसीबत में फँसे हो, कहाँ है वे तुम्हारे सभी दोस्त, जिनका तुम दम भरते थे?

431. दिमागआसमानपरचढ़ना–(बहुतघमण्डहोना)

कभी–कभी उसका दिमाग आसमान पर चढ़ जाता है।

432. दर–दरकीठोकरेंखाना–(बहुतकष्टउठाना)

पूँजीवादी व्यवस्था में करोड़ों बेरोज़गार दर–दर की ठोकरें खा रहे हैं।

433. दाँतखट्टेकरना–(पराजितकरना)

भारत ने आस्ट्रेलिया क्रिकेट टीम के टेस्ट सीरीज में दाँत खट्टे कर दिए।

434. दिलभरआना–(शोकाकुलहोनायाभावुकहोना)

संजय की मृत्यु का समाचार सुनकर दिल भर आया।

435. दाँतपीसकररहजाना–(क्रोधरोकलेना)

चीन के खिलाफ अमेरिका दाँत पीसकर रह जाता है।

436. दिनोंकाफेरहोना–(भाग्यकाचक्कर)

पहले गोयल साहब से कोई सीधे मुँह बात नहीं करता था, आज पैसा आ गया तो हर कोई उनके आगे–पीछे घूम रहा है। यही तो दिनों का फेर है।

437. दिलमेंफफोलेपड़ना–(अत्यन्तकष्टहोना)

रमेश के पुनः अनुत्तीर्ण होने पर उसके दिल में फफोले पड़ गए हैं।

438. दालजूतियोंमेंबँटना–(अनबनहोना)

पड़ोसी से पहले जैन साहब की घुटती थी, बच्चों में लड़ाई हो गई, तो अब दाल जूतियों में बँटने लगी।

439. देवताकूचकरजाना–(घबराजाना)

पुलिस की पूछताछ से पहले ही नौकर के देवता कूच कर गए।

440. दोदिनकामेहमान–(जल्दीमरनेवाला)

उसकी दादी बहुत बीमार हैं, लगता है बस दो दिन की मेहमान हैं।

441. दमड़ीकेलिएचमड़ीउधेड़ना–(छोटी–सीबातकेलिएअधिकमाँग करनायादण्डदेना) मात्र एक कप का प्याला टूट गया तो तुमने उसे बुरी तरह मारा, इस पर पड़ोसी ने कहा तुम्हें दमड़ी के लिए चमड़ी उधेड़ना शोभा नहीं देता।

442. दुमदबाकरभागना–(डरकरकुत्तेकीभाँतिभागना)

पुलिस के आने पर चोर दुम दबाकर भाग गए।

443. दूधकेदाँतनटूटना–(ज्ञानवअनुभवनहोना)

अभी तो तुम्हारे दूध के दाँत भी नहीं टूटे हैं और चले हो बड़े–बड़े काम करने।

(ध)

444. धोतीढीलीहोना–(घबराजाना)

जंगल में भालू देखते ही उसकी धोती ढीली हो गई।

445. धौंसजमाना–(रौबदिखाना/आतंकजमाना)

गाँव के एक अमीर और रौबदार आदमी को, गाँव के ही एक खुशहाल (खाते–पीते) व्यक्ति ने अपनी दुकान पर आतंक जमाते देखा तो कहा "चौधरी साहब आप अपना रौब गाँव वालों को ही दिखाया करो, मेरी दुकान पर आकर किसी प्रकार की धौंस न जमाया करो।"

446. ध्यानटूटना–(एकाग्रताभंगहोना)

गुरु जी एकान्त कमरे में बैठे ध्यानमग्न थे। छोटे बालक के कमरे में प्रवेश करने तथा वहाँ की वस्तुओं को उठा–उठाकर इधर–उधर करने की खट–पट की आवाज़ से उनका ध्यान टूट गया।

447. ध्यानरखना–(देखभालकरना/सावधानरहना)

“प्रीति जरा हमारे बच्चों का ध्यान रखना। मैं मन्दिर जा रही हूँ।”अनामिका ने अपनी पड़ोसन को सजग करते हुए कहा।

448. धज्जियाँउड़ाना–(दुर्गति)

सचिन ने शोएब अख्तर की गेंदबाजी की धज्जियाँ उड़ा दीं।

449. धूपमेंबालसफ़ेदहोना–(अनुभवहीनहोना)

मैं तुम्हारा मुकदमा जीतकर रहूँगा, ये बाल कोई धूप में सफेद नहीं किए हैं।

(न)

450. नंगाकरदेना–(वास्तविकताप्रकटकरना/असलियतखोलना)

रघु और दौलतराम का झगड़ा होने पर उन्होंने सरेआम एक–दूसरे को नंगा कर दिया।

451. नंगेहाथ–(खालीहाथ)

“मनुष्य संसार में नंगे हाथ आता है और नंगे हाथ ही जाता है। इसलिए उसे चाहिए कि वह किसी के साथ बेईमानी या दुराचार न करे।”अपने प्रवचनों में गुरु महाराज लोगों को उपदेश दे रहे थे।

452. नमक–मिर्चलगाना–(बढ़ा–चढ़ाकरकहना)

चुगलखोर व्यक्ति नमक–मिर्च लगाकर ही कहते हैं।

453. नुक्ता–चीनीकरना–(छिद्रान्वेषणकरना)

“तुमसे कितनी बार कह चुका हूँ कि तुम मेरे काम में नुक्ता–चीनी मत किया करो।”

454. निन्यानवेकेफेरमेंपड़ना–(धनसंग्रहकीचिन्तामेंपड़ना)

व्यापारी तो हमेशा निन्यानवे के फेर में लगे रहते हैं।

455. नौदोग्यारहहोना–(भागजाना)

चोर मकान में चोरी कर नौ दो ग्यारह हो गए।

456. नाचनचाना–(मनचाहीकरना)

रमेश और सुरेश दोनों मिलकर राकेश को नाच नचाते हैं।

457. नाकभौंचढ़ाना–(असन्तोषप्रकटकरना)

सोनिया गाँधी के गठबन्धन पर भाजपा नाक भौं चढ़ा रही है।

458. नीला–पीलाहोना–(गुस्साहोना)

मालिक तो मज़दूरों पर प्राय: नीला–पीला होते रहते हैं।

459. नाको–चनेचबाना–(बहुततंगहोना)

लक्ष्मीबाई ने अंग्रेज़ों को नाको चने चबवा दिए।

460. नीचादिखाना–(अपमानितकरना)

चुनाव से पूर्व भाजपा और कांग्रेस एक–दूसरे को नीचा दिखाने में कोई कमी नहीं छोड़ रहे हैं।

461. नाकमेंनकेलडालना–(वशमेंकरना)

प्रतिपक्ष ने अपनी मांगों को लेकर केन्द्र सरकार की नाक में नकेल डाल रखी है।

462. नमकअदाकरना–(उपकारोंकाबदलाचुकाना)

जयसिंह ने शिवाजी को हराकर औरंगजेब का नमक अदा कर दिया।

463. नाककटना–(इज्जतचलीजाना)

आज तुमने बदतमीज़ी करके सबकी नाक कटवा दी।

464. नाकरगड़ना–(बहुतविनतीकरना)

सरकारी कर्मचारी रिश्वत वाली सीट प्राप्ति के लिए अधिकारियों के आगे नाक रगड़ते हैं।

465. नकेलहाथमेंहोना–(वशमेंहोना)

उत्तर भारत में साधारणतया घर की नकेल पुरुष के हाथों में होती है।

466. नहलेपरदहलामारना–(कराराजवाबदेना)

आस्ट्रेलिया की ओर से डेविड बून ने एक सैकड़ा जमाया और भारत की ओर से सुनील गवास्कर ने दोहरा शतक ठोंक कर नहले पर दहला मार दिया।

467. नानीयादआना–(मुसीबतकाएहसासहोना)

इन्जीनियरिंग की पढ़ाई करते–करते तुम्हें नानी याद आ गई।

468. नाककाबालहोना–(अत्यन्तप्रियहोना)

मनोज तो नेता जी की नाक का बाल है।

469. नस–नसपहचानना–(किसीकेअवांछितव्यवहारकोविस्तारसेजानना) मालिक और मज़दूर एक–दूसरे की नस–नस को पहचानते हैं।

470. नावमेंधूलउड़ाना–(व्यर्थबदनामकरना)

मेरे विषय में सब लोग जानते हैं, तुम बेकार में नाव में धूल उड़ाते हो।

(प)

471. पत्थरकीलकीरहोना–(स्थिरहोनायादृढ़विश्वासहोना)

मेरी बात पत्थर की लकीर समझो।

472. पहाड़टूटपड़ना–(मुसीबतआना)

वर्षा में मकान गिरने की सूचना पाकर राम पर पहाड़ टूट पड़ा।

473. पाँचोंउँगलीघीमेंहोना–(पूर्णलाभमेंहोना)

कृपाशंकर ने जब से गल्ले का व्यापार किया, तब से उसकी पाँचों उँगली घी में हैं।

474. पानीउतरजाना–(लज्जितहोजाना)

लड़के का कुकृत्य सुनकर सेठ जी का पानी उतर गया।

475. पेटमेंदाढ़ीहोना–(चालाकहोना)

मुल्ला जी से कोई लाभ नहीं उठा पाएगा, उनके तो पेट में दाढ़ी है।

476. पेटकापानीनपचना–(अत्यन्तअधीरहोना)

"बिना गाली दिए तेरे पेट का पानी नहीं पचता क्या?" बार–बार गाली देते देखकर सोहन ने अपने एक मित्र को टोका।

477. पीठमेंछुराभोंकना–(विश्वासघातकरना)

जयन्ती लाल ने अपनी पहचान के शराबी, जुआरी लड़के से श्यामलाल की। बेटी की शादी कराकर,दोस्ती के नाम पर श्यामलाल की पीठ में छुरा भोंकने का–सा कार्य कर दिया।

478. पैरोंपरखड़ाहोना–(स्वावलम्बीहोना)

मैं इस निष्कर्ष पर पहुँचा हूँ कि जब तक अपने पैरों पर खड़ा नहीं होऊँगा शादी नहीं करूंगा।

479. पानी–पानीहोना–(शर्मसारहोना)

जब रामपाल की करतूतों की पोल खुली तो वह पानी–पानी हो गया।

480. पगड़ीरखना–(इज़्ज़तरखना)

लाला जी ने फूलचन्द की लड़की की शादी में रुपए देकर उनकी पगड़ी रख ली।

481. पेटमेंचूहेदौड़ना–(भूखलगना)

जल्दी से खाना दे दो, पेट में चूहे दौड़ रहे हैं।

482. पाँवउखड़जाना–(पराजितहोकरभागजाना)

हैदर अली की सेना के समक्ष अंग्रेज़ों के पैर उखड़ गए।

483. पत्थरपरदूबजमना–(अप्रत्याशितघटितहोना)

मैंने इण्टर में हिन्दी में विशेष योग्यता लाकर पत्थर पर दूब जमा दी।

484. पापड़बेलना–(विषमपरिस्थितियोंसेगुज़रना)

सरकारी तो क्या प्राइवेट नौकरी पाने के लिए भी पापड़ बेलने पड़ रहे हैं।

485. पेटकाहल्का–(बातकोअपनेतकछिपानसकनेवाला)

नीरज से कोई रहस्य मत बताना, वह तो पेट का हल्का है।

486. पटरीबैठना–(अच्छेसम्बन्धहोना)

अजीब इनसान हो, तुम्हारी पटरी किसी से नहीं बैठती।

487. पीठपरहाथरखना–(पक्षमज़बूतबनाना)

तुम्हारी पीठ पर विधायक जी का हाथ है, इसीलिए इतराते फ़िरते हो।

488. पाँवतलेजमीनखिसकना–(घबराजाना)

तुम्हारे न आने से मेरे तो पाँव तले ज़मीन खिसक गई थी।

489. पाँवफूंक–फूंककररखना–(सतर्कतासेकार्यकरना)
प्राइवेट नौकरी कर रहे हो, ज़रा पाँव फूंक–फूंक कर रखो।
490. पीठदिखाना–(पराजयस्वीकारकरना)
भारतीय सैनिक युद्ध में पीठ नहीं दिखाते।
491. पानीमेंआगलगाना–(असम्भवकार्यकरना)
सम्राट अशोक ने लगभग पूरे भारत पर शासन किया, वह पानी में आग लगाने की क्षमता रखता था।
492. पंखनमारना–(पहुँचनहोना)
अयोध्या के चारों ओर ऐसी सुरक्षा व्यवस्था थी कि परिन्दा भी पर न मार सके।

(फ)

493. फ़रिश्तानिकलना–(बहुतभलाऔरपरोपकारीसिद्धहोना)
"जिसको तुम अपना दुश्मन समझती थी, उसने तुम्हारे बेटे की नौकरी लगवा दी। देखा, वह बेचारा कितना बड़ा फरिश्ता निकला हमारे लिए।"
494. फिकराकसना–(व्यंग्यकरना)
"तुम तो हमेशा ही मुझ पर फिकरे कसती रहती हो, दीदी को कुछ नहीं कहती।"
495. फीकालगना–(घटकरयाहल्काप्रतीतहोना)
"तुम्हारी बात में वजन तो था, लेकिन रामशरण की बात के सामने तुम्हारी बातफीकी पड़ गई।
496. फूटीआँखोंनभाना–(बिल्कुलअच्छानलगना)
पृथ्वीराज जयचन्द को फूटी आँख भी नहीं भाते थे।
497. फूलानसमाना–(बहुतप्रसन्नहोना)
पुत्र की उन्नति देखकर माता–पिता फूले नहीं समाते हैं।
498. फूलसूंघकररहजाना–(अत्यन्तथोड़ाभोजनकरना)
गोयल साहब इतना कम खाते हैं, मानो फूल सूंघकर रह जाते हों।
499. फूंक–फूंककरकदमरखना–(अत्यन्तसतर्कताकेसाथकामकरना)
इतिहास साक्षी है कि पाकिस्तान से कोई भी समझौता करते समय भारत को फूंक–फूंक कर पाँव रखने होंगे।
500. फूलकरकुप्पाहोना–(बहुतप्रसन्नहोना)
संतू ने जब सुना कि उसकी बेटी ने उत्तर प्रदेश में सर्वोच्च अंक प्राप्त किए हैं, तो वह खुशी के मारे फूलकर कुप्पा हो गया।
501. फावड़ाचलाना–(मेहनतकरना)
मजदूर फावड़ा चलाकर अपनी रोजी–रोटी कमाता है।
502. फूंकमारना–(किसीकोचुपचापबहकाना)
लीडर ने मजदूरों में क्या फूंक मार दी, जिससे उन्होंने हड़ताल कर दी।
503. फटपड़ना–(एकदमगुस्सेमेंहोजाना)
संजय किसी बात पर कई दिनों से मुझसे नाराज़ था, आज जाने क्या हुआ फट पड़ा।
504. बंटाधारहोना–(चौपटयानष्टहोना)
हृदय प्रताप के व्यापार का ऐसा बंटाधार हुआ कि वह आज तक नहीं पनप पाया।
505. बहतीगंगामेंहाथधोना–(बिनाप्रयासहीयशपाना)
जीवन में कभी–कभी बहती गंगा में हाथ धोने के अवसर मिल जाते हैं।
506. बाग–बागहोना–(अतिप्रसन्नहोना)
गिरिराज लोक सेवा आयोग परीक्षा में उत्तीर्ण हुआ, तो उसके परिवार वाले बाग–बाग हो उठे।
507. बीड़ाउठाना–(दृढ़संकल्पकरना)
क्रान्तिकारियों ने भारत को आज़ाद कराने के लिए बीड़ा उठा लिया है।
508. बेपरकीउड़ाना–(अफवाहेंफैलाना/निराधारबातेंचारोंओर करतेफिरना) "कुछ लोग बेपर की उड़ाकर हमारी पार्टी को बदनाम करना चाहते हैं। अतः मेरा अनुरोध है कि कोई भी सज्जन ऐसे लोगों की बातों में न आएँ।" नेताजी मंच पर खड़े जनता को सम्बोधित कर रहे थे।
509. बट्टालगाना–(दोषयाकलंकलगना)

रिश्वत लेते पकड़े जाने पर अधिकारी की शान में बट्टा लग गया।

510. बाल–बालबचना–(बिल्कुलबचजाना)

चन्द्रबाबू नायडू नक्सलवादी हमले में बाल–बाल बचे थे।

511. बालबाँकानहोना–(कुछभीहानियाकष्टनहोना)

जब तक मैं तुम्हारे साथ हूँ, तुम्हारा बाल भी बाँका नहीं होगा।

512. बालूमेंसेतेलनिकालना–(असम्भवकोसम्भवकरदेना)

बढ़ती महँगाई को देखकर यह कहा जा सकता है कि अब महंगाई को दूर करना बालू में से तेल निकालने के समान हो गया है।

513. बाँछेखिलना–(अत्यन्तप्रसन्नहोना)

लड़का पी. सी. एस. हो गया तो सक्सेना साहब की बाँछे खिल गईं।

514. बखियाउधेड़ना–(भेदखोलना)

मनोज ने सबके सामने संजय की बखिया उधेड़कर रख दी।

515. बच्चोंकाखेल–(सरलकाम)

भारतीय टेस्ट क्रिकेट टीम में शामिल होना कोई बच्चों का खेल नहीं है।

516. बाएँहाथकाखेल–(अतिसरलकाम)

अर्द्धशतक लगाना तो मेरे बाएँ हाथ का खेल था।

517. बातकाधनीहोना–(वचनकापक्काहोना)

राजीव ने कह दिया तो समझो वह नहीं जाएगा, वह अपनी बात का धनी है।

518. बेसिरपैरकीबातकरना–(व्यर्थकीबातेंकरना)

गिरीश मोहन तो बेसिर पैर की बात करता है।

519. बछियाकाताऊ–(मूर्ख)

शिवकुमार से यह काम नहीं होगा, वह तो बछिया का ताऊ है।

520. बड़ेघरकीहवाखाना–(जेलजाना)

राजू अपने अपराध के कारण ही बड़े घर की हवा खा रहा है।

521. बेदीकालोटा–(ढुलमुल)

मनोज की बात पर विश्वास नहीं करना चाहिए, वह तो बेपेंदी का लोटा है।

522. बल्लियाँउछलना–(बहुतखुशहोना)

अपने अरिहन्त प्रकाशन में सेलेक्शन की बात सुनकर वह बल्लियाँ उछलने लगा।

523. बावनतोलेपावरत्ती–(बिल्कुलठीकहिसाब)

खचेडू पंसारी का हिसाब बावन तोले पाव रत्ती रहता है।

524. बाज़ारगर्महोना–(काम–धंधातेज़होना)

आजकल कालाबाज़ारी का बाज़ार गर्म है।

525. बातहीबातमें–(तुरन्त)

बात ही बात में उसने तमंचा निकाल लिया।

526. बरसपड़ना–(अतिक्रुद्धहोकरडाँटना)

पवन ने गलत बण्डल बाँध दिया तो सेठ जी उस पर बरस पड़े।

527. बातनपूछना–(आदरनकरना)

रमेश ने सिनेमा देखने जाने से पहले पिता जी से नहीं पूछा।

528. बिल्लीकेगलेमेंघण्टीबाँधना–(स्वयंकोसंकटमेंडालना)

प्रधानाचार्य ने स्कूल का बहुत पैसा खाया है, लेकिन प्रश्न यह है कि प्रबन्धन से शिकायत करके बिल्ली के गले में घण्टी कौन बाँधे।

(भ)

529. भण्डाफोड़ना–(रहस्यखोलना/भेदप्रकटकरना)

अनीता और सुचेता में मनमुटाव होने पर अनीता ने सुचेता की एक गुप्त और महत्त्वपूर्ण बात का भण्डाफोड़ कर यह ज़ाहिर कर दिया कि अब वह उसकी कट्टर दुश्मन है।

530. भविष्यपरआँखहोना–(आगेकाजीवनसुधारनेकेलिएप्रयत्नशीलरहना) मेरे बेटे ने एम. बी. ए. की परीक्षा पास कर ली है, परन्तु मेरी आँखें अब भी उसके भविष्य पर लगीरहती हैं।

531. भिरड़केछत्तेमेंहाथडालना–(जान–बूझकरबड़ासंकटअपनेपीछे लगाना) "तुमने इतने बड़े परिवार के व्यक्ति को पीटकर अच्छा नहीं किया। समझो, तुमने भिरड़ के छत्ते में हाथ डाल दिया।"

532. भीगीबिल्लीबनना–(डरजाना)
पुलिस की आहट पाते ही चोर भीगी बिल्ली बन जाते हैं।

533. भूमिकानिभाना–(निष्ठापूर्वकअपनेकामकानिर्वाहकरना)
अमिताभ बच्चन ने भारतीय सिनेमा में अपने अभिनय की जो भूमिका निभाई है, वह देखते ही बनती है।

534. भेड़ियांधसान–(अंधानुकरण)
हमारा गाँव भेड़िया धसान का सशक्त उदाहरण है।

535. भाड़ेकाटट्टू–(पैसेलेकरहीकामकरनेवाला)
चुनावों में भाड़े के टट्टुओं की तो मौज आ जाती है।

536. भाड़झोंकना–(समयव्यर्थखोना)
दिल्ली में रहकर कुछ नहीं सीखा, वहाँ क्या भाड़ झोंकते रहे।

537. भैंसकेआगेबीनबजाना–(बेसमझआदमीकोउपदेश)
अनपढ़ व अन्धविश्वासी लोगों से मार्क्सवाद की बात करना भैंस के आगे बीन बजाना है।

538. भागीरथप्रयत्नकरना–(कठोरपरिश्रम)
स्वतन्त्रता प्राप्ति के लिए भारतीयों ने भागीरथ प्रयत्न किया।

(म)

539. मुखसेफूलझड़ना–(मधुरवचनबोलना)
प्रशान्त की क्या बुराई करें, उसके तो मुख से फूल झड़ते हैं।

540. मनकेलड्डूखाना–(व्यर्थकीआशापरप्रसन्नहोना)
'मन के लड्डू खाने से काम नहीं चलेगा, यथार्थ में कुछ काम करो।

541. मनहीमनमेंरहजाना–(इच्छाएँपूरीनहोना)
धन के अभाव में व्यक्ति की इच्छाएँ मन ही मन में रह जाती हैं।

542. माथेपरशिकनआना–(मुखाकृतिसेअप्रसन्नता/रोषआदिप्रकट होना) जब मैंने उसके माथे पर शिकन देखी, तो मैं तभी समझ गया था कि मेरे प्रति उसके मन में चोर है।

543. मीठीछुरीचलाना–(प्यारसेमारना/विश्वासघातकरना)
सेठ दुर्गादास इतनी मीठी छुरी चलाता है कि सामने वाले को उसकी किसी बात का बुरा ही नहीं लगता है और वह कटता चला जाता है।

544. मुँहपरनाकनहोना–(कुछभीलज्जायाशर्मनहोना)
कुछ लोग राह चलते गन्दी बातें करते रहते हैं, क्योंकि उनके मुँह पर नाक नहीं होती।

545. मुट्ठीगरमकरना–(रिश्वतदेना)
सरकारी कर्मचारियों की बिना मुट्ठी गर्म किए काम नहीं चलता है।

546. मनमैलाकरना–(खिन्नहोना)
क्या समय आ गया है किसी के हित की बात कहो तो वह मन मैला कर लेता है।

547. मुट्ठीमेंकरना–(वशमेंकरना)
अपनी धूर्तता और मक्कारी के चलते मेरे छोटे भाई ने माँ को मुट्ठी में कर रखा है।

548. मुँहकीखाना–(हारजाना/अपमानितहोना)
अमेरिका को वियतनाम युद्ध में मुँह की खानी पड़ी।

549. मीनमेखनिकालना–(त्रुटिनिकालना)
आलोचक का कार्य किसी भी रचना में मीन मेख निकालना रह गया।

550. मुँहमेंपानीआना–(लालचभरीदृष्टिसेदेखना/खानेहेतुलालच)
राजमा देखकर मुँह में पानी आ जाता है।

551. मंचपरआना–(सामना)

गाँधी जी ने दक्षिण अफ्रीका से लौटकर मंच पर आकर अंग्रेज़ों को सबक सिखाया।

552. मिट्टीकामाधो–(मूर्ख)

अतुल की बात का क्या विश्वास करना वह तो मिट्टी का माधो है।

553. मक्खीनाकपरनबैठनेदेना–(इज़्ज़तखराबनहोनेदेना)

पहले राजीव नाक पर मक्खी नहीं बैठने देता था। अब उसे इसकी कोई परवाह ही नहीं है।

554. मोहरलगादेना–(पुष्टिकरना)

डायरेक्टर साहब ने मेरी पक्की नौकरी पर मोहर लगा दी है।

555. मीठीछुरीचलाना–(विश्वासघातकरना)

मनोज से बचकर रहना, वह मीठी छुरी चलाता है।

556. मुँहबनाना–(खीझप्रकटकरना)

मैडम ने जब विकास को डाँटा तो वह मुँह बनाने लगा।

557. मुँहकालाकरना–(कलंकितकरना)

आज तुमने फिर वही कुकर्म करके मुँह काला करवाया है।

558. मैदानमारना–(विजयप्राप्तकरना)

भारत ने टेस्ट श्रृंखला में ऑस्ट्रेलिया के विरुद्ध मैदान मार लिया।

559. मुहर्रमीसूरत–(शोकमनानेवालाचेहरा)

इतने दिन बाद मिले हो, क्या कारण है जो ये मुहर्रमी सूरत बना रखी है?

560. मक्खीमारना–(बेकारबैठेरहना)

तुम घर पर बैठे–बैठे मक्खी मारते हो कुछ काम धाम क्यों नहीं करते?

561. माथेपरशिकननआना–(कष्टमेंथोड़ाभीविचलितनहोना)

रामप्रकाश ने सरेआम अपने बच्चों के हत्यारे को कचहरी में मार डाला, पकड़े जाने पर भी उसके माथे पर शिकन न आई।

562. म्याऊँकाठौरपकड़ना–(खतरेमेंपड़ना)

शहर के गुण्डे से पंगा लेकर तुमने म्याऊँ का ठौर पकड़ा है।

563. मुँहपकड़ना–(बोलनेनदेना)

मारने वाले का हाथ पकड़ा जा सकता है बोलने वाले का मुँह नहीं पकड़ा जाता है।

564. मुँहधोरखना–(आशारखना)

वह हमेशा अच्छा काम ही करेगा तुम मुँह धो रखो।

(य)

565. यमकीयातना–(असह्यकष्ट)

सैनिकों ने घुसपैठिये की इतनी पिटाई की कि उसे "यम की यातना" नज़र आने लगी।

566. यमराजकाद्वारदेखआना–(मरकरजीवितहोजाना)

नेपाल में आए जानलेवा भूकम्प से बच निकल आना, यमराज का द्वार देख आने के समान था।

567. युगबोलना–(बहुतसमयबादहोना)

आज रात आसमान में दो चाँद–से प्रतीत होना युग बोलने के समान है।

568. युधिष्ठिरहोना–(अत्यन्तसत्य–प्रियहोना)

महात्मा विदुर वास्तव में, मन–वचन और कर्म से युधिष्ठिर थे।

569. रफूचक्करहोना–(भागजाना)

पुलिस के आने की सूचना पाकर दस्यु दलं रफूचक्कर हो गया।

570. रँगासियार–(धोखेबाज़होना)

आजकल बहुत से साधु वेशधारी रँगे सियार बनकर ठगने का काम करते हैं।

571. राईकापहाड़बनाना–(बढ़ा–चढ़ाकरकहना)

भूषण ने अपने काव्य में राई का पहाड़ बना दिया है।

572. रातोंकीनींदहरामहोना–(चिन्ता, भय, दुःख, आदिकेकारणरातभरनींदनआना)"क्या बताऊँ दोस्त, एक गरीब बाप के सम्मुख उसकी जवान बेटी की शादी की चिन्ता, उसकी रातों की नींद हराम कर देती है।"

573. रीढ़टूटना–(आधारहीनरहना)
इकलौते जवान बेटे की अचानक मृत्यु पर गंगाराम को लगा जैसे उसकी रीढ़ टूट गई हो।
574. रंगबदलना–(बदलावहोना)
पूँजीवादी व्यवस्था में मनुष्य बेहद स्वार्थी हो गया है, अत: कौन कब रंग बदल ले, पता नहीं।
575. रोंगटेखड़ाहोना–(भयसेरोमांचितहोजाना)
घर में बड़ा साँप देखकर अमर के रोंगटे खड़े हो गए।
576. रास्तेपरलाना–(सुधारकरना)
राजीव को रास्ते पर लाना बहुत कठिन है। मेहनतकश वर्ग रो–धोकर अपने दिन काट रहा है।
578. रंगमेंभंगहोना–(आनन्दमेंविघ्नआना)
बराती के गोली छोड़ने से लड़के का चाचा मर गया, जिससे रंग में भंग हो गई।
579. रास्तानापना–(चलेजाना)
खाओ पियो और यहाँ से रास्ता नापो।
580. रंगलाना–(हालातपैदाकरना)
मेहनत रंग लाती है, ये सच है।

(ल)

581. लंगोटीबिकवाना–(दरिद्रकरदेना)
शंकर ने अपने शत्रु जसबीर को अदालत के ऐसे चक्रव्यूह में फँसाया कि उस बेचारे की लंगोटी तक बिक गई है।
582. लकीरकाफकीरहोना–(रूढ़िवादीहोना)
पढ़े–लिखे समाज में भी बहुत से लकीर के फकीर हैं।
583. लेनेकेदेनेपड़ना–(लाभकेबदलेहानि)
व्यापार में कभी–कभी लेने के देने पड़ जाते हैं।
584. लासालगाना–(किसीको. फँसानेकीयुक्तिकरना)
जमुनादास ने सुखीराम को तो ठग लिया है। अब वह अब्दुल करीम को लासा लगाने की कोशिश कर रहा है।
585. लोहेकेचनेचबाना–(कठिनाइयोंकासामनाकरना)
किसी पुस्तक के प्रणयन में लेखक को लोहे के चने चबाने पड़ते हैं, तब सफलता मिलती है।
586. लौलगाना–(प्रेममेंमग्नहोजाना/आसक्तहोजाना)
सारे बुरे कामों को छोड़कर भीमा ने ईश्वर से लौ लगा ली है। अब वह किसी की तरफ को देखता तक नहीं है।
587. ललाटमेंलिखाहोना–(भाग्यमेंलिखाहोना)
वह कम उम्र में विधवा हो गई, ललाट में लिखे को कौन बदल सकता है।
588. लंगोटियायार–(बचपनकामित्र)
अतुल तो मेरा लंगोटिया यार है।
589. लम्बीतानकरसोना–(निष्क्रियहोकरबैठना)
राजनीति में लम्बी तानकर सोने से काम नहीं चलेगा, बढ़ने के लिए मेहनत करनी होगी।
590. लाल–पीलाहोना–(गुस्सेमेंहोना)
महेन्द्र ने प्रश्न गलत कर दिया तो भइया लाल–पीला होने लगे।
591. लंगोटीमेंफागखेलना–(दरिद्रतामेंआनन्दलूटना)
कवि, लेखक और साहित्यकार तो लंगोटी में फाग खेलते हैं।
592. लल्लो–चप्पोकरना–(चिकनी–चुपड़ीबातेंकरना)
क्लर्क, लल्लो–चप्पो करके अधिकारियों से अपना काम करा लेते हैं।
593. लहूकेआँसूपीना–(दुःखसहलेना)
विभा की शादी के पश्चात् राज लहू के आँसू पीकर रह गया, उसने उफ़ तर्क नहीं की।
594. लुटियाडुबोना–(कार्यखराबकरदेना)
गोर्बाच्योव ने संशोधनवादी नीति पर चलकर साम्यवाद की लुटिया डुबो दी।
595. वकालतकरना–(पक्षकासमर्थनकरना)

"मैंने अपने पिता की वकालत इसलिए नहीं की, क्योंकि वे मुझसे भी भरी पंचायत में झूठ बुलवाना चाहते थे।"

596. वक्तकीआवाज़–(समयकीपुकार)

गरीबी और शोषण को नष्ट करके ही संसार दोषमुक्त हो सकता है। यही वक्त की आवाज़ है।

597. वारीजाऊँ–(न्योछावरहोजाना)

काफी समय बाद सैनिक बेटे को देखकर माँ ने उसकी बलाएँ उतारते हुए कहा–"मैं वारी जाऊँ बेटे, तुम युग–युग जियो।"

598. विधिबैठना–(युक्तिसफलहोना/संगतिबैठना)

इस बार तो ओमप्रकाश की विधि बैठ गई, उसका कारोबार दिन दूना, रात चौगुना बढ़ता जा रहा है।

599. विषउगलना–(क्रोधितहोकरबोलना)

सामान्य बातों में विष उगलना अच्छी बात नहीं है।

600. विषकीगाँठ–(उपद्रवी)

देवेन्द्र तो विष की गाँठ है।

601. विषघोलना–(गड़बड़पैदाकरना)

विभीषण ने राम को रावण के सभी रहस्य बताकर विष घोलने का कार्य किया।

(श्र), (श)

602. श्रीगणेशकरना–(कार्यआरम्भकरना)

आज गुरुवार है, आप कार्य का श्रीगणेश करें।

603. शहदलगाकरचाटना–(किसीव्यर्थकीवस्तुकोसँभालकररखना)

सेठ दीनदयाल बड़ा कंजूस है। वह व्यर्थ की वस्तु को भी शहद लगाकर चाटता है।

604. शैतानकेकानकतरना/काटना–(बहुतचालाकहोना)

देवेन्द्र है तो लड़का पर शैतान के कान कतरता है।

605. शानमेंबट्टालगाना–(शानघटना)

साइकिल की सवारी करने में आजकल के युवाओं की शान में बट्टा लगता है।

606. शेरकीसवारीकरना–(खतरनाककार्यकरना)

रोज प्रेस से रात को दो बजे आना शेर की सवारी करना है।

607. शिकंजाकसना–(नियन्त्रणऔरकठोरकरना)

भारत ने अपने सैनिकों पर शिकंजा कस दिया है कि कोई भी घुसपैठिया किसी भी समय सीमा पर दिखाई दे, तो उसे तुरन्त गोली मार दी जाए।

608. शेरऔरबकरीकाएकघाटपरपानीपीना–(ऐसीस्थितिहोनाजिसमेंदुर्बलकोसबलकाकुछभीभयनहो) सम्राट अशोक के काल में शेर और बकरी एक ही घाट पर पानी पिया करते थे।

(स)

609. सफ़ेदझूठ–(सर्वथाअसत्य)

चुनाव के समय नेता सफेद झूठ बोलते हैं।

610. साँपकोदूधपिलाना–(शत्रुपरदयाकरना)

साँप को दूध पिलाकर केवल विष बढ़ाना है।

611. साँपसूंघना–(निष्क्रिययाबेदमहोजाना)

कक्षा में बहुत शोर–गुल हो रहा था, परन्तु गुरु जी के आते ही सभी बच्चे ऐसे हो गए जैसे उन्हें साँप सूंघ गया हो।

612. सिरआँखोंपर–(विनम्रतातथासम्मानपूर्वकग्रहणकरना)

विनय इतना आज्ञाकारी बालक है कि वह अपने बड़ों के प्रत्येक आदेश को अपने सिर आँखों पर रखता है।

613. सिरऊँचाकरना–(सम्मानबढ़ाना)

पी. सी. एस. परीक्षा उत्तीर्ण करके महेश ने अपने माता–पिता का सिर ऊँचा कर दिया।

614. सोनेकीचिड़िया–(बहुतकीमतीवस्तु)

पहले भारत को सोने की चिड़िया कहा जाता था।

615. सिरउठाना–(विरोधकरना)

व्यवस्था के खिलाफ सिर उठाने की हिम्मत विरलों में ही होती है।

616. सिरपरभूतसवारहोना–(धुनलगजाना)
राजीव को कार्ल मार्क्स बनने का भूत सवार है।
618. सिरपरहाथहोना–(सहाराहोना)
जब तक माँ–बाप का सिर पर हाथ है, मुझे क्या चिन्ता है।
619. सिरझुकाना–(पराजयस्वीकारकरना)
भारतीय सेना के समक्ष पाकिस्तानी सेना ने सिर झुका दिया।
620. सिरखपाना–(व्यर्थहीसोचना)
बुद्धिजीवी को सुबह से शाम तक सिर खपाना पड़ता है, तब रोटी मिलती है।
621. सिरपरकफ़नबाँधना–(बलिदानदेनेकेलिएतैयारहोना)
क्रान्तिकारियों ने सिर पर कफ़न बाँधकर देश को आजाद कराने का प्रयास किया।
622. सिरगंजाकरना–(बुरीतरहपीटना)
अपराधी के हेकड़ी दिखाते ही पुलिस अधिकारी ने उसका सिर गंजा कर दिया था।
623. सिरपरपाँवरखकरभागना–(तुरन्तभागजाना)
घर में जाग होते ही चोर सिर पर पाँव रखकर भाग गया।
624. साँपछछूदरकीगतिहोना–(असमंजसकीदशाहोना)
अपने वचन का पालन करने और पुत्र बिछोह उत्पन्न होने की स्थिति में राजा दशरथ की साँप छछूदर की गति हो गई थी।
625. समझपरपत्थरपड़ना–(विवेकखोदेना)
क्या तुम्हारी समझ पर पत्थर पड़ गया है जो रेलवे की नौकरी छोड़ रहे हो।
626. साँचकोआँचनहीं–(सचबोलनेवालेकोकिसीकाभयनहीं)
ईमानदार व्यक्ति पर कितने भी आरोप लगाओ वह डरेगा नहीं, सच है साँच को आँच नहीं।
627. सूरजकोदीपकदिखाना–(किसीव्यक्तिकीतुच्छप्रशंसाकरना)
महर्षि वशिष्ठ के सम्मान में कुछ कहना सूरज को दीपक दिखाने के समान।
628. संसारसेउठना–(मरजाना)
बाबा को संसार से उठे तो वर्षों हो गए।
629. सब्जबागदिखाना–(लालचदेकरबहकाना)
सब्जबाग दिखाकर ही रमेश ने सुरेश के दस हज़ार लिए थे।
630. सिट्टी–पिट्टीगुमहोना–(होशउड़जाना)
कर्मचारी बैठे हुए गप–शप कर रहे थे, सेठ को देखते ही सबकी सिट्टी–पिट्टी गुम हो गई।
631. सिक्काजमाना–(प्रभावस्थापितकरना)
वह हर जगह अपना सिक्का जमा लेता है।
632. सेमलकाफूलहोना–(अल्पकालीनप्रदर्शन)
कबीरदास ने मानव शरीर को सेमल का फूल कहा है।
633. सूखतेधानपरपानीपड़ना–(दशासुधरना)
बेहद गरीबी में वह दिन काट रहा था, लड़के की अच्छी कम्पनी में नौकरी लगी तो सूखे धान पर पानी पड़ गया।
634. सुईकीनोंककेबराबर–(ज़रा–सा)
पाण्डवों ने दुर्योधन से पाँच गाँव माँगे थे, लेकिन उसने बिना युद्ध के सुई की नोंक के बराबर भी भूमि देने से इनकार कर दिया।
635. हवाईकिलेबनाना—(कोरीकल्पनाकरना)
बिना कर्म किए हवाई किले बनाना व्यर्थ है।
636. हाथखालीहोना–(पैसानहोना)
महीने के अन्त में अधिकांश सरकारी कर्मचारियों के हाथ खाली हो जाते हैं।
637. हथियारडालना–(संघर्षबन्दकरदेना)
मैंने व्यवस्था के खिलाफ हथियार नहीं डाले हैं।
638. हक्का–बक्कारहजाना–(अचम्भेमेंपड़जाना)
राज अपने चाचा जी को ट्रेन में देखकर हक्का–बक्का रह गया।

639. हाथखींचना–(सहायताबन्दकरदेना)
सोवियत रूस के विखण्डन के पश्चात् देश के साम्यवादियों की मदद से रूस ने हाथ खींच लिए।
640. हाथकामैल–(तुच्छऔरत्याज्यवस्तु)
पैसा तो हाथ का मैल है, फिर आ जाएगा, आप क्यों परेशान हो?
641. हाथकोहाथनसूझना–(घनाअँधेराहोना)
इस बार इतना कोहरा पड़ा कि हाथ को हाथ नहीं सूझ रहा था।
642. हाथ–पैरमारना–(कोशिशकरना)
मैंने बहुत हाथ–पैर मारे लेकिन कलेक्टर बनने में सफलता नहीं मिली।
643. हाथडालना–(शुरूकरना)
अंबानी जी जिस प्रोजेक्ट में हाथ डालते हैं, उसमें सफलता मिलती है।
644. हाथसाफ़करना–(बेइमानीसेलेनायाचोरीकरना)
तुम्हारी हाथ साफ करने की आदत अभी गई नहीं है।
645. हाथोंहाथरखना–(देखभालकेसाथरखना)
यह वस्तु मेरी माँ ने मुझे दी थी जिसे मैं हाथों हाथ रखता हूँ।
646. हाथधोबैठना–(किसीव्यक्तियावस्तुकोखोदेना)
यदि तुमने उसे अधिक परेशान किया तो उससे हाथ धो बैठोगे।
647. हाथोंकेतोतेउड़जाना–(होशहवासखोजाना)
शिवानी के छत से गिरने से मेरे तो हाथों के तोते उड़ गए।
648. हाथपीलेकरदेना–(लड़कीकीशादीकरदेना)
प्रोविडेण्ट का पैसा मिले तो लड़की के हाथ पीले करूँ।
649. हाथ–पाँवफूलजाना–(डरसेघबराजाना)
अच्छे वकील की पूछताछ से बड़े–बड़ों के हाथ–पाँव फूल जाते हैं।
650. हाथमलनायाहाथमलतेरहजाना–(पश्चातापकरना)
क्रोध में तुमने अपना घर तो जला ही दिया अब हाथ मलने से क्या लाभ?
651. हाथपरहाथधरेरहना–(बेकामरहना)
हाथ पर हाथ धरे रहकर बैठने से तो लड़की का विवाह नहीं होगा, उसके लिए तो आपको प्रयास करना होगा।
652. हाथीकेपैरमेंसबकापैर–(बड़ीचीजकेसाथछोटीकासाहचर्य)
जब प्रधानमन्त्री इस्तीफ़ा दे देता है, तो मन्त्रिमण्डल स्वयं समाप्त हो जाता है, क्योंकि हाथी के पैर में सबका पैर होता है।
653. हालपतलाहोना–(दयनीयदशाहोना)
उसका व्यापार ढीला चल रहा है। अतः उसका हाल पतला है।

9

लोकोक्तियाँ

लोकोक्तियाँ

परिभाषा: 'लोकोक्तियाँ' का अर्थ है 'लोक में प्रचलित उक्ति'। जब कोई पूरा कथन किसी प्रसंग विशेष में उद्धृत किया जाता है तो, **'लोकोक्तियाँ'** कहलाता है। इसी को **'कहावत'** कहते हैं।

उदाहरण : उस दिन बात-ही बात में राम ने कहा, हाँ, मैं अकेला ही कुआँ खोद लूँगा। इस पर सबों ने हँसकर कहा, व्यर्थ बकबक करते हो, 'अकेला चना भाड़ नहीं फोड़ता'। यहाँ 'अकेला चना भाड़ नहीं फोड़ता' लोकोक्ति का प्रयोग किया गया है, जिसका अर्थ है 'एक व्यक्ति के करने से कोई कठिन काम पूरा नहीं होता'।

लोकोक्तियों कीविशेषताएँ

१) लोकोक्तियाँ ऐसे कथन या वाक्य हैं जिनके स्वरूप में समय के अंतराल के बाद भी परिवर्तन नहीं होता और न ही लोकोक्ति व्याकरण के नियमों से प्रभावित होती है। अर्थात लिंग, वचन, काल आदि का प्रभाव लोकोक्ति पर नहीं पड़ता हैं।

२) लोकोक्ति एक स्वतः पूर्ण रचना है अतः यह एक पूरे कथन के रूप में सामने आती है। भले ही लोकोक्ति वाक्य संरचना के सभी नियमों को पूरा न करे पर अपने में वह एक पूर्ण उक्ति होती हैं।

३) लोकोक्ति एक संक्षिप्त रचना है। लोकोक्ति अपने में पूर्ण होने के साथ-साथ संक्षिप्त भी होती है। इसलिए लोकोक्तियों को विद्वानों ने 'गागर में सागर' भरने वाली उक्तियाँ कहा हैं।

४) लोकोक्ति सारगर्भित एवं साभिप्राय होती है। इन्हीं गुणों के कारण लोकोक्तियाँ लोक प्रचलित होती हैं।

५) लोकोक्तियाँ लोक-मानस के सामान्य जीवन से निकाल कर आई हैं इसलिए यह समय और स्टहान के बंधनों से परे होती हैं। यही कारण हैं कि अक्सर लोकोक्तियों की समानर्थक लोकोक्तियाँ सभी भाषाओं में पाई जाती हैं।

६) लोकोक्ति का एक और प्रमुख गुण है उनकी सजीवता। इसलिए वे आम आदमी की ज़ुबान पर चढ़ी होती हैं।

७) लोकोक्ति जीवन के किसी-न-किसी सत्य को उद्घाटित करती है जिससे समाज का हर व्यक्ति परिचित होता हैं।

८) सामाजिक मान्यताओं एवं विश्वासों से जुड़े होने के कारण अधिकांश लोकोक्तियाँ लोकप्रिय होती हैं।

९) चुटीलापन भी लोकोक्ति की प्रमुख विशेषता है। उनमें एक पैनापन होता है। इसलिए व्यक्ति अपनी बात की पुष्टि के लिए लोकोक्ति का सहारा लेता हैं।

मुहावरेऔरलोकोक्तियोंमेंअंतर : (मुहावरेऔरकहावतमेंअंतर)

मुहावरा	लोकोक्तियाँ
(१) मुहावरे अपना शाब्दिक अर्थ छोड़कर नया अर्थ देते हैं। जैसे "तोते उड़ जाना" में तोते उड़ना नहीं बल्कि घबरा जाना का भाव दिखाई देता है।	**(१)** लोकोक्तियाँ विशेष अर्थ देती हैं, परन्तु उनका शाब्दिक अर्थ भी बना रहता है। जैसे "नाच ना आवे आँगन टेढ़ा" में किसी काम में अकुशल व्यक्ति द्वारा साधनों को दोष देने का भाव दिखाई देता है किन्तु नाच, आँगन आदि के ही शाब्दिक अर्थ का सहारा लेकर बात स्पष्ट की गई है।
(२) मुहावरों के अंत में क्रियापद होता है। जैसे : "हाथ मलना" यहाँ मलना क्रिया पद का प्रयोग हुआ है।	**(२)** लोकोक्ति के अंत में क्रियापद का होना अनिवार्य नहीं है। जैसे : "अंधेर नगरी चौपट राजा"
(३) मुहावरा सामान्यतः एक वाक्यांश होता है, जिसका रूप लिंग, वचन, काल, क्रिया आदि के अनुसार परिवर्तन होता है।	**(३)** लोकोक्तियाँ अपने-आप में एक पूर्ण वाक्य होती हैं। प्रयोग के बाद भी इनमें व्याकरण के नियमों यथा लिंग, वचन, क्रिया, काल आदि के अनुसार कोई परिवर्तन नहीं।
(४) मुहावरों के अंत में अधिकतर 'ना' आता है जिससे क्रियापद का बोध होता है। जैसे : "आग-बबूला होना"।	**(४)** लोकोक्तियों के अंत में "ना" का होना सामान्यतः नहीं पाया जाता। जैसे : "पाँचों उँगलियाँ घी में और सर कढ़ाई में"।
(५) मुहावरों के अर्थ का पूर्ण स्पष्टीकरण नहीं हो पाता जब तक की इनका वाक्य में प्रयोग न किया जाए।	**(५)** लोकोक्ति के अर्थ, उद्देश्य व विधेय का पूर्ण विधान और स्पष्टीकरण इनके मूल रूप में ही होता है अर्थात इनका अर्थ वाक्य में प्रयोग पर निर्भर नहीं करता।
(६) मुहावरों में लक्षणा शक्ति होती है।	**(६)** लोकोक्तियों में व्यंजना शक्ति होती है।
(७) मुहावरों में व्यंग्य या अतिशयोक्ति नहीं होती।	**(७)** लोकोक्तियाँ अक्सर व्यंग्य और अतिशयोक्ति पूर्ण होती हैं।
(८) मुहावरें वाक्य के अंश होते है, इसलिए इनका स्वतंत्र प्रयोग संभव नहीं है, इनका प्रयोग वाक्यों के अंतर्गत ही संभव है।	**(८)** लोकोक्ति एक पूरे वाक्य के रूप में होती है, इसलिए इनका स्वतंत्र प्रयोग संभव है।
(८) मुहावरें वाक्य के अंश होते है, इसलिए इनका स्वतंत्र प्रयोग संभव नहीं है, इनका प्रयोग वाक्यों के अंतर्गत ही संभव है।	**(८)** लोकोक्ति एक पूरे वाक्य के रूप में होती है, इसलिए इनका स्वतंत्र प्रयोग संभव है।

लोकोक्तियाँएवंउनकाअर्थ

1. अक्लबड़ीयाभैंस (शारीरिकबलसेबुद्धिबलश्रेष्ठहोताहै) गोपाल दुर्बल है, इसने बुद्धि बल से बड़े-बड़ों को नीचा दिखा दिया है, अतः ठीक ही कहा है-अक्ल बड़ी या भैंस।

2. अरहरकीटटियागुजरातीताला (सामान्यवस्तु कीअसामान्यसुरक्षा)

अरे ! झुग्गी-झोपड़ियों पर भी पहरेदार देखा, अरहर की टटिया गुजराती ताला।

3. अपनीकरनी, पारउतरनी (अपने-अपनेकर्मकाफलसबकोभोगनापड़ताहै) भोला गुर्जर की गिरफ्तारी पर इतने दुःखी क्यों हो रहे हो? अरे ! अपनी करनी, पार उतरनी।

4. अधजलगगरीछलकतजाय (थोड़ाहोनेपरअधिकदिखावाकरना)

गोपाल कमाता तो है तीन सौ रुपये मासिक और चार सौ रुपये का सूट बनावाया जैसे बड़ा धनी हो, अधजल गगरी छलकत जाय।

5. अपनाहाथजगन्नाथ (अपनाहाथपवित्रहोना, स्वतन्त्रव्यक्तिजिसकेकाममेंकोईदखलनदे) तुम स्वयं मालिक हो, कुछ भी करो-अपना हाथ जगन्नाथ।

6. अपनी-अपनीढपलीअपना-अपनाराग (अपने-अपनेमतलबकीबातकरना) महेश के परिवार में किसी की कोई नहीं मानता। बस अपनी-अपनी ढपली अपना-अपना राग।

7. अपनीगलीमेंकुत्ताभीशेरहोताहै (अपनेयहाँकमजोरभीसबलहोनेकादमभिरताहै) क्या बड़बड़ कर रहा है? मुन्ना बाहर निकल अभी मज़ा चखाता हूँ। अपनी गली में तो कुता भी शेर होता है।

8. अबपछताएहोतक्या? जबचिड़ियोंचुगगईखेत (हानिहोनेपरपछतानाव्यर्थहोताहै) गणेश फेल होकर व्यर्थ में रो रहे हो, परिश्रम करते। अब पछताए होत क्या जब चिड़ियाँ चुग गई खेत।

9. अन्तनपाना (समझनपाना, रहस्यनजानपाना)

उसका आज़ तक कोई अन्त न पा सका, तुम किस खेत की मूली हो?

10. अन्तभलातोसबभला (कार्यकाअन्तिमचरणमहत्त्वपूर्णहोताहै)

यदि अब भी भजन करो तो अच्छा है। समय ऐसे ही व्यर्थ न निकालो, समझ लो-अन्त भला तो सब भला।

11. अन्तबिगाड़ना (अन्तसमयपरबर्बादकरदेना)

बूढ़े उदय का पुत्र चोरी में पकड़ा गया। उसने तो पिता का अन्त ही बिगाड़कर रख दिया।

12. अन्धाक्याचाहे, दोआँखें (उपयोगीवस्तुबिनाप्रयासकेमिलजाना)

दूर से आये हुए गणेश से रामू ने कहा, “भाई साहब भोजन कीजिए” इस पर गणेश ने मुस्कराते हुए कहा- अन्धा क्या चाहे, दो आँखें।

13. अन्धाबाँटेरेबड़ीअपने-अपनेकोदेय (स्वार्थीकेवलअपनोंकीहीसहायताकरताहै) इस कार्यालय के मैनेजर ने सब नियुक्ति अपने भाई-भरतीजों की ही की है–अन्धा बाँटे रेबड़ी, अपने-अपने को देय।

14. अन्धीपीसे, कुत्तेखाएँ (कोईकमाये, कोईभोगे)

न जाने कैसे-कैसे कमा रहे हैं, बेटे होटलों में गुलछर्रे उड़ा रहे हैं-अन्धी पीसे, कुत्ते खाएँ।

15. अन्धेकेआगेरोये, अपनेनैनाखोये (हृदयहीनकेसामनेरोनाव्यर्थहै) वे तो बड़े आदमी हैं। मेरी पुकार नहीं सुनते, उनसे प्रार्थना करना तो अन्धे के आगे रोना और अपने नैना खोना है।

16. अन्धेकेहाथबटेर (अयोग्यव्यक्तिकोअच्छीचीजमिलजाना)

श्याम को यह घोड़ा क्या मिल गया, अन्धे के हाथ बटेल लग गयी। अब हर समय उसी का बखान करता है।

17. अन्धेरनगरीचौपटराजा, टकासेरभाजीटकासेरखाजा (अच्छे-बुरेकीपहचाननहीं) यहाँ काम करने से लाभ क्या? दिनभर मेहनत करने वाले को भी 20 रु० मजदूरी और न करने वालों को भी 20 रु०। यहाँ तो अन्धेर नगरी चौपट राजा, टका सेर भाजी टका सेर खाजा है।

18. अन्धोंमेंकानाराजा (मूर्खोंमेंथोड़ा- सापढ़ा-लिखा)

हरीश ने अपने परिवार में हाईस्कूल किया है लेकिन उसका सभी परिवार अंगूठा टेक है, वे उसे ही विद्वान समझते हैं। ठीक है-अन्धों में काना राजा है।

19. अकेलाचनाभाड़नहींफोड़सकताअकलाआदमीकुछ (कोईबड़ाकामनहींकरसकता) जब गाँव के लोग ही सहयोग नहीं करते, अकेले प्रधान जी ही क्या गाँव का विकास कर देंगे-अकेला चना भाड़ नहीं फोड़ सकता।

20. अँगूठादिखाना (वक्तपरमनाकरदेना, ऐनमौकेपरमनाकरदेना) सच्चे मित्र समय पर अँगूठा नहीं दिखाते और जो अंगूठा दिखा देते हैं, वे सच्चे मित्र नहीं हैं।

21. आबैलमुझेमार (जान-बूझकरछेड़करना)

माधव की लड़ाई तो महेश के साथ थी, तुम उसे छेड़कर बेकार झगड़े में फँसे-आ बैल मुझे मार।

22. आएथेहरिभजनको, ओटनलगेकपास (बास्तविककार्यछोड़करअन्यकार्यमेंलगजाना) कुश्ती प्रतियोगिता में भाग लेने बुलाकर मैदान की घास छिलवा रहे हैं। आए थे हरि भजन को, ओटन लगे कपास।

23. आगेनाथनपीछेपगहा (बन्धनहीन)

रामू की ओर ध्यान मत दो, उसके तो आगे नाथ न पीछे पगहा।

24. आटेकेसाथघुनभीपिसजाताहै (अपराधीकेसंगनिरपराधभीमाराजाताहै) देख लो राम किशोर का कोई दोष नही, कलुआ चोर के साथ घूमने-फिरने के कारण पुलिस ने उसे भी कलुआ के साथ चोरी के एक मामले में लपेट लिया, उसे भी सजा हो ही जाएगी क्योंकि आटे साथ घुन भी पिस जाता है।

25. आधातीतरआधाबटेर (बेमेलकार्य)

किसी भी कार्य को करने से पहले भली-भाँति विचार करो, कहीं आधा तीतर आधा बटेर न हो जाये।

26. आपभलातोजगभला (अच्छेकेलिएसभीअच्छेहोतेहैं)

दूसरों से तुम्हें क्या, तुम अपना काम करो-आप भला तो जग भला।

27. आमखानेयापेड़गिनने (अपनेकामसेकामरखना)

तुम्हारे यहाँ कल घी पहुँच जायेगा, चाहे मैं घर से लाऊँ या बाजार से। तुम्हें आम खाने हैं या पेड़ गिनने हैं?

28. आमकेआमगुठलियोंकेदाम (दुहरालाभप्राप्तहोना)

सोहन ने चावल तो पहले बेच लिए थे। अब उसकी भूसी को बेचकर भी पैसे बना रहा है-आम के आम गुठलियों के दाम।

29. आसमानसेगिराखजूरमेंअटका (एकमुसीबतसेबचनादूसरीमेंफँसना) नीलिमा का पति दहेज के मुकदमें में बचा लेकिन नारी शोषण में उसकी सजा होने वाली है। पूर्णरुपेण वह बरी नहीं हुआ, सच है वह तो आसमान से गिरा खजूर में अटक गया।

30. आँखकेअन्धेगाँठकेपूरे (मूर्खलेकिनधनी)

लालचन्द मुर्ख है लेकिन है धनपति। ऐसे ही लोगों को कहा जाता है-आँख के अन्धे गाँठ के पूरे।

31. आँखकेअन्धे, नामनैनसुख (गुणनहोनेपरभीगुणकादिखावाकरना) तुम्हें सीधी रेखा तक खींचनी नहीं आती, कहलाते हो चित्रकार! आँख के अन्धे, नाम नैनसुख।

32. इधरकुआँउधरखाई (सबओरपरेशानी)

भावुक पिता बच्चों को लेकर इधर कुआँ उधर खाई की स्थिति में हैं।

33. इसहाथदेउसहाथले (दानकभीव्यर्थनहींजाता, नकदसौदाहोना) दान धर्म करना सुख का मूल है, लालचन्द इसी के बल पर फल फूल रहा है ठीक ही तो है-इस हाथ दे, उस हाथ ले।

34. ईश्वरकीमायाकहींधूपकहीछाया (ईश्वरकीलीलाबड़ीविचित्रहै)

गली में भगवानदास की बेटी मर गई और पड़ोसी के यहाँ बरात आ रही है। सही है- ईश्वर की माया कहीं धूप कहीं छाया।

35. उधारदो, दुश्मनबनाओ (उधारदेनाबलामोललेनाहै)

आजकल की स्थिति यह है कि ग्राहकों को उधार दो दुश्मन बनाओ।

36. उल्टाचोर, कोतवालकोडॉटे (अपनाअपराधस्वीकारनकरकेपुछनेवालेकोदोषदेना) सुनील से उसकी उद्दण्डता के बारे में पूछने पर वह मुझे ही दोषी ठहराने लगा, ठीक है-उल्टा चार कोतवाल का डॉटे।

37. उल्टेबाँसबरेलीको (विपरीतकार्यवाला)

मन्त्री जी ने पहाड़ो पर ताँतपुर से पत्थर मँगाने का आदेश दिलाकर उल्टे बाँस बरेली को कहावत चरितार्थ कराई।

38. ऊँटकेमुँहमेंजीरा (बड़ीआवश्यकताकेलिएकमदेना)

एक साथ 40 रसगुल्ले खाने वाले मनसुख के लिए तुम्हारा दिया हुआ यह 200 ग्राम दूध क्या करेगा ये तो उसके लिए ऊँट के मुँह में जीरा के समान है।

39. ऊँचीदुकानफीकापकवान (आडम्बरअधिक, वास्तविकताकम)

डाक्टर हीरा लाल के पास डिग्रियाँ तो बहुत बड़ी-बडी हैं, परन्तु उनके इलाज से लाभ किसी का हुआ नहीं- ऊँची दुकान फीका पकवान।

40. एकहाथसेतालीनहींबजती (एकपक्षकीओरसेझगड़ानहींहोसकता) ये कैसे हो सकता है कि तुमने उसे कुछ न कहा हो, और वह तुम्हें पीटने लगा हो–एक हाथ से ताली नहीं बजती।

41. एकथैलीकेचट्टे-बट्टे(एकजैसेदुर्गुणोंवाले)

रामसिंह हो या ध्यानसिंह – ये जितने नेता हैं, सब एक थैली के चट्टे-बट्टे हैं।

42. एकपन्थदोकाज (एकप्रयत्नसेदोहरालाभहोना)

मोहन परीक्षा देने हरिद्वार गया था। परीक्षा भी हो गयी और गंगा स्नान भी कर आया ये तो एक पन्थ दो काज हो गया।

43. एकअनारसौबीमार (एकस्थानहेतुसैकड़ोंप्रत्याशी)

वह जयपुर साक्षात्कार के लिए गया, वहाँ आये हुए प्रत्याशियों की भीड़ देखकर उसने कहा–अरे भाई-एक अनार सौ बीमार।

44. एकम्यानमेंदोतलवार (एकवस्तुकेस्थानपरदोरखनेकीचेष्टाकरना) शीघ्र बताओ, किससे प्यार करती हो? अन्यथा मैं प्राण त्याग दूंगा क्योंकि – एक म्यान में दो तलवार नहीं रह सकती।

45. एकमछलीसारेतालाबकोगन्दाकरदेतीहै (एककेबुराहोनेपरसमूहकोदोषलगताहै) नकल करते हुए टीपू पकड़ा गया, पूरी कक्षा के विद्यार्थियों की परीक्षा रद्द कर दी गयी, ठीक ही है-एक मछली सारे तालाब को गन्दा कर देती है।

46. एकचुपेसौकोहराए (चुपरहनाहीअतिउत्तमहै)

रविवार को हरीश चुप नही रहता तो कोई अनहोनी घटना घट जाती-एक चुप सौ को हराए।

47. एकतन्दुरुस्तीहजारनियामत (अच्छास्वास्थ्यहजारोंउपहारोंसेबढ़करहै) दोषपूर्ण रहन-सहन मनुष्य को बीमार बना देता है; अंतः हमें शुद्धता एवं सफाई पर विशेष ध्यान देना चाहिए क्योंकि एक तन्दुरुस्ती हजार नियामत।

48. ऐसी-तैसीकरना (इज्जतनष्टकरना)

तुमने कल चार आदमियों के सामने पंचायत में कलुआ की ऐसी-तैसी कर दी।

49. ओसचाटनेसेप्यासनहींबुझती (बड़ेलक्ष्यकीप्राप्तिहेतुअतिलधुप्रयत्नव्यर्थहीहोताहै) पूँजी एवं उत्पादन के साधनों का अभाव होते हुए मात्र पाँच हजार रुपये के बल पर साबुन की फैक्टरी डालने की बात सोच रहे हो । कभी ओस चाटने से प्यास नहीं बुझती।

50. ओछेकीप्रीत, बालूकीभीत (नीचकीमित्रताटिकाऊनहींहोती)

कल तक माधव की रमेश के साथ मित्रता थी किन्तु आज वह रमेश का शत्रु बन गया है। ठीक कहा है-ओछे की प्रीत, बालू की भीत।

51. क्याकाबुलमेंगधेनहींहोते? (अच्छेसमाजमेंभीमूर्खहोतेहैं)

पण्डित जी लड़का अपने परिवार की मर्यादा के विपरीत आचरण कर रहा था, गणेश द्वारा उसके परिवार की उचित प्रशंसा करने पर उसके मित्र ने कहा, अरे! व्यर्थ की बात मत करो, सुनो क्या काबुल मेंगधे नहीं होते?

52. कहाँराजाभोज, कहाँगंगूतेली ? (आकाशपातालकाअन्तर)

तुम बार-बार सुरेश की बात करते हो? वह राधेश्याम की बराबरी क्या करें,कहाँ राजा भोज, कहाँ गंगू तेली?

53. कहींकीईटकहींकारोड़ा, नानुमतीनेकुनवाजोड़ा (असंगतगठबन्धन) तुम पुस्तक लेखन में औरों के विचार इधर-उधर से इकट्ठा करके रस देते हो, इसमें मौलिकता क्या है? यह तो कहीं का ईट कहीं कारोड़ा,नानुमती ने कुनवा जोड़ा वाली बात हुई।

54. कभीघीघना, कभीमुट्ठीभरचना (परिस्थितियाँएक-सीनहीरहती) माधव कभी पूरा-पकवान खाते भी नाक सिकोड़ता था अब पेट भर भोजन भी दुर्लभ है, समय-समय की बात है-कभी घी घना, कभी मुट्ठी भर चना।

55. करेलाऔरनीमचढ़ा (दुष्टकोकुसंगमिलना)

एक तो तुम पहले से ही झूठे एवं मक्कार थे, दूसरे चोरों के आगे-पीछे घूमने लगे करेला और नीम चढ़ा वाली कहावत चरितार्थ कर रहे हो।

56. कहनेसेधोबीगधेपरनहींचढ़ता (हठीकिसीकाकहनानहींमानता) सुरेश अच्छा गा लेता है लेकिन मित्रों द्वारा अनेक बार कहने पर भी उसने गाना नहीं सुनाया तो उसके एक मित्र ने कहा-ठीक है, भाई सुरेश ! कहने से धोबी गधे पर नहीं चढ़ता।

57. कावर्षाजबकृषीसुखाने (अवसरबीतनेपरसाधनप्राप्तहोनाव्यर्थहीहोताहै) का वर्षा जब कृषी सुखाने। समय चूकि पूनि का पछिताने ॥

58. कागजकीनावनहींचलती (दिखावटीकिन्तुसारहीनवस्तुसमयपरकामनहींदेती) केवल फैशन से कुछ नहीं होगा, अपने में कुछ गुण पैदा करो-कागज की नाव नहीं चलती।

59. कानीकेव्याहमेंसौझगड़े (एकदोषहोनेपरअनेकविघ्नआना)

बड़ी मुश्किल से तुमने घर छोड़ा, अब अनेक बसें निकल गयीं, कोई भी वाहन नहीं मिल पा रहा है, कानी के व्याह में सौ झगड़े।

60. काठकीहाड़ीएकबारहीचढ़तीहै (धोखाएकबारहीदियाजासकताहै) एक बार एक हजार रुपये देकर ही मैं पछता रहा हूँ, आगे आपके बहकावे में नहीं आ सकता, काठ की हाड़ी एक बार ही चढ़ती है।

61. कुत्तेकोघीहजमनहींहोता (तुच्छव्यक्तिबड़ीवस्तुप्राप्तकरशान्तनहींबैठता) वह भूखें मरता था। जब से उसकी पाँच हजार की लॉटरी लगी है, किसी न किसी से आये दिन झगड़ता रहता है, ठीक ही है-कुत्ते को घी हजम नहीं होता।

62. कूपमण्डूकहोना (संकुचितविचारोंवाला)

तुम आज भी सड़ी-गली मान्यताओं को ढो रहे हो। इतने कुप मण्डूक न बनो, प्रगति मार्ग अपनाओ।

63. कोठीबालारोए, छप्परबालासोए (धनवानदुःखीरहताहैतथानिर्धननिश्चिन्त) केन्द्रीय-करों का प्राविधान कुछ ऐसा ही है, जिसमें कोठी वाला रोए, छप्पर वाला सोए की चरितार्थ हो रही है।

64. कोउनृपहोय, हमेंकाहानी (उदासीनहोना)

हमारी तरफ से लाभचन्द प्रधान बने या श्याम सिंह, हमें तो मजदूरी करनी है-कोउ नृप होय, हमें का हानी।

65. कोयलेकीदलालीमेंहाथकाले (जैसाकामवैसापरिणाम)

मैं तो हुक्मसिंह के साथ गया था। कुछ भी नहीं किया लेकिन मूझे व्यर्थ में ही सजा मिल गयी-कोपती की दलाली में हाथ काले।

66. कंगालीमेंआटागीला (कमीमेंऔरनुकसानहोना)

रहीम की नौकरी तो कहीं लगी नहीं थी, पिता की बीमारी का खच्चा और आ पड़ा–कंगाली में आटा गीला।

67. खगजानेखगहीकीभाषा (निकटसम्पर्ककाव्यक्तिहीकिसीकेगुण-दोषोंकोठीकमेंसकताहै) तुम्हें तो रामू की बहू में सारे गुण ही दिखाई देते हैं उसकी वास्तविकता तो रामू की माँ से पूर्व, खग जाने खग ही की भाषा।

68. खरबूजेकोदेखकरखरबूजारंगबदलताहै (संगतकाअसरअवश्यपड़ताहै) वह बड़ा सज्जन था लेकिन जब से वह तुम्हारे संग रहने लगा है उसका तो दिमाग ही गया। ठीक है-खरबूजे को देखकर खरबूजा रंग बदलता है।

69. खिसियानीबिल्लीखम्मानोंचे (लज्जितहोकरक्रोधप्रकटकरना)

तुम नरेश का कुछ नहीं बिगाड़ पाए, मुझे बार-बार छेड़कर लड़ना चाहते हो-खिसियानी बिल्लीखम्भा नोंचे।

70. खोदापहाड़निकलाचुहिया (बहुतप्रयत्नकरनेपरभीफलकममिलना) महीने का परिश्रम और हजारों रुपया खर्च करके खेत में पैदा हुआ दो कुन्तल गेहूँ-खोदा पहाड़ निकली चुहिया।

71. खरीमजूरीचोखाकाम (बिनाकिसीसमस्याकेअच्छीआय)

पने हलवाई की दूकान से पन्द्रह सौ रुपये प्रति माह एवं भोजन मिल जाता है, न कोई झगड़ा न झंझट समय-समय पर छुट्टियाँ अलग से, खरी मजूरी चोखा काम।

72. खुदागंजेकोनाखूननदे (अत्याचारीकोपूरीताकतनहींमिलनीचाहिए) तुम बड़े अत्याचारी और क्रूर हो, यदि तुम अधिकारी बन जाते तो अपने अधीनस्थ कर्मचारियों को कुचल कर रख देते, अच्छा है खुदा गंजे को नाखून न दे।

73. गरीबकीजोरूसबकीभाभी (निर्बलोंकोसभीदबातेहैं)

मोहनदास ठाकुर साहब का चापलूसी करता है, पटवारी की बेगार करता है तथा लाला जी का सौदा लाया करता है इतना ही नहीं गाँव वासी भी उसे चैन नहीं लेने देते हैं-गरीब की जोरू सबकी भाभी।

74. गागरमेंसागरभरना (संक्षेपमेंबड़ीसेबड़ीबातकहजाना)

बिहारी ने अपने दोहों में गागर में सागर भर दिया है।

75. गुड़खायेगुलगुलोंसेपरहेज (बनावटीपरहेज)

प्याज से बनी पकौड़ियों तो बड़े चाब से खाते हो लेकिन प्याज खाने से इतना परहेज करते हो। तुम जैसों के लिए ही कहा गया है कि गुड़ खाये गुलगुलों से परहेज।

76. गंगागयेगंगादास, जमुनागयेजमुनादास (सिद्धान्तहीन, दलबदलू)

रामदास गुप्ता प्रत्येक छः माह में मिलने पर अपने परिवर्तित मतों की चर्चा करते है, कभी वे किसी दल की सदस्यता ग्रहण करते हैं तो कभी किसी दल की, जिस दल में जाते हैं, उसी के होकर रह जाते है। उनके विषय में तो यही कहना उचित है कि गंगा गए गंगादास, जमुना गए जमुनादास।

77. घरकीमुर्गीदालबराबर (घरकीकीमतीचीजकाउपयोगभीसरलहोताहै) बाजार से कपड़ा खरीदने के लिए तो जेब में पैसा भी न था। ससुराल से आया कपड़ा रखा था कोट सिलवा लिया-घर की मुर्गी दाल बराबर।

78. घरमेंनहींदानेअम्माचलीभुनाने (झूठादिखावाकरना)

पैसे तो नहीं साइकिल खरीदने के लिए, इरादा करते हो स्कूटर खरीदने का-घर में नहीं दाने अम्मा चली भुनाने।

79. घरखीरतोबाहरखीर (जोहमारेपासहै, वहीदूसरोंसेभीमिलताहै) आज हमने हलवा बनाया तो पड़ोसी के यहाँ से भी आ गया-घर खीर तो बाहर खीर।

80. घरकाभेदीलंकाढाए (आपसकीफूटबिनाशकरदेतीहै)

जयचन्द ने गौरी को बुलावा न भेजा होता तो देश हजारों साल की गुलामी से बच जाता-घर का भेदी लंका ढाए।

81. घरआएनागनपूजिए, बाँबी पूजनजाय (प्राप्तवस्तुकेस्थानपरअप्राप्तकेलिएप्रयत्नकरना) अमेरिका से लौटे, योग्य चिकित्सक को तुमने अपने को नही दिखलाया, झिझकते रहे। तुम्हारे विषय में कहा जायेगा-घर आए नाग न पूजिए, बाँबी पूजन जाय।

82. घरकाजोगीजोगनाआनगाँव कासिद्ध (घरकेगुणीव्यक्तिकाआदरनहोना) दूसरों के लिए मैं योग्य चिकित्सक हूँ लेकिन मुझे अपने गाँव में अभी भी लल्लू समझते हैं। ठीक ही है-घर का जोगी जोगना, आन गाँव का सिद्ध।

83. घाट-घाटकापानीपीना (चालाकव्यक्ति, सांसारिकअनुभवसम्पन्न)

तुम शिवनारायण की बातें मत करो, उसने तो घाट-घाट का पानी पिया है।

84. चमड़ीजाएपरदमड़ीनजाए (अत्यधिककंजूसहोना)

दिवाकर दूसरों को क्या देगा? उसका तो स्वयं ही ये हाल है कि-चमड़ी जाए पर दमड़ी न जाए।

85. चारदिनकीचाँदनीफिरअंधेरी रात (सांसारिकसुखक्षणिकहै)

दुनिया की यह धन-दोलत कितन दिन का? जिस पर इतना घमंड करते हो, याद रखना–चार दिनकी चाँदनी फिर अँधेरी रात।

86. चिरागतलेअँधेरा (अपनादोषस्वयंकोदिखाईनदेना)

दिल्ली देश की राजधानी है, यहाँ सभी व्यवस्थाएँ हैं फिर भी राजधानी में लूट एवं हत्याएं होती ही रहती है वाह, चिराग तले अँधेरा।

87. चाँदपरथूको, मुँहपरहीगिरेगा (भलेआदमीकीनिन्दासेअपनाहीनुकसानहोताहै) महात्माजी का यश सर्वत्र फैला हुआ है। जुगल ने उनके विषय में अफवाह फैला दी कि ये रंगा सियार है शराब पीता है तथा कंचन कामिनी में लिप्त रहता है। महात्मा जी के भक्तों ने सुनकर जुगल की मरम्मत कर दी ठीक ही है–चाँद पर थूको तो मुँह पर ही गिरेगा।

88. चोरकासाथीगिरहकट (अपनेजैसासाथीढूँढना)

कुण्डू दुराचारी तो था ही, टिल्लू नामक गुण्डे के साथ रहते हुए माना हुआ गुण्डा बन गया। ठीक ही कहा गया है-चोर का साथी गिरहकट।

89. चोरकेपैरनहींहोते (पापीकीठोसबातेनहीहोतीं, अपराधीमेंशक्तिनहींहोती, स्थिरताकीहोती) पुलिस के पूछताछ करने पर उसने पूरा मामला ही उगल दिया-चोर के पैर ही नहीं होते।

90. चोरकीदाढ़ीमेंतिनका (दोषीसशंकितरहताहै)

दीनदयाल की पुस्तक खोने पर अध्यापक ने छात्रों से तलाशी देने के लिए कहा तो रामू ने सकपकाकर बस्ता ही खिड़की से बाहर फैंक दिया, इससे स्पष्ट हो गया-चोर की दाढ़ी में तिनका।

91. चोलीदामनकासाथ (गहरासम्बन्ध)

खेती से पानी को कैसे अलग किया जा सकता है, इन दोनों में तो चोली दामन का साथ हैं।

92. छछूँदरकेसिरमेंचमेलीकातेल (अपात्रकोऐसीवस्तुमिलना, जिसकावहपात्रनहो) नीलम जैसी रूपयौवन सम्पन्ना कन्या का विवाह मद्यप अनिल के साथ! यह तो ठीक वैसा ही हुआ, जैसे छछूँदर के सिर में चमेली का तेल।

93. छठीकादूधयादकराना (कठिनमेहनतपड़ना)

गिरिराज पहलवान ने अखाड़े में लड़ते हुए नवल को छठी का दूध याद करा दिया।

94. छाती/कलेजेपरसाँपलोटना (इर्ष्याहोना)

गुरुदयाल की पदोन्नति का समाचार सुनकर कार्यालय के बाबुओं की छाती पर साँप लोटने लगा।

95. जलमेंरहकरमगरमच्छसेबैर (निकटस्थबलवानसेबैर)

तुम्हें सुरेश की बात मान लेनी चाहिए, तुम्हारा मकान मालिक है, धनवान है। भाई, जल में रहकर मगरमच्छ से बैर ठीक नहीं है।

96. जबतकसाँस तबतकआस (जीवनकेअन्ततकआशाबनीरहतीहै) तुम हिम्मत क्यों हारते हो? टी०बी० है तो डॉक्टर को दिखलाओ जब तक साँस तब तक आस।

97. जहाँनपहुँचेरविवहाँपहुँचेकवि (कवि-कल्पनाकाअन्तनहीहोता)

सूरदास वात्सल्य वर्णय का कोना-कोना झाँक आए हैं, उनके वर्णन को पढ़कर यह कहना है कि-जहाँ न पहुँचे रवि तहाँ पहुँचे कवि।

98. जाकोराखैसाइया, मारिनसकिहैकोय (जिसकाईश्वररक्षकहै, उसकाकोईकुछनहीकरसकताहै)

जाको राखै साइयाँ, मारि न सकिहै कोय।

बाल न बाँका करि सकै, जो जग बैरी होय॥

99. जिसहाँड़ीमेंखाना, उसीमेंछेदकरना (विश्वासघातकरना, कृतघ्नहोना) किशोरी लाल एक साल तक हमारे घर रहा, हमारे यहाँ खाना खाया और आज मिथ्या हमारी ही बुराई कर रहा है- उसने तो जिस हाँड़ी मे खाया, उसी में छेद किया।

100. जिसकीलाठीउसकीभैंस (शक्तिशालीहीविजयीहोताहै)

आज कैसा समय है? दुर्बलों का कोई ठिकाना नहीं रहा जिसकी लाठी उसकी भैंस है, ऐसा सभी जानते हैं।

101. जैसीकरनीवैसीभरनी (कर्मानुसारफल)

मोहन ने ठीक से पढ़ाई पर ध्यान नहीं दिया और अनूत्तीर्ण हो गया। सच ही कहा है-जैसी करनी वैसी भरनी।

102. जितनेमुँहउतनीबात (जितनेव्यक्तिउतनाहीमतभेद)

विधवा लड़की के विवाह के विषय में किस-किस से पूछोगे जो तुम्हारे जी में आए सो करो क्योंकि जितने मुँह उतनी बात।

103. डूबतेहुएकोतिनकेकासहारा (घोरसंकटमेंजरा-सीसहायताहीकाफीहै) उसका लड़का अस्पताल में मौत से जुझ रहा है। इस अवसर पर उसकी सहायता करना अति आवश्यक है क्योंकि डूबते हुए को तिनके का सहारा ही काफी होता है।

104. तीनलोकसेमथुरान्यारी (सबसेअलगव्यवहार)

अपने दाऊदयाल की तो तीन लोक से मथुरा न्यारी रहती है।

105. तबेलेकीबलाबन्दरकेसिर (किसीकेदोषकीसजादूसरेकेसिरमढ़ना) अस्पताल का शीशा गुण्डों ने तोड़ा और रिपोर्ट हुई प्रधान जी के नाम की, हुई न-तबेले की बला बन्दर के सिर।

106. तूडाल-डालमेंपातपात (तुमहोशियारतोमैंमहा-होशियार)

बाबूदीन ने अपने नौकर से कहा-मुझे लकड़ियों की चोरी के विषय में बताओ, मैं किसी प्रकार तुम्हारा पीछा नहीं छोड़ूँगा। अभी सोच ले तू डाल-डाल में पात-पात।

107. तुरतदान, महाकल्याण (शुभकार्यमेंदेरठीकनहींहोती)

प्रधानमन्त्री रोजगार योजना में भ्रष्टाचारी, रिश्वतखोर अधिकारी एवं कर्मचारी तुरन्त दान, महा कल्याण नहीं होने देते।

108. तेतेपाँवपसारिए, जेतीलम्बीसौर (सामथ्थ्र्यांनुसारखर्चकरना)

जो व्यक्ति अपनी सामर्थ्यानुसार खर्च नहीं करते, उन्हें दुःख उठाना पड़ता है। ठीक ही कहा गया तेते पाँव पसारिए, जेती लम्बी सौर।

109. थोथाचनाबाजेघना (ओछाआदमीज्यादाडींगहाँकताहै)

राधे दो पैसे से अधिक दान नहीं कर सका और अपनी दानवीरता की डींग हाँकता फिरता है-थोथा चना बाजे घना।

110. दाल-भातमेंमूसरचन्द (बिनामतलबटाँग अड़ाना)

हम दोनों अपना झगड़ा स्वयं निपटा लेंगे तुम क्यों बेकार में दाल-भात में मुसरचन्द बनते हो।

111. दानकीबछियाकेदाँतनहींदेखेजाते (मुफ्तकीवस्तुओंमेंदोषनहींदेखते) भात में 50 साड़ियाँ लाए मगर बिल्कुल सस्ती थी किसी ने कुछ नहीं कहा क्योंकि दान, की बछिया के दाँत नहीं देखे जाते।

112. दूधकाजलाछाछभीफूँककरपीताहै (जोएकबारधोखाखाजाताहैफिरजल्दीसेविश्वासनहींकरता) गोपाल को तब तो तुमने फँसा लिया था, अब वह तुम्हारी सच्ची बात पर भी बिना स्वयं देखे विश्वास न करेगा-दूध का जला छाछ भी फूक कर पीता है।

113. दुविधामेंदोनोंगएमायामिलीनराम (दोकार्यकरनेपरकिसीमेंसफलतानमिलना) विवेक ने मिठाई की दूकान खोल ली, जिससे बह अपनी बी०ए० की परीक्षा हेतु तैयारी नहीं कर पाया गजीर असफल हो गया दूसरी ओर दूकान भी चौपट हो गयी दुविधा में दोनो गए माया मिली न राम।

114. दूधकादूध, पानीकापानी (उचितन्याय, विवेकपूर्णन्याय)

आज भी भारतीय न्याय प्रसिद्ध है। न्यायाधीश दूध का दूध, पानी का पानी करते है।

115. दूरकेढोलसुहावने (दूरकीवस्तुअच्छीलगतीहै)

तुम्हारे पास किस चीज की कमी है जो धर्मेन्द्र की प्रशंसा कर रहे हो। तुम्हें पता नहीं है-दूर के ढोल सुहावने लगते है।

10

विविध प्रकार के पत्र-लेखन

विविध प्रकार के पत्र-लेखन

'पत्र' शब्द मूलतः संस्कृत का शब्द है, जिसका शाब्दिक अर्थ 'पत्ता' है। प्राचीन काल में भोजपत्र आदि पर संदेश लिखकर संदेशवाहक के माध्यम से अपने विचारों का आदान-प्रदान किया जाता था। अतः यह कोई नई विधा नहीं है। समय के साथ- साथ इस विधा का भी विकास होता चला गया।

पत्र-लेखन एक कला है। अभिव्यक्ति के समस्त लिखित साधनों में पत्र आज सबसे प्रमुख, शक्तिशाली, प्रभावपूर्ण और मनोरम साधन है। यह केवल हमारी कुशल-क्षेम पहुँचाने या बताने का ही माध्यम नहीं है बल्कि यह व्यावसायिक क्षेत्र में भी हमें एक-दूसरे से जोड़ने का बहुत अच्छा और सस्ता साधन है।

जो व्यक्ति पत्र-लेखन में कुशल होता है, वह अपने हृदयगत भावों को दूसरों तक पहुँचाने में पूर्णतः सफल होता है। एक कुशल पत्र-लेखक ही पत्र-लेखन की सभी खूबियों का बखूबी प्रयोग कर सकता है। इसके लिए कुछ विशेष बातों का ज्ञान होना बहुत आवश्यक है।

पत्रोंकीउपयोगिताअथवामहत्व

As keys do open chests,
So letters open breasts .

James howel

उक्त अँगरेजी विद्वान् के कथन का आशय यह है कि जिस प्रकार कुंजियाँ बक्स खोलती हैं, उसी प्रकार पत्र (letters) हृदय के विभित्र पटलों को खोलते हैं। मनुष्य की भावनाओं की स्वाभाविक अभिव्यक्ति पत्राचार से भी होती हैं। निश्छल भावों और विचारों का आदान-प्रदान पत्रों द्वारा ही सम्भव है।

पत्रलेखन दो व्यक्तियों के बीच होता है। इसके द्वारा दो हृदयों का सम्बन्ध दृढ़ होता है। अतः पत्राचार ही एक ऐसा साधन है, जो दूरस्थ व्यक्तियों को भावना की एक संगमभूमि पर ला खड़ा करता है और दोनों में आत्मीय सम्बन्ध स्थापित करता है। पति-पत्नी, भाई-बहन, पिता-पुत्र इस प्रकार के हजारों सम्बन्धों की नींव यह सुदृढ़ करता है। व्यावहारिक जीवन में यह वह सेतु है, जिससे मानवीय सम्बन्धों की परस्परता सिद्ध होती है। अतएव पत्राचार का बड़ा महत्व है।

१) पत्र साहित्य की वह विद्या हैं जिसके द्वारा मनुष्य समाज में रहते हुए अपने भावों एवं विचारों को दूसरों तक सम्प्रेषित करना चाहता हैं, इसके लिए वह पत्रों का सहारा लेता हैं। अतः व्यावसायिक, सामाजिक, कार्यालय आदि से सम्बन्धित अपने भावों एवं विचारों को प्रकट करने में पत्र अत्यन्त उपयोगी होते हैं।

२) पत्र मित्रों एवं परिजनों से आत्मीय सम्बन्ध एवं सम्पर्क स्थापित करने हेतु उपयोगी होते हैं। पत्र के माध्यम से मनुष्य प्रेम, सहानुभूति, क्रोध आदि प्रकट करता हैं।

३) कार्यालय एवं व्यवसाय के सम्बन्ध में मुद्रित रूप में प्राप्त पत्रों का विशेष महत्त्व होता हैं। मुद्रित रूप में प्राप्त पत्रों को सुरक्षित रखा जा सकता हैं।

४) छात्र जीवन में भी पत्रों का विशेष महत्त्व हैं। स्कूल से अवकाश लेना, फीस माफी, स्कूल छोड़ने, स्कॉलरशिप पाने, व्यवसाय चुनने, नौकरी प्राप्त करने के लिए पत्रों की महत्त्वपूर्ण भूमिका होती हैं।

५) पत्र सामाजिक सम्बन्धों को मजबूत करने का माध्यम हैं। पत्रों की सबसे बड़ी उपयोगिता यह हैं कि कभी-कभी पत्र भविष्य के लिए एक महत्त्वपूर्ण दस्तावेज भी बन जाता हैं।

पत्र लेखनएककला है

आधुनिक युग में पत्रलेखन को 'कला' की संज्ञा दी गयी है। पत्रों में आज कलात्मक अभिव्यक्तियाँ हो रही है। साहित्य में भी इनका उपयोग होने लगा है। जिस पत्र में जितनी स्वाभाविकता होगी, वह उतना ही प्रभावकारी होगा। एक अच्छे पत्र के लिए कलात्मक सौन्दर्यबोध और अन्तरंग भावनाओं का अभिव्यंजन आवश्यक है।

एक पत्र में उसके लेखक की भावनाएँ ही व्यक्त नहीं होती, बल्कि उसका व्यक्तित्व (personality) भी उभरता है। इससे लेखक के चरित्र, दृष्टिकोण, संस्कार, मानसिक स्थिति, आचरण इत्यादि सभी एक साथ झलकते हैं। अतः पत्रलेखन एक प्रकार की कलात्मक अभिव्यक्ति है। लेकिन, इस प्रकार की अभिव्यक्ति व्यवसायिक पत्रों की अपेक्षा सामाजिक तथा साहित्यिक पत्रों में अधिक होती है।

पत्रलिखनेके लिए कुछ आवश्यकबातें

१) जिसके लिए पत्र लिखा जाये, उसके लिए पद के अनुसार शिष्टाचारपूर्ण शब्दों का प्रयोग करना चाहिए।
२) पत्र में हृदय के भाव स्पष्ट रूप से व्यक्त होने चाहिए।
३) पत्र की भाषा सरल एवं शिष्ट होनी चाहिए।
४) पत्र में बेकार की बातें नहीं लिखनी चाहिए। उसमें केवल मुख्य विषय के बारे में ही लिखना चाहिए।
५) पत्र में आशय व्यक्त करने के लिए छोटे वाक्यों का प्रयोग करना चाहिए।
६) पत्र लिखने के पश्चात उसे एक बार अवश्य पढ़ना चाहिए।
७) पत्र प्राप्तकर्ता की आयु, संबंध, योग्यता आदि को ध्यान में रखते हुए भाषा का प्रयोग करना चाहिए।
८) अनावश्यक विस्तार से बचना चाहिए।
९) पत्र में लिखी वर्तनी-शुद्ध व लेख-स्वच्छ होने चाहिए।
१०) पत्र प्रेषक (भेजने वाला) तथा प्रापक (प्राप्त करने वाला) के नाम, पता आदि स्पष्ट रूप से लिखे होने चाहिए।
११) पत्र के विषय से नहीं भटकना चाहिए यानी व्यर्थ की बातों का उल्लेख नहीं करना चाहिए।

अच्छेपत्र कीविशेषताएँ

(क) प्रभावोत्पादकता : किसी भी पत्र का प्रथम गुण हैं उसकी प्रभावोत्पादकता। जो पत्र अपने पाठक को प्रभावित नहीं करते वे जल्दी ही रद्दी की टोकरी में चले जाते हैं। उनका लिखा जाना और न लिखा जाना- दोनों बराबर हैं। अच्छा पत्र-लेखक वही हैं, जो अपने विचार प्रभावशाली ढंग से प्रस्तुत कर सके। इसके लिए जरूरी हैं कि आप जो बात पत्र में लिखना चाहते हैं उसपर पहले गंभीरता से विचार कर लें। फिर उसे इस ढंग से प्रस्तुत करें कि पढ़नेवाले पर उसका अनुकूल असर हो।

(ख) विचारोंकीसुस्पष्ठता : पत्र में लेखक के विचार सुस्पष्ट और सुलझे होने चाहिए। कहीं भी पाण्डित्य-प्रदर्शन की चेष्टा नहीं होनी चाहिए। बनावटीपन नहीं होना चाहिए। दिमाग पर बल देनेवाली बातें नहीं लिखी जानी चाहिए।

(ग) संक्षेपऔरसम्पूर्णता : पत्र अधिक लम्बा नहीं होना चाहिए। वह अपने में सम्पूर्ण और संक्षिप्त हो। उसमें अतिशयोक्ति, वाग्जाल और विस्तृत विवरण के लिए स्थान नहीं है। इसके अतिरिक्त, पत्र में एक ही बात को बार-बार दुहराना एक दोष है। पत्र में मुख्य बातें आरम्भ में लिखी जानी चाहिए। सारी बातें एक क्रम में लिखनी चाहिए। इसमें कोई भी आवश्यक तथ्य छूटने न पाय। पत्र अपने में सम्पूर्ण हो, अधूरा नहीं। पत्रलेखन का सारा आशय पाठक के दिमाग पर पूरी तरह बैठ जाना चाहिए। पाठक को किसी प्रकार की लझन में छोड़ना ठीक नहीं।

(घ)सरल भाषा शैली : पत्र की भाषा साधारणतः सरल और बोलचाल की होनी चाहिए। शब्दों के प्रयोग में सावधानी रखनी चाहिए। ये उपयुक्त, सटीक, सरल और मधुर हों। सारी बात सीधे-सादे ढंग से स्पष्ट और प्रत्यक्ष लिखनी चाहिए। बातों को घुमा-फिराकर लिखना उचित नहीं।

(ङ) बाहरीसजावट : पत्र की बाहरी सजावट से हमारा तात्पर्य यह है कि
(१) उसका कागज सम्भवतः अच्छा-से-अच्छा होना चाहिए;
(२) लिखावट सुन्दर, साफ और पुष्ट हो;
(३) विरामादि चिह्नों का प्रयोग यथास्थान किया जाय;
(४) शीर्षक, तिथि, अभिवादन, अनुच्छेद और अन्त अपने-अपने स्थान पर क्रमानुसार होने चाहिए;
(५) पत्र की पंक्तियाँ सटाकर न लिखी जायँ और
(६) विषय-वस्तु के अनुपात से पत्र का कागज लम्बा-चौड़ा होना चाहिए।

(च) शुद्धताऔरस्वच्छता : शुद्धता और स्वच्छता पत्र के अन्य महत्त्वपूर्ण गुण होते हैं। साफ-सुथरे कागज पर सफाई के साथ लिखा गया पत्र मन को प्रसन्न करता हैं। पत्र में काट-पीट और उलटी-सीधी पंक्तियाँ देखकर मन उचटने-सा लगता हैं। इसके लिए बेहतर होगा कि पहले पत्र को रफ लिखा जाए और बाद में उसे साफ-साफ उतारकर संबंधित व्यक्ति के पास भेजा जाए।

शुद्धता की दृष्टि से पत्रों में यह ध्यान रखना चाहिए कि शब्द-रचना और वाक्य-विन्यास सही हो। उनमें वर्तनी और व्याकरणगत अशुद्धियाँ न हों। अतः पत्र लिखने के बाद उसे एक बार पढ़ अवश्य लें। शब्द, वाक्य, व्याकरण आदि की अशुद्धियाँ रह जाने पर अर्थ का अनर्थ हो सकता हैं।

(छ) विनम्रताऔर शिष्टता : विनम्रता व्यक्तित्व का ही नहीं, पत्र का भी विशेष गुण हैं, क्योंकि पत्र में पत्र-लेखक का व्यक्तित्व झलकता हैं। आपकी मन स्थिति कैसी भी क्यों न हों, पत्र लिखते समय सदैव शिष्टता और विनम्रता का ही परिचय देना चाहिए। इस प्रकार आपके बिगड़े काम भी बन सकते हैं। इसके विपरीत अशिष्टतापूर्ण पत्रों से कभी-कभी बनते काम भी बिगड़ जाते हैं। इनका प्रतिकूल प्रभाव पड़ता हैं।

(ज) सद्भावना : पत्र का सद्भावनापूर्ण होना जरूरी हैं। यदि आपको शिकायती पत्र भी लिखना पड़े तो उसमें आपको असद्भावना नहीं प्रकट होना चाहिए। ऐसे मामलों में विवेक और संयम का ही परिचय देना चाहिए। धमकी, उपालंभ आदि का दुर्भाव प्रकट न करना ही श्रेयस्कर रहता हैं। सद्भावनापूर्णपत्र (समाज में) आपस में प्रेम और भाईचारे को जन्म देते हैं।

(झ) सहजऔरस्वाभाविकशैली : पत्रों की भाषा-शैली सहज-स्वाभाविक होनी चाहिए। उसमें कठिन शब्दों का प्रयोग नहीं करना चाहिए। सीधे-सादे सरल शब्दों के चयन से विचारों की सचाई झलकती हैं। काव्यात्मक और कल्पना-प्रधान शैली पत्र की स्वाभाविकता को नष्ट कर देती हैं।

(ञ) क्रमबद्धता : पत्र लेखन करते समय क्रमबद्धता का ध्यान रखा जाना अति आवश्यक हैं। जो बात पत्र में पहले लिखी जानी चाहिए उसे पत्र में प्रारम्भ में तथा बाद में लिखी जाने वाली बात को अन्त में ही लिखा जाना चाहिए।

(ट) विरामचिह्नोंपर विशेष ध्यान : पत्र में विराम चिह्नों को सही स्थान पर प्रयोग किया जाना चाहिए। विराम चिह्नों का सही प्रयोग न होने से अर्थ का अनर्थ हो जाता हैं। उचित स्थान पर विराम चिह्नों का प्रयोग पत्र को आकर्षक बनाता हैं।

(ठ) उद्देश्यपूर्ण : पत्र इस प्रकार लिखा जाना चाहिए जिससे पाठक की हर जिज्ञासा शान्त हो जाए। पत्र अधूरा नहीं होना चाहिए पत्र में जिन बातों का उल्लेख किया जाना निश्चित हो उसका उल्लेख पत्र में निश्चित तौर पर किया जाना चाहिए। पत्र पूरा होने पर उसे एक बार अन्त में पुनः पढ़ लेना चाहिए।

पत्रकेभाग

पत्र को जिस क्रम में प्रस्तुत किया जाता हैं अथवा लिखा जाता हैं, वे पत्र के भाग कहलाते हैं। अनौपचारिक व औपचारिक पत्रों में पत्र के भाग सामान्य रूप से समान होते हैं। दोनों श्रेणियों के पत्रों में कुछ अन्तर होता हैं। जिसे यहाँ स्पष्ट किया गया हैं। सामान्यतः पत्र के निम्नलिखित भाग होते हैं-

(क) शीर्षकया आरम्भ : पत्र के शीर्षक के रूप में पत्र-लेखक का पता लिखा जाता हैं। एक तरह से शीर्षक पत्र-लेखक का परिचायक होता हैं। पत्र लिखने वाले का पता पत्र के बायीं ओर सबसे ऊपर लिखा जाता हैं। परीक्षा के सन्दर्भ में यह बात ध्यान रखनी चाहिए कि यदि परीक्षा में पूछे गए पत्र में पते का उल्लेख न किया गया हो तो उसके स्थान पर 'परीक्षा भवन' लिखा जाता हैं। इसके ठीक नीचे पत्र लिखने की तिथि लिखी जाती हैं। औपचारिक पत्रों के अन्तर्गत विषय का उल्लेख सीमित शब्दों में स्पष्ट रूप से किया जाता हैं जबकि अनौपचारिक पत्रों में विषय का उल्लेख नहीं होता।

(ख) सम्बोधनएवंअभिवादन : पत्रों में सम्बोधन एवं अभिवादन का महत्त्वपूर्ण स्थान होता हैं। औपचारिक पत्रों में यह प्रायः 'मान्यवर', 'महोदय' आदि शब्द-सूचकों से दर्शाया जाता हैं जबकि अनौपचारिक पत्रों में यह 'पूजनीय' 'स्नेहमयी', 'प्रिय' आदि शब्द-सूचकों से दर्शाया जाता हैं।

(ग) विषय-वस्तु : किसी भी पत्र में विषय-वस्तु ही वह महत्त्वपूर्ण अंग हैं, जिसके लिए पत्र लिखा जाता हैं। इसे पत्र का मुख्य भाग भी कहते हैं। यह प्रभावशाली होना चाहिए। जिन विचारों एवं भावों को आप प्रकट करना चाहते हैं, उन्हें ही क्रमशः लिखना चाहिए। अपनी बात को छोटे-छोटे परिच्छेदों में लिखने का प्रयास कीजिए। ध्यान रखिए कि आप पत्र लिख रहे हैं, कोई कहानी या नाटक नहीं। अतः विषयवस्तु को अनावश्यक विस्तार न दीजिए।

जिस तरह विषयवस्तु का आरंभ प्रभावशाली होना चाहिए। उसी प्रकार उसका समापन भी ऐसा होना चाहिए, जो पाठक के मन को प्रभावित कर सके।

(घ) मंगलकामनाएँ : विषयवस्तु की समाप्ति के बाद मंगल कामनाएँ व्यक्त करना न भूलें। ये मंगल कामनाएँ पढ़कर वाचक को लगता हैं कि पत्र-लेखक उसका शुभचिंतक हैं। प्रायः 'शुभकामनाओं सहित', 'सद्भावनाओं सहित', 'मंगल कामनाओं सहित', 'सस्नेह' आदि शब्दों

का प्रयोग मंगल कामनाओं की अभिव्यक्ति के लिए किया जाता हैं। मंगल सूचक शब्दों के बाद अर्द्धविराम लगाना चाहिए।

(ङ) अंत : पत्र के अंतिम अंग के रूप में 'आपका', 'भवदीय', 'आज्ञाकारी', 'शुभाकांक्षी' आदि शब्दों का प्रयोग प्रसंगानुसार किया जाता हैं। ऐसे शब्दों का उल्लेख उपर्युक्त तालिका में किया गया हैं। इन शब्दों के नीचे अपने हस्ताक्षर करना चाहिए। इन हस्ताक्षरों के साथ उपाधि आदि का उल्लेख नहीं करना चाहिए। इस प्रकार पूरा पत्र लिखने के बाद, लिफाफे में बंद करने से पहले एक बार पढ़ अवश्य लेना चाहिए कि कहीं कुछ छूट तो नहीं गया हैं, अथवा आप जो बात कहना चाहते थे वही लिखा भी गया हैं या नहीं।

अगर पत्र पोस्टकार्ड पर लिखा गया हैं तो उसमें निर्धारित स्थान पर उस व्यक्ति संस्था आदि का पूरा पता लिखें। अन्यथा पत्र को यथोचित मोड़कर लिफाफे में रख दें। फिर लिफाफे पर पानेवाले का पूरा पता अवश्य लिख दें। पता लिखते समय यह ध्यान रखना चाहिए कि पता साफ और पूरा लिखा गया हो। पते में सबसे पहले पानेवाले का नाम, फिर दूसरी पंक्ति में मकान नं., सड़क, गली, मुहल्ले और शहर का नाम लिखना चाहिए। आजकल समय से डाक पहुँचे, इसके लिए पिनकोड का चलन हो गया हैं। अतः नगर के साथ-साथ पिनकोड और राज्य भी लिख दें।

लिफाफे पर पानेवाले का पता बीच में लिखना चाहिए। जिस ओर पता लिखा हैं उसी ओर नीचे, बाएँ कोने में 'प्रेषक' लिखकर अपना पता लिख दें। अंतर्देशीय पत्रों में दोनों पतों की अलग-अलग व्यवस्था होती हैं। पत्र को पोस्ट करने से पहले यह देख लें कि उसपर पर्याप्त डाक टिकट लगे हैं या नहीं। पर्याप्त टिकटों के अभाव में पत्र 'बैरंग' माना जाता हैं और उसके सामान्य मूल्य से दो गुना मूल्य पत्र पानेवाले को चुकाना पड़ता हैं।

पत्रोंकेप्रकार

मुख्य रूप से पत्रों को निम्नलिखित दो वर्गों में विभाजित किया जा सकता है :

(क) अनौपचारिक-पत्र (Informal Letter)

(क) औपचारिक-पत्र (Formal Letter)

(क)अनौपचारिकपत्र (Informal Letter): इन पत्रों के अन्तर्गत उन पत्रों को सम्मिलित किया जाता है, जो अपने प्रियजनों को, मित्रों को तथा सगे- संबंधियों को लिखे जाते है। उदहारण के रूप में – पुत्र द्वारा पिता जी को अथवा माता जी को लिखा गया पत्र, भाई-बंधुओ को लिखा जाना वाला, किसी मित्र की सहायता हेतु पत्र, बधाई पत्र, शोक पत्र, सुखद पत्र इत्यादि।

अनौपचारिकपत्रलिखनेकेउद्देश्य

(१) अनौपचारिक पत्रों को लिखने का मुख्य उद्देश्य अपने परिवारजनों को, प्रियजनों को, सगे संबंधियों को, मित्रजनों आदि को निजी संदेश भेजना है।

(२) किसी निजी जन को बधाई देने हेतु, शोक सूचना देने हेतु, विवाह, जन्मदिवस पर आमंत्रित करने हेतु, आदि के लिए इन्हीं पत्रों का प्रयोग किया जाता है।

(३) हर्ष, दुःख, उत्साह, क्रोध, नाराज़गी, सलाह, सहानुभूति इत्यादि भावनाओं को अनौपचारिक पत्र के माध्यम से व्यक्त करना।

(४) समस्त अनौपचारिक कार्यों के लिए अनौपचारिक पत्रों का प्रयोग किया जाता है।

(ख) औपचारिकपत्र : प्रधाना चार्य, पदाधिकारियों, व्यापारियों, ग्राहकों, पुस्तक विक्रेता, सम्पादक आदि को लिखे गए पत्र औपचारिक पत्र कहलाते हैं।

औपचारिक पत्रों को निम्नलिखित वर्गों में विभाजित किया जा सकता हैं :

(१) प्रार्थना-पत्र/आवेदनपत्र (Request Letter) : जिन पत्रों में निवेदन अथवा प्रार्थना की जाती है, वे 'प्रार्थना-पत्र' कहलाते हैं। ये अवकाश, शिकायत, सुधार, आवेदन के लिए लिखे जाते हैं।

(२) सम्पादकीयपत्र (Editorial Letter) : सम्पादक के नाम लिखे जाने वाले पत्र को संपादकीय पत्र कहा जाता हैं। इस प्रकार के पत्र सम्पादक को सम्बोधित होते हैं, जबकि मुख्य विषय-वस्तु 'जन सामान्य' को लक्षित कर लिखी जाती हैं।

(३) कार्यालयी-पत्र (Official Letter) : विभिन्न कार्यालयों के लिए प्रयोग किए जाने अथवा लिखे जाने वाले पत्रों को 'कार्यालयी-पत्र' कहा जाता हैं।

ये पत्र किसी देश की सरकार और अन्य देश की सरकार के बीच, सरकार और दूतावास, राज्य सरकार के कार्यालयों, संस्थानों आदि के बीच लिखे जाते हैं।

(४) व्यवसायिक-पत्र (Business Letter) : व्यवसाय में सामान खरीदने व बेचने अथवा रुपयों के लेन-देन के लिए जो पत्र लिखे जाते हैं, उन्हें 'व्यवसायिक पत्र' कहते हैं।

आज व्यापारिक प्रतिद्वन्द्विता का दौर हैं। प्रत्येक व्यापारी यही कोशिश करता हैं कि वह शीर्ष पर विद्यमान हो। व्यापार में बढ़ोतरी बनी रहे, साख भी मजबूत हो, इन उद्देश्यों की पूर्ति हेतु जिन पत्रों को माध्यम बनाया जाता हैं, वे व्यापारिक पत्रों की श्रेणी में आते हैं। इन पत्रों की भाषा पूर्णतः औपचारिक होती हैं।

औपचारिक-पत्रलिखतेसमयध्यानरखने योग्यबातें :

१)औपचारिक-पत्र नियमों में बंधे हुए होते हैं।

२)इस प्रकार के पत्रों में नपी-तुली भाषा का प्रयोग किया जाता है। इसमें अनावश्यक बातों (कुशलक्षेम आदि) का उल्लेख नहीं किया जाता।

३)पत्र का आरंभ व अंत प्रभावशाली होना चाहिए।

४)पत्र की भाषा-सरल, लेख-स्पष्ट व सुंदर होना चाहिए।

५)यदि आप कक्षा अथवा परीक्षा भवन से पत्र लिख रहे हैं, तो कक्षा अथवा परीक्षा भवन (अपने पता के स्थान पर) तथा क० ख० ग० (अपने नाम के स्थान पर) लिखना चाहिए।

६)पत्र पृष्ठ के बाई ओर से हाशिए (Margin Line) के साथ मिलाकर लिखें।

७)पत्र को एक पृष्ठ में ही लिखने का प्रयास करना

७)पत्र को एक पृष्ठ में ही लिखने का प्रयास करना चाहिए ताकि तारतम्यता बनी रहे।

८)प्रधानाचार्य को पत्र लिखते समय प्रेषक के स्थान पर अपना नाम, कक्षा व दिनांक लिखना चाहिए।

औपचारिकतथाअनौपचारिक पत्रोंमेंअंतर

पत्रलेखनसेसम्बंधितअभिवादन वसम्बोधनोंकीसूची

सम्बन्ध	सम्बोधन	अभिवादन	अभिनिवेदन
पिता - पुत्र	प्रिय महेश	शुभाशीर्वाद	तुम्हारा शुभाकांक्षी
पुत्र - पिता	पूज्य पिताजी	सादर प्रणाम	आपका स्नेहाकांक्षी
माता - पुत्र	प्रिय पुत्र	शुभाशीष	तुम्हारी शुभाकांक्षिणी
पुत्र माता	पूजनीय माताजी	सादर प्रणाम	आपका स्नेहाकांक्षी
मित्र - मित्र	प्रिय भाई या मित्र या प्रिय रमेश आदि	नमस्कार	आपका स्नेहाकांक्षी
गुरू- शिष्य	प्रिय कुमार या चि. कुमार	शुभाशीर्वाद	तुम्हारा सत्यैषी या शुभचिन्तक
शिष्य गुरु	पूजनीय या आदरणीय गुरूदेव	सादर प्रणाम	आपका शिष्य
दो परिचितव्यक्ति	प्रिय महोदय	सप्रेम नमस्कार	भवदीय
अग्रज - अनुजा	प्रिय राहुल	शुभाशीर्वाद	तुम्हारा शुभाकांक्षी
अनुज - अग्रज	पूज्य भैया या भ्राता जी	प्रणाम	आपका स्नेहाकांक्षी
स्त्री - पुरुष (अनजान)	प्रिय महाशय	----	भवदीया
पुरुष-स्त्री (अनजान)	प्रिय महाशय	----	भवदीय
पुरूष - स्त्री (परिचित)	कुमारी कमलाजी	----	भवदीय
स्त्री - पुरुष (परिचय)	भाई कमलजी	----	भवदीया

अनौपचारिकपत्र

कुशल-क्षेमसम्बन्धी पत्र

कुशल-क्षेम सम्बन्धी पत्रों से तात्पर्य ऐसे पत्रों से हैं, जिससे एक व्यक्ति दूसरे व्यक्ति का हाल-चाल जानता हैं। वह जानकारी प्राप्त करता हैं कि अमुक व्यक्ति राजी-ख़ुशी से रह रहा हैं अथवा नहीं। कुशल-क्षेम सम्बन्धी कुछ पत्रों के उदाहरण इस प्रकार हैं-

♦अपनेपरिवारसेदूररहकरनौकरीकर रहे पिता काहाल-चाल जाननेके लिएपत्रलिखिए।

20/3, रामनगर,

कानपुर।

दिनांक 15 मार्च, 20XX

पूज्य पिताजी,

सादर चरण-स्पर्श।

कई दिनों से आपका कोई पत्र प्राप्त नहीं हुआ। हम सब यहाँ कुशलपूर्वक रहकर भगवान से आपकी कुशलता एवं स्वास्थ्य के लिए सदा प्रार्थना करते हैं। पिताजी, मैंने घर की सारी जिम्मेदारियाँ सम्भाल ली हैं। घर एवं बाहर के अधिकांश काम अब मैं ही करता हूँ।

सलोनी आपको बहुत याद करती हैं। वह हर समय पापा-पापा की रट लगाए रहती हैं। इस बार घर आते समय उसके लिए गुड़ियों का उपहार लेते आइएगा।

आप अपनी सेहत का ख्याल रखना। समय पर खाना, समय पर सोना। यदि आपको स्वास्थ्य से तनिक भी गड़बड़ी महसूस हो तो डॉक्टर से परामर्श कर तुरंत ही अपना उचित इलाज करवाना।

आपके पत्र के जवाब के इन्तजार में।

आपका पुत्र,

विजय मोहन

♦आपका मित्रविदेश में रह रहा हैं।अपनेमित्र काकुशल-क्षेम जाननेकेलिए उसेपत्रलिखिए।

454, मुखर्जी नगर,

दिल्ली।

दिनांक 13 मार्च, 20XX

प्रिय मित्र अवधेश,

नमस्कार।

आशा हैं, आप स्वस्थ एवं प्रसन्न होंगे। काफी समय बीत गया, आपका कोई पत्र नहीं आया। ऐसा लगता हैं जैसे फ्रांस में नौकरी मिलने के बाद से आप काफी व्यस्त हो गए हैं।

आप मेरा यह पत्र मिलते ही जवाब दें, एवं मुझे यह भी बताएँ कि देश से दूर रहकर चिकित्सा कार्य करने का आपका अनुभव कैसा रहा।

हो सकता हैं कि कार्य में अत्यधिक व्यस्त रहने के कारण आपको पत्र लिखने का समय न मिल पाता हो, परन्तु अपने इस मित्र के लिए कुछ समय तो निकाल ही लिया करें। इससे मुझे ख़ुशी मिलेगी।

आपकी भारत आने की योजना कब हैं, यह भी पत्र में लिखना। भाभी को मेरी तरफ से प्रणाम कहना, भांजी सृजना को प्यार देना।

आपके पत्र की प्रतीक्षा में

आपका मित्र,

राज कौशल

♦अपनी छात्रावासकीदिनचर्या एवं अपना कुशल-क्षेमबतातेहुएअपनेपिताजीको पत्रलिखिए।

सरोजिनी छात्रावास,

देहरादून।

दिनांक 12 मार्च, 20XX

पूज्य पिताजी,

सादर चरण-स्पर्श।

मुझे आज ही आपका पत्र प्राप्त हुआ। मेरे लिए यह ख़ुशी की बात हैं कि आपने मेरा हाल-चाल जानने के साथ-साथ मेरे छात्रावास की दिनचर्या के विषय में भी जानकारी चाही हैं। मैं यहाँ खुश हूँ, मुझे किसी तरह की कोई समस्या नहीं हैं। जहाँ तक बात मेरे छात्रावास की दिनचर्या की हैं, तो मैं इस पत्र में आपको उसकी जानकारी दे रहा हूँ।

हम प्रातः 5 : 30 बजे उठते हैं। 6 : 00 बजे तक शौच आदि से निवृत्त होकर प्रातः भ्रमण हेतु निकल जाते हैं। इन सब कार्यों पर हमारा लगभग एक घण्टा व्यतीत हो जाता हैं। इसके बाद सात बजे से साढ़े सात बजे के मध्य स्नान करते हैं। ठीक 8 बजे नाश्ते की घण्टी बजती हैं। प्रातः साढ़े आठ से साढ़े नौ बजे तक पढ़ाई करता हूँ। दस बजे से चार बजे तक विद्यालय में रहता हूँ। सायं साढ़े पाँच से साढ़े छः बजे तक का समय खेलों के लिए निश्चित हैं। रात्रि भोजन की घण्टी आठ बजे बजती हैं। भोजन के पश्चात् दो घण्टे अध्ययन करता हूँ। रात्रि ग्यारह बजे सब विद्यार्थियों को अनिवार्य रूप से सो जाना पड़ता हैं। इस प्रकार हमारी दिनचर्या नियमबद्ध ढंग से एवं सुचारु रूप से चलती रहती हैं। छात्रावास के अधीक्षक हमारी हर सुविधा का पूरा-पूरा ध्यान रखते हैं। मैं अगले महीने ग्रीष्म अवकाश में घर आऊँगा।

माताजी को सादर-प्रणाम, सोनिया को प्यार।

आपका प्रिय पुत्र,

सोहन

बधाईसम्बन्धी पत्र

बधाई पत्रों के द्वारा ख़ुशी का इजहार किया जाता हैं। ये पत्र किसी को जन्मदिवस की हार्दिक शुभकामना देने, अच्छी नौकरी मिलने, परीक्षा में सफलता प्राप्त करने, विदेश यात्रा करने, राजनीति में जीत हासिल करने, कोई वाहन खरीदने, घर खरीदने, शादी की वर्षगाँठ मनाने, त्यौहार मनाने आदि के मौके पर लिखे जाते हैं। कुछ बधाई पत्र इस प्रकार हैं-

♦अपनेछोटे भाई कोउसके जन्मदिन केउपलक्ष्यमेंबधाईसम्बन्धीपत्र लिखिए।

कौशिक एन्क्लेव,

दिल्ली।

दिनांक 15 मार्च, 20XX

प्रिय अनुज मुकेश,

शुभाशीर्वाद।

पिछले दिनों तुम्हारा पत्र मिला। पत्र में तुमने मुझसे 20 मार्च को दिल्ली आने की गुजारिश की हैं। मुझे याद हैं कि 20 मार्च को तुम्हारा जन्म-दिन हैं और इसलिए तुमने मुझे घर आने के लिए लिखा हैं। जन्म-दिवस के उपलक्ष्य में मैं तुम्हें हार्दिक बधाई देता हूँ। मैं प्रभु से यही कामना करता हूँ कि तुम्हारा भावी जीवन सुखद एवं मंगलमय हो। ईश्वर तुम्हारी सम्पूर्ण इच्छाओं को पूर्ण करे।

इस शुभ अवसर के उपलक्ष्य में मैं तुम्हारे लिए चुनी हुई कुछ पुस्तकों का उपहार रजिस्टर्ड डाक से भेज रहा हूँ। मुझे विश्वास हैं कि तुम पुस्तकों में निहित ज्ञान को ग्रहण करके प्रगति के पथ पर आगे बढ़ोगे। अपनी व्यस्तताओं के चलते मैं इस बार तुम्हारे जन्म-दिन के उपलक्ष्य में वहाँ पर उपस्थित नहीं हो सकता, आशा हैं इसे अन्यथा नहीं लोगे। मेरा आशीर्वाद हमेशा तुम्हारे साथ हैं।

घर में सभी को यथायोग्य प्रणाम।

तुम्हारा भाई,

नरेन्द्र

♦चित्रकलाप्रतियोगिता मेंप्रथमआनेपरमित्रकोबधाईपत्रलिखिए।

224, वसंत कुंज,

नई दिल्ली।

प्रिय गौरव,

मधुर स्मृतियाँ।

मैं यहाँ कुशल हूँ और ईश्वर से तुम्हारी कुशलता की कामना करता हूँ। दो दिन पहले ही तुम्हारा पत्र प्राप्त हुआ। यह जानकर अत्यंत प्रसन्न्ता हुई कि तुमने अंतविद्यालयी चित्रकला प्रतियोगिता में प्रथम स्थान प्राप्त किया है। मेरे परिवार व मेरी ओर से तुम्हें हार्दिक बधाई। तुम बचपन से ही चित्रकला में रुचि लेते आए हो और अपनी कक्षा में भी सबसे सुंदर चित्र बनाते हो। सभी अध्यापक व अध्यापिकाएँ भी तुम्हारी प्रशंसा करते हैं। तुम्हारी मेहनत व लगन का परिणाम आज तुम्हारे सामने है। भविष्य में भी तुम इसी प्रकार सफलता प्राप्त करते रहो, मेरी यही कामना है।

अपने माता-पिता को मेरा प्रणाम कहना और आरुषी को स्नेह देना। पत्र का उत्तर शीघ्र देना।

तुम्हारा मित्र,

अनुराग

♦अपनेमित्रकोवार्षिकपरीक्षामेंप्रथम स्थानपरउत्तीर्णहोने केउपलक्ष्यमेंबधाईपत्रलिखिए।

40/3, नेहरू विहार,

झाँसी।

दिनांक 16 मार्च, 20XX

प्रिय मित्र शेखर,

जय हिन्द !

15 मार्च, 20XX के समाचार-पत्र में तुम्हारी सफलता का सन्देश पढ़ने को मिला। यह जानकर मुझे बहुत ख़ुशी हुई कि तुमने जिला स्तर पर 12वीं कक्षा में प्रथम स्थान प्राप्त किया हैं।

प्रिय शेखर, मुझे तुम से यही आशा थी। तुम्हारी पढ़ाई के प्रति निष्ठा और लगन को देखकर मुझे पूर्ण विश्वास हो गया था कि 12वीं कक्षा की परीक्षा में तुम अपने विद्यालय तथा परिवार का नाम अवश्य रोशन करोगे। परमात्मा को कोटि-कोटि धन्यवाद कि उसने तुम्हारे परिश्रम का नाम अवश्य रोशन करोगे। परमात्मा को कोटि-कोटि धन्यवाद कि उसने तुम्हारे परिश्रम का उचित फल दिया हैं।

मेरे दोस्त, अपनी इस शानदार सफलता पर मेरी हार्दिक बधाई स्वीकार करो। मैं उस परमपिता परमेश्वर से प्रार्थना करता हूँ कि जीवन में सफलता इसी प्रकार तुम्हारे चरण चूमती रहे तथा तुम जीवन में उन्नति के पथ पर अग्रसर रहो।

मुझे पूरी आशा हैं कि इसके पश्चात् होने वाली कॉलेज की आगामी परीक्षाओं में भी तुम इसी प्रकार उच्च सफलता प्राप्त करोगे तथा जिनका परिणाम इससे भी शानदार रहेगा। मेरी शुभकामनाएँ सदैव तुम्हारे साथ हैं।

शुभकानाओं सहित।

तुम्हारा अभिन्न हृदय,

मोहन राकेश

♦अपनेमित्रको उसकेजन्मदिवसकेउपलक्ष्य परबधाईदेतेहुए पत्रलिखिए।

15, राजनगर,

गाजियाबाद।

दिनांक 16 अप्रैल, 20XX

प्रिय मित्र सिद्धार्थ,

सप्रेम नमस्ते !

20 अप्रैल को तुम्हारा 17वाँ जन्म दिवस हैं। तुम्हारे जन्म-दिन के इस मौके पर मैं अपनी हार्दिक शुभकामनाएँ भेज रहा हूँ। मैं परमपिता परमेश्वर से तुम्हारी दीर्घायु की कामना करता हूँ। तुम जीवन-पथ पर समस्त सफलताओं के साथ अग्रसर रहो और यह दिन तुम्हारे जीवन में ढेरों खुशियाँ लाए।

इन्हीं कामनाओं के साथ,

तुम्हारा परम मित्र,

जीवन

♦अपने मित्रको उसकीबहनकेविवाहपरबधाई देतेहुएपत्र लिखिए।

12/4, जनकपुरी,

दिल्ली।

दिनांक 18 मार्च, 20XX

प्रिय मित्र देवेश,

सदा खुश रहो।

मुझे यह जानकर बहुत खुशी हुई कि दीदी मीनाक्षी का विवाह 16 मार्च को था। हालाँकि दीदी के विवाह का निमन्त्रण पत्र मुझे समय पर मिल गया था। मैंने आने का कार्यक्रम भी बनाया था, किन्तु अचानक आई व्यस्तता के कारण आ न सका। इसका मुझे खेद हैं। मैं इस हेतु क्षमा चाहता हूँ।

ईश्वर हमारी बहन के वैवाहिक जीवन में सुख-समृद्धि की वर्षा करे। उनका भावी जीवन खुशियों से भरा रहे, यही मेरी हार्दिक इच्छा हैं।

दीदी के विवाह पर तुम्हें मेरी तरफ से बधाई। माता-पिता को मेरी ओर से सादर चरण-स्पर्श। शान्तनु को मेरा प्यार।

मेरी तरफ से पुनः बधाई स्वीकार करो।

तुम्हारा मित्र,

राकेश शर्मा

♦अपनेछोटेभाई को बधाई देतेहुए पत्रलिखिएजिसमेंउसे राष्ट्रपतिद्वारा 'वीरबालकपुरस्कार' सेसम्मानितकिया गया हैं।

ए-30, ममफोर्ड गंज,

इलाहाबाद।

दिनांक 16 मार्च, 20XX

प्रिय सुनील,
शुभाशीष।

आज के समाचार-पत्र में यह समाचार पढ़कर मेरा हृदय असीम प्रसन्नता से भर गया कि तुम्हें राष्ट्रपति द्वारा 'वीर बालक पुरस्कार' से सम्मानित किया गया हैं। मैं तुम्हें इस पुरस्कार प्राप्ति पर हार्दिक बधाई देता हूँ।

तुमने यह पुरस्कार पाकर परिवार के प्रत्येक सदस्य का सीना गर्व से चौड़ा कर दिया हैं। हम सभी को तुम्हारी इस बहादुरी पर नाज हैं। तुमने जिस बहादुरी का प्रदर्शन करके अपने साथियों की जान बचाई थी, वह घटना निश्चय ही अदम्य वीरता की परिचायक हैं।

मैं आशा करता हूँ कि तुम भविष्य में इससे भी महान् कार्य कर देश का नाम रोशन करोगे।

एक बार पुनः बधाई एवं शुभाशीष।

तुम्हारा शुभचिन्तक,
राजेन्द्र सिंह

शोक/सहानुभूति/संवेदनाप्रकटकरनेसम्बन्धीपत्र

शोक/संवेदना एवं सहानुभूति प्रकट करने सम्बन्धी पत्र ऐसी स्थिति में प्रेषित किए जाते हैं, जब सामने वाले पर दुःखों का पहाड़ टूटा हो, अथवा स्वयं पर विपदा आई हो। ये पत्र व्यक्ति को दुःख से उबरने, हिम्मत बाँधने, मुश्किल परिस्थितियों का डटकर सामना करने में सहायक होते हैं। अतः ऐसे पत्रों को लिखते समय भाषा-शैली पर विशेष ध्यान देना चाहिए। ये पत्र हृदयस्पर्शी, गम्भीर एवं संक्षिप्त होने चाहिए। पत्र का प्रत्येक शब्द आत्मीयता, सहृदयता एवं सहानुभूति से परिपूर्ण होना चाहिए। शोक, संवेदना एवं सहानुभूति प्रकट करने सम्बन्धी पत्रों के कुछ उदाहरण इस प्रकार हैं-

♦मित्रकी माँकेआकस्मिकनिधनपरशोक प्रकटकरते हुएपत्र लिखिए।

बी-556 सेवानगर,
गुजरात।

दिनांक 26 मार्च, 20XX

परम प्रिय मित्र,
नमस्कार।

मुझे माताजी के आकस्मिक निधन की सूचना प्राप्त हुई। इस सूचना से मेरे हृदय में तीव्र आघात हुआ हैं, मेरी आँखों के आगे से माताजी की सूरत नहीं हट रही हैं। उनकी सौम्य ममता मुझे रुला रही हैं। मैं समझ सकता हूँ कि दुःख की इस घड़ी में तुम्हारे ऊपर क्या बीत रही होगी।

मित्र, मृत्यु पर किसी का वश नहीं चला हैं, क्योंकि यह एक कटु सत्य हैं कि जो इस संसार में आया हैं, उसे एक दिन यहाँ से जाना ही हैं। माता जी की मृत्यु अपूरणीय क्षति हैं। भगवान दिवंगत आत्मा को शान्ति प्रदान करे।

मित्र, दुःखों का जो पहाड़ तुम पर टूटा हैं, भगवान तुम्हें उसे सहन करने की शक्ति दे। मेरी सहानुभूति तुम्हारे साथ हैं।

तुम्हारा मित्र,
सुनील सोनकर

♦अपने मित्रको बाढ़केकारण हुएनुकसानपरसहानुभूतिप्रकटकरते हुए पत्रलिखिए।

एम-56,
रामनगर,
झाँसी।

दिनांक 15 जून, 20XX

प्रिय विजेन्द्र,
स्नेहिल नमन।

मित्र मुझे कल तुम्हारा पत्र मिला। पत्र में तुमने बीते दिनों तुम्हारे गाँव में आई बाढ़ का जिक्र करते हुए लिखा हैं कि इससे तुम्हारे घर को काफी नुकसान पहुँचा हैं। घर का ढेर सारा सामान बाढ़ की भेंट चढ़ गया हैं।

निःसन्देह यह तुम्हारे लिए एक दुःखद घटना हैं। मुझे भी इस बात का दुःख हैं। किन्तु प्रकृति के आगे किसका वश चलता हैं। तुम हिम्मत मत हारना। भगवान की कृपा से सब पहले की तरह ठीक हो जाएगा।

मैं तुम्हारी हर सम्भव मदद करने के लिए तैयार हूँ, मुझसे जो भी बन सकेगा, अवश्य करूँगा। मेरी पूर्ण सहानुभूति तुम्हारे और तुम्हारे परिवार के साथ हैं।

तुम्हारा मित्र,
श्याम सुन्दर

निमन्त्रणपत्र

निमन्त्रण पत्रों के अन्तर्गत कार्यक्रम आदि के लिए निमन्त्रण का समय, दिन, कार्यक्रम का विवरण आदि लिखा जाता हैं। सामाजिक जीवन में अनेक सुअवसरों पर निमन्त्रण पत्र लिखे जाते हैं। निमन्त्रण पत्र एक प्रकार से व्यक्ति को औपचारिक बुलावा होता हैं। निमन्त्रण पत्र की विशेषता यह हैं कि इसमें सभी के लिए समान सम्मान-सूचक सम्बोधन का प्रयोग किया जाता हैं। कुछ निमन्त्रण पत्रों के उदाहरण निम्नलिखित हैं-

♦अपने जन्मदिनपरआयोजितकार्यक्रममेंकिसीसंगीतकार कोबुलवानेकाआग्रहकरतेहुएअपनेबड़ेभाईकोपत्रलिखिए।

145, ज्वाला नगर,
नई दिल्ली।
दिनांक 20 सितंबर, 20XX
आदरणीय भैया,
सादर प्रणाम।

मैं यहाँ कुशलपूर्वक रहते हुए आप सभी की कुशलता की कामना करता हूँ। मेरी पढ़ाई व्यवस्थित ढंग से चल रही हैं। मैं दुर्गापूजा की छुट्टी में घर आऊँगा तथा अपना जन्मदिन मनाने के उपरान्त वापस लौटूँगा। मैं अपने जन्मदिन (8 अक्टूबर) के अवसर पर कुछ गीत-संगीत कार्यक्रम का आयोजन करवाना चाहता हूँ, ताकि मेरे परिचितों को अधिक आनन्द आए और वे इसे कुछ दिनों तक याद भी रख सकें। मेरी इच्छा हैं कि किसी स्तरीय गायक एवं संगीतकार से जन्मदिन के कार्यक्रम के लिए बात करके, उसे सुनिश्चित कर दिया जाए। वह कोई बहुत लोकप्रिय या प्रसिद्ध संगीतकार न हो, लेकिन बजट के अन्तर्गत एक अच्छा संगीतकार अवश्य हो, जिससे सुनने वालों को स्वस्थ एवं सुकून देने वाला मनोरंजन प्राप्त हो सके।

इसमें आपकी तथा घर के अन्य लोगों की सहमति अति आवश्यक हैं। आशा करता हूँ कि जन्मदिन के लिए निर्धारित व्यय में ही यह कार्यक्रम सम्भव हो जाएगा। शेष मिलने पर। घर के सभी लोगों को मेरा यथोचित अभिवादन।

आपका अनुज
राकेश

♦अपने मित्रको तीर्थ स्थलकीयात्रा मेंसाथचलनेकानिमन्त्रण देतेहुएपत्रलिखिए।

सराय रोहिल्ला,
दिल्ली।
दिनांक 17 मार्च, 20XX
प्रिय मित्र,
सस्नेह नमस्ते !

मित्र तुम कैसे हो? कई दिन हो गए, तुम्हारा कोई पत्र नहीं आया। अब तो तुम्हारी परीक्षाएँ भी समाप्त हो गई हैं। अब तो तुम्हें पत्र लिखना चाहिए था। मुझे तुम्हारे पत्र का बेसब्री से इन्तजार रहता हैं।

खैर, तुम्हें याद होगा, पिछली छुट्टियों में हमने मिलकर एक कार्यक्रम बनाया था कि परीक्षाओं के बाद हम वैष्णो देवी, जम्मू घूमने जाएँगे। अब परीक्षाएँ समाप्त हो गई हैं। मुझे लगता हैं अब हमें माता के दर्शन के लिए चलना चाहिए। मैंने अपने घर में इजाजत ले ली हैं। तुम भी जल्दी ही अपने घरवालों से पूछकर उनकी इच्छा मुझे बता दो, ताकि मैं ट्रेन की टिकटें बुक करा सकूँ।

अच्छा होगा, यदि इस बीच तुम कभी मेरे पास आओ, ताकि मिल-बैठकर सुविधानुसार हम पूरी योजना तैयार कर लें। मैं तुम्हारे पत्र की प्रतीक्षा करूँगा।

घर में माता-पिता को मेरा सादर नमस्कार तथा दीपू को स्नेह देना।

तुम्हारा मित्र,
अखिलेश यादव

♦अपनेमित्रकोग्रीष्मावकाशसाथबितानेकेलिएनिमन्त्रण पत्रलिखिए।

220, रामनगर,
उत्तराखण्ड।

दिनांक 24 मार्च, 20XX

प्रिय मित्र सुभाष,
सप्रेम नमस्ते।

कल शाम तुम्हारा स्नेहपूर्ण पत्र मिला। मुझे यह जानकर अत्यधिक प्रसन्नता हुई कि तुमने अपनी कक्षा में सर्वाधिक अंक प्राप्त कर स्वर्णपदक जीता हैं। कल ही मेरा भी परीक्षा-परिणाम घोषित हुआ था। मैंने अपनी कक्षा में द्वितीय स्थान प्राप्त किया हैं।

जैसा कि तुम जानते हो स्कूल में प्रत्येक वर्ष गर्मियों की छुट्टियाँ पड़ती हैं। हमारा विद्यालय भी 10 मई से 15 जुलाई तक के लिए बन्द हो रहा हैं। तुम्हारा स्कूल भी इस दौरान बन्द रहेगा। मैं चाहता हूँ कि छुट्टियों के दौरान एक सप्ताह के लिए तुम उत्तराखण्ड आ जाओ। एक-दो दिन यहाँ रहकर हरिद्वार और ऋषिकेश चलेंगे। इन दिनों यहाँ का मौसम काफी अच्छा होता हैं। मेरे चाचा जी आजकल हरिद्वार में ही हैं। अतः कोई परेशानी नहीं होगी। तुम अपने घर पर अपने माता व पिताजी से विचार विमर्श करके अपने आने के कार्यक्रम की अविलम्ब सूचना देना।

पत्रोत्तर की प्रतीक्षा में,
तुम्हारा परम मित्र,
राकेश रावत

खेदसम्बन्धीपत्र

खेद सम्बन्धीपत्रों को लिखने की आवश्यकता तब महसूस होती हैं, जब एक व्यक्ति किसी के द्वारा मिले निमन्त्रण पर पहुँचने की स्थिति में नहीं होता। अथवा जब तमाम कोशिशों के बाद भी एक व्यक्ति किसी की उम्मीदों पर खरा नहीं उतरता, तब भी खेद पत्र लिखा जा सकता हैं। इसके अतिरिक्त जब एक व्यक्ति किसी के कार्यों से सन्तुष्ट नहीं होता, तब भी खेद पत्र लिखा जाता हैं। कुछ खेद सम्बन्धी पत्र इस प्रकार हैं-

♦अपनेमित्रकीशादीमेंन पहुँचपानेकीअसमर्थताबतातेहुए खेदसम्बन्धीपत्रलिखिए।

15/2, अलीपुर,
दिल्ली।

दिनांक 15 फरवरी, 20XX

प्रिय मित्र सुधांशु,
सप्रेम नमस्कार।

मित्र सबसे पहले मैं तुम्हें तुम्हारी शादी की ढेरों शुभकामनाएँ देना चाहूँगा। मुझे खेद हैं कि मैं तुम्हारी शादी में पहुँच नहीं सका। हालाँकि मुझे तुम्हारी शादी का निमन्त्रण पत्र समय पर मिल गया था, किन्तु काम की व्यस्तताओं में मैं इतना उलझा हुआ था कि चाहकर भी समय नहीं निकाल सका।

जिस दिन तुम्हारी शादी थी, उसी दिन मुझे कम्पनी के काम से दिल्ली से बाहर जाना पड़ा था। यदि मैं नहीं जाता, तो कम्पनी का बहुत बड़ा नुकसान हो सकता था।

मित्र, मैं समझता हूँ तुम मेरी विवशताओं को समझोगे। एक बार पुनः मैं तुम्हें शादी की शुभकामनाएँ देता हूँ। भाभी को मेरा नमस्कार कहिएगा।

शुभकामनाओं सहित।
तुम्हारा अभिन्न मित्र,
राकेश मेहरा

♦अपनेचाचा जीकोपत्र लिखिए, जिसमेंपर्वतीय स्थलोंपरघूमनेहेतुचाचाजीकेआमन्त्रणपरनपहुँचपानेकेलिए खेदप्रकटकियाहो।

15, महेन्द्रगढ़,
राजस्थान।

दिनांक 16 अगस्त, 20XX

पूजनीय चाचा जी,
सादर चरण स्पर्श।

पिछले दिनों मुझे आपका पत्र मिला। पत्र में आपने मुझे हिमाचल आकर घूमने का निमन्त्रण दिया हैं। इसके लिए मैं आपका धन्यवाद करना चाहूँगा।

चाचा जी, मेरी तमन्ना भी हिमाचल घूमने की हैं। वहाँ की पर्वतों से घिरी सुन्दर, आकर्षक वादियों का मैं भी लुत्फ उठाना चाहता हूँ।

मेरे कई दोस्त हिमाचल घूम कर आ चुके हैं। उनके मुँह से मैंने वहाँ की काफी तारीफ सुनी हैं। मेरा भी मन हैं कि मैं भी वहाँ आकर आपके साथ हिमाचल घूमकर वहाँ की वादियों का आनन्द लूँ। किन्तु मुझे खेद हैं कि मैं अभी वहाँ नहीं आ सकता। अगले महीने मेरी अद्र्धवार्षिक की परीक्षाएँ होने वाली हैं। इस समय मेरा पूरा ध्यान उन्हीं परीक्षाओं की तैयारी पर हैं। मैं परीक्षाओं में अच्छे अंक प्राप्त करना चाहता हूँ।

चाचा जी, परीक्षाओं के बाद दशहरा की छुट्टियों में मैं हिमाचल जरूर आना चाहूँगा।

चाची जी को चरण-स्पर्श, रोहन-मोहन को प्यार।

आपका भतीजा,
राजेश कुमार

♦पिताजीकोअपनी गलती के लिए क्षमा-याचनाकरते हुए पत्र लिखिए।

18, दरियागंज,
दिल्ली।

दिनांक 16 मार्च, 20XX

पूजनीय पिताजी,
सादर चरण-स्पर्श।

मैं इस पत्र के माध्यम से पिछले दिनों हुई अपनी गलती के लिए माफी माँगना चाहता हूँ। पिछले दिनों मैंने अपने पत्र में क्रोधवश बड़े भैया के लिए कुछ अनुचित शब्दों का प्रयोग किया था। पत्र पढ़कर भैया को दुःख पहुँचा। इसका मुझे खेद हैं।

मेरे मन में बड़े भैया के लिए सदैव आदर का भाव रहा हैं। परन्तु मैंने भ्रमवश उनके हृदय को ठेस पहुँचाने का अक्षम्य अपराध किया हैं।

मैं अपनी भूल के लिए भाई साहब से तथा आपसे क्षमा-याचना करता हूँ। मैं आपको विश्वास दिलाता हूँ कि भविष्य में ऐसी गलती मुझसे भूलकर भी नहीं होगी। आशा हैं कि आप मुझे अबोध जान कर क्षमा कर देंगे।

माताजी को चरण-स्पर्श तथा पूनम को प्यार।

आपका पुत्र,
रमन कुमार

सलाहसम्बन्धीपत्र

सलाह सम्बन्धीपत्रों से तात्पर्य ऐसे पत्रों से हैं, जिनमें किसी व्यक्ति को किसी विषय पर उचित सलाह दी जाती हो ऐसे पत्रों के माध्यम से कई बार व्यक्ति स्वयं भी सलाह लेने की इच्छा प्रकट करता हैं।

संक्षेप में कहा जा सकता हैं कि सलाह लेने अथवा सलाह देने के लिए इन पत्रों का प्रयोग होता हैं।सलाह सम्बन्धी कुछ पत्र इस प्रकार हैं-

♦अपनीछोटी बहन को समयकासदुपगकरने सलाहदेतेहुए पत्र लिखिए।

18, जीवन नगर,
गाजियाबाद।

दिनांक 19 मार्च, 20XX

प्रिय कुसुमलता,
शुभाशीष।

आशा करता हूँ कि तुम सकुशल होगी। छात्रावास में तुम्हारा मन लग गया होगा और तुम्हारी दिनचर्या भी नियमित चल रही होगी।

प्रिय कुसुम, तुम अत्यन्त सौभाग्यशाली लड़की हो जो तुम्हें बाहर रहकर अपना जीवन संवारने का अवसर प्राप्त हुआ हैं, परन्तु वहाँ छात्रावास में इस आजादी का तुम दुरुपयोग मत करना।

बड़ा भाई होने के नाते मैं तुमसे यह कहना चाहता हूँ कि तुम समय का भरपूर सदुपयोग करना। तुम वहाँ पढ़ाई के लिए गई हो। इसलिए ऐसी दिनचर्या बनाना जिसमें पढ़ाई को सबसे अधिक महत्त्व मिले।

यह सुनहरा अवसर जीवन में फिर वापस नहीं आएगा। इसलिए समय का एक-एक पल अध्ययन में लगाना। मनोरंजन एवं व्यर्थ की बातों में ज्यादा समय व्यतीत न करना। अपनी रचनात्मक रुचियों का विस्तार करना। खेल-कूद को भी पढ़ाई जितना ही महत्त्व देना। आशा करता हूँ तुम मेरी बातों को समझकर अपने समय का उचित प्रकार सदुपयोग करोगी तथा अपनी दिनचर्या का उचित प्रकार पालन करके परीक्षा में प्रथम स्थान प्राप्त करोगी।

शुभकामनाओं सहित।

तुम्हारा भाई,

कैलाश

♦अपनेछोटे भाई को कुसंगति से बचनेकी सलाह देतेहुएपत्रलिखिए।

19, बीसवाँ मील,

सोनीपत,

हरियाणा।

दिनांक 21 मार्च, 20XX

प्रिय भाई भूपेन्द्र

खुश रहो !

कल तुम्हारा पत्र मिला। मुझे यह पढ़कर अत्यन्त हर्ष हुआ कि तुम परीक्षा की तैयारी में जुटे हुए हो। परिवार के सभी लोग चाहते हैं कि तुम परिश्रम से पढ़ो और अच्छे अंक प्राप्त करो।

बन्धु, मैं भली-भाँति जानता हूँ कि तुम कर्त्तव्यनिष्ठ हो। फिर भी मैं तुम्हारा ध्यान कुसंगति के कुप्रभाव की ओर आकृष्ट कर रहा हूँ। कुसंगति एक संक्रामक रोग की भाँति हैं। जब यह रोग किसी को लग जाता हैं, तो वह बड़ी कठिनाई से ही उससे मुक्त हो पाता हैं। एक बड़े विद्वान ने कुसंगति की उपमा विषम ज्वर से दी हैं। जिस प्रकार विषम ज्वर शीघ्र छूटता नहीं, उसी प्रकार कुसंगति का प्रभाव भी शीघ्र समाप्त नहीं हो पाता। बड़े-बड़े मनीषी तक कुसंगति में पड़ कर अपने जीवन को बर्बाद कर देते हैं। अतः इससे बचने का प्रयास करना चाहिए।

प्रिय अनुज, मुझे तुम पर पूरा भरोसा हैं। तुम सदैव कुसंगति से बचने का प्रयास करते रहोगे। सद् इच्छा के लिए तुम्हारी दृढ़ता और बुराइयों से बचने के लिए तुम्हारा साहस ही तुम्हें सफल बनाएगा।

पत्रोत्तर की प्रतीक्षा में।

तुम्हारा बड़ा भाई,

नरेन्द्र

♦अपनेछोटेभाईकोस्कूलमेंनियमितउपस्थितरहनेकीसलाहदेतेहुएपत्रलिखिए।

एफ/197, मयूर विहार,

दिल्ली।

दिनांक 12 जनवरी, 20XX

प्रिय सुरेश,

शुभाशीष।

कल तुम्हारे कक्षाध्यापक का पत्र मिला। यह जानकर मुझे अत्यधिक दुःख हुआ कि पिछले दो महीनों से तुम कक्षा में नियमित रूप से उपस्थित नहीं हो रहे हो। यह भी पता चला हैं कि तुम स्कूल से हर दूसरे-तीसरे दिन उपस्थित रहते हो।

सुरेश, इस वर्ष तुम्हारी बोर्ड की परीक्षा हैं। यदि तुम इसी तरह कक्षा से गैर-हाजिर रहकर अपना कीमती समय बर्बाद करते रहे तो बाद में पछताने के अलावा और कुछ नहीं मिलेगा। पढ़ाई में लापरवाही से तुम अनुतीर्ण हो जाओगे। एक वर्ष असफल होने का मतलब हैं- अपने को लाखों से पीछे धकेल देना। समय बहुत तेजी से करवट ले रहा हैं। तुम पिछले कुछ देख ही रहे हो कि डिप्लोमा पाठ्यक्रमों में भी केवल उन्हीं छात्रों को प्रवेश मिल रहा हैं, जिन्होंने 75% से अधिक अंक प्राप्त किए हों।

अगले दो वर्षों में स्थिति और भी विकट हो जाएगी। यदि तुम अपना भविष्य संवारना चाहते हो, तो मन लगाकर परीक्षा की तैयारी करो। सफलता हमेशा उसी के कदम चूमती हैं, जो मेहनत से जी नहीं चुराता।

मुझे विश्वास हैं कि तुम मेरी बातों पर गम्भीरता से ध्यान देते हुए नियमित रूप से विद्यालय जाओगे और परीक्षा की भली-भाँति तैयारी करोगे।

भावी सफलताओं की शुभकामनाओं सहित।

तुम्हारा बड़ा भाई,

दिनेश

♦अपनेछोटेभाईकोएक पत्र लिखिए जिसमेंउसेस्कूलमें अच्छाव्यवहार करनेकीरायदीजिए।

स्टेशन रोड,

सीतामढ़ी।

दिनांक 10 जनवरी, 1988

प्रिय नरेंद्र,

शुभाशीष।

आज तुम्हारा पत्र पाकर और यह जानकर कि तुम जिला स्कूल में भरती हो गए हो, मैं बहुत खुश हूँ। मुझे आशा है कि स्कूल के प्रथम दिन का तुम्हारा अनुभव बड़ा मधुर होगा। फिर भी, मैं तुम्हें खतरों से सचेत करने के लिए यह पत्र लिख रहा हूँ। स्कूल में जिस तरह बहुत-से अच्छे लड़के है, उसी तरह बहुत-से बुरे लड़के हैं। केवल अच्छे लड़कों के साथ तुम्हें रहना चाहिए। इस कार्य में तुम्हारे शिक्षक तुम्हारी सहायता करेंगे। दुष्ट और आलसी लड़कों की संगति से हमेशा दूर रहने की चेष्टा करोगे। अपने पाठ के संबंध में भी तुम्हें सचेत और समयनिष्ठ रहना चाहिए। तुम्हें अपने शिक्षकों को सबसे अधिक सम्मान प्रदर्शित करना चाहिए अन्यथा तुम कुछ सीख नहीं सकोगे। अपने साथियों के साथ तुम्हारा व्यवहार भी भाई की तरह होना चाहिए। मैं आशा करता हूँ कि तुम मेरी हिदायतों पर ध्यान दोगे। अगर तुम ऐसा करोगे तो तुम बहुत अच्छे लड़के बनोगे।

तुम्हारा शुभेच्छुक,

सुरेश मोहन

पता- नरेंद्र मोहन सिन्हा,

वर्ग 10, जिला स्कूल,

मुजफ्फरपुर

♦अपने छोटेभाई को फैशन मेंरुचिन लेकर पढ़ाई कीओर ध्यान देनेकीसलाह देतेहुए पत्रलिखिए।

15/2, विले पार्ले,

मुम्बई।

प्रिय राजीव,

खुश रहो!

आदरणीय माताजी के नाम लिखा तुम्हारा पत्र आज ही मिला। तुमने अपने पत्र में नये फैशन के कपड़े तथा अन्य सामग्री खरीदने के लिए पाँच हजार रुपये भेजने का आग्रह किया हैं। माता जी ने इस सन्दर्भ में तुम्हें पत्र लिखने के लिए मुझसे कहा हैं। इतनी बड़ी राशि मँगवाने की बात मेरी समझ से परे हैं। जहाँ तक मुझे याद हैं, तुम्हें जरूरत की हर वस्तु पिताजी दिलवा ही आए थे, जिनमें कपड़े भी सम्मिलित थे।

ऐसा प्रतीत होता हैं तुम्हें मुम्बई के फैशन की हवा लग गयी हैं। यह हवा छात्रों का मन पढ़ाई से भटकाकर तड़क-भड़क वाली जिन्दगी की ओर ले जाने वाली होती हैं। तुम्हें इससे बचना चाहिए।

प्रिय भाई, तुम्हारे जीवन का प्रधान उद्देश्य ‘सादा जीवन उच्च विचार’ होना चाहिए। हमारे घर का मासिक खर्च कितना अधिक हैं यह तुम्हें ज्ञात ही हैं। आय के साधन सीमित हैं। तुम्हारी महत्त्वाकांक्षा यही होनी चाहिए कि तुम सादा जीवन व्यतीत करके योग्य व्यक्ति बन सको। योग्य व्यक्ति बनने की पहली सीढ़ी अध्ययन में परिश्रम करना हैं।

मेरा तो यही सुझाव हैं कि तुम पढ़ाई में ध्यान लगाओ, अच्छा तथा पौष्टिक भोजन करो, सेहत का बराबर ध्यान रखो तथा फिजूलखर्च करके फैशन की भेड़-चाल में शामिल होने की बजाय अपने व्यक्तित्व तथा चरित्र का निर्माण करो।

सभी की ओर से यथा-योग्य अभिवादन। पत्र का उत्तर शीघ्र देना।

तुम्हारा भाई,

संजीव

♦अपनेबड़ेभाईकोएकपत्रलिखिए, जिसमेंआपनेबारहवींकेबादकोर्स चुननेसम्बन्धी सलाहदेनेकाआग्रहकियाहो।

16, मुखर्जी नगर,

दिल्ली।

दिनांक 1 अप्रैल, 20XX

आदरणीय भाई साहब,

सादर चरण स्पर्श।

कल मेरी बारहवीं की परीक्षाएँ समाप्त हो गई हैं। मई के अन्त तक परिणाम घोषित कर दिया जाएगा। मुझे इन परीक्षाओं में बेहतर अंक मिलने की उम्मीद हैं।

भैया, जैसा कि आप जानते हैं, मैंने 'कला विषय' में बारहवीं की परीक्षाएँ दी हैं। और मेरा पसन्दीदा विषय हिन्दी एवं इतिहास हैं। मैं आपसे सलाह लेना चाहता हूँ कि मुझे कॉलेज स्तर पर किस कोर्स अथवा विषय का चुनाव करना चाहिए। मेरे कई मित्र इतिहास (ऑनर्स) विषय में ज्यादा रुचि दिखा रहे हैं। क्या मुझे भी इसी विषय का चयन करना चाहिए ?

आप तो सरकारी सेवारत् हैं। फिर आप यह भी जानते हैं कि मेरा सपना भविष्य में बेहतर प्रशासक बनने का हैं। इसलिए आप मुझे सलाह दें कि मैं स्नातक स्तर पर कौन-सा कोर्स अथवा विषय चुनूँ, जो आगे की मेरी प्रतियोगी परीक्षाओं में उपयोगी हो।

आपके पत्र के इन्तजार में।

आपका छोटा भाई,

विमल

अभिप्रेरणासम्बन्धी पत्र

अभिप्रेरणा सम्बन्धी पत्रों से तात्पर्य ऐसे पत्रों से हैं, जिनमें किसी के लिए प्रेरणा सम्बन्धी बातों का उल्लेख किया गया होता हैं। ये पत्र अन्धकार में जी रहे किसी व्यक्ति के जीवन में उम्मीदों का दीया रोशन करने वाले होते हैं।

इन पत्रों में प्रेरक बातों के साथ-साथ व्यक्ति को नई दिशा देने की कोशिश की जाती हैं। इन पत्रों के लेखक का उद्देश्य जिन्दगी से हार मानकर टूट चुके व्यक्ति के मन में हौसला पैदा करना होता हैं। अभिप्रेरणा सम्बन्धी कुछ पत्र इस प्रकार हैं-

♦भारतीय प्रशासनिकसेवा (आई.ए.एस.) परीक्षा 20XX कीमुख्य परीक्षामेंअसफलहोनेपरअपने दुखी मित्रकोअभिप्रेरणादेनेसम्बन्धीपत्रलिखिए।

16, आदर्शनगर,

दिल्ली।

दिनांक 21 अगस्त, 20XX

प्रिय मित्र मणिशंकर,

नमस्कार!

मुझे यह जानकर अत्यन्त दुःख हुआ कि तुम आई.ए.एस. (मुख्य) परीक्षा में असफल हो गए। किन्तु जब मैंने तुम्हारे दोस्तों से सुना कि तुम इस असफलता के कारण अत्यन्त शोक मग्न हो, तुमने खाना-पीना तक छोड़ दिया हैं, तब मन को और अधिक ठेस पहुँची।

मित्र, इस तरह असफल हो जाने से खाना-पीना छोड़ देना कहाँ की बुद्धिमत्ता हैं। अन्न-जल ग्रहण न करने से तुम्हारा स्वास्थ्य ही बिगड़ेगा। दोस्त, इस तरह हार मानना अच्छी बात नहीं हैं। मनुष्य तो वह हैं, जो असफल होने पर भी साहस नहीं छोड़ता, बल्कि सफल होने के लिए दोगुना परिश्रम करता हैं।

मित्र, यह जीवन एक कर्मक्षेत्र हैं, जहाँ पग-पग पर मनुष्य के धैर्य और साहस की परीक्षा होती रहती हैं। असफलताएँ वास्तव में, हमारी परीक्षाएँ होती हैं। क्या तुम नहीं जानते सफलता की सीढ़ी कहीं न कहीं असफलता की नींव से होकर गुजरती हैं।

ऐसा नहीं हैं कि हर आदमी को पलक झपकते ही सफलता नसीब हो जाती हैं सफलता की गाथा कहीं न कहीं असफलता के बाद ही लिखी जाती हैं।

मेरे मित्र, यह समय शोक करने का नहीं, बल्कि और अधिक मेहनत करने का हैं। अभी भी तुम्हारे पास सिविल सेवा परीक्षा के दो प्रयास और शेष हैं। मुझे उम्मीद हैं कि तुम अगले वर्ष साक्षात्कार को पार करते हुए सर्वश्रेष्ठ दस सफल प्रतिभागियों में अपना नाम दर्ज करवाओगे।

भावी सफलताओं की शुभकामनाओं।

तुम्हारा हितैषी,

अमन

♦डांस प्रतियोगितामेंचयननहोनेपरमित्रकोअभिप्रेरणादेतेहुएपत्रलिखिए।

ई, 550 यमुना विहार,

दिल्ली।

दिनांक 21 मार्च, 20XX

प्रिय मित्र आकाश,
जय हिन्द!

आज सुबह मुझे तुम्हारे बड़े भाई से यह जानकारी मिली कि सोनी चैनल पर आने वाले एक डांस रियलिटी शो के 'ऑडिशन' में सफल न होने के कारण तुम काफी उदास हो।

मित्र, इंसान के जीवन में सफलता-असफलता लगी रहती हैं। मैंने तुम्हारा नृत्य देखा हैं। तुम्हारे नृत्य में विविधता हैं। तुम प्रतिभाशाली हो। एक ऑडिशन में असफल हो गए तो क्या ! आगे बहुत-से नए डांस शो शुरू होने वाले हैं। इनमें तुम जैसे प्रतिभाशाली प्रतिभागियों को पूरा मौका मिलेगा।

मैं उम्मीद करता हूँ कि तुम इस असफलता को जीवन का एक अनुभव मान, आगे और मेहनत करोगे और तब ऑडिशन में नहीं, बल्कि शो में सर्वश्रेष्ठ डांसर का ख़िताब जीत परिवार का नाम रोशन करोगे।

शुभकामनाओं सहित।
तुम्हारा मित्र,
विशाल

धन्यवादसम्बन्धीपत्र

धन्यवाद... किसी के प्रति कृतज्ञता प्रकट करने का एक छोटा-सा शब्द हैं। कहने को तो यह मात्र एक छोटा-सा शब्द हैं, किन्तु इसका अर्थ व्यापक हैं।

धन्यवाद दिल से किया जाना चाहिए। बहुत-से व्यक्ति इस बात को भली-भाँति समझते हैं कि यदि किसी ने उनके प्रति कुछ कार्य किया हैं, कुछ उपहार दिया हैं, अथवा ऐसे मौके पर काम आए हैं, जब सब ने साथ छोड़ दिया, तब धन्यवाद देना उनका फर्ज बनता हैं।

धन्यवाद जितनी जल्दी दिया जाए, उतना ही अच्छा होता हैं। बहुत-से व्यक्ति आमने-सामने धन्यवाद दे देते हैं, कुछ पत्रों के माध्यम से धन्यवाद व्यक्त करते हैं।ऐसे ही धन्यवाद सम्बन्धी कुछ पत्रों के उदाहरण यहाँ दिए गए हैं

♦आपकीखोईहुई पुस्तक किसीअपरिचित द्वारालौटाएजानेपरआभार व्यक्तकरते हुए पत्रलिखिए।

21, जी.टी.बी.नगर,
दिल्ली।
दिनांक 23 अप्रैल, 20XX

आदरणीय कैलाश मिश्रा जी,
नमस्कार !

कल मुझे डाक से एक पार्सल मिला। पार्सल खोलने पर मुझे यह देखकर अत्यन्त आश्चर्य हुआ साथ ही प्रसन्नता भी हुई कि उसमें मेरी खोई हुई वही पुस्तक मौजूद थी, जिसके लिए मैं काफी परेशान था। पहले तो मैं विश्वास ही नहीं कर पाया कि वर्तमान युग में भी कोई व्यक्ति इतना भला हो सकता हैं, जो डाक-व्यय स्वयं देकर दूसरों की खोई वस्तु लौटाने का कष्ट करे। मैं आपका हार्दिक धन्यवाद करता हूँ। यह पुस्तक बाजार में आसानी से उपलब्ध नहीं होती तथा मेरे लिए यह एक अमूल्य वस्तु हैं। आपने पुस्तक लौटाकर मुझ पर बहुत बड़ा उपकार किया हैं। इसके लिए मैं हमेशा आपका आभारी रहूँगा।

एक बार पुनः मैं आपको धन्यवाद करता हूँ।
आपका शुभाकांक्षी,
इन्द्र मोहन

♦आपकी खोई हुईवस्तुलौटाएजानेहेतुउस व्यक्तिकोधन्यवाद करते हुएपत्रलिखिए।

15, संजय एन्क्लेव,
जहाँगीरपुरी,
दिल्ली।
दिनांक 21 मई, 20XX

आदरणीय विनोद जी,
सादर नमस्कार।

आपको पत्र लिखकर मैं स्वयं को धन्य मान रहा हूँ। आप जैसे ईमानदार व्यक्ति आज के युग में बहुत ही कम देखने को मिलते हैं। आपने मेरी खोई हुई अटैची लौटाकर मुझ पर बहुत बड़ा उपकार किया हैं। जब से मेरी अटैची गुम हुई थी, मेरी दिनचर्या ही अस्त-व्यस्त हो गयी थी। मानसिक तनाव अत्यधिक बढ़ गया था; क्योंकि उसमें कार्यालय के पचास हजार रुपये के साथ-साथ कुछ महत्त्वपूर्ण फाइलें भी थीं।

रेलवे स्टेशन पर खोई इस अटैची के वापस मिलने की मैं उम्मीद ही खो चुका था। किन्तु उस रोज जब मैं रुपयों का प्रबन्ध करने घर से निकलने ही वाला था कि वह अटैची हाथ में लिए आपका छोटा भाई मेरे पास आया। मुझे लगा मानो यह कोई स्वप्न हो और अटैची हाथ में लिए कोई देवदूत आया हो। अपने सामान के मिल जाने पर जो ख़ुशी मुझे हुई उसे शब्दों में बयाँ करना असम्भव हैं। वास्तव में, आप जैसे लोगों के बल पर ही इस दुनिया में ईमानदारी शेष हैं।

मैंने अटैची देख ली हैं। सभी चीजें यथावत हैं। मैं आप जैसे ईमानदार व्यक्ति का तहेदिल से शुक्रिया अदा करता हूँ। आपकी ईमानदारी ने मेरे बुझे मन में एक नवीन उत्साह का संचार किया हैं। आपका आभार व्यक्त करने के लिए मुझे शब्द नहीं मिल पा रहे हैं। हृदय से मैं आपकी मंगल कामना करता हूँ।

धन्यवाद।

भवदीय

के.के.वर्मा

♦धन की आवश्यकताहोने परजरूरत केसमय धनउधारदेनेवालेमित्रकोधन्यवाद देतेहुएपत्र लिखिए।

252, किशनगंज,

दिल्ली।

दिनांक 21 मई, 20XX

प्रिय मित्र सुशील,

नमस्कार!

कल आपने मुझे तीन हजार रुपये उधार देकर मुझ पर बड़ा उपकार किया हैं। आप जानते ही हैं कि इन दिनों मैं किन विषम परिस्थितियों से गुजर रहा हूँ। मेरी आर्थिक स्थिति ठीक नहीं हैं। पत्नी का स्वास्थ्य भी खराब हैं। वह कई दिनों से अस्पताल में भर्ती हैं। उसके इलाज के लिए मुझे पाँच हजार रुपयों की आवश्यकता थी।

दो हजार रुपयों का इन्तजाम तो मैं कर चुका था, किन्तु मुझे तीन हजार रुपयों की आवश्यकता और थी। मैंने रुपयों के लिए अपने सगे-सम्बन्धियों से बात की, किन्तु सभी ने मना कर दिया। मैं परेशान हो गया था। समझ नहीं आ रहा था कि क्या करूँ। ऐसे मुश्किल समय में आपने मुझे रुपये देकर मुझ पर बड़ा अहसान किया हैं।

मैं जल्दी ही आपके रुपये लौटा दूँगा। आपके द्वारा जरूरत के समय मुझे दिए गए ऋण के लिए मैं पुनः दिल से आपको धन्यवाद देता हूँ।

आपका मित्र,

विवेक अवस्थी

♦आपके पितानेआपकेजन्म-दिन केअवसरपरआपको 3000 रुपएकाउपहारभेजाहै।उपहारकेलिएधन्यवाददेतेहुएउनकोपत्रलिखिएजिसमेंउनकोबतलाइए किआपरुपएको कैसे खर्चकरना चाहतेहैं।

कलमबाग रोड,

मुजफ्फरपुर,

17 जनवरी, 1998

पूज्यवर पिताजी,

मेरे जन्म-दिन के अवसर पर मुझे उपहार में 3000 रुपए भेजने के लिए आपको धन्यवाद। आपका अच्छा उपहार पाकर मुझे बहुत ख़ुशी हुई।

आप जानना चाहेंगे कि मैं आपके द्वारा भेजे गए रुपए को कैसे खर्च करना चाहता हूँ। आप जानते है कि मुझे फोटोग्राफी में रूचि है। गत वर्ष मैंने आपसे एक कैमरा के लिए अनुरोध किया था, लेकिन आपने मेरे अनुरोध को अस्वीकार कर दिया। अब मैं कैमरा खरीद सकूँगा। मुझे कुछ दिनों से कैमरा की बहुत चाह रही है। मैं जब फोटो खींचना चाहता था, तब मुझे अपने मित्र का कैमरा माँगना पड़ता था। मैं बहुत दिनों से कैमरा रखना चाहता हूँ, लेकिन मैं उसे खरीद नहीं सकता था।

अच्छे कैमरे की कीमत बहुत होती है। मैं 3000 रुपए में एक साधारण कैमरा खरीद सकूँगा। मैं सोचता हूँ कि सस्ते कैमरे से भी मेरा काम चल जाएगा।

क्या आप मेरे विचार को पसंद करते है ? मेरा विश्र्वास है कि आप मुझे अपना उपहार मेरी इच्छा के अनुसार खर्च करने देंगे। यदि मेरे पास एक कैमरा रहे तो मैं फोटोग्राफी की कला सीख सकता हूँ। आप मुझसे सहमत होंगे कि फोटोग्राफी एक आनंददायक शौक है।

आपके प्रति अत्यंत आदर और माताजी के प्रति प्रेम के साथ,

आपका प्रिय पुत्र,

संजय

पता- श्री अरुण कुमार सिंह,

चर्च रोड,

राँची

♦जन्म दिन परमामाजी द्वाराभेजेगएउपहारके लिएधन्यवाद देते हुए पत्रलिखिए।

राजीव नगर,

भलस्वा गाँव,

दिल्ली।

दिनांक 21 जुलाई, 20XX

आदरणीय मामा जी,

सादर चरण-स्पर्श।

आज सुबह आपके द्वारा भेजी गई सुन्दर-सी घड़ी पाकर मुझे अत्यन्त ख़ुशी हुई। आपने सदैव मुझे समय का सदुपयोग करने और आगे बढ़ने की प्रेरणा दी हैं। मामा जी, यह उपकार मेरे वर्तमान और भविष्य दोनों के लिए ही सुखकर हैं, क्योंकि जो निश्चित समय-तालिका बनाकर उस पर दृढ़ता से चलते हैं, वे ही जीवन में सफलता प्राप्त करते हैं। मैं आपको विश्वास दिलाता हूँ कि मैं हर कार्य समय पर करूँगा।

घड़ी इतनी आकर्षक और सुन्दर हैं कि घर में सब ने इसकी सराहना की हैं। हालाँकि जन्म-दिन पर आपकी अनुपस्थिति मुझे बहुत खल रही थी, परन्तु अब घड़ी के साथ मिला आपका पत्र पढ़कर मैं आपकी परेशानी से अवगत हो गया हूँ।

अब आपका स्वास्थ्य कैसा हैं, माताजी को आपके स्वास्थ्य की बहुत चिन्ता हैं। ईश्वर आपको शीघ्र स्वास्थ्य लाभ प्रदान करे। इतने सुन्दर और आकर्षक उपहार के लिए एक बार पुनः मैं आपका हार्दिक धन्यवाद करता हूँ।

आपका भांजा,

जितेन्द्र

♦आपकोजन्मदिनपरअपनीमाताजी कीओरसेमिलेउपहार कीउपयोगिता बतातेहुएतथाधन्यवाद देते हुए पत्रलिखिए।

रामानुजम छात्रावास,

वाराणसी।

दिनांक 8 जून, 20XX

पूज्य माताजी,

सादर प्रणाम।

मैं यहाँ कुशलता से हूँ तथा आशा करती हूँ कि आप भी सभी सकुशल होंगे। आपके द्वारा भेजा गया अनमोल उपहार 'हिन्दी शब्दकोश' मुझे प्राप्त हुआ। मेरे जन्मदिन का यह सर्वश्रेष्ठ उपहार हैं। यह मेरे लिए अत्यन्त उपयोगी हैं। मुझे इसकी अत्यन्त आवश्यकता थी। अब मैं किसी भी शब्द का अर्थ आसानी से व शीघ्रातिशीघ्र जान सकती हूँ तथा इससे मेरी हिन्दी भाषा में भी सुधार होगा। इसके द्वारा मुझे मेरे हिन्दी के पाठ के भावार्थ लिखने में मदद मिलेगी।

मेरी पढ़ाई ठीक चल रही हैं। पिताजी को मेरा प्रणाम कहिएगा।

आपकी पुत्री,

श्वेता

औपचारिकपत्र

(क) आवेदन-पत्र

किसी अधिकारी को लिखा जाने वाला पत्र 'आवेदन-पत्र' कहलाता हैं। आवेदन-पत्र में अपनी स्थिति से अधिकारी को अवगत कराते हुए अपेक्षित सहायता अथवा अनुकूल कार्यवाही हेतु प्रार्थना की जाती हैं। आवेदन-पत्र पूरी तरह से औपचारिक होता हैं, अतः इसे लिखते समय कुछ मुख्य बातों का ध्यान रखना चाहिए। जैसे- आवेदन-पत्र लिखते समय सबसे पहले ध्यान देने वाली जो बात हैं, वह यह हैं कि इसमें विनम्रता एवं अधिकारी के सम्मान का निर्वाह आवश्यक होता हैं। इसके अतिरिक्त इसकी शब्द-योजना एवं वाक्य-रचना सरल तथा बोधगम्य होनी चाहिए।

चूँकि एक अधिकारी के पास इतना समय नहीं होता कि वह आपके आवेदन-पत्र के सभी विवरण को पढ़ सके, अतः आपको पत्र के द्वारा जो कुछ कहना हो, उसे संक्षेप में कहें। साथ ही जो बात आप कह रहे हैं, वह विश्वसनीय और प्रमाण पुष्ट भी होनी चाहिए।

आवेदन-पत्र के प्रकार

आवेदन-पत्रों में किसी विषय अथवा समस्या को लेकर प्रार्थना की गई होती हैं। यह प्रार्थना; अवकाश प्राप्त करने से लेकर, मोहल्ले आदि की सफाई को लेकर स्वास्थ्य अधिकारी, क्षेत्र डाक-व्यवस्था सुधारने के लिए डाकपाल तक से की जा सकती हैं। अतः प्रार्थना सम्बन्धी आवेदन-पत्र लिखते समय इस बात का विशेष ध्यान रखना चाहिए कि इसमें किसी भी प्रकार की असत्य बातों का उल्लेख न हों। आवेदन-पत्र कई प्रकार के हो सकते हैं, किन्तु जो पत्र-व्यवहार में लाए जाते हैं, वे मुख्यतः चार प्रकार के हैं-

१) विद्यार्थियोंकेप्रार्थना सम्बन्धीआवेदन-पत्र-सामान्यतः स्कूल एवं कॉलेज के छात्र-छात्राओं द्वारा अपने अधिकारियों को लिखे जाने वाले पत्र इसी श्रेणी में आते हैं। छात्र-छात्राएँ अपने महाविद्यालय के प्राचार्य, विश्वविद्यालय के कुलपति, कुलसचिव, परीक्षा नियन्त्रक, शिक्षा सचिव, शिक्षा मन्त्री को पत्र के माध्यम से अपनी सामूहिक समस्याओं से अवगत कराते हैं।

इसी प्रकार छात्र-छात्राएँ विषय-परिवर्तन, समय-सारणी में परिवर्तन, चरित्र प्रमाण-पत्र, पहचान प्रमाण-पत्र प्राप्त करने, किसी प्रकार के दण्ड से मुक्ति के लिए, विकलांग होने पर लिपिक की व्यवस्था के लिए, मूल प्रमाण- पत्र खो जाने पर नए अथवा डुप्लीकेट प्रमाण-पत्र जारी करने के लिए सम्बन्धित अधिकारियों को आवेदन-पत्र लिखते हैं।

२) कर्मचारियोंके आवेदन-पत्र- आवेदन-पत्र से तात्पर्य ऐसे आवेदन-पत्रों से हैं जिन्हें एक कर्मचारी अपने अवकाश की स्वीकृति के लिए, स्थानान्तरण के लिए, किसी राशि का भुगतान करने के लिए, क्षमा-याचना के लिए, वेतन-वृद्धि के लिए, अनापत्ति प्रमाण-पत्र प्राप्त करने के लिए अथवा आवास सुविधा के लिए सम्बन्धित अधिकारी को लिखता हैं।

३) नौकरीके लिएआवेदन-पत्र- नौकरी सम्बन्धी आवेदन-पत्र किसी विज्ञापन के सन्दर्भ में या ऐसे संस्थान अथवा कार्यालय जिनका आवेदन-प्रारूप पूर्व निर्धारित नहीं होता, उनमें आवेदन के लिए लिखे जाते हैं। इस लैटर अथवा पत्र में यह बताते हुए, कि मुझे ज्ञात हुआ हैं कि आपके संस्थान में ...... का पद रिक्त हैं, अथवा आपके द्वारा दिए हुए विज्ञापन के सन्दर्भ में मैं .....के पद हेतु आवेदन कर रहा हूँ। मेरी शैक्षिक योग्यता एवं कार्यानुभवों का विवरण इस पत्र के साथ संलग्न मेरे जीवन-वृत्त में उल्लिखित हैं।

४) जन-साधारण केआवेदन-पत्र- जन-साधारण को सामन्य जीवन में अनेक समस्याओं का सामना करना पड़ता हैं। इन समस्याओं का सम्बन्ध पृथक्-पृथक् विभागों या कार्यालयों से हो सकता हैं। ऐसी समस्याओं के निवारण अथवा निराकरण के लिए सम्बन्धित अधिकारी को आवेदन-पत्र के माध्यम से प्रार्थना की जाती हैं। ऐसे पत्रों का सम्बन्ध व्यक्तिगत समस्या से भी हो सकता हैं एवं सार्वजनिक समस्या से भी। अतः हम कह सकते हैं कि ऐसे आवेदन-पत्रों की विषय-सीमा व्यापक होती हैं। बिजली, फोन, पानी, डाक-तार, स्वास्थ्य, बीमा आदि अनेक विषय ऐसे पत्रों का आधार हो सकते हैं।

१) विद्यार्थियोंकेप्रार्थना **सम्बन्धी आवेदन-पत्र**

विद्यार्थियों के प्रार्थना सम्बन्धी आवेदन-पत्र मुख्य रूप से अवकाश प्राप्त करने से लेकर, समय-सारणी में परिवर्तन, विषय-परिवर्तन, चरित्र प्रमाण-पत्र, दण्ड से मुक्ति आदि के लिए लिखे जाते हैं। प्रार्थना-पत्र लिखते समय विद्यार्थी को इस बात का विशेष ध्यान रखना चाहिए कि इसमें किसी प्रकार की असत्य बातों का उल्लेख न हो। यदि ऐसा हो जाता हैं, तो सम्बन्धित अधिकारी का आप पर से विश्वास तो उठता ही हैं, भविष्य में आप को इसका खामियाजा भी भुगतना पड़ सकता हैं।

♦अपनेविद्यालय के प्रधानाचार्यको विषय परिवर्तनकेलिए प्रार्थना-पत्रलिखिए।

457, शालीमार बाग,
दिल्ली।

दिनांक 8 जून, 20XX

सेवा में,
श्रीमान प्रधानाचार्य जी,
राजकीय इण्टर कॉलिज,
मोदीनगर,
गाजियाबाद।

विषय- विषय परिवर्तन हेतु।

महोदय,

सादर निवेदन यह हैं कि मैं आपके विद्यालय की ग्यारहवीं कक्षा का छात्र हूँ। मैंने इसी विद्यालय से दसवीं कक्षा प्रथम श्रेणी में उत्तीर्ण की हैं। परीक्षा पास करने के बाद मैं असमंजसता की स्थिति में यह निर्णय नहीं कर पाया था कि मेरे लिए कला, विज्ञान अथवा गणित वर्ग में से कौन-सा वर्ग ठीक रहेगा। मैंने अपने साथियों के आग्रह और अनुकरण से कला वर्ग चुन लिया हैं।

लेकिन पिछले सप्ताह से मुझे यह अनुभव हो रहा हैं कि मैंने अपनी योग्यता के अनुकूल विषय का चयन नहीं किया हैं। मुझे गणित विषय में 98 अंक प्राप्त हुए हैं। अतः गणित वर्ग विषय होना मेरी प्रतिभा के विकास के लिए अधिक उपयुक्त रहेगा।

आशा हैं आप मेरी कला संकाय से गणित संकाय में स्थानान्तरण की प्रार्थना स्वीकार करेंगे। मैं इसके लिए सदा आपका आभारी रहूँगा।

धन्यवाद।

आपका आज्ञाकारी शिष्य

उमाशंकर

कक्षा- ग्यारहवीं 'अ'

अनुक्रमांक-26

♦अपनेविद्यालयके प्रधानाचार्यको छात्रवृत्ति प्राप्तकरानेका आग्रह करतेहुएप्रार्थना-पत्रलिखिए।

424, शालीमार बाग,

दिल्ली।

दिनांक 18 जुलाई, 20XX

सेवा में,

श्रीमान प्रधानाचार्य,

आदर्श माध्यमिक विद्यालय,

सिद्धार्थ नगर,

आगरा।

विषय- छात्रवृत्ति प्राप्त करने के लिए प्रार्थना-पत्र।

मान्यवर,

सविनय निवेदन यह हैं कि मैं दसवीं कक्षा का छात्र हूँ। मैं सदा विद्यालय में अच्छे अंकों के साथ उत्तीर्ण होता हूँ। पिछले कई वर्षों से मैं लगातार प्रथम आ रहा हूँ। इसके अतिरिक्त मैं भाषण-प्रतियोगिताओं, वाद-विवाद प्रतियोगिताओं में कई बार विद्यालय के लिए जोनल एवं राष्ट्रीय स्तर पर इनाम जीत कर लाया हूँ। खेल-कूद में भी मेरी गहन रुचि हैं। मैं स्कूल की क्रिकेट टीम का कप्तान भी हूँ। सभी अध्यापक मेरी प्रशंसा करते हैं।

मुझे अत्यन्त दुःख के साथ आपको बताना पड़ रहा हैं कि मेरे पिताजी को एक असाध्य रोग ने आ घेरा हैं जिसके कारण घर की आर्थिक दशा डगमगा गई हैं। पिताजी स्कूल से मेरा नाम कटवाना चाहते हैं। वे मेरा मासिक-शुल्क देने में असमर्थ हैं। मैंने अपनी पाठ्य-पुस्तकें तो जैसे-तैसे खरीद ली हैं, लेकिन शेष व्यय के लिए आपसे नम्र निवेदन हैं कि मुझे तीन सौ रुपये मासिक की छात्रवृत्ति देने की कृपा करें, ताकि मैं अपनी पढ़ाई सुचारू रूप से चला सकूँ। यह छात्रवृत्ति आपकी मेरे प्रति विशेष कृपा होगी। मैं आपको विश्वास दिलाता हूँ कि मैं खूब मेहनत से पढ़ूँगा और इस स्कूल का नाम रोशन करूँगा।

धन्यवाद।

आपका आज्ञाकारी शिष्य

विशाल

कक्षा-दसवीं

अनुक्रमांक-15

♦अपने विद्यालयके प्रधानाचार्यकोपत्र लिखिए, जिसमेंकम्प्यूटरशिक्षाकीव्यवस्थाकरने के लिएप्रार्थनाकीगईहो।

642, मुखर्जी नगर,

दिल्ली।

दिनांक 21 जुलाई, 20XX

सेवा में,

श्रीमान प्रधानाचार्य,

रा.उ.मा. बाल विद्यालय,

गणेशपुर,

रुड़की।

विषय- कम्प्यूटर शिक्षा की व्यवस्था हेतु प्रार्थना-पत्र।

महोदय,

सविनय निवेदन हैं कि हम दसवीं कक्षा के छात्र यह अनुभव करते हैं कि आज के कम्प्यूटर युग में प्रत्येक व्यक्ति को कम्प्यूटर की जानकारी होनी चाहिए। हम देख भी रहे हैं कि दिनोंदिन कम्प्यूटर शिक्षा की माँग बढ़ती जा रही हैं। ऐसे में हमारे उज्ज्वल भविष्य के लिए भी कम्प्यूटर

का ज्ञान होना अपरिहार्य हैं।

अतः आपसे प्रार्थना हैं कि कृपा करके हमारे विद्यालय में कम्प्यूटर शिक्षा आरम्भ करें। हम आपके प्रति कृतज्ञ होंगे। आशा हैं, आप हमारे अनुरोध को स्वीकार करेंगे।

धन्यवाद।

प्रार्थी

क.ख.ग.

कक्षा- दसवीं 'अ'

♦अपनेविश्वविद्यालय के प्रधानाचार्य को चरित्रप्रमाण-पत्रलेनेके लिएआवेदन-पत्रलिखिए।

424, कीर्ति नगर

दिल्ली।

दिनांक 26 अप्रैल, 20XX

सेवा में,

श्रीमान प्रधानाचार्य,

रामजस कॉलेज,

दिल्ली विश्वविद्यालय,

नई दिल्ली।

विषय- चरित्र प्रमाण-पत्र लेने हेतु आवेदन-पत्र।

महोदय,

सविनय निवेदन हैं कि मैंने आपके विश्वविद्यालय से वर्ष 20XX में बी.ए.हिन्दी (ऑनर्स) की परीक्षा उत्तीर्ण की हैं। अब मैं महर्षि दयानन्द विश्वविद्यालय, रोहतक, हरियाणा से बी.एड. करने जा रहा हूँ। चूँकि मेरी काउन्सलिंग हो गई हैं, मुझे मेरे पसन्दीदा कॉलेज में प्रवेश के लिए पंजीकरण पर्ची भी दे दी गई हैं। मैंने सम्बन्धित कॉलेज से सम्पर्क किया, तो पता चला कि मुझे यहाँ स्नातक तक के प्रमाण-पत्रों सहित चरित्र-प्रमाण-पत्र भी जमा कराना होगा।

अतः आप से निवेदन हैं कि आप मुझे जल्द से जल्द मेरा चरित्र प्रमाण-पत्र प्रदान करने की कृपा करें, ताकि मैं समय रहते बी.एड में प्रवेश ले सकूँ।

धन्यवाद।

भवदीय

हस्ताक्षर......

भवेश कुमार

उत्तर केरूप में प्राप्तचरित्र प्रमाण-पत्र

........................दिनांक 28 अप्रैल, 20XX

रामजस कॉलेज

दिल्ली विश्वविद्यालय

प्रमाणित किया जाता हैं कि श्री सुनील कुमार सुपुत्र श्री विवेकानन्द, जो कि वर्ष 20XX से इस विश्वविद्यालय में बी.ए.हिन्दी (ऑनर्स) में अध्ययनरत् हैं, का अपने अध्यापकों, सहपाठियों एवं अन्य के प्रति व्यवहार अच्छा रहा हैं। उनके चरित्र में किसी प्रकार का दोष नहीं हैं।

हम उनके उज्ज्वल भविष्य की कामना करते हैं।

हस्ताक्षर......

डॉ. राजेन्द्र प्रसाद

(प्रधानाचार्य)

♦ शिष्य द्वारा अपने पुराने अध्यापक को अपनी पदोन्नति के विषय में व उनका कुशल मंगल पूछने के सम्बन्ध में

129 वजीरपुर,

नई दिल्ली।

दिनांक 5 जुलाई, 20XX

आदरणीय गुरु जी,

सादर प्रणाम।

आपको पत्र लिखकर मैं स्वयं को धन्य मान रहा हूँ। लम्बे समय बाद मैंने आपको पत्र लिखा हैं। इस पत्र के माध्यम से मैं आपको कुछ अच्छी खबर देना चाहता हूँ और आपका आशीर्वाद भी प्राप्त करना चाहता हूँ।

आपको यह जानकर अत्यन्त प्रसन्नता होगी कि मेरी पदोन्नति सेल्स मैनेजर (बिक्री प्रबन्धक) के पद पर हो गई हैं। मैंने अपने जीवन में जो कुछ हासिल किया हैं, उसमें आपका महत्त्वपूर्ण योगदान हैं। विद्यार्थी जीवन में आपके द्वारा प्रदान की गई शिक्षा आज मेरे जीवन में अत्यन्त लाभकारी सिद्ध हो रही हैं। शीघ्र ही किसी विशेष अवसर पर मैं आपसे मिलने व आपका आशीर्वाद पाने के लिए आऊँगा।

आशा हैं आप सकुशल होंगे। क्या आपने अपने मोतियाबिंद का इलाज करवा लिया हैं? अगर मैं आपके लिए कुछ करने योग्य हूँ, तो आप मुझे अवश्य बताएँ।

आदर सहित,

आपका शिष्य,

दिनेश

२) कर्मचारियोंकेआवेदन-पत्र

इसके अन्तर्गत निम्न पत्रों को सम्मिलित किया गया हैं :

अ) अनुभव प्रमाण-पत्र प्राप्त करने सम्बन्धी आवेदन-पत्र

आ) स्थानान्तरण सम्बन्धी आवेदन-पत्र

इ) त्याग पत्र सम्बन्धी आवेदन-पत्र

ई) कर्मचारी सम्बन्धी अन्य पत्र (अवकाश लेने के सम्बन्ध में, पदोन्नति के सम्बन्ध में, सम्पादक के पद हेतु, संवाददाता के पद हेतु, सेल्समैन के पद हेतु।)

अ) अनुभवप्रमाण-पत्रप्राप्त करने सम्बन्धीआवेदन-पत्र

जब आप एक कम्पनी अथवा संस्था को छोड़कर किसी दूसरी कम्पनी में नौकरी के लिए आवेदन करते हैं, तब यह नई कम्पनी आपसे पूर्व अनुभवों के प्रमाण-पत्र की माँग करती हैं। यह अनुभव प्रमाण-पत्र आपको वह कम्पनी अथवा संस्था देती हैं, जहाँ आपने पूर्व में अपनी सेवाएँ दी हैं। अनुभव प्रमाण-पत्र को प्राप्त करने के लिए कम्पनी/संस्था के किसी मुख्य कार्यकर्ता या मैनेजर को पत्र लिखा जाता हैं।

♦आप अपनेकार्यालयमें प्रूफरीडरकेपदपरकार्यरतहैं, वहाँ सेअनुभवप्रमाण-पत्रलेने केलिए आवेदन-पत्रलिखिए।

452, सुभाष नगर,

मेरठ।

दिनांक 8 अप्रैल, 20XX

सेवा में,

श्रीमान व्यवस्थापक महोदय,

दैनिक जागरण,

मोहकमपुर,

मेरठ।

विषय- अनुभव प्रमाण-पत्र लेने हेतु आवेदन-पत्र।

महोदय,

मैं आपके प्रतिष्ठित संस्थान में प्रूफ रीडर के पद पर मार्च 20XX से कार्यरत हूँ। मैंने गत दिनों साहित्य अकादमी, दिल्ली में प्रूफ रीडर के पद हेतु आवेदन किया था। कल मेरे पास वहाँ से 'निमन्त्रण-पत्र' (कॉल लैटर) आया हैं। पत्र में मुझसे मेरी शैक्षिक योग्यताओं के प्रमाण-पत्रों की मूल प्रति एवं पिछले कार्यों का अनुभव प्रमाण-पत्र लेकर 15 अप्रैल, 20XX को साहित्य अकादमी के दफ्तर में रिपोर्ट करने को कहा गया हैं।

मैंने अपनी शैक्षिक योग्यताओं की मूल प्रति तो सँभाल कर रख ली, किन्तु मेरे पास अनुभव प्रमाण-पत्र नहीं हैं। अतः आपसे निवेदन हैं कि आप मुझे 15 अप्रैल, 20XX से पहले मेरा अनुभव प्रमाण-पत्र देकर मुझे अनुगृहीत करें।

धन्यवाद।

भवदीय

हस्ताक्षर ......

अरुण कुमार

कार्ड नं. 1244

आ) स्थानान्तरण सम्बन्धी आवेदन-पत्र

अत्यधिक परिश्रम एवं कोशिशों के बाद नौकरी मिल तो जाती हैं, किन्तु संस्थान यदि मन-मुताबिक दूरी से ज्यादा दूर हैं, आने-जाने में परेशानी होती हैं, या फिर परिवार से दूर रहकर नौकरी करनी पड़ रही हैं, तब इस नौकरी से स्थानान्तरण की बाबत सोचा जाता हैं। नौकरी से ट्रान्सफर (स्थानान्तर) लेने के लिए जो पत्र लिखा जाता हैं, वही स्थानान्तरण सम्बन्धी आवेदन-पत्र कहलाता हैं।

♦शारीरिक रूप से स्वस्थन होनेकीस्थितिसेअवगतकरातेहुए शिक्षानिर्देशक कोस्थानान्तरणकरानेहेतुपत्रलिखिए।

ए-210, प्रीतमपुरा,
कुण्डली,
सोनीपत।

दिनांक 26 मई, 20XX

सेवा में,
श्रीमान निदेशक,
शिक्षा निदेशालय,
राष्ट्रीय राजधानी क्षेत्र,
दिल्ली सरकार
नई दिल्ली।

विषय- स्थानान्तरण सम्बन्धी आवेदन-पत्र।

महोदय,

सविनय निवेदन यह हैं कि मैं रा.उ.मा. बालिका विद्यालय, करोलबाग, दिल्ली में टी.जी.टी. अंग्रेजी के पद पर कार्यरत हूँ। मैं सोनीपत, हरियाणा में रहती हूँ एवं एक पैर से विकलांग हूँ। अपने घर से करोलबाग स्थित स्कूल पहुँचने में मेरा काफी समय नष्ट हो जाता हैं। कई बार स्कूल पहुँचने में देरी भी हो जाती हैं। यह देरी कभी ट्रेन के समय पर न आने के कारण होती हैं, तो कभी भीड़ के कारण ट्रेन छूट जाने से।

अतः मैं आपसे निवेदन करती हूँ कि मेरा स्थानान्तरणसोनीपत के पास नरेला, दिल्ली के किसी स्कूल में कर दिया जाए। मैंने वहाँ के एक स्कूल में पता किया हैं, टी.जी.टी. अंग्रेजी का पद रिक्त भी हैं। चूँकि नरेला मेरे घर से मात्र तीन किलोमीटर की दूरी पर स्थित हैं, अतः स्कूल पहुँचने में मुझे आसानी होगी।

आशा करती हूँ कि आप मेरी मजबूरियों को ध्यान में रखकर मेरा स्थानान्तरण कर मुझे अनुगृहीत करेंगे।

धन्यवाद।

भवदीया
हस्ताक्षर ......
रीना कुमारी
(टी.जी.टी. अंग्रेजी)

इ) त्याग पत्रसम्बन्धीआवेदन-पत्र

प्रतिस्पर्धा के इस दौर में जहाँ एक नौकरी मिल पाना मुश्किल हैं, वहीं बहुत-से लोग एक नौकरी छोड़कर दूसरी नौकरी के लिए कोशिश करते रहते हैं। जब यह दूसरी नौकरी मिल जाती हैं, तब इसे ग्रहण करने से पूर्व एक व्यक्ति को अपनी पहली कम्पनी अथवा संस्थान में एक त्याग-पत्र, जिसे अंग्रेजी में 'रेजिगनेशन लैटर' कहा जाता हैं, देना पड़ता हैं। इस पत्र में सम्बन्धित व्यक्ति द्वारा उन बातों का उल्लेख किया जाता हैं, जिस कारण से वह नौकरी छोड़ रहा होता हैं।

त्याग-पत्र सम्बन्धी आवेदन पत्रों के उदाहरण निम्नलिखित हैं-

♦महाविद्यालयमेंस्थायीचयनहो जानेकेकारणअपनेसंस्थानकोइसस्थितिसेअवगतकराते हुएसेवा- परित्यागपत्रलिखिए।

464, सोनीपत,
हरियाणा।

दिनांक 15 अप्रैल, 20XX

सेवा में,
श्रीमान प्रधानाचार्य,
भगवान महावीर कॉलेज ऑफ एजुकेशन,
सोनीपत,
हरियाणा।

विषय- सेवा-परित्याग सम्बन्धी पत्र।

महोदय,

सविनय निवेदन यह हैं कि मैं आपके संस्थान में 'तकनीकी शिक्षा' के मेहमान प्रवक्ता के रूप में कार्यरत हूँ। किन्तु अब मेरा चयन 'रामजस कॉलेज ऑफ एजुकेशन', सोनीपत में स्थायी रूप से हो गया हैं। अतः अब मैं आपके कॉलेज में अपनी सेवाएँ देने में असमर्थ हूँ।

मैं अब अपने पद से इस्तीफा देते हुए, आपको अपना त्याग-पत्र सौंप रहा हूँ। कृपया मुझे शीघ्रातिशीघ्र कार्य-भार से मुक्त करने की कृपा करें, ताकि मैं अपनी नई नौकरी का कार्यभार सँभाल सकूँ।

आपके सहयोग के लिए धन्यवाद।

भवदीय

हस्ताक्षर ......

रामकुमार गुप्ता,

ई) कर्मचारीसम्बन्धी अन्यपत्र

♦अपनीकम्पनी के प्रबन्ध निदेशककोपत्रलिखिए, जिसमें आपने अपनीपदोन्नति केलिए प्रार्थना की हैं।

145, मुखर्जी नगर,

दिल्ली।

दिनांक 12 मार्च, 20XX

सेवा में,

प्रबन्ध निदेशक,

अरिहन्त पब्लिकेशन्स (इण्डिया) लिमिटेड,

दरियागंज,

दिल्ली।

विषय- पदोन्नति के सम्बन्ध में।

महोदय,

सादर निवेदन यह हैं कि मैं आपकी प्रतिष्ठित कम्पनी में एक वर्ष से कार्यरत् हूँ। इस एक वर्ष के कार्य के दौरान मेरे द्वारा किए गए कार्य में किसी भी प्रकार की कमी नहीं आई। मैं सभी प्रोजेक्ट में समय की मांग के अनुरूप अतिरिक्त समय भी देती हूँ तथा नियमानुसार व प्रतिबद्धता के साथ समय पर कार्य पूर्ण करती हूँ। कम्पनी को मेरे व्यवहार से कभी कोई शिकायत नहीं हुई। मैं अपने कार्य के प्रति पूर्ण रूप से समर्पित हूँ तथा आगे भी इसी समर्पण के साथ कम्पनी के सभी नियमों का पालन करूँगी एवं अपने कार्य को और अधिक निष्ठापूर्वक करने का प्रयास करूँगी।

अतः आपसे प्रार्थना हैं कि मेरा मनोबल बढ़ाने के लिए मुझे उचित पदोन्नति प्रदान की जाए जिससे मैं अपना कार्य और अधिक लगन व निष्ठा के साथ कर सकूँ।

धन्यवाद।

भवदीया

ऋतिका

३) नौकरीप्राप्त करनेसम्बन्धीआवेदन-पत्र

आज प्रत्येक व्यक्ति एक प्रतिष्ठित नौकरी चाहता हैं। नौकरी प्राप्त करने के लिए उसे कई परीक्षाओं व साक्षात्कार का सामना करना पड़ता हैं। विभिन्न अख़बारों, इन्टरनेट आदि पर दी जाने वाली सूचनाओं अथवा विज्ञापन के माध्यम से नौकरी प्राप्त करने के लिए उस कार्यालय अथवा विभाग के नाम व्यक्ति आवेदन-पत्र भेजता हैं, जिसके अन्तर्गत सम्बन्धित व्यक्ति के जीवन का ब्यौरा; जैसे- नाम, पता, जन्म-तिथि, प्राप्त की गई शिक्षा का विवरण अर्थात् शैक्षिक योग्यता, कार्यानुभव आदि तमाम जानकारियों को आवेदन-पत्र में वर्णित किया जाता हैं।

साथ ही अपने समस्त प्रमाण-पत्र व कार्यानुभव आदि की एक प्रति आवेदन-पत्र के साथ संलनित की जाती हैं। विभिन्न सरकारी नौकरियों; जैसे- कर्मचारी चयन आयोग, दिल्ली अधीनस्थ सेवा चयन बोर्ड आदि में आवेदन-पत्र का प्रारूप पूर्व-निर्धारित होता हैं; जिसमें व्यक्ति को आवेदन-पत्र में पूछी गई सभी जानकारियों को भरना होता हैं।

नौकरी प्राप्त करने के दौरान लिखे जाने वाले आवेदन-पत्र के कुछ उदाहरण दिए गए हैं।

♦दैनिकहिन्दुस्तानमेंसंवाददाताके पदकेलिए आवेदन-पत्रलिखिए।

53, निरंकारी कालोनी,
दिल्ली।

दिनांक 21 अप्रैल, 20XX

सेवा में,
श्रीमान सम्पादक,
दैनिक हिन्दुस्तान,
के.जी. मार्ग,
नई दिल्ली।

विषय- संवाददाता के पद हेतु आवेदन-पत्र।

महोदय,
दिनांक 20 अप्रैल, 20XX को प्रकाशित दैनिक हिन्दुस्तान के अंक में आपके द्वारा संवाददाता के पद हेतु विज्ञापन दिया गया था। मैं इस पद के लिए आवेदन कर रहा हूँ। मेरी शैक्षणिक योग्यताओं तथा कार्यानुभवों का विवरण इस प्रकार हैं-

शैक्षणिक योग्यताएँ-

(1) बनारस हिन्दू विश्वविद्यालय से वर्ष 20XX में हिन्दी साहित्य में स्नातक की उपाधि।

(2) जामिया मिलिया इस्लामिया विश्वविद्यालय, दिल्ली से वर्ष 20XX में पत्रकारिता एवं जनसंचार में डिप्लोमा।

अन्यविवरण-

अपने विद्यार्थी जीवन में मैंने सांस्कृतिक-साहित्यिक गतिविधियों व खेल-कूद में सक्रिय भाग लिया हैं। मैंने संस्कृति, कला व सामाजिक विषयों पर अनेक लेख भी लिखे हैं। विभिन्न समाचार-पत्रों व पत्रिकाओं में मेरे ये लेख छपे हैं, जिनमें से कुछ की फोटो प्रतियाँ आवेदन-पत्र के साथ संलग्न हैं।

मैं आपके प्रतिष्ठित व लोकप्रिय समाचार-पत्र में कार्य करना चाहता हूँ। मुझे पूर्ण विश्वास हैं कि अवसर मिलने पर मैं परिश्रम, लगन और निष्ठा के साथ कार्य करते हुए समाचार-पत्र को और जनोपयोगी बनाने में योगदान दे सकूँगा।

धन्यवाद।

भवदीय
हस्ताक्षर......
मणिशंकर ओझा

♦शहनाज हर्बलकॉस्मैटिक्सप्रा. लि., मेंसेल्समैनकेपदके लिए आवेदन-पत्रलिखिए।

205, सुभाष बाजार,
कोलकाता।

दिनांक 31 जून,

सेवा में,
श्रीमान प्रबन्धक,
शहनाज हर्बल कॉस्मैटिक्स प्रा. लि.,
वॉल स्ट्रीट,
कोलकाता।

विषय- सेल्समैन के पद के लिए आवेदन-पत्र।

महोदय,
मुझे दिनांक 30 जून, 20XX के अंग्रेजी दैनिक 'टाइम्स ऑफ इण्डिया' में प्रकाशित विज्ञापन द्वारा ज्ञात हुआ कि आपकी फर्म में सेल्समैन के कई पद रिक्त हैं। मैं इस पद के लिए आवेदन करना चाहता हूँ। मेरी शैक्षिक योग्यताओं एवं कार्यानुभवों का विवरण इस प्रकार हैं-

(1) बी.एस-सी (बायोलॉजी)।

(2) सेल्स एवं मार्केटिंग में एक वर्षीय डिप्लोमा।

(3) 'केयर योरसेल्फ' फर्म में कॉस्मैटिक उत्पादों की बिक्री का डेढ़ वर्ष का अनुभव।

मेरे हिन्दी एवं अंग्रेजी दोनों भाषाओं पर मजबूत पकड़ हैं। अपने ग्राहक के साथ किस तरह पेश आना हैं, यह मैं बाखूबी जानता हूँ। मुझे विश्वास हैं कि आप मुझे सेवा का एक अवसर अवश्य देंगे।

धन्यवाद।

भवदीय

हस्ताक्षर......

मुकेश कुमार

४) जनसाधारणसम्बन्धीआवेदन-पत्र

इसके अन्तर्गत निम्न पत्रों को सम्मिलित किया गया हैं :

अ) प्रथम सूचना रिपोर्ट (एफ. आई. आर.) सम्बन्धी आवेदन-पत्र

आ) सूचना का अधिकार (आर. टी. आई.) सम्बन्धी आवेदन-पत्र

इ) टेलीफोन/मोबाइल फोन कनेक्शन एवं टेलीफ़ोन सही कराने सम्बन्धी आवेदन-पत्र

ई) जनसाधारण सम्बन्धी अन्य पत्र (मोहल्ले में सफाई के लिए, पेयजल की आपूर्ति के लिए, इलाके में डाक व्यवस्था दुरुस्त करने के लिए, ग्रहकर बिल ठीक करने हेतु, आयकर से पूर्ण मुक्ति हेतु, मुख्यमन्त्री से तात्कालिक सहायता हेतु आदि)

अ) प्रथमसूचनारिपोर्ट (एफ. आई. आर.) सम्बन्धीआवेदन-पत्र

प्रथम सूचना रिपोर्ट (एफ. आई. आर.) की जरूरत तब पड़ती हैं, जब मामला 'पुलिस केस' से सम्बन्धित हो। दीवानी एवं फौजदारी एवं अन्य आपराधिक मामलों में पुलिस स्टेशन में जो रिपोर्ट लिखवाई जाती हैं, वह एफ. आई. आर. की ही श्रेणी में आती हैं।

हालाँकि पुलिस थाने में एफ. आई. आर दर्ज करवाना आसान नहीं होता। कई बार पुलिस निर्धारित प्रारूप में एफ. आई. आर. दर्ज करने की बजाय एक अतिरिक्त कागज पर पीड़ित की समस्याएँ लिखकर अथवा लिखवाकर उसकी प्रति पर थाने की मोहर लगाकर, फरियादी को दे देती हैं।

इस तरह के अधिकांश उदाहरण मोबाइल, कैमरा, बैग अथवा पर्स चोरी के मामलों में पेश आते हैं। यदि, कुछ छोटी वारदातों को छोड़ दें, तो अधिकांश घटनाओं में पुलिस एफ. आई. आर. दर्ज कर त्वरित कार्यवाही करती हैं। क्योंकि एफ. आई. आर. दर्ज होने के बाद यह बताना पुलिस की क़ानूनी जवाबदेही बन जाती हैं कि सम्बन्धित मामले में क्या प्रगति हुई अथवा हो रही हैं।

एफ. आई. आर. दर्ज करवाने के लिए यह जानना जरूरी होता हैं कि मामला अथवा घटना किस थाना क्षेत्र के अन्तर्गत आता हैं।

एफ. आई. आर. दर्ज करवाने सम्बन्धी आवेदन-पत्रों के उदाहरण आगे दिए गए हैं-

♦बसस्टैण्ड के पास आवारालड़कोंकेव्यवहारकोबतातेहुए तथाउनके खिलाफछेड़खानीकेविरुद्ध एफ. आई. आर. दर्जकरवाने केलिएआवेदन-पत्र लिखिए।

108, भवानी जंक्शन,

कोलकाता।

दिनांक 28 जून, 20XX

सेवा में,

श्रीमान थानाध्यक्ष महोदय,

भवानी जंक्शन,

कोलकाता।

विषय- छेड़खानी के विरुद्ध एफ. आई. आर. दर्ज करवाने के सम्बन्ध में।

महोदय,

सविनय निवेदन यह हैं कि मैं भवानी जंक्शन में रहने वाली एक कॉलेज छात्रा हूँ। जब भी मैं घर से कॉलेज के लिए निकलती हूँ, अक्सर बस स्टैण्ड के पास कुछ आवारा किस्म के लड़के मुझ पर कमेंट करते हैं। एक-दो बार मैंने उन्हें ऐसा न करने को कहा, किन्तु उन पर कोई असर नहीं हुआ।

मैंने इस बारे में अपने माता-पिता से बात की, तो उन्होंने इसकी लिखित शिकायत थाने में करने की सलाह दी। मैं आपसे निवेदन करती हूँ कि आप उन लड़कों के खिलाफ कोई ठोस कदम उठाकर, मुझे हो रही मानसिक समस्या से निजात दिलाएँ।

आशा हैं, आप मेरी समस्या पर त्वरित कार्यवाही करेंगे।

धन्यवाद।

प्रार्थी

हस्ताक्षर......

निशा

♦घरमेंचोरीहोजानेकी एफ.आई.आर. दर्जकरवाने सम्बन्धीआवेदन-पत्र लिखिए।

42/1, शालीमार बाग,
दिल्ली।

दिनांक 17 जून, 20XX

सेवा में

श्रीमान थानाध्यक्ष महोदय,
शालीमार बाग,
दिल्ली।

विषय- घर में हुई चोरी की रिपोर्ट लिखवाने हेतु।

महोदय,

कल रात मेर घर में चोरी हो गई। चोर मेरे मकान का ताला तोड़कर घर में रखा हजारों रुपये का सामान उठा ले गए। जिस समय यह वारदात हुई, मैं अपने परिवार के साथ एक शादी-समारोह में शामिल होने गया था। देर रात को जब हम सभी घर वापस लौटे, तो देखा मकान का ताला टूटा हुआ था। हम दौड़कर घर में गए तब वहाँ देखा कि सारा सामान अस्त-व्यस्त पड़ा था। आलमारी का ताला टूटा हुआ था, आलमारी में रखी माँ की सोने की अँगूठी गायब थी। घर में रखा टेलीविजन और बाहर खड़ी मेरी साइकिल भी चोर उठा ले गए हैं।

चोरी की इस वारदात से हमें हजारों रुपयों का नुकसान हुआ है। मेरा पूरा परिवार सदमे में हैं। आपसे निवेदन है कि आप मेरी चोरी की इस रिपोर्ट को दर्ज कर जल्द से जल्द चोरों को पकड़ हमें हमारा चोरी हो गया सामान वापस दिलवाएँ।

धन्यवाद।

प्रार्थी

हस्ताक्षर ......
रमेश चौहान

आ)सूचनाका अधिकार (आर.टी.आई.) सम्बन्धी आवेदन-पत्र

सूचना का अधिकार अर्थात राइट टू इन्फॉरमेशन (आर.टी.आई.) को लोकतन्त्र का पाँचवाँ स्तम्भ माना जाता है, जिसका प्रयोग आम आदमी देश को शोषण एवं भ्रष्टाचार मुक्त बनाने में कर सकता है।

सूचना का अधिकार अधिनियम, 2005 नागरिकों को किसी 'लोक प्राधिकरण' से सूचना प्राप्त करने का अधिकार प्रदान करता है। इस अधिनियम के अनुसार ऐसी सूचना जिसे संसद अथवा राज्य विधानमण्डल को देने से इनकार नहीं किया जा सकता, उसे किसी व्यक्ति को देने से भी इनकार नहीं किया जा सकता। भारतीय नागरिकों को सूचना सीडी, फ्लॉपी, टेप, विडियो कैसेट, इलेक्ट्रॉनिक अथवा प्रिंट किसी भी रूप में प्राप्त करने का अधिकार है। सूचना माँगने वाले आवेदक को 10 रुपया का निर्धारित शुल्क, माँग पत्र, बैंकर अथवा भारतीय पोस्टल ऑर्डर के रूप में लोक प्राधिकरण के लेखा अधिकारी के नाम भेजकर रसीद प्राप्त कर सकते हैं। केन्द्रीय लोक सूचना अधिकारी द्वारा सूचना की प्राप्ति तीस दिनों के भीतर हो जाती है।

निर्धारित समय में सूचना उपलब्ध न होने पर आवेदक प्रथम अपीलीय प्राधिकारी के समक्ष अपील कर सकता है।

वर्तमान समय में आम जनता ढेरों सूचनाएँ; जैसे- विभाग द्वारा आम जनता के हित में क्या काम हो रहा है, कहाँ, कितना खर्च हो रहा है, कार्य में कितनी प्रगति हुई है यह सब जानकारी प्राप्त करना आर.टी. आई. की सहायता से ही सम्भव हुआ है।

सूचना का अधिकार अधिनियम के तहत सूचना प्राप्त करने के लिए लिखे जाने वाले आवेदन-पत्रों के कुछ उदाहरण दिए गए हैं-

♦खाद्यएवंआपूर्ति विभागकोसूचनाकेअधिकारअधिनियमकेतहतआवेदन-पत्रलिखिए।

140, प्रताप विहार,
दिल्ली।

दिनांक 12 जून, 20XX

सेवा में,

जन सूचना अधिकारी,
खाद्य एवं आपूर्ति विभाग,
दिल्ली।

विषय- सूचना के अधिकार अधिनियम, 2005 के तहत आवेदन।

महोदय,

(1) मैंने अपने राशन कार्ड के लिए 30 दिसम्बर, 20XX को विधिवत् आवेदन किया था। कृपया मेरे आवेदन पर अब तक की गई कार्यवाही की दैनिक रिपोर्ट दें।

जैसे- आवेदन कब और किस अधिकारी के पास पहुँचा, कब तक यह उसके पास रहा, उसने क्या कदम उठाए ?

(2) मेरा राशन कार्ड कितने दिन में बन जाना चाहिए था?

(3) उन अफसर-कर्मचारियों के नाम बताएँ, जिन्हें आवेदन पर कार्यवाही करनी चाहिए थी, किन्तु उन्होंने नहीं की।

(4) अपना काम न करने और मुझे मानसिक रूप से परेशान करने वाले अधिकारियों के खिलाफ क्या कदम उठाए जाएँगे?

(5) मेरा कार्ड कब तक बन जाएगा?

(6) कृपया उन रिकॉर्ड्स की छायाप्रति दें, जिनमें इस तरह के आवेदन का ब्यौरा रखा जाता है।

(7) मेरे आवेदन के बाद आए किसी आवेदन पर मुझसे पहले यदि कार्यवाही की गई, तो उसका कारण क्या है?

(8) बारी आने से पहले यदि किसी आवेदन पर कार्यवाही की गई हो, तो क्या उसकी जाँच होगी और कब तक?

मैंने आवेदन-पत्र के साथ सूचना माँगने का निर्धारित शुल्क 'भारतीय पोस्टल ऑर्डर' के रूप में संलग्न कर दिया है।

धन्यवाद।

आवेदक के हस्ताक्षर......

कृष्ण चन्द्र

कार्ड की पावती संख्या-151/ग,

इ) टेलीफोन/मोबाइलफोनकनेक्शनसम्बन्धीआवेदन-पत्र

लैण्डलाइन फोन हो या मोबाइल फोन, नया कनेक्शन लेने के लिए नेटवर्क सेवा प्रदाता कम्पनी को एक आवेदन-पत्र लिखा जाता है तथा उसके साथ ही आवेदन-फार्म भी भरा जाता है। इसके अन्तर्गत कभी-कभी खराब टेलीफोन की मरम्मत हेतु प्रबन्धक को पत्र भी लिखे जाते हैं। इस सन्दर्भ में कुछ उदाहरण दिए गए हैं-

♦टेलीफोनविभागके प्रबन्धक को मोबाइलफोनकासिम नष्ट होजानेपरपुनःउसीनम्बर का सिमप्रदानकरनेके लिएआवेदन-पत्र लिखिए।

454, अधोईवाला,

देहरादून (उत्तराखण्ड)।

दिनांक 26 फरवरी, 20XX

सेवा में,

श्रीमान प्रबन्धक,

वोडाफोन,

अधोईवाला,

देहरादून (उत्तराखण्ड)।

विषय- मोबाइल सिम नष्ट हो जाने पर पुनः उसी नम्बर का सिम प्रदान करने हेतु।

महोदय,

मैं कल अपने मोबाइल फोन नम्बर 9567863XXX से किसी मित्र से बात कर रहा था कि अचानक असुविधावश मोबाइल फोन मेरे हाथ से छूटा और पास ही रखी पानी की बाल्टी में जा गिरा।

मैंने तुरन्त हाथ डालकर मोबाइल फोन बाल्टी से बाहर निकाला, किन्तु तब तक वह पानी से पूरी तरह भीग चुका था। मैंने मोबाइल की बैटरी निकालकर उसे धूप में सूखने के लिए रख दिया। थोड़ी देर बाद जब मोबाइल फोन में बैटरी लगाकर उसे पुनः चालू करने की कोशिश की, तब वह नहीं चला। शायद मोबाइल खराब हो चुका था।

यह जानने के लिए की, किन्तु कोई प्रतिक्रिया नहीं हुई। मोबाइल में नेटवर्क सिग्नल नहीं दिखाई दे रहे थे। ऐसा प्रतीत हो रहा है जैसे पानी में गिरने के कारण सिम भी नष्ट हो गया है।

अतः आपसे निवेदन है कि आप मुझे उक्त नम्बर का सिम पुनः आवन्टित करें। ताकि मुझे इस नम्बर की वजह से किसी प्रकार की समस्या का सामना न करना पड़े।

सधन्यवाद।

प्रार्थी

हस्ताक्षर......

जगन्नाथ

♦अपनीमोबाइलनेटवर्ककम्पनीकोनेटवर्कसम्बन्धीसमस्याओंसेअवगतकरवातेहुए मोबाइलनम्बरपोर्टेबिलिटी केतहतमोबाइलनेटवर्कसेवाप्रदाताकम्पनीबदलनेकेलिएआवेदन-पत्र लिखिए।

254, आर.के. पुरम
नई दिल्ली।
दिनांक26 मई, 20XX
सेवा में,
एरिया प्रबन्धक,
..... (मोबाइल कम्पनी का नाम)
नई दिल्ली।
विषय- नेटवर्क सेवा प्रदाता कम्पनी बदलने हेतु।
महोदय,
मैं...... मोबाइल नेटवर्क प्रदाता कम्पनी का पिछले दो वर्ष से ग्राहक हूँ। मैंने जब से यह कम्पनी चुनी है, तब से मुझे नेटवर्क सम्बन्धी कई समस्याओं का सामना करना पड़ रहा है। कभी स्पष्ट आवाज की समस्या, तो कभी बात करते-करते नेटवर्क का गायब हो जाना। सन्देश भी त्वरित गति से नहीं पहुँच पाते।

मैं इस कम्पनी को बहुत पहले ही बदल देना चाहता था, किन्तु मेरा मोबाइल नम्बर इतने ज्यादा लोगों के पास है, कि इस नम्बर को बदल पाना मेरे लिए नामुमकिन है।

किन्तु जब से मैंने मोबाइल नम्बर पोर्टेबिलिटी यानि बिना नम्बर बदले अपनी मोबाइल नेटवर्क सेवा प्रदाता कम्पनी को बदलने की स्कीम के बारे में सुना है, तभी से मेरा मन अपनी वर्तमान मोबाइल कम्पनी को बदलने को हो रहा है। परन्तु इसे बदलकर किस कम्पनी को ग्रहण करूँ, इसी सोच में था कि मेरे दोस्तों एवं परिचितों ने आपकी कम्पनी को चुनने की सलाह दी।

मैं आपसे निवेदन करता हूँ कि कृपया मुझे बताएँ कि मुझे बिना नम्बर बदले, आपकी मोबाइल कम्पनी की सेवा लेने के लिए क्या-क्या औपचारिकताएँ पूरी करनी होंगी।

आशा है, आप मुझे शीघ्र ही इस सम्बन्ध में जानकारी प्रेषित कर, मेरी समस्याओं का निदान करेंगे।

सधन्यवाद।
प्रार्थी
हस्ताक्षर......
(कृष्ण कुमार)

ई)जनसाधारणसम्बन्धीअन्यपत्र

♦आपकेमोहल्लेमेंसफाईकीव्यवस्था नहोने केकारणस्वास्थ्यअधिकारी कोपत्रलिखिए, जिसमेंसफाईकाउचित प्रबन्धकरनेकीप्रार्थनाकीगई हो।

421, विवेक विहार,
गाजियाबाद।
विषय-मोहल्ले में सफाई के लिए प्रार्थना-पत्र।
महोदय,
मैं आपका ध्यान विवेक विहार स्थित एच ब्लॉक की शोचनीय अवस्था की ओर आकर्षित कराना चाहता हूँ। इस ब्लॉक में सफाई की उचित व्यवस्था न होने के कारण स्थिति अत्यन्त चिन्ताजनक हो गई है। लम्बे समय से यहाँ नगर का कोई भी कर्मचारी सफाई हेतु नहीं आया है। स्थान-स्थान पर कचरे के ढेर लगे हैं, जिनमें सड़न होने से चारों ओर बदबू फैल रही है। नालियाँ भी भरी पड़ी हैं। गन्दा पानी सड़कों पर भी बिखरा हुआ है। कचरे पर भिनभिनाती मक्खियाँ और मच्छर गम्भीर बीमारी को आमन्त्रण दे रहे हैं।

अतः आपसे निवेदन निवेदन है कि जल्द-से-जल्द यहाँ का निरीक्षण कर सफाई व्यवस्था का उचित प्रबन्ध करें। आशा है, आप इस ओर त्वरित कार्यवाही कर, लोगों को होने वाली परेशानी से छुटकारा दिलाएँगे।

धन्यवाद।
भवदीय
हस्ताक्षर......
(दीपक कुमार)

♦अपनेक्षेत्रमेंडाक-व्यवस्था दुरुस्त करने केलिएअपने क्षेत्रकेडाकपाल कोप्रार्थना-पत्र लिखिए।

141, साकेत निवासी संघ,
मेरठ।

दिनांक16 मई, 20XX

सेवा में,

डाकपाल महोदय,

मुख्य डाकघर,

मेरठ कैन्ट,

मेरठ।

विषय- इलाके में डाक व्यवस्था दुरुस्त करने हेतु।

महोदय,

मैं आपका ध्यान साकेत निवासी संघ, मेरठ की ओर केन्द्रित कराना चाहता हूँ, हमारे क्षेत्र का डाकिया अपने कार्य के प्रति अत्यन्त लापरवाही दिखा रहा है। वह हमारे पत्र घर के बाहर फ़ेंक कर चला जाता है, या फिर छोटे बच्चों को पकड़ा देता है। इससे पत्रों के खोने का डर हमेशा बना रहता है। यद्यपि इलाके के अधिकांश घरों के द्वार पर 'पत्र-पेटिका' लगी हुई है, परन्तु वह उनमें पत्र नहीं डालता। हमने डाकिये से कई बार हाथ जोड़कर निवेदन भी किया है कि वह पत्रों को सही जगह पर डाले, पर जैसे वह हमारी बात एक कान से सुनकर दूसरे से निकाल देता है।

अतः आपसे विनम्र प्रार्थना है कि आप उसे चेतावनी देते हुए कार्य के प्रति पूरी ईमानदारी बरतने को कहें।

आपकी इस कृपा के लिए हम सदैव आभारी रहेंगे।

भवदीय

हस्ताक्षर......

सचिव

किशोर

साकेत निवासी संघ

♦आयकर अधिकारीकोपत्रलिखिए, जिसमेंआयकरसेमाफीएवंपूर्णमुक्ति केलिए प्रार्थना कीगयीहो।

61, रामबाग,

लखनऊ।

दिनांक 30 मार्च, 20XX

सेवा में,

आयकर अधिकारी,

लखनऊ।

विषय-आयकर से पूर्ण मुक्ति हेतु।

महोदय,

मुझे दिनांक 29 मार्च, 20XX को आपकी ओर से एक पत्र प्राप्त हुआ, जिसमें वर्ष 20XX-XX के लिए 5,005 आयकर अदा करने को कहा गया है।

उक्त अवधि से मेरी आय आयकर सीमा से निम्न है, लगता है किसी त्रुटिवश मेरी आय पर आयकर का निर्धारण कर दिया गया है। आपसे प्रार्थना है कि मेरे खातों की जाँच कर मुझे आयकर से पूर्ण मुक्ति हेतु निर्देश जारी करें।

धन्यवाद।

भवदीय

हस्ताक्षर ......

जितेन्द्र गोयल

♦ भारी वर्षा केकारण हुएनुकसानसे अवगत करातेहुएमुख्यमन्त्रीकोसहायतार्थ प्रार्थना-पत्र लिखिए।

16/1, रामनगर, नैनीताल

उत्तराखण्ड।

दिनांक 20 अगस्त, 20XX

सेवा में,

माननीय मुख्यमन्त्री महोदय,

उत्तराखण्ड सरकार,

देहरादून।

विषय-मुख्यमन्त्री से तात्कालिक सहायता हेतु।

मान्यवर,

सविनय निवेदन यह है कि मैं रामनगर, नैनीताल क्षेत्र का निवासी हूँ। दुर्भाग्य से इस वर्ष हमारे क्षेत्र में भारी वर्षा हुई, जिसके कारण हमारे खेतों में महीनों पानी जमा रहा। जल का समुचित निकास न होने के कारण वर्षा के इस पानी ने हमारी सारी फसल चौपट कर दी। पशुओं के लिए बोया गया चारा भी गलकर नष्ट हो गया। परिणामस्वरूप मनुष्यों और पशुओं दोनों के लिए अनाज का संकट आन पड़ा है। स्थान-स्थान पर पानी जमा रहने के कारण अनेक बीमारियाँ भी फैल गई हैं। लोग अपने-अपने घरों को छोड़ने के लिए बाध्य हो रहे हैं। स्थिति दयनीय और चिन्ताजनक है।

आपसे अनुरोध है कि शीघ्र ही इस क्षेत्र के निवासियों की समस्याओं पर संज्ञान लेते हुए उनकी सहायता के लिए जिलाधिकारी को आदेश दें।

आशा है आप शीघ्र ही इस ओर ध्यान देंगे और उचित तात्कालिक सहायता देकर यहाँ के निवासियों को संकट की इस स्थिति से बचाएँगे।

धन्यवाद।

भवदीय

हस्ताक्षर.....

किशोर कुमार

(ख) सम्पादकीय पत्र

सम्पादकीय पत्र वे पत्र हैं, जो पाठकों द्वारा समाचार-पत्रों अथवा पत्रिकाओं के सम्पादकों को सम्बोधित करके लिखे जाते हैं। समाचार-पत्रों में 'सम्पादकीय पत्र' का एक विशेष कॉलम होता है। इस कॉलम के माध्यम से एक व्यक्ति अपनी बात को समस्त पाठकों, अधिकारियों और सरकार तक प्रेषित करता है। इस कॉलम को विभिन्न समाचार-पत्र/पत्रिकाओं द्वारा 'पाती पाठकों की; 'रीडर्स मेल', 'जनवाणी', 'लोकमत', 'पाठकों की दुनिया', 'पाठकों की राय', 'पाठक संवाद', एवं 'चौपाल' सरीखे अलग-अलग नाम दिए गए हैं।

सम्पादकीय पत्र के अन्तर्गत निम्न पत्रों को शामिल किया जाता है- समस्या सम्बन्धी पत्र, शिकायत सम्बन्धी पत्र, अपील और निवेदन सम्बन्धी पत्र, समीक्षा/सुझाव सम्बन्धी पत्र सम्मिलित हैं, जो इस पाठ के अन्तर्गत बताए गए हैं।

समस्यासम्बन्धीपत्र

सम्पादक के नाम लिखे जाने वाले समस्या सम्बन्धी पत्र वे होते हैं, जिनमें सामाजिक, आर्थिक, राजनीतिक एवं सांस्कृतिक समस्याओं पर विचार प्रस्तुत किए जाते हैं। सम्पादक के नाम लिखे जाने वाले समस्या सम्बन्धी पत्रों के उदाहरण निम्नलिखित हैं-

♦ **हिंसाप्रधान फिल्मोंको देखकरबालमनपरपड़नेवालेदुष्प्रभावकीसमस्याकावर्णन करतेहुए किसी दैनिकसमाचार-पत्रकेसम्पादककोपत्र लिखिए।**

424, तिलक नगर,

दिल्ली।

दिनांक 25 फरवरी, 20XX

सेवा में,

सम्पादक महोदय,

दैनिक भास्कर,

नई दिल्ली।

विषय-हिंसा प्रधान फिल्मों के बाल मन पर पड़ रहे दुष्प्रभाव की समस्या हेतु।

महोदय,

मैं आपके दैनिक समाचार-पत्र के माध्यम से सरकार और समाज का ध्यान हिंसा प्रधान फिल्मों के दुष्प्रभाव की ओर दिलाना चाहती हूँ। आजकल दूरदर्शन के विभिन्न चैनलों पर हिंसा प्रधान फिल्मों का प्रदर्शन धड़ल्ले से किया जा रहा है। ऐसा प्रतीत होता है कि उन पर सरकार का कोई नियन्त्रण नहीं रह गया हैं। आज कल समाज में हो रही लूट-पाट एवं हिंसा की घटनाओं का कारण भी ये फिल्में हैं। इन फिल्मों से युवा मन जल्दी ही बुराई की ओर आकर्षित होता है।

इस पत्र के माध्यम से मैं सरकार के 'सूचना एवं प्रसारण मन्त्रालय' से अपील करना चाहती हूँ कि वह इस प्रकार की फिल्मों पर रोक लगाए।

धन्यवाद।

भवदीया

स्नेहा

♦बुजुर्गोकोन्यायदिलवाने एवंउनकी समस्याओं के समाधान हेतु विचारव्यक्तकरते हुएकिसीदैनिक समाचार-पत्रकेसम्पादक कोपत्र लिखिए।

ए-;ब्लॉक, लाल बाग,

दिल्ली।

दिनांक 1 अप्रैल, 20XX

सेवा में

सम्पादक महोदय,

दैनिक जागरण,

नोएडा।

विषय-बुजुर्गों की समस्या के समाधान हेतु।

महोदय,

इस पत्र के माध्यम से मैं सरकार का ध्यान बुजुर्गों की समस्या की ओर आकर्षित करना चाहता हूँ। दिल्ली मेट्रो रेल में महिलाओं के लिए अलग डिब्बा बनाना अच्छी बात है, परन्तु इससे महिलाओं के डिब्बे अन्य डिब्बों की तुलना में लगभग खाली रहते हैं। महिलाओं के डिब्बे में जवान महिलाएँ जो खड़ी रह सकती हैं, सीटों पर बैठती हैं, जबकि अन्य डिब्बों में ऐसे बुजुर्गों तथा विकलांग पुरुषों को खड़ा रहना पड़ता है, जो खड़े नहीं हो सकते। दूसरी ओर, जो परिवार सफ़र करता है उसके साथ की महिला तो 'महिला कोच' में चढ़ जाती है, बाकी परिवार अलग हो जाता है।

बल्कि यह होना चाहिए कि पहला डिब्बा महिलाओं का, दूसरा परिवार का हो, तथा बुजुर्ग और विकलांगों के लिए भी इन डिब्बों में कुछ सीटें रिजर्व हों। भारत सरकार ने बुजुर्गों के लिए रेल में 40% छूट दी हुई है। दिल्ली सरकार इतना तो कर सकती है कि हर बी. पी. एल. कार्ड धारक बुजुर्ग को कहीं भी जाने के लिए मेट्रो में अधिकतम किराया 10 तथा बस में अधिकतम किराया 5 तय कर दे। यदि ऐसा होता है, तब ही सही मायने में बुजुर्गों के प्रति न्याय होगा और उनकी समस्याओं का भी समाधान होगा।

धन्यवाद।

भवदीय

चेतन

♦देश में बढ़रहीकन्या-भ्रूणहत्यापर चिंता व्यक्तकरतेहुएकिसीप्रतिष्ठितसमाचार-पत्र केसम्पादककोपत्र लिखिए।

142, पटेल नगर,

नई दिल्ली।

दिनांक 15 मार्च, 20XX

सेवा में,

सम्पादक महोदय,

नवभारत टाइम्स,

नई दिल्ली।

विषय-कन्या-भ्रूण हत्या की बढ़ती प्रवृत्ति के सन्दर्भ में।

महोदय,

आपके लोकप्रिय समाचार-पत्र के माध्यम से मैं देश में बढ़ रही कन्या-भ्रूण हत्या की प्रवृत्ति की ओर ध्यान आकर्षित करना चाहती हूँ। अनेक लोग गर्भ में ही लिंग परीक्षण करवाकर कन्या-भ्रूण होने की स्थिति में इसे मार डालते हैं, गर्भ में ही कन्या-भ्रूण की हत्या कर दी जाती है। ऐसा करने वाले केवल गरीब या निर्धन एवं अशिक्षित लोग ही नहीं होते, बल्कि समाज का पढ़ा लिखा एवं धनी तबका भी इसमें बराबरी की हिस्सेदारी करता है।

समाज का यह दृष्टिकोण अत्यन्त रूढ़िवादी एवं पिछड़ा है, जिसे किसी भी स्थिति में बढ़ावा नहीं मिलना चाहिए। समाज के बौद्धिक एवं तार्किक लोगों का कर्तव्य है कि वे सरकार एवं प्रशासन के साथ मिलकर कन्या-भ्रूण हत्या को अन्जाम देने वाले या उसका समर्थन करने वाले लोगों के विरुद्ध कठोर कार्यवाही करें, जिससे समाज का सन्तुलन एवं समग्र विकास सम्भव हो सके।

धन्यवाद।

भवदीया

ऋतिका

शिकायतसम्बन्धी पत्र

सम्पादक के नाम लिखे जाने वाले शिकायत सम्बन्धी पत्रों में विभिन्न विभागों, संस्थाओं और उनके कर्मचारियों के आचरण, शासन एवं प्रशासन की अव्यवस्था आदि की शिकायत से सम्बन्धी पत्र आते हैं। सम्पादक के नाम लिखे जाने वाले शिकायत सम्बन्धी पत्रों के कुछ उदाहरण निम्नलिखित हैं-

♦ चुनावके दिनोंमें दीवारों पर नारेलिखनेवपोस्टर चिपकाने सेगन्दीहुई दीवारोंकीओर ध्यान आकृष्टकरतेहुए किसीसमाचार-पत्रके सम्पादक कोपत्रलिखिए।

435, सुभाष नगर,

दिल्ली।

दिनांक18 मार्च, 20XX

सेवा में,

सम्पादक महोदय,

दैनिक भास्कर,

नई दिल्ली।

विषय- शहर की दीवारें गन्दी होने के सन्दर्भ में।

महोदय,

मैं आपके प्रतिष्ठित समाचार-पत्र के माध्यम से आपका ध्यान चुनावी नारों एवं पोस्टर से होने वाली गन्दगी की ओर आकर्षित करना चाहती हूँ। इस समय चुनाव का माहौल होने के कारण राजनीतिक दलों के कार्यकर्ता दीवारों पर जगह-जगह पोस्टर चिपका देते हैं व नारे लिख देते हैं जिसके कारण पता आदि ढूँढने में काफी परेशानी होती है। चुनाव के बाद भी कोई राजनीतिक दल या सरकारी संस्था इसकी खोज-खबर नहीं लेती है। इस बारे में चुनाव आयोग को आगे आकर इस सन्दर्भ में कड़ी कार्यवाही करनी चाहिए। जिस राजनीतिक दल का पोस्टर दीवारों या दरवाजे पर लगा हो उससे हर्जाना लिया जाना चाहिए।

धन्यवाद।

भवदीया

नेहा

♦ दिल्लीमेंमहिलाओंके प्रतिबढ़रहेअपराधोंकाउल्लेखकरते हुए किसी दैनिक समाचार-पत्र केसम्पादक को पत्रलिखिए।

261, गाँधी नगर,

दिल्ली।

दिनांक 21 मार्च, 20XX

सेवा में,

सम्पादक महोदय,

दैनिक भास्कर,

दिल्ली।

विषय-महिलाओं के प्रति बढ़ रहे अपराधों के सम्बन्ध में।

महोदय,

मैं आपके लोकप्रिय समाचार-पत्र के माध्यम से दिल्ली-प्रशासन का ध्यान महिलाओं के प्रति बढ़ रहे अपराधों की ओर आकर्षित करना चाहती हूँ। आजकल दिल्ली अपराधों का केन्द्र बनती जा रही है। यहाँ अब महिलाएँ स्वयं को सुरक्षित महसूस नहीं करती। दिन-प्रतिदिन यहाँ अपराधों की संख्या में वृद्धि होती जा रही है। छेड़खानी की घटनाएँ तो आम बात हो गई है।

महिलाओं के प्रति अपराधों के बढ़ने का कारण यह है कि सामाजिक सुरक्षा तथा न्याय व्यवस्था के विषय में अपराधियों को पता होता है कि वह उनका कुछ नहीं बिगाड़ सकते। कत्ल, हत्या, छेड़छाड़ कुछ भी हो, कोई भी गवाही देने को तैयार नहीं होता, लोग कोर्ट-कचहरी से डरते हैं। ऐसे डरपोक समाज का फायदा उठाते हुए कुप्रवति वाले लोग आसानी से गलत काम करने से बाज नहीं आते हैं।

अतः प्रशासन को ऐसी हरकत करने वालों पर निगरानी रखनी चाहिए और इन सभी पहलुओं पर विचार करते हुए ऐसे अपराधियों के खिलाफ सख्त-से-सख्त कदम उठाने चाहिए।

धन्यवाद।

भवदीया

कंचन

अपील औरनिवेदन सम्बन्धीपत्र

सम्पादक के नाम लिखे जाने वाले अपील अथवा निवेदन सम्बन्धी पत्र ऐसे पत्र होते हैं, जिनमें अकाल पीड़ितों, बाढ़ पीड़ितों या अन्य किसी प्रकोप से ग्रस्त व्यक्तियों की सहायता हेतु अपील अथवा निवेदन किया जाता है। इसके अतिरिक्त किसी दूसरे विषयों पर भी अपील अथवा निवेदन किया जा सकता है।

♦ **'स्वच्छभारत अभियान' कोसफलबनानेकीअपीलकरते हुए किसी प्रतिष्ठितसमाचार-पत्र के सम्पादक को पत्रलिखिए।**

425, मुखर्जी नगर,

नई दिल्ली।

दिनांक 5 मई, 20XX

सेवा में,

सम्पादक महोदय,

नवभारत टाइम्स,

नई दिल्ली।

विषय-'स्वच्छ भारत अभियान' को सफल बनाने हेतु।

महोदय,

मैं आपके प्रतिष्ठित समाचार-पत्र के माध्यम से सभी लोगों का ध्यान 'स्वच्छ भारत अभियान' की ओर आकर्षित करना चाहती हूँ। गाँधी जी की 145 वीं जयन्ती के अवसर पर प्रधानमन्त्री नरेन्द्र मोदी ने इस अभियान के आरम्भ करने की घोषणा की थी। इस स्वच्छ्ता अभियान में हम सभी भारतीयों का कर्तव्य है कि हम इस अभियान को सफल बनाने में अपना सक्रिय योगदान दें। 'स्वच्छ भारत अभियान' वैयक्तिक एवं सामाजिक दोनों स्तर पर अत्यधिक लाभप्रद होगा।

अतः मेरी सभा से अपील है कि इस अभियान को सफल बनाने के लिए स्वयं को, अपने घर को, अपने पड़ोस को, अपने मोहल्ले को, अपने जिले को, अपने राज्य को और अपने देश को स्वच्छ रखने में सहयोग दें।

धन्यवाद।

भवदीया

ऋतिका

♦ **पर्यावरणमें होरही क्षति केसन्दर्भमेंअधिकसेअधिकवृक्ष लगाने कानिवेदनकरते हुएकिसी प्रतिष्ठित दैनिक पत्रकेसम्पादकको पत्र लिखिए।**

424, शालीमार बाग,

दिल्ली।

दिनांक16 मार्च, 20XX

सेवा में,

सम्पादक महोदय,

नवभारत टाइम्स,

दिल्ली।

विषय- अधिक से अधिक वृक्ष लगाने के सम्बन्ध में।

महोदय,

इस पत्र के माध्यम से मैं प्रशासन, सरकार व आम जनता का ध्यान इस ओर आकर्षित करना चाहती हूँ कि वृक्षों की अन्धाधुन्ध कटाई व कारखानों से निकलने वाले धुएँ के कारण पर्यावरण को अत्यधिक क्षति हो रही है। यद्यपि वन महोत्सव के अवसर पर वन विभाग द्वारा वृक्षारोपण कार्यक्रम आरम्भ किया जाता है तथा अनेक वृक्ष भी लगाए जाते हैं, परन्तु उनकी देखभाल नहीं की जाती जिसके कारण पर्यावरण में प्रदूषण का खतरा बढ़ता जा रहा है।

मेरा सभी से निवेदन है कि हम सभी को मिलकर अधिक से अधिक वृक्ष लगाने होंगे जिससे हम पर्यावरण को सुरक्षित कर पाएँगे।

धन्यवाद।

भवदीय

राहुल

♦ भूकम्पपीड़ितोंकेलिएहरसम्भवमददके प्रयासकरने कीअपीलकरतेहुए किसीप्रतिष्ठित समाचार-पत्र केसम्पादककोपत्रलिखिए।

32, राजेन्द्र नगर,
नई दिल्ली।

दिनांक9 जनवरी, 20XX

सेवा में,
सम्पादक महोदय,
नवभारत टाइम्स,
नई दिल्ली।

विषय-भूकम्प पीड़ितोंकी हर सम्भव मदद हेतु।

महोदय,

इस पत्र के माध्यम से मैं सभी का ध्यान इस ओर आकर्षित करना चाहती हूँ कि हाल ही में उत्तर भारत के मणिपुर राज्य में आए भूकम्प ने मणिपुर के कई इलाकों को तहस-नहस कर दिया। इस विनाशकारी भूकम्प में कई लोगों की जान चली गई तथा कई लोग घायल हो गए। इस भूकम्प के कारण लगभग 200 घर व इमारतें भी ध्वस्त हो गई।

इस आपदा ने जाहिर कर दिया कि कोई भी देश अथवा मनुष्य तकनीकी रूप से कितना ही विकसित हो जाए, किन्तु प्रकृति के सामने उसे विवश होना ही पड़ता है। कोई भी देश भूकम्प आदि प्राकृतिक आपदाओं को रोक पाने की तकनीक नहीं विकसित कर पाया है।

प्रकृति अपना ऐसा विकराल रूप किसी भी देश को दिखा सकती है। अतः इस मुश्किल घड़ी में सभी राज्यों को हर सम्भव मदद करने का प्रयास करना चाहिए।

धन्यवाद।

भवदीया
प्रीति

(ग) कार्यालयीपत्र

प्रेस-विज्ञप्तिसम्बन्धी

सरकार समय-समय पर सरकारी आदेश, प्रस्ताव अथवा निर्णय समाचार-पत्रों में प्रकाशित करने के लिए भेजती है। इसे ही प्रेस-विज्ञप्ति कहा जाता है।

प्रेस-विज्ञप्ति आमतौर पर सरकारी केन्द्रीय कार्यालय से प्रसारित होती है और इसकी शब्दावली एवं शैली निश्चित होती है। समाचार-पत्र का सम्पादक 'प्रेस-विज्ञप्ति' में किसी प्रकार की काट-छाँट नहीं कर सकता। प्रेस-विज्ञप्ति में कभी-कभी यह भी लिखा जाता है कि इसे किस तिथि तक प्रकाशित करना है। समय से पूर्व इसका प्रकाशन नहीं किया जाता।

प्रेस-विज्ञप्ति का अपना एक शीर्षक होता है, इसमें सम्बोधन नहीं लिखा जाता। इसके अन्त में नीचे बायीं ओर हस्ताक्षर तथा पदनाम लिखा जाता है। उल्लेखनीय है कि प्रेस-विज्ञप्ति को सीधे समाचार-पत्र कार्यालय में न भेजकर सूचना अधिकारी के पास भेजा जाता है।

प्रेस-विज्ञप्ति के कुछ उदाहरण इस प्रकार हैं-

♦ भारतसरकारके विदेशमन्त्रालयकीओर सेभारतऔरट्रिनिडाड-टोबैगोकेमध्यराजनयिक सम्बन्धस्थापितकरनेकेसम्बन्ध मेंप्रेस-विज्ञप्तिजारीकीजिए।

प्रेसविज्ञप्ति

.... **दिनांक**28 अप्रैल, 20XX

भारतऔरट्रिनिडाड-टोबैगोके मध्य राजनयिक सम्बन्ध

भारत सरकार और त्रिनिडा-टोबैगो सरकार इस बात पर सहमत हो गई है कि दोनों सरकारों के दूतावासों के स्तर पर मित्रतापूर्ण सम्बन्ध स्थापित किए जाएँ। इस व्यवस्था से यह आशा की जाती है कि दोनों देशों में परस्पर सम्बन्ध और भी अधिक सुदृढ़ हो जाएँगे, जो दोनों के लिए लाभकारी होंगे।

(मुख्य सूचना अधिकारी, प्रेस सूचना ब्यूरो, नई दिल्ली के पास विज्ञप्ति जारी करने तथा इसे विस्तृत रूप से प्रसारित करने के लिए प्रेषित)

....................................हस्ताक्षर ....
.... संयुक्त सचिव
.... विदेश मन्त्रालय,
......................................भारत सरकार,

♦भारतसरकारकेगृह मन्त्रालयकीओरसेभारतऔरचीन के बीचसीमा-विवादपर समझौता होजानेहेतु प्रेस-विज्ञप्तिजारी कीजिए।

प्रेस विज्ञप्ति

..................................**दिनांक** 23 मार्च, 20XX

भारतऔरचीन के बीच सीमा-विवाद परसमझौता

भारत और चीन के बीच वर्षों से चले आ रहे सीमा-विवाद पर समझौता हो चुका है। समझौते पर दोनों देशों के प्रधानमन्त्रियों ने सहमति स्वरूप हस्ताक्षर कर इसे लागू करने की स्वीकृति प्रदान कर दी हैं। सीमा-रेखा के निर्धारण के लिए विवादग्रस्त क्षेत्र के मध्य भाग को सीमा-रेखा मानकर दोनों देशों को मान्य समाधान स्वीकार किया गया है।

(मुख्य सूचना अधिकारी, प्रेस सूचना ब्यूरो, नई दिल्ली के पास विज्ञप्ति जारी करने तथा इसे विस्तृत रूप से प्रसारित करने के लिए प्रेषित।)

....हस्ताक्षर.....

....सचिव

....भारत सरकार

....गृह मन्त्रालय

....नई दिल्ली।

♦ भारतसरकार केसंचार मन्त्रालयकीओर सेकर्मचारियोंकेवेतन एवं भत्तोंकी शर्तेकी प्रेस-विज्ञप्तिजारीकीजिए।

प्रेस-विज्ञप्ति

....**दिनांक** 16 जुलाई, 20XX

कर्मचारियोंकेवेतनएवंभत्तोंकीशर्तों की बाबत

भारत सरकार ने महानिदेशक, डाक और तार के प्रार्थना-पत्र पर डाक-तार कर्मचारियों के वेतन और उनकी सेवा-शर्तों पर विचार करने के लिए तुरन्त एक जाँच आयोग के गठन का निश्चय किया है। इस आयोग के सदस्यों के नाम जल्द ही घोषित किए जाएँगे। इसमें डाक-तार विभाग के दो प्रतिनिधि भी शामिल किए जाएँगे।

आयोग के विचारार्थ विषयों में विशेषतः इन कर्मचारियों के वेतन और भत्तों के बारे में, दिन-प्रतिदिन बढ़ती महँगाई को ध्यान में रखते हुए, सरकार को सलाह दी जाएगी। आयोग निम्न वर्ग के कर्मचारियों की प्रोन्नति की अन्य समस्याओं पर भी विचार करेगा।

(मुख्य सूचना अधिकारी, प्रेस सूचना ब्यूरो, नई दिल्ली के पास विज्ञप्तिजारी करने तथा इसे विस्तृत रूप से प्रसारित करने के लिए प्रेषित।)

....हस्ताक्षर......

.... उप-सचिव

....भारत सरकार

....संचार मन्त्रालय

....नई दिल्ली।

निविदा सम्बन्धीपत्र

निविदा का शाब्दिक अर्थ है, आवश्यक रकम लेकर वांछित वस्तुएँ जुटा देने या काम पूरा करने का लिखित वादा देना। निविदा को अंग्रेजी में Tender (टेण्डर) कहते हैं।

इस प्रकार हम कह सकते हैं कि किसी निर्माण कार्य, जैसे- कार्यालय भवन, निम्न आय वर्ग के लिए क्वार्टर, मध्यम आय वर्ग या उच्च आय वर्ग के लिए फ्लैट, किसी सड़क, ट्रॉली, डिब्बे आदि के निर्माण के लिए मोहरबन्द निर्धारित प्रपत्र पर जो आवेदन आमन्त्रित किए जाते हैं, वही 'निविदा' कहलाती है।

निविदा सम्बन्धी पत्रों के कुछ उदाहरण इस प्रकार हैं-

♦ संसदनिर्माणवैद्युतमण्डल कीओर सेडीलरों कोआवेदनकेसाथडीलरशिप सर्टिफि केटजमाकरनेहेतुनिविदाआमन्त्रणसूचना लिखिए।

...............................**दिनांक** 22 मार्च, 20XX

निविदा आमन्त्रणसूचना

भारत के राष्ट्रपति की ओर से कार्यपालक अभियन्ता (वै.) संसद निर्माण वैद्युत मण्डल-2, के. लो. नि. वि., विद्युत भवन, शंकर मार्केट, नई दिल्ली-01 द्वारा फिलिप्स/हैलोनिक्स/विप्रो/क्रॉम्प्टन/सूर्या/बजाज/वेंचर/जीई/मेक सीएफएल लैम्प, एमएच लैम्प, एमएच/एचपीएसवी चोक एवं पीएलएल ट्यूब के निर्माताओं अथवा उनके अधिकृत डीलरों से मुहरबन्द लिफाफों में निविदाएँ आमन्त्रित की जाती हैं। अधिकृत डीलरों को आवेदन के साथ अपना प्राधिकार पत्र/डीलरशिप सर्टिफिकेट आदि जमा कराना होगा। अन्यथा उनके आवेदन तत्काल

निरस्त कर दिए जाएँगे।

कार्य का नाम	**कार्य का नाम : स्टॉक** (सबहेड:सीएफएल लैम्प, एमएच लैम्प, एमएच/एचपी एसवी चोक तथा पीएल ट्यूब की आपूर्ति)
अनुमानित लागत	17,64, 703
धरोहर राशि	35, 294
नियम व शर्तें सहित निविदा प्रपत्रों की कीमत	500
नियमों व शर्तों सहित निविदा प्रपत्रों के निर्गमन हेतु आवेदन प्राप्ति की अन्तिम तिथि	28.03.20XX, अपराह 3 : 00 बजे तक
नियमों व शर्तें सहित निविदा प्रपत्रों के निर्गमन की तिथि	28.03.20XX, अपराह 4 : 00 बजे तक
निविदा प्राप्ति की तिथि	29.03.20XX, अपराह 3 : 00 बजे तक
परिपूर्णन अवधि	एक माह

♦ एयरफोर्सस्टेशन, दादरीमें यू.जी. केबल बिछाने हेतु निविदा सूचनालिखिए।

एयर फोर्स स्टेशन, दादरी
गौतम बुद्ध नगर, उत्तर प्रदेश।

................................**दिनांक**23 मार्च, 20XX

निविदासूचना

कार्यकानाम : एयरफोर्स स्टेशन दादरी में 6.0 किमी यू.जी. केबल तथा 3.5 किमी ओ. एफ.सी. की आपूर्ति करना, बिछाना, परीक्षक एवं प्रचालन आरम्भ करना।

परियोजना कीलागत : 31,44, 107

धरोहरराशि : 1, 00,000 **निविदा शुल्क**: 100 **परिपूर्णअवधि** : आपूर्ति आदेश प्रदान किए जाने की तिथि से 12 से 16 सप्ताह

निविदादस्तावेजोंकीबिक्री कीतिथि : 21.3.XX से 14.4. 20XX, 14:00 तक (सभी कार्य दिवसों में)

निविदाप्राप्तिकी तिथि एवंसमय : 14.4.20XX, 14:00 बजे तक (सभी कार्य दिवसों में)

तकनीकीनिविदा खोले जानेकीतिथि : 15.4.20XX (11:00 बजे)

वित्तीयनिविदाखोले जाने की तिथि : निविदाओं के तकनीकी मूल्यांकन को अन्तिम रूप दिए जाने के बाद सूचित की जाएगी।

निविदादस्तावेजों कीबिक्री का स्थान : कार्यालय : सीपीई, पी.एम.जी., एएफ, स्टेशन दादरी, सोधोपुर की झील, जिला; गौतमबुद्ध नगर, उ.प्र.203208

2. आरएफसी (प्रस्ताव हेतु अनुरोध) का विस्तृत विवरण तथा डी.सी.ए. (ड्राफ्ट कॉन्ट्रेक्ट एग्रीमेन्ट) इण्डियन एयरफोर्स की वेबसाइट www.indian airforce.nic.in से डाउनलोड किए जा सकते हैं। यह स्टेशन निर्धारित तिथि एवं समय के भीतर निविदा के नियमों व शर्तों सहित निविदा/कोटेशन प्रपत्रों का प्राप्ति/जमा कराने में होने वाली किसी देरी के लिए उत्तरदायी नहीं होगा।

.....................................हस्ताक्षर.....

कार्यालयसम्बन्धी अन्यपत्र

कार्यालय सम्बन्धी पत्रों में अभी तक हमने शासनादेश, कार्यालय आदेश, सूचना, ज्ञापन, प्रेस-विज्ञप्ति, अनुस्मारक एवं निविदा सम्बन्धी पत्रों के बारे में पढ़ा। इन पत्रों के अलावा कार्यालयी पत्रों के कुछ और प्रकार भी हैं। आइए, इन पत्रों के बारे में भी हम जानकारी प्राप्त करते हैं।

१) परिपत्र

परिपत्र के विषय में हम व्यवसायिक पत्रों के अन्तर्गत पढ़ चुके हैं। जिस पत्र के माध्यम से एक सूचना अथवा निर्देश एक साथ कई मन्त्रालयों, कार्यालयों, विभागों, अधिकारियों अथवा कर्मचारियों तक पहुँचाई जाती है; उसे 'परिपत्र' कहते हैं।

भारतसरकार गृह मन्त्रालय , नईदिल्ली

पत्र संख्या - 5/24/20,

.....................................**दिनांक**15 जून, 20XX

परिपत्र

कुछ असामाजिक संगठन सुनियोजित ढंग से देश में व्यापक अस्थिरता का माहौल पैदा करना चाहते हैं तथा उन्हें शत्रु देशों से प्रोत्साहन भी मिल रहा है। सरकार ने इन असामाजिक संगठनों को पूरी तरह नियन्त्रण में करने का निर्णय लिया है। राज्य सरकारों को भी इस सम्बन्ध में कड़े कदम उठाने हैं।

इस सम्बन्ध में सरकार उठाए जाने वाले कदमों का शीघ्र ही ब्यौरा भेजेगी। राज्य सरकारों का सहयोग अपेक्षित है।

.... हस्ताक्षर........

....उप-सचिव,

....भारत सरकार

प्रतिलिपि

सभी राज्य सरकार

२)अधिसूचना

ऐसी सूचनाएँ जो सरकार के राजपत्र (गजट) में प्रकाशित होती हैं, उन्हें 'अधिसूचना' कहा जाता है। ये सूचनाएँ वास्तव में, राष्ट्रपति अथवा राज्यपालों की ओर से जारी की गई मानी जाती हैं। इसलिए इनमें प्रेषक का उल्लेख नहीं होता है।

उल्लेखनीय है कि अधिसूचना के जरिए सूचना पाने वाले अधिकारी या कर्मचारी को पृष्ठांकन से एक प्रति भेज दी जाती है। इसके अतिरिक्त लेखा विभाग अथवा अन्य सम्बद्ध विभाग को भी सूचित करना पड़ता है।

अधिसूचना का क्षेत्र बहुत व्यापक होता है। उच्च अधिकारियों की नियुक्ति, प्रतिनियुक्ति, स्थानान्तरण, अधिनियमों में संशोधन आदि बहुत से क्षेत्र अधिसूचना की सीमा में आते हैं।

अधिसूचना

(भारत के राजपत्र भाग 2 अनुभाग 4 में प्रकाशनार्थ)

भारत सरकार,

कृषि मन्त्रालय,

नई दिल्ली।

दिनांक 25 मई, 20XX

श्री विष्णु गुप्ता आई.ए.एस. को जो वर्तमान में मध्य प्रदेश सरकार में कार्यरत हैं, दिनांक 30.5.20XX से कृषि मन्त्रालय में अवर सचिव के रूप में प्रतिनियुक्त किया जाता है।

....हस्ताक्षर ......

....सचिव,

.... भारत सरकार।

....अधिसूचना सं. - 5/5/1

इस अधिसूचना की प्रतिलिपि निम्नलिखित को सूचनार्थ प्रेषित

(1) स्थापना शाखा, कृषि मन्त्रालय।

(2) मुख्य सचिव, मध्य प्रदेश।

(3) श्री विष्णु गुप्ता, आई.ए.एस. मध्य प्रदेश सरकार।

३)पावती

प्रधानमन्त्री, मुख्यमन्त्री या अन्य मन्त्रियों के पास प्रतिदिन ऐसे पत्र आते हैं, जिनमें किसी कार्यालय या अधिकारी की शिकायत की जाती है। यही नहीं अपनी व्यक्तिगत समस्या से अवगत कराकर सहायता की माँग सम्बन्धी अनेक पत्र भी मन्त्रियों को मिलते हैं।

इस प्रकार के सभी पत्रों को उक्त मन्त्रियों द्वारा पढ़ा जाना सम्भव नहीं होता है। ऐसे पत्रों को उनके निजी सचिव या सहायक आवश्यक कार्यवाही हेतु सम्बन्धित कार्यालय अथवा अधिकारी को भेज देते हैं। इसके साथ ही शिष्टाचारवश पत्र-प्रेषक को सन्तोष देने हेतु पत्र-प्राप्ति की स्वीकृति अथवा सूचना भेज दी जाती है। यही 'पावती' पत्र कहलाता हैं।

इस तरह के पावती पत्र पहले से छपे अथवा अंकित रहते हैं, उनमें उस व्यक्ति विशेष का नाम और दिनांक भरनी होती हैं।

पावती

श्री रामकिशन बंसीवाल............................मुख्यमन्त्री,
एच-15, अलीगढ़,................................उ. प्र. सरकार,
उ.प्र. .... लखनऊ।
....दिनांक18 अप्रैल, 20XX

महोदय,

आपका दिनांक 15 अप्रैल, 20XX को मुख्यमन्त्री को भेजा गया पत्र प्राप्त हो गया है। आप निश्चित रहें, इस पर कार्यवाही शुरू कर दी गई है।

....भवदीय,
....हस्ताक्षर......
....निजी सचिव,
....मुख्यमंत्री,
....उत्तर प्रदेश सरकार।

४)विज्ञापन

विज्ञापन का अर्थ है जानकारी देना, सूचित करना। सरकारी अथवा कार्यालयी स्तर पर समय-समय पर समाचार-पत्रों में विज्ञापन प्रकाशित होते रहते हैं। ये विज्ञापन आम जन के हित में उन्हें सूचित करने के लिए भी हो सकते हैं, किसी जानकारी से अवगत कराने के लिए भी हो सकते हैं।

विज्ञापन सम्बन्धी पत्रों के नमूने इस प्रकार हैं-

विज्ञापन

बेटीबचाओ-बेटीपढ़ाओ योजना

महिलाओं एवं बाल विकास मन्त्रालय, स्वास्थ्य मन्त्रालय और परिवार कल्याण मन्त्रालय एवं मानव संसाधन विकास की एक संयुक्त पहल के रूप में बालिकाओं को संरक्षण और सशक्त करने के लिए बेटी बचाओ-बेटी पढ़ाओ योजना की शुरुआत की गई है।

योजनाके उद्देश्य

(i) पक्षपाती लिंग चुनाव की प्रक्रिया का उन्मूलन एवं बालिकाओं का अस्तित्व और सुरक्षा सुनिश्चित करना।
(ii) बालिकाओं की शिक्षा सुनिश्चित करना।
(iii) सुकन्या समृद्धि योजना बेटी बचाओं-बेटी पढ़ाओं के अन्तर्गत दी जाने वाली यह सबसे महत्त्वपूर्ण योजना है।
(iv) यह एक बैंक खाता है जो 10 वर्ष से कम उम्र की बेटियों के लिए शुरू किया गया है। इस खाते पर 9.1 वार्षिक चक्रवर्ती ब्याज दिया जाएगा।

विज्ञापन

लड़करलेंअपना अधिकार

उपभोक्ताअदालतबनेंगेआपकेहथियार

जागरूकग्राहकबनें

(i) अपने अधिकारों के लिए आवाज उठाएँ।
(ii) एगमार्क और ISI अंकित सामान ही खरीदें।
(iii) ग्राहक के रूप में राष्ट्रीय/राजकीय/जिला उपभोक्ता फोरम द्वारा अपनी शिकायतों पर न्यायोचित सुनवाई की माँग करे।

अपनेअधिकारोंकीमाँगकरे

(i) बुनियादी जरूरतों की संतुष्टि का अधिकार
(ii) सुरक्षा का अधिकार
(iii) सूचित करने का अधिकार
(iv) चुनने अथवा चयन करने का अधिकार

अधिक जानकारी के लिए सम्पर्क करें
राष्ट्रीय उपभोक्ता हेल्पलाइन नम्बर- 1800-11-4000
खाद्य एवं सार्वजनिक वितरण मन्त्रालय
उपभोक्ता मामले विभाग, भारत सरकार

(घ) व्यापारिक पत्र

व्यापारिक पत्र वैयक्तिक पत्रों की तुलना में काफी भिन्न होते हैं। व्यापारिक पत्रों की भाषा औपचारिक होती है। इनमें द्विअर्थी एवं संदिग्ध बातों का स्थान नहीं होता। ये पत्र किसी भी व्यापारिक संस्थान के लिए आवश्यक होते हैं। व्यापारिक पत्र किन्हीं दो व्यापारियों के बीच व्यापारिक कार्य हेतु लिखे जाते हैं।

एक व्यवसायी तभी सफल हो सकता है, जब वह दूसरे व्यवसायी के साथ मधुर सम्बन्ध बनाए। सम्बन्धों को मधुर बनाए रखने एवं व्यापार को कुशलतापूर्वक बढ़ाने के लिए पत्रों को लिखने की आवश्यकता होती है।

व्यापारिक पत्र माल का मूल्य पूछने सम्बन्धी जानकारी लेने, बिल का भुगतान करने, बिल की शिकायत करने, साख बनाने, समस्या बताने, सन्दर्भ लेने आदि के विषय में लिखे जाते हैं।

सूचनासम्बन्धीपत्र

ऐसे व्यापारिक पत्र जिनका उद्देश्य सूचना प्राप्त करना अथवा सूचना देना होता है, 'सूचना सम्बन्धी पत्र' कहलाते हैं। सूचना सम्बन्धी पत्रों के माध्यम से एक कम्पनी अपनी वर्तमान स्थितियों की जानकारी देती है। इसके अलावा एक व्यक्ति अथवा फर्म किसी दूसरी फर्म/संस्था से सूचना पत्र के माध्यम से जानकारी लेता एवं देता है।

जानकारी लेने, कोटेशन मँगवाने, पत्रों के उत्तर देने, ग्राहकों को नई बातें बताने आदि के लिए सूचना सम्बन्धी पत्रों का प्रयोग किया जाता है।

कुछ उदाहरण इस प्रकार हैं-

♦ **डाकघरकेडाकपल महोदयको पतेमेंहुएपरिवर्तन की सूचनादेतेहुएपत्र लिखिए।**

लाला हरदयाल एन्ड सन्स,
पंजाब।

दिनांक26 अप्रैल, 20XX

सेवा में,
डाकपाल महोदय,
जगराँव डाकघर,
पंजाब।

विषय- पते में हुए परिवर्तन की सूचना देने हेतु।

महोदय,

हम इस पत्र के माध्यम से अपने डाक के पते में हुए परिवर्तन से सम्बन्धी सूचना दे रहे हैं। अब हमारा मुख्य कार्यालय जालन्धर रोड से जगराँव स्थानान्तरित हो गया है। अतः आपसे अनुरोध है कि कृपया सम्बन्धित क्षेत्र के डाकिए को निर्देशित करें कि अब वह हमारे पत्र, पार्सल, धनादेश व डाक से आने वाली अन्य चीजे हमारे नए पते पर ही पहुँचाए।
आपसे सहयोग की अपेक्षा में।

धन्यवाद।

भवदीय,
हस्ताक्षर.......
(कुलदीप सिंह)
लाला हरदयाल एन्ड सन्स

♦ **बुक कराएगएपार्सलकी बुकिंगनिरस्त कराने कीसूचना देते हुएपत्रलिखिए।**

सरस्वती हाउस प्रा. लि.
नई दिल्ली।

दिनांक 10 अप्रैल, 20XX

सेवा में,
मुख्य पार्सल लिपिक,
उत्तरी रेलवे,

नई दिल्ली।

विषय- पार्सल की बुकिंग निरस्त कराने हेतु।

महोदय,

अपने पार्सल की बुकिंग निरस्त कराने के सम्बन्ध में सूचना देने के लिए हम आपको यह पत्र लिख रहे हैं। हमने अपने ग्राहक को पुस्तकें भेजने हेतु आपके यहाँ आज ही R/R संख्या 32241/69 से एक पार्सल बुक कराया है। अभी-अभी हमारे ग्राहक ने सूचना दी है कि उक्त ऑर्डर को निरस्त करते हुए माल न भेजा जाए। पत्र के साथ R/R की मूल प्रति संलग्न है।

जैसा कि माल भाड़ा अदा कर दिया है, तो आपसे प्रार्थना है कि माल भाड़े में से उपयुक्त निरस्तीकरण अधिभार की कटौती कर बाकी रकम वापस कर दी जाए।

धन्यवाद।

भवदीय,

हस्ताक्षर.......

(नीरज बंसल)

सरस्वती हाउस प्रा. लि.

♦ ग्राहकोंको नकद खरीद पर छूटदेने कीसूचना देतेहुएपत्रलिखिए।

जे. जे. एक्सपोर्ट्स,

9, इन्डस्ट्रियल एरिया,

कानपुर।

दिनांक27 मई. 20XX

सेवा में,

सूरत क्लॉथ हाउस,

कमला नगर,

भोपाल।

विषय- नकद खरीद पर छूट देने के सन्दर्भ में।

महोदय,

आप हमारे उन प्रमुख ग्राहकों में से हैं, जो देय राशियों का समय पर शीघ्रता से भुगतान कर देते हैं। इसी बात को ध्यान में रखते हुए हम आपको दो सप्ताह के अन्दर भुगतान किए जाने पर 2% की विशेष छूट प्रदान करना चाहते हैं। आपको सूचित कर दें कि आपका अप्रैल माह का भुगतान अभी तक नहीं हुआ। आप चाहें तो शीघ्र भुगतान कर इस छूट का लाभ उठा सकते हैं।

आशा है आपको हमारा यह प्रस्ताव पसन्द आएगा और आप इसका अवश्य ही लाभ उठाएँगे।

धन्यवाद।

भवदीय,

हस्ताक्षर ....

(अजीत निगम)

जे. जे. एक्सपोर्ट्स

♦ बिजली के बल्बोंके ऑर्डर के निरस्तीकरणकीसूचना देते हुए पत्र लिखिए।

रामनिवास कॉन्ट्रेक्टर्स,

धौरीमन्न,

बाड़मेर।

दिनांक 25 मार्च, 20XX

सेवा में,

रोशनी इलैक्ट्रिकल सप्लायर्स,

नेहरू प्लेस,

नई दिल्ली।

विषय- ऑर्डर निरस्त करवाने हेतु।

महोदय,

हमने आपको 2500 बिजली के बल्बों का ऑर्डर दिया था, जिनकी आपूर्ति इस माह के अन्तिम सप्ताह में होनी है, परन्तु हमें खेद के साथ आपको यह कहना पड़ रहा है कि बल्बों का यह ऑर्डर निरस्त कर दिया जाए।

दरअसल, हमें इस आर्डर को निरस्त करवाने के लिए विवश होना पड़ रहा है, क्योंकि उक्त 100 वाट के 2500 बल्ब स्थानीय नगर निगम में आपूर्ति हेतु मँगवाए जा रहे थे। परन्तु नगर निगम ने आन्तरिक बजट की समस्या के चलते कुछ समय के लिए इस आपूर्ति पर रोक लगा दी है।

इस प्रकार इस ऑर्डर को निरस्त करवाना हमारी विवशता थी, परन्तु जैसे ही नगर निगम में बजट सम्बन्धी समस्या का समाधान हो जाएगा, हम आपसे इस माल की आपूर्ति हेतु पुनः निवेदन करेंगे।

आपको हुई असुविधा के लिए हमें खेद है।

धन्यवाद।

भवदीय,

हस्ताक्षर ......

(गणेश दत्त)

♦ **व्यापारिकगतिविधियोंमेंवृद्धिहोने केकारणबैंककीनवीनशाखाकेशुभारम्भकी सूचनाग्राहकों को देतेहुए पत्र लिखिए।**

पंजाब नेशनल बैंक,

मुखर्जी नगर,

दिल्ली।

दिनांक 21, अप्रैल, 20XX

विषय-बैंक की नवीन शाखा खुलने के सन्दर्भ में।

प्रिय ग्राहकों,

आपके शहर में व्यापारिक गतिविधियों में होने वाली लगातार वृद्धि के कारण हमारी निरंकारी कालोनी शाखा में कार्य का भार इतना हो गया था कि ग्राहकों को अपने खातों में लेन-देन करने तथा बैंक सम्बन्धित अन्य कार्यों के संचालन हेतु लम्बी लाइनों में खड़े रहकर घण्टों इन्तजार करना पड़ता था। इससे ग्राहकों का बहुमूल्य समय नष्ट हो जाता था। इस समस्या के समाधान के लिए हम लम्बे समय से प्रयासरत थे, जिसका फल अब मिला है। हम अपनी एक नवीन शाखा का शुभारम्भ 25 अप्रैल से मुखर्जी नगर में HDFC बैंक के नजदीक करने जा रहे हैं। हमारी यह शाखा पूर्णतः कम्प्यूटरीकृत तथा ए टी एम एवं लॉकर सुविधा से युक्त है।

कृपया हमारी इस शाखा द्वारा प्रदत्त सुविधाओं एवं सेवाओं का लाभ उठाएँ। हम सदैव आपकी सेवा में तत्पर हैं।

धन्यवाद।

भवदीय,

हस्ताक्षर ......

क्षेत्रीय प्रबन्धक

♦ **चेकखो जाने केकारणबैंकको चेककाभुगतान नकरनेकी सूचना देते हुएपत्र लिखिए।**

24, नेहरू विहार,

दिल्ली।

दिनांक20 मई, 20XX

सेवा में,

प्रबन्धक महोदय,

बैंक ऑफ महाराष्ट्र,

मुखर्जी नगर,

दिल्ली।

विषय- बैंक को चेक का भुगतान न करने हेतु।

महोदय,

मैंने 8 हजार का एक चेक संख्या 46451 श्री उमेश शर्मा को दिनांक 22 मई, 20XX का दिया है। मुझे आज ही उन्होंने सूचित किया है कि उक्त चेक उनसे खो गया है। अतः आपसे निवेदन है कि उस चेक का भुगतान किसी को भी, किसी भी दशा में न किया जाए। यदि भुगतान किया गया, तो मैं उत्तरदायी नहीं होऊँगा।

जवाब की अपेक्षा में।

धन्यवाद।

भवदीय,

रामसुमेर

खाता संख्या : 254645876451

♦ उद्योगकम्पनी केनिर्यातकर्तादवाराग्राहक कोमाल पहुँचाने की सूचना देते हुएपत्रलिखिए।

बैनारा उद्योग लि.

आगरा।

दिनांक15 मई, 20XX

सेवा में,

मैं. स्टुअर्ट एन्ड सन्स,

लन्दन।

विषय-ग्राहक को माल पहुँचाने की सूचना हेतु।

महोदय,

आपको सूचित करते हुए हमें हर्ष हो रहा है कि हमने आपकी आकस्मिकता को पूरा करते हुए आपकी माँग के अनुसार एस.एस. सागर द्वारा बॉल बेयरिंग आपके पते पर भेज दी हैं। यह माल लकड़ी की 15 पेटियों में पैक किया गया है।

आपके माल की बीमा हमारे शिपिंग एजेण्ट मै. मैकमोहन एण्ड ब्रदर्स, कोलाबा, मुम्बई द्वारा कराया गया है।

इस पत्र के साथ हम 1500 पौण्ड का बिल संलग्न कर रहे हैं, जिसका भुगतान 90 दिनों के भीतर लिया जाएगा।

आशा है, आपका माल समय पर एवं सुरक्षित पहुँच जाएगा।

आगामी ऑर्डर की अपेक्षा के साथ।

धन्यवाद।

भवदीय,

हस्ताक्षर.....

(अजय जैन)

बैनारा उद्योग लि.

♦ सामान काभुगतानन किए जानेके कारण क़ानूनीकार्यवाही करने कीसूचना देते हुए पत्र लिखिए।

टाटा ऑटोमोटिव लिमिटेड,

पैडर रोड,

मुम्बई।

दिनांक10 मई, 20XX

सेवा में,

मै. शंकर ऑटोमोबाइल्स,

प्रतापगढ़ (उ. प्र.)।

विषय- क़ानूनी कार्यवाही हेतु।

महोदय,

हमें खेद के साथ लिखना पड़ रहा है कि आपने हमारे 35, 000 के भुगतान के सम्बन्ध में हमारे पूर्व पत्रों का अभी तक जवाब नहीं दिया है। पूर्व में आपके द्वारा किए गए भुगतान समय पर हो जाया करते थे। यदि कोई भुगतान आपकी तरफ से कभी रुका भी, तो हमने इस मामले में आपको सदैव ही सहयोग दिया है और भुगतान के सम्बन्ध में कभी-भी दबाव नहीं डाला है। परन्तु आपने उक्त भुगतान के सम्बन्ध में हमारे किसी भी पत्र का जवाब नहीं दिया है।

सम्भव है कि आपके द्वारा भुगतान न किए जाने के पीछे कुछ विशेष कारण हो, अतः अभी भी सम्भव है कि हम बातचीत कर इस मामले को सुलझा लें। परन्तु इस सम्बन्ध में आपको हमें पत्र लिखना होगा।

यदि इस पत्र के एक हफ़्ते के भीतर आपकी ओर से कोई जवाब नहीं आता है, तब हमें मजबूरन आपके खिलाफ क़ानूनी कार्यवाही करनी पड़ सकती है। परन्तु इससे पूर्व हमारा आपसे अनुरोध है कि आप हमें बताएँ कि इस भुगतान के सम्बन्ध में आप क्या कहना चाहते हैं।

धन्यवाद।

भवदीय,

हस्ताक्षर ......

(एस. के. खुराना)

महाप्रबन्धक

टाटा ऑटोमोटिव लि.

♦ इन्श्योरेन्सकम्पनीकी ओरसेबीमापॉलिसी केनवीनीकरणकीसूचनाकम्पनी को देते हुए पत्र लिखिए।

ओरियण्टल इन्श्योरेन्स कम्पनी,

नई दिल्ली।

दिनांक9 अप्रैल, 20XX

सेवा में,

मै. अय्यर एण्ड कम्पनी,

28 बी, इण्डस्ट्रियल एरिया,

ओखला, फेज-।।

नई दिल्ली।

विषय- बीमा पॉलिसी का नवीनीकरण करवाने हेतु।

महोदय,

हम आपको सूचना देना चाहते हैं कि आपकी बीमा पॉलिसी जिसकी सं. 27236 है, की अवधि 30 अप्रैल, 20XX को समाप्त हो रही है।

यदि आप इस पॉलिसी को वर्ष 20XX-20XX के लिए चालू रखना चाहते हैं, तो कृपया 3,954 का चेक भेजें।

आपने पिछले 5 वर्षों में कोई क्षतिपूर्ति नहीं ली है, इस सन्दर्भ में हम आपको बता दें कि यदि आप अपना चेक 30 अप्रैल से पूर्व भेज देते हैं, तो आपको प्रीमियम राशि में 550 की छूट प्रदान की जाएगी। देय तिथि के बाद किए गए भुगतान पर कोई छूट नहीं दी जाएगी।

यदि पॉलिसी समाप्त होने की तिथि के 60 दिन के भीतर नवीनीकरण नहीं कराया जाता, तो उक्त पॉलिसी समाप्त हो जाएगी।

आपके जवाब की प्रतीक्षा में एवं सदैव आपकी सेवा में तत्पर।

धन्यवाद।

भवदीय,

हस्ताक्षर .....

(एम. डी. गोयल)

प्रबन्धक

(ओ. आई. सी.)

पूछताछ सम्बन्धी पत्र

पूछताछ सम्बन्धी पत्रों से तात्पर्य ऐसे पत्रों से है, जिनके माध्यम से किसी माल के गुण, उपयोगिता एवं व्यापारिक शर्तों आदि की जानकारी जुटाई जाती है।

पूछताछ सम्बन्धी पत्र उन वस्तुओं के नियमित खरीदार व्यापारी भी लिखते हैं, जिन वस्तुओं के मूल्य से उतार-चढ़ाव होता रहता है। इन पत्रों के तहत निर्माता द्वारा व्यापारी को माँगी गई सभी सूचनाएँ पूर्ण विवरण सहित देनी चाहिए; जैसे- वस्तु की गुणवत्ता, मात्रा, आकार इत्यादि। पूछताछ सम्बन्धी पत्रों के कुछ उदाहरण इस प्रकार हैं-

♦ कम्पनीकीप्रगतिके सम्बन्ध मेंपूछताछ करनेहेतु पत्रलिखिए।

18, शान्ति विहार,

नरेला,

दिल्ली।

दिनांक24 मई. 20XX

सेवा में,

अध्यक्ष महोदय,

गोदरेज इण्डिया प्रा. लि.

नेहरू प्लेस,

नई दिल्ली।

विषय- कम्पनी की प्रगति के सम्बन्ध में पूछताछ हेतु।

महोदय,

मैं पिछले 8 वर्ष से आपकी कम्पनी का अंशधारी हूँ। मुझे यह जानकर अत्यन्त ख़ुशी हो रही है कि कम्पनी सन्तोषजनक प्रगति कर रही है। आपकी कम्पनी में अपना अंश बढ़ाने की दृष्टि से मेरे लिए आवश्यक है कि मैं आपसे उक्त बात की आधिकारिक पुष्टि करूँ कि क्या कम्पनी वास्तव में, अच्छी प्रगति कर रही है और क्या इस वर्ष किसी बड़े लाभांश की घोषणा होने वाली है? आशा करता हूँ कि आप मेरी जिज्ञासाओं को शान्त करते हुए, मेरे प्रश्नों का जल्द ही जवाब देंगे।

धन्यवाद।

भवदीय,

हस्ताक्षर....

(वीरेन्द्र नागर)

♦ बैंकद्वारा दीजानेवाली सुविधाओंऔरसेवाओंकीपूछताछकरनेहेतु पत्र लिखिए।

राम एण्ड सन्स,

हजरतंगज,

लखनऊ।

दिनांक 28 मई, 20XX

सेवा में,

प्रबन्धक महोदय,

देना बैंक,

स्टेशन रोड,

लखनऊ।

विषय- बैंक द्वारा दी जाने वाली सुविधाओं की पूछताछ हेतु।

महोदय,

हम आपके बैंक के 10 वर्ष पुराने ग्राहक हैं। आपके बैंक में हमारा चालू खाता है। साथ ही हमारे परिवार के कई लोगों के बचत खाते भी आपके बैंक में खुले हुए हैं। हम आपके बैंक द्वारा वर्तमान समय में प्रदान की जाने वाली विभिन्न सुविधाओं और सेवाओं की जानकारी प्राप्त करना चाहते हैं।

आपसे अनुरोध है कि कृपया इस सम्बन्ध में सभी जानकारियाँ देने का कष्ट करें।

धन्यवाद।

भवदीय,

हस्ताक्षर......

(जीवन कुमार)

राम एण्ड सन्स

♦ सावधि जमा पर ब्याज दरसम्बन्धीपूछताछकरते हुए बैंक कोपत्र लिखिए।

बी 222,

जहाँगीरपुरी,

दिल्ली।

दिनांक24 मार्च, 20XX

सेवा में,

प्रबन्धक महोदय,

भारतीय स्टेट बैंक,

जहाँगीरपुरी,

दिल्ली।

विषय- सावधि जमा योजना के अन्तर्गत ब्याज दर सम्बन्धी पूछताछ हेतु।

महोदय,

मैं आपके बैंक की सावधि जमा योजना के अन्तर्गत तीन वर्ष के लिए 50,000 जमा करना चाहता हूँ। कृपया इस सन्दर्भ में अवगत कराएँ कि

इस जमा पर मुझे कितने प्रतिशत ब्याज प्राप्त होगा।

धन्यवाद।

भवदीय,

हस्ताक्षर......

(अजय कुमार)

♦ रेलगाड़ीसे भेजेजानेवाले माल की बीमाराशि सम्बन्धी पूछताछ के लिएपत्र लिखिए।

ख़ुशी हर्बल्स प्रा. लि.

27, करोल बाग,

नई दिल्ली।

दिनांक14 मई, 20XX

सेवा में,

प्रबन्धक महोदय

ओरियण्टल इन्श्योरेन्स कं.,

चावड़ी बाजार,

नई दिल्ली।

विषय- रेलगाड़ी से भेजे जाने वाले माल की बीमा राशि सम्बन्धी पूछताछ हेतु।

महोदय,

हम 75 डिब्बों में विभिन्न प्रकार के हर्बल लोशन और क्रीम की शीशियाँ प्रयागराज एक्सप्रेस से भेज रहे हैं। इस माल की कीमत 2 लाख है। यह माल नई दिल्ली रेलवे स्टेशन से रेलगाड़ी में चढ़ाया जाएगा और इलाहाबाद रेलवे स्टेशन पर उतारा जाएगा।

हम उक्त माल का चोरी, आग और अन्य टूट-फूट से सुरक्षा हेतु बीमा करवाना चाहते हैं। इस सामान की पैंकिंग जुनेजा पैकेजिंग के द्वारा की गई है।

कृपया हमें उक्त माल की बीमा राशि बताने का कष्ट करें।

धन्यवाद।

भवदीय,

हस्ताक्षर.....

(संजीव मिश्रा)

प्रबन्धक

♦ पॉलिसीके समर्पण (सरेन्डर) करने की पूछताछ करतेहुएभारतीय जीवनबीमा निगमकोपत्रलिखिए।

ए-245,

कैलाश कॉलोनी,

नई दिल्ली।

दिनांक18 अगस्त, 20XX

सेवा में,

मण्डलीय प्रबन्धक,

भारतीय जीवन बीमा निगम,

कैलाश कॉलोनी,

नई दिल्ली।

विषय-पॉलिसी के समर्पण की पूछताछ हेतु।

महोदय,

मैं 'जीवन आनन्द' पॉलिसी संख्या 214546 का धारक हूँ। किन्हीं परिस्थितियों के कारण मैं अपनी इस पॉलिसी को आगे चालू नहीं रख सकता। यदि आप मुझे उक्त पॉलिसी के वर्तमान समर्पण मूल्य की जानकारी देंगे, तो मैं आपका आभारी रहूँगा।

धन्यवाद।

भवदीय,

हस्ताक्षर .....

(चन्द्र सिंह)

♦ **फूडकम्पनीकेनिर्मातासेउत्पादोंकेमूल्यसम्बन्धी पूछताछकरनेके लिए पत्रलिखिए।**

सेन्ट्रल डिपार्टमेंटल स्टोर,
सदर बाजार,
दिल्ली।

दिनांक28 मार्च, 20XX

सेवा में,
राजेन्द्र फूड्स प्रा. लि.,
ई-45, ओखला इन्डस्ट्रियल एरिया,
दिल्ली।

विषय- उत्पादों के मूल्य से सम्बन्धित पूछताछ हेतु।

महोदय,
हम आपके द्वारा निर्मित विभिन्न फ्रूट एण्ड वैजिटेबल उत्पादों; जैसे- सॉस, जेम, मुरब्बा, आचार आदि को बिक्री हेतु बड़ी मात्रा में क्रय करना चाहते हैं। हम लखनऊ में उपभोक्ता सामग्री के बड़े विक्रेताओं में से एक हैं। हम लगभग सभी प्रतिष्ठित कम्पनियों के माल की ब्रिकी करते हैं। अब हम आपके द्वारा निर्मित विभिन्न उत्पादों को भी अपने यहाँ बिक्री हेतु रखना चाहते हैं।

अतः कृपया हमें अपने उत्पादों की मूल्य-सूची एवं व्यापारिक शर्ते जल्द से जल्द भेजने का कष्ट करें।

धन्यवाद।

भवदीय,
हस्ताक्षर.....
प्रबन्धक
(राजीव जैन)

♦ **विदेशीआयातकर्ताद्वारा कलात्मक वस्तुओं केआयात से सम्बन्धितभारतीय व्यापारीसे पूछताछ करते हुए पत्रलिखिए।**

वार्नर ब्रदर्स इंक,
कैनेडी स्क्वायर,
एडमाण्टन,
कनाडा।

दिनांक3 मई, 20XX

सेवा में,
मै. मुमताज एक्सपोर्ट्स प्रा. लि.,
तुलसी चबूतरा, ताजगंज,
आगरा।

विषय-कलात्मक वस्तुओं के आयात से सम्बन्धित पूछताछ।

महोदय,
हमे 'भारतीय व्यापार संवर्धन परिषद्' की पत्रिका के माध्यम से पता चला है कि आप भारत में हस्तकला सम्बन्धी वस्तुओं के एक बड़े निर्यातकर्ता हैं।

हम प्रतिवर्ष काफी मात्रा में भारतीय कलात्मक वस्तुओं का आयात करते हैं। आपके शहर से भी हम अन्य निर्यातकर्ताओं से उक्त वस्तुएँ आयात कर चुके हैं। अब हम आपके यहाँ निर्मित कलाकृतियाँ, विशेष रूप से ताजमहल के मॉडल मँगवाना चाहते हैं, जिनकी कनाडा में काफी माँग है। अतः आपसे निवेदन करते हैं कि आप व्यापारिक शर्तो सहित अपनी विभिन्न कलाकृतियों की एक नवीनतम एलबम मूल्य-सूची सहित हमें जल्दी से जल्दी भेजें।

धन्यवाद।

भवदीय,
हस्ताक्षर .....
(टॉमस मूर)
प्रबन्धक (बिक्री)

लेन-देन सम्बन्धीपत्र

व्यापार लेन-देन पर टिका होता है। यह लेन-देन रुपये-पैसों से भी सम्बन्धित हो सकता है, एवं एजेन्सी लेने-देने से भी। व्यापार को आगे बढ़ाने के लिए यह जरूरी है कि लेन-देन में पूरी पारदर्शिता हो। ऐसे पत्र लिखते समय पूरी सावधानी बरतनी चाहिए। सौदे की सभी शर्तो का उल्लेख पत्र में होना चाहिए। यदि रुपयों के भुगतान से सम्बन्धित बातें लिखनी हों, तब बकाया रुपयों का माह, बिल संख्या, सन्दर्भ संख्या आदि का उल्लेख अवश्य किया जाना चाहिए।

लेन-देन सम्बन्धी कुछ पत्रों के उदाहरण इस प्रकार हैं-

♦ व्यापार मेंहुएनुकसान के कारणबकाया राशिकाकिश्तोंमेंभुगतान करने केलिएकम्पनी कोपत्र लिखिए।

लेखराज एण्ड सन्स,
नया बाँस,
दिल्ली।

दिनांक 26 जुलाई, 20XX

सेवा में,
कमल पाल एण्ड कम्पनी,
पटेल स्ट्रीट,
वडोदरा।

विषय- बकाया राशि का किश्तों में भुगतान हेतु।

महोदय,

आपका पत्र हमें कल प्राप्त हुआ। पत्रानुसार आपने हमसे शीघ्र भुगतान के लिए कहा है, लेकिन व्यापार में भारी घाटा होने के कारण हम बड़ी संख्या में अपने भुगतानों को कर पाने में स्वयं को असमर्थ महसूस कर रहे हैं। यही कारण है कि आपके भुगतान भी लम्बित पड़े हुए हैं। हमें इसका अत्यधिक खेद है। परिस्थितियाँ चूँकि हमारे नियन्त्रण से बाहर हैं, इसलिए ऐसे समय में आपके सहयोग की अपेक्षा है।

हम अपनी लेनदारी इकट्ठी कर रहे हैं, साथ ही अपने माल के स्टॉक को न्यूनतम लाभ पर बेच रहे हैं, ताकि नकद धन एकत्रित किया जा सके। परन्तु हम थोड़े-से समय में एक बड़ी राशि का संग्रह नहीं कर सकते। इसलिए हम पाक्षिक रूप से आपको दस हजार रुपये का चेक भेजने का प्रस्ताव आपके सम्मुख रख रहे हैं। आशा है आपको हमारा यह प्रस्ताव स्वीकार्य होगा। इस प्रकार हम आपकी पचास हजार रुपये की कुल राशि आगामी पाँच माह में चुकता कर पाने में सक्षम होंगे।

आपके सहयोग की अपेक्षा में।

धन्यवाद।

भवदीय,
हस्ताक्षर ......
विवेक रघुवंशी
लेखराज एण्ड सन्स

♦ भुगतानन किएजानेपर बिनाबिके मालकीवापसीहेतुकम्पनी कीओरसे व्यापारी को पत्र लिखिए।

दिवाकर हौजरी प्रा. लि.,
झाँसी,
उ. प्र.।

दिनांक 26 अप्रैल, 20XX

सेवा में,
मै. मुकुट लाल एण्ड सन्स,
दौलतपुरा,
गाजियाबाद।

विषय- बिना बिके माल की वापसी की व्यवस्था हेतु।

महोदय,

आपके द्वारा प्रेषित दिनांक 20 अप्रैल, 20XX का पत्र मिला, जिसमें आपने व्यापारिक मन्दी के चलते आपकी ओर देय राशि 25 हजार का भुगतान करने में असमर्थता जताई है। हम खेद के साथ लिख रहे हैं कि आपके द्वारा भुगतान हेतु माँगी गई दो माह की अतिरिक्त समयावधि बढ़ाने में हम असमर्थ हैं।

हम इस भुगतान हेतु पहले ही आपको काफी समय दे चुके हैं और अब आपके खाते को आगे लम्बित नहीं रख सकते। लिहाजा हमने आपकी विवशता को ध्यान में रखते हुए, बिना बिके हुए माल की वापसी का निर्णय लिया है ताकि माल की देय राशि आपके एकाउण्ट से कम की जा सके और बचे हुए अधिशेष का आपसे सरलता से भुगतान प्राप्त कर सकें।

आशा है, आपको हमारा उक्त प्रस्ताव पसन्द आएगा और आप शीघ्रातिशीघ्र बिना बिके माल की वापसी की व्यवस्था करेंगे।

धन्यवाद।

भवदीय,

हस्ताक्षर .....

(राकेश बेदी)

दिवाकर हौजरी प्रा. लि.

♦ उत्पादोंकी बिक्री हेतुसोल एजेन्सी लेने केसम्बन्ध मेंपत्रलिखिए।

रामलाल एण्ड सन्स,

दिल्ली।

दिनांक 26 अप्रैल, 20XX

सेवा में,

नायडू पेस्टीसाइड्स प्रा. लि.,

चामराज पेट,

बंगलुरु।

विषय-सोल एजेन्सी लेने हेतु।

महोदय,

गत दिनों प्रगति मैदान, दिल्ली में आयोजित कृषि व्यापार मेले में आपके प्रतिनिधि से हमारी बातचीत हुई थी। हमने आपके उत्पाद देखे और हमें वह काफी बेहतर लगे। अब हम उत्तर भारत में आपके उत्पादों की बिक्री हेतु सोल एजेन्सी लेना चाहते हैं। हमने उत्तर भारत के पाँच राज्यों में आपकी सोल एजेन्सी लेने का विचार बनाया है। पेस्टीसाइड्स (कीटनाशक दवाओं) के व्यापार में लम्बे अरसे से संलग्न रहने के कारण हमारे पास सेल्स मैनों की अच्छी टीम है।

हमें विश्वास है कि यदि आप हमें वितरण का अवसर प्रदान करते हैं, तो हम निश्चित रूप से आपके माल के लिए ऑर्डर प्राप्त करेंगे।

यदि आप उत्तर भारत में एजेन्सी देने के इच्छुक हैं तो कृपया अपनी व्यापारिक शर्तों का विवरण, उत्पादों का कैटलॉग एवं मूल्य-दरें शीघ्र भेजें।

शीघ्र पत्रोत्तर की अपेक्षा में।

धन्यवाद

भवदीय,

हस्ताक्षर......

(सुनील मान)

प्रबन्धक

(रामलाल एण्ड सन्स)

♦ सोलएजेन्सी देनेसे इनकार करते हुएकम्पनी कीओर से पत्रलिखिए।

लिंगम पेस्टीसाइड्स प्रा. लि.

कानपुर।

दिनांक28 अप्रैल, 20XX

सेवा में,

मै. गुप्ता एण्ड सन्स,

करोल बाग,

दिल्ली।

विषय- एजेन्सी देने के आवेदन को अस्वीकार करने हेतु।

महोदय,

आपके द्वारा दिनांक 25 अप्रैल, 20XX को भेजे गए पत्र के लिए धन्यवाद। इस पत्र के माध्यम से आपने हमसे हमारे उत्पादों की सोल एजेन्सी

लेने की इच्छा प्रकट की है। हम आपकी इस इच्छा का आदर करते हैं, किन्तु हमें खेद है कि हमें आपका आवेदन देर से प्राप्त हुआ।

दरअसल, हमने अपना सोल एजेन्ट नियुक्त कर लिया है। परन्तु हमने आपके आवेदन-पत्र को अपनी फाइल में सुरक्षित रख लिया है। यदि भविष्य में हमें ऐसी कोई आवश्यकता हुए, तब हम आपसे अवश्य सम्पर्क करेंगे।

धन्यवाद।

भवदीय,

हस्ताक्षर.....

(ए. के. लिंगम)

प्रबन्धक

लिंगम पेस्टीसाइड्स प्रा. लि.

♦ **उत्पादकीलोकप्रियता के कारणअंशधारियों को नए अंशदेने सम्बन्धी पत्र लिखिए।**

टाटा टी लिमिटेड

वैलिंगटन रोड,

मुम्बई।

दिनांक15 अप्रैल, 20XX

सेवा में,

श्री रमेशचन्द जैन,

ढोलीखार,

आगरा।

विषय-अंशधारियों को नए अंश देने हेतु।

महोदय,

हम हर्ष के साथ आपको सूचित कर रहे हैं कि उच्च गुणवत्ता वाली चाय के कारण हमारी कम्पनी ने बाजार में पूर्ण विश्वास हासिल कर लिया है। हमारी चाय के आगे अन्य चाय कम्पनियों की चाय की लोकप्रियता फीकी पड़ गई है और बाजार में हमारी चाय की माँग काफी बढ़ गई है, जिसके फ़लस्वरुप हमें देशभर से चाय भेजने के ऑर्डर प्राप्त हो रहे हैं।

अतः चाय की माँग को पूरा करने के लिए निदेशक मण्डल ने कम्पनी में एक नया अनुभाग प्रारम्भ करने का निश्चय किया है, ताकि उत्पादन को बढ़ाया जा सके। कम्पनी ने यह निर्णय भी लिया है कि 50 लाख के नए शेयर जारी करके सम्पत्ति का प्रबन्ध किया जाए। प्रत्येक शेयर का मूल्य 100 होगा। ये शेयर हम पुराने शेयरहोल्डरों को ही देंगे। आप हमारे पुराने शेयरहोल्डर हैं, यदि आप शेयर खरीदने के इच्छुक हों, तो कृपया सूचित करें।

निदेशक मण्डल की आज्ञा से।

धन्यवाद।

भवदीय,

हस्ताक्षर......

(वी. के. राजपूत)

सचिव

♦ **मालप्राप्तनहोने के कारण रेलवे सेक्षतिपूर्ति लेने हेतुरेलवेअधीक्षकको पत्र लिखिए।**

नामदेव शू पैलेस,

चाँदनी चौक,

नई दिल्ली।

दिनांक26 मई, 20XX

सेवा में,

मुख्य वाणिज्यिक अधीक्षक,

उत्तर रेलवे,

नई दिल्ली।

विषय- माल प्राप्त न होने पर रेलवे से क्षतिपूर्ति लेने हेतु।

महोदय,

हमें सहारनपुर के मुख्य पार्सल लिपिक ने सूचना दी है कि दिनांक 16 मई, 20XX को R/R संख्या 67564/XX के द्वारा बुक किया गया हमारा माल अभी तक नहीं पहुँचा है।

माल बुक करने के 10 दिन पश्चात् भी माल के न पहुँचने का सीधा अर्थ है कि माल रास्ते में कहीं गुम हो गया है। इसलिए हम उक्त माल की क्षतिपूर्ति प्राप्त करने के लिए R/R की मूल प्रति तथा 25 हजार का बिल इस पत्र के साथ संलग्न कर रहे हैं।

आपसे निवेदन है कि हमारी क्षतिपूर्ति हेतु आप शीघ्र कार्रवाई करने का कष्ट करें।

धन्यवाद।

भवदीय,

हस्ताक्षर....

(सुरेन्द्र नामदेव)

प्रबन्धक

(नामदेव शू पैलेस)

♦ अपनेबिल काभुगतानकरनेके लिए कम्पनी सेअतिरिक्त समयकी माँग करते हुएपत्रलिखिए।

दीवान एण्ड सन्स,

सोनीपत,

हरियाणा।

दिनांक 26 मई, 20XX

सेवा में,

देशबन्धु एक्सपोर्ट्स प्रा. लि.,

जलियाँवाला बाग,

अमृतसर।

विषय- बिल के भुगतान के लिए अतिरिक्त समय की माँग हेतु।

महोदय,

आपके द्वारा 24 मई, 20XX को भेजे गए पत्र के माध्यम से हमें हमारे एकाउण्ट का पूर्ण विवरण प्राप्त हुआ। हमें आपके 2 लाख का भुगतान करना है।

जैसा कि आप जानते हैं हमने आपके बिलों का भुगतान सदैव समय से किया है और आगे भी समय से करते रहेंगे, किन्तु इस बार किन्हीं विशेष परिस्थितियोंवश हमें आपसे कहना पड़ रहा है कि पिछले बकाया की अदायगी के लिए हमें कुछ दिनों का अतिरिक्त समय देने की कृपा करें। अभी हमारी आर्थिक स्थिति ठीक नहीं है, किन्तु हम आपको विश्वास दिलाते हैं कि अगले तीन महीनों में हम आपकी अब तक की पूर्ण राशि का भुगतान कर देंगे।

आपके सहयोग की अपेक्षा में।

धन्यवाद।

भवदीय,

हस्ताक्षर ......

(विकास शर्मा)

प्रोपाइटर

(दीवान एण्ड सन्स)

ऑर्डर सम्बन्धीपत्र

व्यापार में ऑर्डर सम्बन्धी पत्र, वे पत्र होते हैं; जिनके द्वारा माल के ऑर्डर लिए अथवा दिए जाते हैं। किसी भी माल का ऑर्डर देते समय पत्र में उसकी किस्म, मात्रा, साइज, डिजाइन, पैकिंग, माल भेजने का तरीका, तिथि आदि का उल्लेख किया जाना चाहिए। यदि माल नाजुक अथवा कीमती है, तब इस सम्बन्ध में पत्र में माल का बीमा आदि करवाने हेतु निर्देश दिए जाने चाहिए। इसके अलावा यदि किसी फर्म को पहला ऑर्डर भेजा जा रहा है, तब भुगतान के ढंग का उल्लेख किया जाना आवश्यक है। यदि ऑर्डर में उधार माल भेजने की माँग की गई है, तब व्यापार सन्दर्भों का उल्लेख होना जरूरी है। कई बार माल का आर्डर कैन्सिल करना पड़ सकता है। ऐसे समय में खेद प्रकट करते हुए, भविष्य में इस प्रकार की सावधानी बरतने सम्बन्धी पत्र अवश्य भेजा जाना चाहिए।

यहाँ हम ऑर्डर सम्बन्धी कुछ पत्रों के माध्यम से इसे बेहतर ढंग से समझते हैं-

♦ पुस्तकविक्रेता कोपुस्तकोंकाऑर्डरदेनेकेसम्बन्ध मेंबुकोडिपोके प्रबन्धककीओर सेपत्र लिखिए।

श्याम बुक डिपो,
आदर्श नगर,
दिल्ली।

दिनांक 26 मई, 20XX

सेवा में,
विक्रय व्यवस्थापक,
अरिहन्त पब्लिकेशन्स (इण्डिया) लिमिटेड
कालिन्दी, टी.पी. नगर,
मेरठ (उ.प्र)।

विषय- पुस्तकों का ऑर्डर देने के सम्बन्ध में।

महोदय,

हमें आपके प्रतिनिधि से आपके संस्थान से प्रकाशित पुस्तकों की मूल्यों सहित नवीन सूची प्राप्त हुई है। हम आपके यहाँ से कुछ पुस्तकें रेल पार्सल द्वारा मँगवाना चाहते हैं।

पुस्तक का नाम	प्रतियों की संख्या	मुद्रित मूल्य
व्यापारिक पत्र लेखन	20	110
समसामयिकी महासागर (सामान्य विज्ञान-।)	30	110
साक्षात्कार	20	70

पुस्तकें भेजने से पहले कृपया यह देख लें कि वे कटी-फटी अथवा पुराने संस्करण की न हो।

धन्यवाद।

भवदीय,
हस्ताक्षर .....
(श्याम कुमार)
प्रबन्धक
(श्याम बुक डिपो)

♦ पुस्तकभण्डार के प्रबन्धक कीओर सेपुस्तकों के ऑर्डरकीआपूर्ति मेंअसमर्थता प्रकटकरतेहुएपत्र लिखिए।

विद्या पुस्तक भण्डार,
विद्या विहार,
दिल्ली।

दिनांक20 मई, 20XX

सेवा में,
बुक प्वाइण्ट,
मुखर्जी नगर,
दिल्ली।

विषय-पुस्तकों के ऑर्डर की आपूर्ति में असमर्थता हेतु।

महोदय,

आपके दिनांक 13 मई, 20XX के ऑर्डर के लिए धन्यवाद, किन्तु हमें खेद के साथ कहना पड़ रहा है कि आपने जिन पुस्तकों का ऑर्डर दिया है, उनका स्टॉक खत्म हो चुका है।

हमने ये पुस्तकें पुनर्मुद्रण हेतु भेजी हुई हैं, जो सम्भवतः 15 दिन में बिक्री हेतु तैयार हो जाएँगी। हमने आपका ऑर्डर अपनी 'ऑर्डर फाइल' में सुरक्षित रख लिया है, जैसे ही पुस्तकें तैयार हो जाएँगी, आपको भेज दी जाएँगी।

असुविधा के लिए खेद है।

सदैव आपकी सेवा में तत्पर।

धन्यवाद।

भवदीय,

हस्ताक्षर......

(विशाल गुप्ता)

विक्रय प्रबन्धक

(विद्या पुस्तक भण्डार)

♦ पापुलरवाचकम्पनीकीओर सेघड़ीअनुभाग कोघड़ियोंके लिए ऑर्डर देने के सम्बन्ध मेंपत्र लिखिए।

पापुलर वाच कं.,

कमला नगर,

दिल्ली।

दिनांक 27 अप्रैल, 20XX

सेवा में,

विक्रय प्रबन्धक,

हिन्दुस्तान मशीन टूल्स लि.,

(घड़ी अनुभाग),

बंगलुरु।

विषय- घड़ियों के ऑर्डर हेतु।

महोदय,

आपके दिनांक 25 अप्रैल, 20XX के कोटेशन सं. एपी/90/XX के सन्दर्भ में हमें अपने ऑर्डर सं. 807 के माध्यम से आपको 500 'एच.एल.टी. (HLT) सोना' ब्राण्ड घड़ियों का ऑर्डर देते हुए हर्ष हो रहा है।

कृपया माल की भली प्रकार से अच्छी पैकिंग करवाएँ और पैसेन्जर रेलगाड़ी से एक हफ़्ते के भीतर भिजवाने की व्यवस्था करें।

इस समय हमारे पास घड़ियों की अत्यधिक माँग है। अतः कृपया समय सीमा का ध्यान रखते हुए शीघ्रातिशीघ्र माल भिजवाएँ।

आशा है, आप इस ऑर्डर के सम्बन्ध में त्वरित कार्रवाई करेंगे।

धन्यवाद।

भवदीय,

हस्ताक्षर.....

(आर.आर. अग्रवाल)

प्रोप्राइटर

(पापुलर वाच कं.)

♦ मालभेजने में हुई देरी से उत्पन्न समस्या के कारणऑर्डरकैन्सिलकरनेकेसम्बन्धमेंकम्पनीके प्रबन्धककोपत्रलिखिए।

जिन्दल एण्ड जिन्दल प्रा. लि.,

चबूतरा रोड,

आगरा।

दिनांक21 मई, 20XX

सेवा में,

मै. दीवान चन्द एण्ड सन्स,

402, आदर्श नगर,

देहरादून।

विषय-माल भेजने में हुई देरी के कारण ऑर्डर कैन्सिल करने हेतु।

महोदय,

हमें अपने ऑर्डर संख्या 57/XX, दिनांक 21 अप्रैल, 20XX के सन्दर्भ में आपको यह बताते हुए अत्यन्त खेद हो रहा है कि हमारा माल एक माह बीत जाने के पश्चात् भी हमें प्राप्त नहीं हुआ है। इस सन्दर्भ में हमने पहले भी आपको कई पत्र लिखे, किन्तु आपकी ओर से हमें आज तक कोई जवाब प्राप्त नहीं हुआ। माल की आपूर्ति न होने के कारण हमें अपने ग्राहकों के सामने शर्मिंदगी उठानी पड़ रही है। आपसे अनुरोध है कि आप हमें अब माल न भेजें। हमारा वह ऑर्डर अब कैन्सिल समझा जाए।

धन्यवाद सहित।

भवदीय,

हस्ताक्षर......

(राकेश जिन्दल)

प्रबन्धक

जिन्दल एण्ड जिन्दल प्रा. लि

♦ **ग्राहक के दिवालिया होनेकीसमस्या के कारण ऑर्डर के निरस्तीकरणके सम्बन्ध मेंपत्रलिखिए।**

के. एण्ड के. डिस्ट्रीब्यूटर्स,

साल्ट लेक,

कोलकाता।

दिनांक28 जून, 20XX

सेवा में,

सूर्यवंशी एन्टरप्राइजेज,

जुहू,

मुम्बई।

विषय- ग्राहक के दिवालिया होने के कारण ऑर्डर के निरस्तीकरण हेतु।

महोदय,

हमने आपको 1 जून, 20XX को 500 आयातित चमड़े की बैल्ट का ऑर्डर दिया था। परन्तु हमें खेद के साथ इस ऑर्डर का निरस्तीकरण करने का आपसे अनुरोध करना पड़ रहा है। दरअसल हमने अपने जिस ग्राहक की माँग पर उक्त माल की आपूर्ति हेतु आपको ऑर्डर दिया था, वह आज पूरी तरह खुद को दिवालिया घोषित कर चुका है।

अतः आपसे अनुरोध है कि उक्त ऑर्डर को तुरन्त निरस्त कर दिया जाए। आपको हुई परेशानी के लिए हमें खेद है। हम आपको विश्वास दिलाते हैं कि जल्द ही हम आपका नया ऑर्डर भेजेंगे।

धन्यवाद।

भवदीय,

हस्ताक्षर .....

(रामसिंह)

प्रबन्धक

के. एण्ड के. डिस्ट्रीब्यूटर्स

सन्दर्भसम्बन्धीपत्र

सन्दर्भ सम्बन्धी पत्र ऐसे पत्र होते हैं, जिनके माध्यम से किसी फर्म अथवा व्यापारी की प्रामाणिक जानकारी माँगी जाती है। चूँकि, उधारी व्यापार का एक मुख्य पहलू होता है, अतः एक व्यापारी के लिए किसी भी फर्म को माल उधार देने से पूर्व उसकी आर्थिक मजबूती, बाजार में प्रतिष्ठा आदि की जाँच-पड़ताल करना जरूरी होता है।

सन्दर्भ पत्रों के द्वारा ऐसी ही फर्मों की जानकारी प्राप्त की जा सकती है। उल्लेखनीय है कि कई बार विक्रेता को जब तक नए ग्राहक से सन्दर्भ प्राप्त नहीं हो जाता, वह ग्राहक को माल की आपूर्ति नहीं करता।

किसी व्यक्ति अथवा संस्था के लिए सन्दर्भ सूचना देने वाले को इस बात का ध्यान रखना चाहिए कि सूचना चाहे फर्म के पक्ष में हो अथवा विपक्ष में; उसे यह स्पष्ट कर देना चाहिए कि सूचना चाहे फर्म के पक्ष में हो अथवा विपक्ष में; उसे यह स्पष्ट कर देना चाहिए कि वह इस सम्बन्ध में किसी भी प्रकार से उत्तरदायी नहीं होगा और उसकी सूचना गोपनीय रखी जाएगी।

सन्दर्भ सम्बन्धी पत्रों में प्रतिकूल दृष्टिकोण प्रस्तुत करते समय फर्म के नाम का उल्लेख करने के स्थान पर यह लिखा जाना चाहिए कि, 'आपने जिस फर्म के बारे में सूचना माँगी है' अथवा 'आपने जिस फर्म का उल्लेख किया है' आदि। पत्र में अपने दृष्टिकोण को तटस्थता के

साथ प्रयोग करना चाहिए।

सन्दर्भ सम्बन्धी पत्रों के उदाहरण अग्रलिखित हैं-

♦ बाबूरामएण्ड कम्पनीद्वारासन्दर्भ रूप मेंदीगईफर्म सर्वेश्वर एण्ड सन्स कोसन्दर्भपत्र लिखिए, जिसमें आपबाबूरामएण्ड कम्पनी के विषय में जानकारीप्राप्त करना चाहते हैं।

रामनाथ एण्ड सन्स,
खारी बावली,
दिल्ली।

दिनांक 16 मई, 20XX

सेवा में,
मै. सर्वेश्वर एण्ड सन्स,
लालगंज,
प्रतापगढ़ (उ.प्र.)।

विषय- माल के ऑर्डर के लिए सन्दर्भ की जानकारी हेतु।

महोदय,

हमें मै. बाबूराम एण्ड कम्पनी, प्रतापगढ़ (उ.प्र.) की ओर से 50 हजार का माल भेजने का ऑर्डर प्राप्त हुआ है। इस फर्म के साथ हमारा यह प्रथम लेन-देन (डीलिंग) है। सन्दर्भ के रूप में फर्म ने आपके नाम का उल्लेख किया है।

हम आपके आभारी रहेंगे यदि आप हमें इस सम्बन्ध में जानकारी मुहैया कराएँगे कि आप इस फर्म को कितने लम्बे समय से जानते हैं।

हम यह जानना चाहते हैं कि आपके विचार से प्रथम ऑर्डर की आपूर्ति में हमें उक्त फर्म को उधार माल देने का जोखिम उठाना चाहिए अथवा नहीं। यदि नहीं, तो भविष्य में कितनी राशि तक का जोखिम उठाना सुरक्षित रहेगा।

हम आपको विश्वास दिलाते हैं कि इस फर्म की बाजार प्रतिष्ठा और सुदृढ़ आर्थिक स्थिति के विषय में आपके द्वारा दी गई सूचना गोपनीय रखी जाएगी।

कष्ट के लिए क्षमा, अवसर पड़ने पर हम भी आपकी सेवा में तत्पर रहेंगे।

धन्यवाद।

भवदीय,
(जयराम)
रामनाथ एण्ड सन्स

♦ सर्वेश्वरदयाल एण्ड सन्सकीओरसेसन्दर्भ पत्र के अनुकूलउत्तरदेने के सम्बन्धमें पत्र।

सर्वेश्वर दयाल एण्ड सन्स,
लालगंज,
प्रतापगढ़।

दिनांक20 मई, 20XX

सेवा में,
रामनाथ एण्ड सन्स,
खारी बावली,
दिल्ली।

विषय- फर्म की जानकारी से सम्बन्धित सन्दर्भ पत्र के अनुकूल उत्तर हेतु।

महोदय,

आपके दिनांक 16 मई, 20XX को लिखे पत्र के उत्तर में हम आपको निम्नलिखित सूचनाएँ दे सकते हैं।

आपके द्वारा जिस फर्म के बारे में सूचना माँगी गई है, यह स्थानीय व्यापार जगत् की नामी-गिरामी एवं प्रतिष्ठित फर्म हैं। जहाँ तक हमें जानकारी है, यह फर्म विगत 15 वर्षों से अधिक समय से व्यापार कर रही है।

हम इस फर्म के साथ पिछले 10 वर्षों से व्यापार कर रहे हैं, हमारे सामने अभी तक उक्त कम्पनी के साथ भुगतान सम्बन्धी कोई भी समस्या नहीं आई है। यह सूचना आपके उपयोग के लिए है, और बिना किसी उत्तरदायित्व के दी जा रही है।

हमें आशा है कि यह सूचना आपके उद्देश्य की पूर्ति में सहायक होगी। हम इतना दावे के साथ कह सकते हैं कि यदि आप इस फर्म के साथ जुड़ते हैं, तो आपको साफ एवं स्वच्छ छवि वाली एक फर्म के साथ व्यापार करने का अवसर मिलेगा।

धन्यवाद।

भवदीय,

हस्ताक्षर......

(सुरेश गोयल)

सर्वेश्वर दयाल एण्ड सन्स

शिकायत सम्बन्धी पत्र

एक फर्म जब दूसरी फर्म अथवा व्यवसायी की उम्मीदों पर खरी नहीं उतरती, तब उनके बीच शिकायत की स्थिति पैदा हो जाती है। माल का ऑर्डर समय पर न डिलीवर कर पाना, डिलीवर माल में टूट-फूट, भुगतान का तरीका पसन्द न आना, खराब माल पहुँचाना आदि जैसे अनेक मुद्दे हैं, जब विभिन्न फ़र्में एवं व्यवसायी शिकायत पत्रों के माध्यम से अपनी बात रखते हैं। शिकायत पत्र लिखते समय इस बात का ध्यान रखना चाहिए कि जिस सम्बन्ध में शिकायत की जा रही है, उसका स्पष्ट रूप से उल्लेख किया जाना चाहिए।

शिकायत सम्बन्धी पत्रों के उदाहरण इस प्रकार हैं-

♦ **साइकिल कीकीमतअधिक लगाने परसाइकिल कम्पनी के प्रबन्धकको शिकायती-पत्रलिखिए।**

15, जुनेजा साइकिल स्टोर,

जहाँगीरपुरी,

दिल्ली।

दिनांक26 मई, 20XX

सेवा में,

मैं. नेहरा साइकिल कम्पनी,

झण्डेवालान,

नई दिल्ली।

विषय- साइकिल की कीमत अधिक लगाने की शिकायत हेतु।

महोदय,

दिनांक 25 मई, 20XX को भेजे आपके बिल को देखकर हमें घोर आश्चर्य हो रहा है कि आपने हमें एटलस साइकिल, 18 इंच का मूल्य काफी अधिक लगाया है।

एक सप्ताह पहले जहाँगीरपुरी के एक अन्य साइकिल विक्रेता किशन कुमार ने 100 साइकिलें, इसी ब्रांड की मँगवाई थीं। उनसे आपने हमारी अपेक्षा 50 प्रति साइकिल कम लिए हैं।

आपके द्वारा किये गए इस भेदभाव से हमें धक्का लगा है। आप तो जानते ही हैं कि किशन कुमार से हमारी व्यापारिक प्रतिस्पर्धा है। वह ग्राहकों को जिस कीमत पर साइकिलें बेच रहा है, यदि हम भी उस कीमत पर बेचें, तो हमें घाटा होगा। न चाहते हुए भी हमें, उससे अधिक कीमत पर साइकिलें बेचनी पड़ रही हैं। इससे हमारे ग्राहक भी टूट रहे हैं।

अतः आपसे अनुरोध है कि आप हमें भी साइकिलों का वही मूल्य लगाएँ, जो आपने किशन कुमार को लगाया है।

आपके जवाब की प्रतीक्षा में।

धन्यवाद।

भवदीय,

हस्ताक्षर ......

(राकेश जुनेजा)

जुनेजा साइकिल स्टोर

♦ **मालकी खरीदारीपर अधिक वसूलीहोने पर कम्पनी के प्रबन्धककोशिकायत करतेहुए पत्र लिखिए।**

शंकर एण्ड सन्स,

कपूरथला,

पंजाब।

दिनांक 20 अप्रैल, 20XX

सेवा में,

दीपमाला एण्ड कम्पनी,

स्टेशन रोड,

लखनऊ।

विषय- माल की खरीदारी पर अधिक वसूली होने पर शिकायत हेतु।

महोदय,

हमें आपका दिनांक 5 मार्च, 20XX का पत्र 15 मार्च, 20XX को प्राप्त हुआ था, जिसमें उल्लेख था कि यदि हम आपके यहाँ से 1000 से अधिक का माल खरीदते हैं, तो हमें 25% की छूट और मुफ़्त पैंकिग व माल भाड़े की सुविधा प्रदान की जाएगी। परन्तु खेद है कि हमारे द्वारा 8000 के माल की खरीद के बावजूद भी आपने अपने दिनांक 3 अप्रैल के बिल सं. 115 द्वारा हमसे पैंकिंग और माल भाड़े के शुल्क की वसूली के साथ ही हमें केवल 20% छूट ही प्रदान की।

यद्यपि हमने माल प्राप्त कर लिया, परन्तु हमें आपके द्वारा की गई अतिरिक्त वसूली के लिए क्रेडिट नोट प्राप्त करने के सम्बन्ध में पूछताछ का अधिकार है।

हमारे विचार से यह त्रुटि आपके बिलिंग और डिस्पैच विभाग की लापरवाही से हुई होगी।

उचित कार्रवाई हेतु प्रेषित।

धन्यवाद।

भवदीय,

हस्ताक्षर.....

(शिव शंकर)

प्रोपाइटर

शंकर एण्ड सन्स

धन्यवादसम्बन्धी पत्र

व्यापारिक दृष्टिकोण से धन्यवाद सम्बन्धी पत्रों का अपना महत्त्व है। ये पत्र एक फर्म अथवा व्यवसायी द्वारा अपने ग्राहकों, परामर्शदाताओं आदि को लिखे जाते हैं। ऐसे पत्र किसी पुराने ग्राहक से माल के लिए बड़ा ऑर्डर मिलने पर उनके प्रति आभार व्यक्त करने के लिए भी लिखे जाते हैं। धन्यवाद सम्बन्धी पत्र लिखते समय इस बात का ध्यान रखा जाना चाहिए कि पत्र में उन बातों का उल्लेख हो, जिनके लिए धन्यवाद व्यक्त किया गया है।

धन्यवाद सम्बन्धी पत्रों में चापलूसी नहीं झलकनी चाहिए। ये पत्र जितनी जल्दी हो सके, लिख देने चाहिए। ऐसा इसलिए कहा जा रहा है, क्योंकि देर से लिखे जाने पर, ऐसे पत्रों की उपयोगिता एवं प्रभाव समाप्त हो जाते हैं।

धन्यवाद सम्बन्धी व्यापारिक पत्र इस प्रकार हैं-

♦ **व्यापारिकलेन-देन केसम्बन्धमेंकम्पनीकी ओर सेपहलाऑर्डर प्राप्तकरने पर धन्यवाद देते हुए पत्र लिखिए।**

जमना लाल एण्ड कम्पनी,

जयपुर,

राजस्थान।

दिनांक2 मई, 20XX

सेवा में,

मैं. गुलाटी एण्ड सन्स,

किला रोड,

आगरा (उ. प्र.)।

विषय- व्यापारिक लेन-देन के सम्बन्ध में पहला ऑर्डर प्राप्त करने हेतु।

महोदय,

दिनांक 28 अप्रैल, 20XX के पत्र के माध्यम से दिए गए ऑर्डर के लिए आपका बहुत-बहुत धन्यवाद। आप हमारे नए ग्राहक हैं तथा हमारे और आपके बीच यह पहला व्यापारिक लेन-देन है इसलिए आपसे अनुरोध है कि आप अपने बैंकर सन्दर्भ और अन्य दो व्यापार सन्दर्भ के नाम भेजें। हम नए ग्राहकों के सम्बन्ध में ऐसी नियमावली का पालन करते हैं।

इस सम्बन्ध में प्रक्रिया पूर्ण होते ही हम आपके ऑर्डर की शीघ्रातिशीघ्र पूर्ति का प्रयास करेंगे। आशा है यह हमारे लम्बे व्यापारिक सम्बन्धों की शुरुआत होगी।

धन्यवाद।

भवदीय,

हस्ताक्षर......

(जगमोहन)
जमना लाल एण्ड कम्पनी

♦ आपकीकम्पनी को उत्पादों की एजेन्सी देनेके लिए उत्पाद कम्पनी के प्रबन्ध निदेशककोधन्यवाद देते हुएपत्र लिखिए।

कृष्णा लैदर्स इण्डिया प्रा. लि.,
करोल बाग,
दिल्ली।

दिनांक17 अप्रैल, 20XX

सेवा में,
मै. स्वेतलाना टैनरीज लि.,
गागरिन रोड,
मॉस्को (रूस)।

विषय- उत्पादों की एजेन्सी प्रदान करने हेतु।

महोदय,

आपके द्वारा भेजे गए दिनांक 10 अप्रैल, 20XX के पत्र के लिए धन्यवाद। आपने हमें अपने उत्पादों की सोल एजेन्सी प्रदान करने की अनुमति दी, इसके लिए एक बार पुनः धन्यवाद। हम अत्यधिक हर्ष के साथ लिख रहे हैं कि आपके द्वारा भेजी गई व्यापारिक शर्तें, मूल्य-सूची एवं सैम्पलों से हम पूर्णतः सन्तुष्ट हैं और भारत में आपकी सोल एजेन्सी लेने के लिए तैयार हैं।

हमें विश्वास है कि हम भारत में आपके उत्पादों की अच्छी बिक्री कर सकेंगे, जिससे आपका व्यापार यूरोप, अमेरिका के साथ-साथ भारत जैसे विशाल देश में भी फैलेगा।

कृपया आगामी कागजी कार्यवाही एवं अनुबन्ध आदि की प्रक्रिया से अवगत कराएँ, ताकि हम आपको शीघ्र ऑर्डर भेज सकें।

पत्रोत्तर की प्रतीक्षा में।

धन्यवाद।

भवदीय,
हस्ताक्षर.....
(एम. कृष्णा)
प्रबन्ध निदेशक
कृष्णा लैदर्स इण्डिया प्रा. लि.

♦ बैंकमेंखाता खोलने के सन्दर्भ में बैंक कीओर सेधन्यवाददेतेहुएपत्र लिखिए।

भारतीय स्टेट बैंक,
मधुबन, उदयपुर,
राजस्थान।

दिनांक28 मई, 20XX

सेवा में,
श्री धर्मेन्द्र कुमार,
डी. सी. पी., उदयपुर,
राजस्थान।

विषय- बैंक में खाता खोलने हेतु।

महोदय,

हमारी शाखा में आपके द्वारा भेजा गया बचत खाता खुलवाने सम्बन्धी पत्र प्राप्त हुआ। हमारी शाखा से जुड़ने की इच्छा प्रकट करने के लिए आपका धन्यवाद। आपकी माँग के अनुसार हम बचत खाता खोलने सम्बन्धी सभी आवश्यक फार्म आदि भेज रहे हैं, जिन्हें भरकर आप किसी भी कार्यदिवस में हमारे बैंक में उपस्थित होकर खाता खुलवा सकते हैं। आपका सदैव स्वागत है। आप निम्नलिखित में से किसी एक को पहचान पत्र के रूप में फार्म के साथ संलग्न कर सकते हैं-

· पासपोर्ट की प्रति
· गैस कनेक्शन रसीद
· वाहन चलाने का वैध लाइसेन्स

· मतदाता पहचान पत्र

· अद्यतन टेलीफोन बिल

· अद्यतन बिजली बिल

इनके अतिरिक्त निम्नलिखित दस्तावेज देने आवश्यक हैं-

· पैन/जी.आई.आर. क्रमांक अथवा फार्म 60 का प्रमाण
(नकद जमा के मामले में)

· अद्यतन पासपोर्ट साइज दो फोटोग्राफ

आपकी सेवा में सदैव तत्पर।

धन्यवाद।

भवदीय,
हस्ताक्षर.....
(रविन्द्र सलूजा)
प्रबन्धक

साखसम्बन्धीपत्र

व्यापारिक क्षेत्र में साख सम्बन्धी पत्र एक महत्त्वपूर्ण कड़ी का काम करते हैं। दरअसल, एक विक्रेता अपने प्रतिनिधि को जब माल की बिक्री बढ़ाने के उद्देश्य से सुदूर क्षेत्र में भेजता है, तब उस क्षेत्र के ग्राहकों, अपने परिचित संस्थानों या बैंकों से उस प्रतिनिधि का सहयोग करने के लिए जो पत्र लिखे जाते हैं, वे 'साख सम्बन्धी पत्र' कहलाते हैं।

इन पत्रों में विक्रेता सम्बन्धित लोगों से आवश्यकता पड़ने पर अपने प्रतिनिधि की आर्थिक मदद करने के लिए भी कहता है।

साख-पत्र में प्रतिनिधि को दी जाने वाली निश्चित रकम का उल्लेख होता है अथवा उसकी सीमा निर्धारित होती है। साख-पत्र साधारण और सर्कुलर (सामूहिक) दो प्रकार का हो सकता है। साधारण साख-पत्र द्वारा एक व्यक्ति अथवा एक फर्म को सम्बोधित किया जाता है, जबकि सामूहिक साख-पत्र द्वारा एक से अधिक व्यक्ति अथवा फर्म को सम्बोधित किया जाता है। साख सम्बन्धी पत्रों के कुछ उदाहरण इस प्रकार हैं-

♦ धन कीआवश्यकता होने पर कपूर एण्ड कम्पनी की ओर से पंजाबनेशनलबैंक केप्रबन्धककोसाख-पत्रजारी करने के सम्बन्धमें पत्रलिखिए।

कपूर एण्ड कम्पनी,
55, पटेल रोड,
चेन्नई।

दिनांक 25 अगस्त, 20XX

सेवा में,
प्रबन्धक महोदय,
पंजाब नेशनल बैंक,
पटेल रोड,
चेन्नई।

विषय- धन की आवश्यकता के कारण साख-पत्र जारी करने हेतु।

महोदय,
मैं एक व्यापारिक यात्रा पर दिल्ली, राजस्थान, उत्तराखण्ड, पंजाब और जम्मू जा रहा हूँ। मुझे यात्रा के समय धन की आवश्यकता है। मैं आपका आभारी रहूँगा, यदि आप मुझे 35000 (पैंतीस हजार रुपये मात्र) की साख हेतु एक परिपत्र जारी करके, अपने सेवा प्रभार सहित उक्त राशि को मेरे खाते में डेबिट कर देंगे। यह साख-पत्र जारी होने की तिथि से 3 माह तक वैध होना चाहिए।

धन्यवाद।

भवदीय,
हस्ताक्षर.....
(राम कपूर)
कपूर एण्ड कम्पनी

समस्या सम्बन्धीपत्र

व्यापार में शिकायतें शुरू हुई नहीं कि समस्याएँ अपने आप सामने आने लगती हैं। शिकायतों से सम्बन्धित पत्रों के सम्बन्ध में हम पूर्व में अध्ययन कर ही चुके हैं।

दरअसल, समस्या सम्बन्धी व्यापारिक पत्र शिकायती पत्रों का ही एक रूप है। ऐसे पत्र भविष्य के लिए व्यावसायिक सम्बन्धों को तोड़ने, किसी बात को अस्वीकार करने, क्षतिपूर्ति से मुख मोड़ने आदि विषयों पर लिखे जा सकते हैं।

समस्या सम्बन्धी कुछ पत्रों के उदाहरण निम्नलिखित हैं-

♦ खराब माल प्राप्त होने से उत्पन्नसमस्या को बताते हुए उत्पाद कम्पनी के प्रबन्धक को पत्र लिखिए।

गुप्ता बूट हाउस,
ग्रीन विलेज,
बंगलुरु।

दिनांक26 मई, 20XX

सेवा में,
मै. फीनिक्स शूज लिमिटेड,
सेक्टर 63,
नोएडा।

विषय-माल खराब होने से उत्पन्न समस्या सम्बन्धी पत्र।

महोदय,

हमें खेद प्रकट करते हुए आपको सूचित करना पड़ रहा है कि आपने हमारे ऑर्डर सं. 87 के सन्दर्भ में 23 मई, 20XX को जूतों के जो 13 कॉर्टन भेजे थे, उनमें से 3 कॉर्टन के 8 जोड़ी जूते हमारे मानदण्डों के अनुरूप नहीं हैं। 13 जोड़ी जूतों के सोल चटख़े हुए हैं, जबकि 5 जोड़ी जूतों की पेस्टिंग और सिलाई ठीक से नहीं हुई है।

हमारे और आपके बीच कुछ व्यापारिक शर्ते तय हुई थीं। उनके अनुसार, कृपया खराब माल को बदलकर उनकी जगह नए माल को शीघ्र भिजवाने की व्यवस्था करें।

कृपया इस बात का विशेष ध्यान रखें कि इस तरह की पुनरावृत्ति भविष्य में न होने पाए।

धन्यवाद सहित।

भवदीय,
हस्ताक्षर.....
(मदन गुप्ता)
प्रोपाइटर,
गुप्ता बूट हाउस

♦बैंक की पास-बुक कीप्रविष्टियों में गड़बड़ी होने कीसमस्या केनिदानहेतु बैंक के प्रबन्धक को पत्र लिखिए।

राधेश्याम एण्ड सन्स,
सदर बाजार,
लखनऊ।

दिनांक28 मई, 20XX

सेवा में,
प्रबन्धक महोदय,
यूनियन बैंक ऑफ इण्डिया,
सदर बाजार,
लखनऊ।

विषय- बैंक पास-बुक की प्रविष्टि में गड़बड़ी की समस्या हेतु।

महोदय,

आपके बैंक में हमारा चालू खाता सं. 23567 है। हमने अपनी पास-बुक की प्रविष्टियाँ पूर्ण करवाने हेतु 27 मई, 20XX को बैंक में भेजी थीं। आज जब हमने प्रविष्टियों की की, तो पाया कि वर्तमान में हमारे खाते में 13,755 शेष हैं। हमारे रिकॉर्ड के अनुसार यह प्रविष्टि त्रुटिपूर्ण है।

त्रुटि को ठीक करने हेतु हम पुनः अपनी पास-बुक भेज रहे हैं। कृपया जाँच करके उक्त त्रुटि को सुधारकर सही प्रविष्टि अंकित कर दें।

धन्यवाद।

भवदीय,
हस्ताक्षर.....

विशिष्ठ पत्र

कुछ विशिष्ट पत्रों के अन्तर्गत हम आपको ऐसे पत्रों से रूबरू करा रहे हैं, जो किसी विशिष्ट व्यक्ति द्वारा लिखे गए हैं। इनमें महात्मा गाँधी, पण्डित मोतीलाल नेहरू, शहीद भगतसिंह, हरिवंश राय बच्चन आदि के पत्र शामिल किए गए हैं। यहाँ ऐसे पत्रों के कुछ उदाहरण दिया जा रहा हैं-

♦ राष्ट्रपिता महात्मा गाँधी द्वारा श्रीजमनालाल बजाजको लिखागया पत्र।

23 अगस्त, 1924

चि. जमनालाल,

मैं इस वक्त ट्रेन में हूँ। दिल्ली से वापस आश्रम जा रहा हूँ। दिल्ली में समझौते की बातें चल रही हैं। मोतीलाल का पत्र नहीं आया। तुम्हारे प्रान्त में शुद्ध रीति से जो हो, वह होने दो। हम तटस्थ रहकर अपना काम करते रहें, इतना ही जरूरी है।

घनश्याम दास दिल्ली में नहीं थे, उनकी ओर से रुपये मिल गए थे। वे रुपये बिना खर्च की किसी प्रकार तुम्हें भेजे जाएँ, यह लिखकर पूछने के लिए छगनलाल को कहा है। साथ में महादेव, देवदास और प्यारेलाल हैं।

♦ प्रसिद्धकविडॉ. हरिवंश रायबच्चन द्वारा अपनेमित्रमोहन, जो किपाकिस्तान जेल में बन्द थे, कीमाँ कोलिखागयापत्र।

बी-191
ग्रेटर कैलाश-।,
नई दिल्ली-48

दिनांक28-11-74

पूज्य माँ जी,
प्रणाम।

परसों आपका पत्र मिला। परसों ही मैंने प्रधानमन्त्री के निजी सचिव श्री बी.एन. टण्डन को फोन किया। उन्होंने विदेश मन्त्रालय के श्री रामन से सूचना माँगी।

जो सूचना उनके पास आई, उन्होंने मेरे पास भेज दी। मैं वही कागज आपके पास भेज रहा हूँ। किसी से पढ़वा लें।

जैसे इतने दिन कष्ट-धैर्य से काट दिए, कुछ दिन और काट लें। मुझे जैसे ही कोई सूचना मिलेगी आपको दूँगा; आपको मिले तो मुझे दें।

मैं भी मोहन जी के शीघ्र घर आने के लिए चिन्तित हूँ और भगवान से प्रार्थना करता हूँ।

♦ भाईकुलबीरके नाम भगत सिंह द्वारा लिखा गयाअन्तिम पत्र।

सैण्ट्रल जेल,
लाहौर।

दिनांक3 मार्च, 1931

प्रिय कुलबीर सिंह,
तुमने मेरे लिए बहुत कुछ किया है। तुमने खत के जवाब में कुछ लिख देने के लिए कहा। मैं कुछ अल्फाज (शब्द) लिख रहा हूँ- मैंने किसी के लिए कुछ नहीं किया, तुम्हारे लिए भी कुछ नहीं। अब तुम्हें मुसीबत में छोड़कर जा रहा हूँ। तुम्हारी जिन्दगी का क्या होगा? तुम गुजारा कैसे करोगे? यह सब सोचकर ही काँप जाता हूँ, मगर भाई हौंसला रखना, मुसीबत से कभी मत घबराना। मेहनत से बढ़ते जाना। अगर कोई काम सीख सको तो बेहतर होगा लेकिन सब कुछ पिताजी की सलाह से ही करना। मेरे अजीज, प्यारे भाई जिन्दगी बहुत कठिन है। सभी लोग बेरहम है। सिर्फ मुहब्बत और हौंसले से ही गुजारा हो सकता है। अच्छा भाई अलविदा.....।

तुम्हारा अग्रज
भगत सिंह

♦ पं. मोतीलालनेहरू द्वाराअपने पुत्र जवाहरलाल नेहरूको लिखागयापत्र।

बनारस,
कांग्रेस कैम्प,

दिनांक28 दिसम्बर, 1905

प्रिय जवाहर,

नमस्कार।

मैं कांग्रेस के कार्यक्रम में भाग ले रहा हूँ, यह उपर्युक्त पते से ही आपको ज्ञात हो गया होगा। मैं यहाँ खासतौर से गोखले जी का भाषण सुनने आया था, जो मैं गत वर्ष नहीं सुन सका। उनका भाषण सुनियोजित तथा प्रशंसनीय था, फिर भी मुझे उसमें कोई असाधारण बात दिखाई नहीं पड़ी। 'इण्डियन पीपुल' की प्रति मैं भेज रहा हूँ, उसमें तुम्हें पूरा भाषण पढ़ने को मिल जाएगा। आज मैंने सुरेन्द्रनाथ जी का भाषण सुना तथा कल मैं इलाहाबाद वापस चला जाऊँगा। अब देखने-सुनने लायक कोई नई बात नहीं रह गई है। मुझे पता चला है कि लगाई गई प्रदर्शनी में कोई खास बात नहीं है। मैंने अभी तक यद्‌यपि देखी नहीं है, किन्तु यह पत्र लिख चुकने के बाद मैं उसे देखने जाऊँगा।

मैं बड़ी उत्सुकता से यह जानने की प्रतीक्षा में था कि पैर में मोच आ जाने के कारण तुम्हें फुटबॉल नहीं खेलना पड़ेगा। हैरो का डॉक्टर कभी तुम्हें नहीं छोड़ता, यदि चोट मालूम होती। तुम्हारा अगला पत्र मिलने पर पूरी जानकारी प्राप्त कर प्रसन्नता होगी।

इलाहाबाद से यहाँ आते समय तुम्हारी माँ की तबीयत बिलकुल ठीक थी। लखनऊ मेडिकल कॉलेज का शिलान्यास प्रिंस ऑफ वेल्स द्‌वारा किया गया। समारोह भव्य था। मुझे वेल्स के राजकुमार तथा राजकुमारी को काफी निकट से देखने का मौका मिला था।

कुछविशिष्ठपत्र लेखन

♦ अपने पिताकोएक पत्र लिखिए जिसमेंपूरे परिवार केव्यवहार के लिए एक टीवीखरीदने के लिए अनुरोधकीजिए

स्टेशन रोड,

भागलपुर

15 फरवरी, 1988

पूज्यवर पिताजी,

मुझे आपका पत्र अभी-अभी मिला। मुझे यह जानकर ख़ुशी है कि आप अगले महीने में घर आ रहे हैं। मैं आपको कुछ कष्ट देना चाहता हूँ। मैं चाहता हूँ कि हमारे घर में एक टीवी रहे। गत वर्ष मैंने आपसे टीवी खरीदने के लिए अनुरोध किया था, लेकिन आपने उसे स्वीकार नहीं किया। आप मुझसे सहमत होंगे कि टीवी एक बहुत उपयोगी चीज है। यदि हमारे घर में टीवी हो तो हम समाचार, फ़िल्म, क्रिकेट और कई प्रकार के मनोरंजन कर सकते हैं।

टीवी मनोरंजन का एक अच्छा साधन है। इससे हमारा बहुत मनोरंजन होगा। इसका शिक्षाणात्मक महत्त्व भी है। विभित्र कार्यक्रमों को देखकर मैं बहुत बातें सीख सकता हूँ। यदि हमारे पास टीवी हो तो वह पुरे परिवार के लिए उपयोगी होगा। माताजी औरतों के कार्यक्रम को पसंद करेंगी। वे भागवत देखना चाहेंगी। मैं टीवी देखकर बहुत-कुछ सीखूँगा। मनोज बच्चों के कार्यक्रम देखकर खुश होगा।

आप देख सकते है कि टीवी हमारे परिवार के लिए आवश्यक है। क्या आप जब घर आएँगे तब कृपा करके एक टीवी खरीद देंगे ?अब टीवी की कीमत अधिक नहीं रही। सस्ते टीवी से भी काम चल जाएगा। मुझे विश्र्वास है कि आप परिवार के व्यवहार के लिए एक टीवी खरीद देंगे।

अत्यंत आदर के साथ,

आपका स्त्रेही

प्रकाश

पता-श्री देवेंद्र प्रसाद सिंह,

15 पार्क स्ट्रीट,

कलकत्ता-8

♦ आप एक साइकिल खरीदना चाहते हैं।अपने पिताकोएक पत्रलिखिए जिसमें साइकिलखरीदने के लिएकुछ रुपए भेजने के लिए उनसेअनुरोध कीजिए।

महात्मा गाँधी रोड,

जमालपुर

27 फरवरी, 1988

पूज्यवर पिताजी,

करीब एक महीने से मुझे आपका कोई पत्र नहीं मिला है। मुझे डर है कि आप मुझ पर रंज हैं।

आप जानते है कि मुझे पैदल स्कूल जाना पड़ता है। मुझे प्रतिदिन चार मील पैदल चलना पड़ता है। मुझे प्रातः काल 9 बजकर 15 मिनट पर स्कूल के लिए रवाना होना पड़ता है। मुझे सुबह में अध्ययन के लिए अधिक समय नहीं मिलता। जब मैं स्कूल से लौटता हूँ तब मैं बहुत थका हुआ रहता हूँ। इसलिए मैं शाम में मन लगाकर नहीं पढ़ सकता।

यदि मेरे पास एक साइकिल रहे तो मैं काफी समय और शक्ति बचा सकता हूँ। मैं साइकिल चलाना अच्छी तरह जानता हूँ। मैं भीड़वाली सड़कों पर भी साइकिल चला सकता हूँ। क्या आप कृपा करके मुझे एक साइकिल खरीद देंगे ? आप मुझसे सहमत होंगे कि मेरे लिए साइकिल

आवश्यक है। मैं कीमती साइकिल लेना नहीं चाहता। सस्ती साइकिल से भी काम चल जाएगा।

कृपा करके मुझे पाँच सौ रुपए भेज दें जिससे मैं एक साइकिल खरीद सकूँ।

माँ को मेरा प्यार। अत्यंत आदर के साथ,

आपका स्नेही,

मोहन

पता- श्री महेंद्र प्रसाद,

जलकद्यरबाग,

पटना-8

♦ एकपत्रमें अपने पिता को टेस्टपरीक्षा मेंअपनीसफलताऔर बोर्ड परीक्षा केलिए अपनी तैयारी के बारेमेंलिखिए।

गोविंद मित्र रोड

पटना-4

5 दिसंबर, 1987

पूज्यवर पिताजी,

आपके लिए एक खुशखबरी है। आपको यह जानकर ख़ुशी होगी कि मैं टेस्ट परीक्षा में अपने वर्ग में प्रथम हुआ।

मेरी बोर्ड परीक्षा 9 मार्च 1998 से प्रारंभ होगी। बोर्ड परीक्षा की तैयारी करने के लिए मेरे पास काफी समय है। मैं अपने समय का अच्छी तरह उपयोग करना चाहता हूँ। मैंने अपनी पाठ्यपुस्तकों को अच्छी तरह पढ़ लिया है। अब मैं प्रत्येक विषय में कुछ संभावित प्रश्न तैयार कर रहा हूँ। मैंने अपने अध्ययन के लिए एक कार्यक्रम बना लिया है। मैं प्रत्येक विषय को अच्छी तरह तैयार कर रहा हूँ। मैं लिखने के काम में काफी समय लगाता हूँ। मैं उम्मीद करता हूँ कि जनवरी के अंत

तक मैं अपनी तैयारी खत्म कर लूँगा। तब मैं अपनी पाठ्यपुस्तकों को दुहराऊँगा।

मेरे शिक्षक को उम्मीद है कि मैं बोर्ड परीक्षा में अच्छा स्थान प्राप्त करूँगा। मैं आशा करता हूँ कि मेरा परीक्षाफल उनकी उम्मीद के अनुसार होगा।

कृपया माताजी को मेरा प्रणाम कह देंगे।

आपका स्नेही,

अशोक

पता- श्री विनोद कुमार शर्मा

स्टेशन रोड,

दरभंगा

♦ आपपरीक्षासमाप्त होनेकेबादएकमित्रके घर जानाचाहते हैं।इसकेलिए अनुमतिमाँगनेके लिए अपने पिताकोएकपत्र लिखिए।

गर्दनीबाग,

पटना-1

22 फरवरी, 1998

पूज्यवर पिताजी,

मुझे आपका पत्र अभी मिला है। आपने मुझे परीक्षा के बाद घर आने को कहा है। मुझे आपको यह कहने में दुःख है कि मैं तुरन्त ही घर जाना नहीं चाहता।

मेरे एक मित्र ने मुझे परीक्षा के बाद अपने घर जाने को कहा है। उनके पिता बरौनी में रहते है। मैं अपने मित्र के घर जाना चाहता हूँ। मैं कभी भी बरौनी नहीं गया हूँ। मैं तेलशोधक कारखाना देखना चाहता हूँ। मेरे मित्र ने मुझे विश्र्वास दिलाया है कि वह मुझे तेलशोधक कारखाना दिखलाएगा।

परीक्षा समाप्त होने के बाद मैं बहुत थका रहूँगा। मैं सोचता हूँ कि अपने मित्र के घर जाने से मेरा मनोरंजन होगा। मैं अपने मित्र के घर पर तीन या चार दिनों तक रहूँगा। तब मैं घर जाऊँगा।

कृपया परीक्षा समाप्त होने के बाद मुझे अपने मित्र के घर जाने की अनुमति अवश्य दें। यदि आप मुझे अपनी अनुमति नहीं देंगे तो मेरा मित्र निराश हो जाएगा।

आपका प्रिय पुत्र,

योगेंद्र

पता- श्री महेंद्र शर्मा

15 सिविल लाइंस
गया

♦ **एकपत्र मेंअपने पिता को बताइए किआपमाध्यमिक विद्यालय परीक्षा मेंउत्तीर्ण होनेकेबादक्याकरना चाहतेहैं।**

राजेंद्रनगर,
पटना- 16
2 मार्च, 1998

पूज्यवर पिताजी,

मुझे आपका पत्र अभी मिला है। आपने मुझे यह बतलाने को कहा है कि मैं माध्यमिक विद्यालय परीक्षा में उत्तीर्ण होने के बाद क्या करना चाहता हूँ।

अब बोर्ड परीक्षा होने में आधा महीना ही बाकी है। मैं परीक्षा के लिए कठिन परिश्रम कर रहा हूँ। आप चाहते है कि मैं बोर्ड परीक्षा में अच्छा करूँ और मैं सोचता हूँ कि मेरा परीक्षाफल आपकी उम्मीद के अनुकूल होगा। मैं जानता हूँ कि इस परीक्षा में मेरी सफलता पर ही मेरा भविष्य निर्भर करता है। इसलिए मैं लगातार परिश्रम कर रहा हूँ।

मैं माध्यमिक विद्यालय परीक्षा में उत्तीर्ण होने के बाद पटना विज्ञान महाविद्यालय में प्रवेश करना चाहता हूँ। आप जानते है कि यह हमारे राज्य में सबसे अच्छा महाविद्यालय है। मैंने अपने एक मित्र से सुना है कि इसमें अच्छी प्रयोगशालाएँ हैं। इस महाविद्यालय में अनेक विख्यात प्राध्यापक हैं। मैं जानता हूँ कि इस महाविद्यालय में केवल तेज छात्रों का ही नाम लिखा जाता है। मुझे उम्मीद है कि इस महाविद्यालय में मेरा नाम लिखा जाएगा।

आप जानते है कि मैंने माध्यमिक विद्यालय परीक्षा में जीवविज्ञान लिया है। मैं डॉक्टर बनना चाहता हूँ, लेकिन मेडिकल कॉलेज में प्रवेश करने के पहले मुझे आई० एस० सी० की परीक्षा में उत्तीर्ण होना पड़ेगा। मैं सोचता हूँ कि माध्यमिक विद्यालय परीक्षा में उत्तीर्ण होने के बाद पटना विज्ञान महाविद्यालय में प्रवेश करना मेरे लिए अच्छा होगा।

क्या आप मेरे विचार को पसंद करते हैं ? यदि आप इसे पसंद नहीं करते तो कृपया लिखें।

आपका स्त्रेही,
अजय

पता- श्री अजय कुमार बोस,
तातारपुर,
भागलपुर-2

♦ **आपकीपरीक्षाकुछ ही दिनों में होनेवाली है, लेकिनआपकीतैयारीअच्छी नहींहै।अपने पिता को एक पत्र लिखिएजिसमेअगलेवर्षपरीक्षामें शरीक होने कीअनुमति के लिएउनसे अनुरोधकीजिए।**

मीठापुर,
पटना-1
5 मार्च, 1988

पूज्यवर पिताजी,

मेरी बोर्ड परीक्षा 9 मार्च से शुरू होगी। आपको यह जानकर अत्यंत दुःख होगा कि परीक्षा के लिए मेरी तैयारी अच्छी नहीं है।

यद्यपि परीक्षा के लिए मैं कठिन परिश्रम करता रहा हूँ, फिर भी मैंने सभी विषयों को अच्छी तरह तैयार नहीं किया है। मैं अँगरेजी और भौतिक विज्ञान में बहुत कमजोर हूँ। मुझे भय है कि यदि परीक्षा में शरीक होऊँगा तो इन विषयों में अवश्य असफल हो जाऊँगा। यदि मैं इस वर्ष परीक्षा में नहीं बैठूँगा तो अच्छा होगा।

इस दुःखद समाचार से आप तथा माँ अवश्य चिंतित होंगे, लेकिन मैं बिलकुल मजबूर हूँ। आपको यह कहने में मुझे अत्यंत दुःख हो रहा है कि मैं परीक्षा में सफल नहीं हो सकता। कृपया मुझे अगले वर्ष परीक्षा में शरीक होने की अनुमति दें। मैं आपको विश्र्वास दिलाता हूँ कि मैं कठिन परिश्रम करूँगा और कमजोरी को पूरा कर लूँगा। मुझे सभी विषयों को अच्छी तरह तैयार करने के लिए काफी समय मिलेगा।

अत्यंत आदर के साथ,
आपका स्त्रेही,
गिरींद्र

पता- श्री सुरेंद्र प्रसाद,
न्यू एरिया
आरा

♦ अपनेबड़ेभाई को एक पत्र लिखिए जो अबकॉलेज में हैं।उनसेपूछिएकिआपको इसपरीक्षामेंउत्तीर्णहोनेकेबादक्याकरनाचाहिए।

जिला स्कूल छात्रावास,
भागलपुर
9 फरवरी, 1988

पूज्यवर भैया,

मुझे एक महीने से आपका कोई पत्र नहीं मिला है। मुझे लगता है कि आप अपने अध्ययन में इतने व्यस्त हैं कि आप मुझे पत्र नहीं लिख पाते। मेरी बोर्ड परीक्षा 9 मार्च से शुरू होगी। आप चाहते हैं कि मैं परीक्षा में अच्छा करूँ और मुझे उम्मीद है कि मेरा परीक्षाफल आपकी आशा के अनुकूल होगा। मैंने सभी विषयों को अच्छी तरह तैयार कर लिया है। अब मैं उनमें से अधिकतर विषयों को दुहरा रहा हूँ। मुझे बोर्ड परीक्षा में अच्छे अंक अवश्य आएँगे।

मैंने निश्र्चय नहीं किया है कि मुझे बोर्ड परीक्षा में उत्तीर्ण होने के बाद क्या करना चाहिए। आप जानते है कि मैंने विज्ञान लिया है। मुझे जीवविज्ञान में बहुत रूचि है। मैं डॉक्टर बनना पसंद करूँगा।

कृपया मुझे बतलाइए कि मुझे बोर्ड परीक्षा में उत्तीर्ण होने के बाद क्या करना चाहिए।

आपका स्नेहभाजन,
सुशील

पता- श्री मोहन बनर्जी,
कमरा न० 5,
न्यूटन छात्रावास,
पटना-5

♦ अपनेछोटे भाईकोएक पत्र लिखिए जिसमेंअध्ययनकीउपेक्षा करने के लिएउसे डाँटिए।

जिला स्कूल छात्रावास,
राँची
7 जनवरी, 1988

प्रिय अजय,

मुझे अभी पिताजी का एक पत्र मिला है। उनके पत्र से यह जानकर कि तुम गत वार्षिक परीक्षा में असफल हो गए हो मुझे बहुत दुःख है। मैंने तुम्हें दुर्गापूजा की छुट्टी में कहा था कि तुम्हें कठिन परिश्रम करना चाहिए। तुमने मेरी राय पर ध्यान नहीं दिया। तुमने अध्ययन की उपेक्षा की है। इसलिए तुम परीक्षा में असफल हो गए हो।

तुम्हें स्कूल में पढ़ने के लिए भेजा गया है। अब तुम बच्चे नहीं हो। तुम्हें यह जानना चाहिए कि तुम्हें क्या करना है। यदि तुम इस प्रकार अध्ययन की उपेक्षा करोगे तो बाद में तुम्हें दुखी होना पड़ेगा, जब तुम कुछ नहीं कर सकोगे। अपना समय बरबाद नहीं करो। तुम एक वर्ष खो चुके हो, क्योंकि तुमने अध्ययन की उपेक्षा की है। परीक्षा में असफल होना तुम्हारे लिए लज्जाजनक हैं। यदि तुम पढ़ाई पर ध्यान नहीं दोगे तो तुम्हें भविष्य में पछताना पड़ेगा।

तुम्हारी असफलता से पिताजी और माताजी दोनों को अत्यंत दुःख है। तुम्हें अपना सुधार अवश्य करना चाहिए। अच्छा लड़का बनो और पढ़ने में लग जाओ। आशा है, तुम अपनी गलती महसूस करोगे।

शुभकामनाओं के साथ-
तुम्हारा प्रिय भाई,
उमेश

पता- श्री अजय कुमार,
नवम वर्ग,
एस० एच० ई० स्कूल, सुरसंड,
पो० ऑ०- सुरसंड,
जिला- सीतामढ़ी

♦ एकपत्र में अपने चचेरे भाईसेअनुरोधकीजिएकि वेछुट्टीमेंआपकोअपना कैमरा दें।

कदमकुआँ,
पटना -3
15 दिसंबर, 1988

पूज्यवर भ्राताजी,

बहुत दिनों से आपका कोई पत्र मुझे नहीं मिला है। मेरी वार्षिक परीक्षा खत्म हो गई है और मैं बड़े दिन की छुट्टी का इंतजार कर रहा हूँ। मैंने छुट्टी में दिल्ली और आगरा जाने का निश्र्चय किया है।

मैं आपको कुछ कष्ट देना चाहता हूँ। मैं छुट्टी में आपका कैमरा लेना चाहूँगा। यदि मुझे आपका कैमरा मिल जाए तो मैं दिल्ली और आगरे की अपनी यात्रा में कुछ मनोरंजक फोटो खीचूँगा। आप जानते है कि मैं आपके कैमरे का प्रयोग अच्छी तरह कर सकता हूँ।

कृपया अपना कैमरा मुझे एक सप्ताह के लिए दें। मुझे उम्मीद है कि आप मुझे निराश नहीं करेंगे। मैं आपको विश्र्वास दिला सकता हूँ कि आपके कैमरे को अच्छी तरह रखूँगा। ज्योंही मैं यहाँ लौटकर आऊँगा, त्योंही मैं आपको यह लौटा दूँगा।

कृपया मेरा प्रणाम चाचाजी और चाचाजी को कह देंगे।

आपका स्त्रेह भाजन

उदय

पता- श्री श्याम कुमार,

कोर्ट रोड, बाढ़

जिला-पटना

♦ **अपने मित्रकोएक पत्र लिखिए जिसमें मेलादेखने कावर्णनकीजिए।**

बाँकीपुर,

पटना-4

15 नवंबर, 1987

प्रिय शेखर,

पिछले कई दिनों से मैं तुम्हें पत्र लिखने के लिए सोच रहा था। पर, मुझे सोनपुर मेला देखने की इच्छा थी। इसलिए मैंने जान-बूझकर पत्र लिखने में देर की। मैंने सोचा कि सोनपुर मेले से लौटकर पत्र देना अच्छा होगा ताकि मैं वहाँ के अनुभव का वर्णन कर सकूँ।

सोनपुर का मेला एक बहुत बड़े क्षेत्र में लगता है। मैं समझता हूँ कि यह दुनिया का सबसे बड़ा मेला है। यहाँ सभी तरह के पशु और पक्षी- सबसे छोटे से लेकर सबसे बड़े तक- बेचे जाते है। यहाँ पर अनगिनत दूकानें रहती है और चीजों की अत्यधिक खरीद-बिक्री होती है। सबसे बड़ा बाजार जानवरों का है जहाँ गाय, भैंस, घोड़ा, ऊँट, हाथी इत्यादि बिकते हैं। मेले में बहुत-से होटल, नाटक-मंडली, सर्कस-मंडली इत्यादि रहते है। मेले में बहुत अधिक भीड़ रहती है और हरिहरनाथ के मंदिर में सबसे अधिक भीड़ रहती है।

मेले में संध्या का समय बड़ा दुःखदायी रहता है। बहुत-से लोग एक साथ भोजन बनाते है, इसलिए धुआँ बहुत उठता है। खासकर मैंने पक्षियों के बाजार का अधिक आनंद उठाया; क्योंकि एक ही जगह मैंने हजारों तरह के पक्षियों को देखा। उनमें से बहुतों का मिलना दुर्लभ था और वे बहुत दूर से लाए गए थे।

मेला जाने से मुझे बहुत आनंद हुआ, लेकिन तुम्हारी अनुपस्थिति से दुःख हुआ।

तुम्हारा शुभचिंतक,

रामानुज

पता- श्री शेखर प्रसाद,

मारफतः बाबू नंदकिशोर लाल, वकील

महाजनटोली, आरा।

♦ **गाँवमें रहनेवालेअपनेबड़े भाई, जोबहुत गुटखा खाते हैंऔर दिन-रात शराबके नशेमेंचूररहतेहैं- कोपत्र लिखकरइससे होनेवालीहानियों सेउन्हें आगाह करें।**

सुन्दरगढ़

पानी टंकी के पास

कुशुण्डा हाउस, मध्य प्रदेश

27 जुलाई, 2012

पूज्य भैया,

सादर प्रणाम,

कल शाम दीनू चाचा आए। उन्होंने छोटू की पढ़ाई-लिखाई की प्रशंसापरक चर्चा की। मन प्रसन्न हो गया। तभी उन्होंने आपकी दिनचर्या बताई। मैं दुखों के सागर में डूब गया। उनसे पता चला कि दिन-प्रतिदिन आपकी सेहत गिरती ही चली जा रही है। और आप हैं कि कोई ध्यान ही नहीं देते।

भैया, गुटखा और शराब-दोनों स्वास्थ्य के लिए हानिकारक हैं। गुटखा खाने से मुँह और गले का कैंसर होता है। इससे जबड़े की त्वचा सिकुड़कर सड़ जाती है। मुँह से विचित्र दुर्गंध आती है और स्वर-ग्रंथि भी बेहद प्रभावित होती है। गर्भवती माँ द्वारा सेवन करने से उसके शिशु पर भी बहुत बुरा असर पड़ता है।

इसी तरह शराब भी हमारे स्वास्थ्य को ले डूबती है। आँत और किडनी का संक्रमित होना तय है इससे। आप तो जानते ही हैं कि एक गरीब की वह औकात कहाँ जो अपना इलाज भी करा सके। यदि हम खुद अपने स्वास्थ्य के प्रति सचेष्ट न रहें तो फिर कौन सँभालेगा ?

सुना है कि इधर लगातार आपके पेट में दर्द रहता है; भोजन नहीं पचता है। ये दोनों परेशानियाँ गुटखे और शराब के ही कारण हो रही हैं। आप इन्हें छोड़कर तो देखिए, चन्द दिनों में भले चंगे हो जाएँगे। मैं एक सप्ताह की छुट्टी लेकर आ रहा हूँ। आपको नशे पर आई विभिन्न रिपोर्टों को पढ़कर सुनाऊँगा।

विशेष, दर्शन होने पर। चाचीजी और सोनी पर ध्यान दीजिएगा।

आपका भतीजा

अंशुमान

♦ अपनेपिताको एक पत्र लिखिएजिसमेंपूरे परिवार के व्यवहारके लिए एक टीवी खरीदने के लिए अनुरोधकीजिए

स्टेशन रोड,

भागलपुर

15 फरवरी, 1988

पूज्यवर पिताजी,

मुझे आपका पत्र अभी-अभी मिला। मुझे यह जानकर ख़ुशी है कि आप अगले महीने में घर आ रहे हैं। मैं आपको कुछ कष्ट देना चाहता हूँ। मैं चाहता हूँ कि हमारे घर में एक टीवी रहे। गत वर्ष मैंने आपसे टीवी खरीदने के लिए अनुरोध किया था, लेकिन आपने उसे स्वीकार नहीं किया। आप मुझसे सहमत होंगे कि टीवी एक बहुत उपयोगी चीज है। यदि हमारे घर में टीवी हो तो हम समाचार, फ़िल्म, क्रिकेट और कई प्रकार के मनोरंजन कर सकते हैं।

टीवी मनोरंजन का एक अच्छा साधन है। इससे हमारा बहुत मनोरंजन होगा। इसका शिक्षाणात्मक महत्त्व भी है। विभित्र कार्यक्रमों को देखकर मैं बहुत बातें सीख सकता हूँ। यदि हमारे पास टीवी हो तो वह पुरे परिवार के लिए उपयोगी होगा। माताजी औरतों के कार्यक्रम को पसंद करेंगी। वे भागवत देखना चाहेंगी। मैं टीवी देखकर बहुत-कुछ सीखूँगा। मनोज बच्चों के कार्यक्रम देखकर खुश होगा।

आप देख सकते है कि टीवी हमारे परिवार के लिए आवश्यक है। क्या आप जब घर आएँगे तब कृपा करके एक टीवी खरीद देंगे ?अब टीवी की कीमत अधिक नहीं रही। सस्ते टीवी से भी काम चल जाएगा। मुझे विश्र्वास है कि आप परिवार के व्यवहार के लिए एक टीवी खरीद देंगे।

अत्यंत आदर के साथ,

आपका स्त्रेही

प्रकाश

पता-श्री देवेंद्र प्रसाद सिंह,

15 पार्क स्ट्रीट,

कलकत्ता-8

♦ आपएकसाइकिल खरीदनाचाहते हैं।अपने पिताको एकपत्रलिखिएजिसमेंसाइकिल खरीदनेके लिए कुछ रुपए भेजनेकेलिए उनसेअनुरोध कीजिए।

महात्मा गाँधी रोड,

जमालपुर

27 फरवरी, 1988

पूज्यवर पिताजी,

करीब एक महीने से मुझे आपका कोई पत्र नहीं मिला है। मुझे डर है कि आप मुझ पर रंज हैं।

आप जानते है कि मुझे पैदल स्कूल जाना पड़ता है। मुझे प्रतिदिन चार मील पैदल चलना पड़ता है। मुझे प्रातः काल 9 बजकर 15 मिनट पर स्कूल के लिए रवाना होना पड़ता है। मुझे सुबह में अध्ययन के लिए अधिक समय नहीं मिलता। जब मैं स्कूल से लौटता हूँ तब मैं बहुत थका हुआ रहता हूँ। इसलिए मैं शाम में मन लगाकर नहीं पढ़ सकता।

यदि मेरे पास एक साइकिल रहे तो मैं काफी समय और शक्ति बचा सकता हूँ। मैं साइकिल चलाना अच्छी तरह जानता हूँ। मैं भीड़वाली सड़कों पर भी साइकिल चला सकता हूँ। क्या आप कृपा करके मुझे एक साइकिल खरीद देंगे ? आप मुझसे सहमत होंगे कि मेरे लिए साइकिल आवश्यक है। मैं कीमती साइकिल लेना नहीं चाहता। सस्ती साइकिल से भी काम चल जाएगा।

कृपा करके मुझे पाँच सौ रुपए भेज दें जिससे मैं एक साइकिल खरीद सकूँ।

माँ को मेरा प्यार। अत्यंत आदर के साथ,

आपका स्नेही,

मोहन

पता- श्री महेंद्र प्रसाद,

जलकद्यरबाग,

पटना-8

♦ **एकपत्रमेंअपनेपिताको टेस्टपरीक्षामेंअपनी सफलता और बोर्डपरीक्षा के लिएअपनी तैयारी के बारे मेंलिखिए।**

गोविंद मित्र रोड

पटना-4

5 दिसंबर, 1987

पूज्यवर पिताजी,

आपके लिए एक खुशखबरी है। आपको यह जानकर ख़ुशी होगी कि मैं टेस्ट परीक्षा में अपने वर्ग में प्रथम हुआ।

मेरी बोर्ड परीक्षा 9 मार्च 1998 से प्रारंभ होगी। बोर्ड परीक्षा की तैयारी करने के लिए मेरे पास काफी समय है। मैं अपने समय का अच्छी तरह उपयोग करना चाहता हूँ। मैंने अपनी पाठ्यपुस्तकों को अच्छी तरह पढ़ लिया है। अब मैं प्रत्येक विषय में कुछ संभावित प्रश्न तैयार कर रहा हूँ। मैंने अपने अध्ययन के लिए एक कार्यक्रम बना लिया है। मैं प्रत्येक विषय को अच्छी तरह तैयार कर रहा हूँ। मैं लिखने के काम में काफी समय लगाता हूँ। मैं उम्मीद करता हूँ कि जनवरी के अंत तक मैं अपनी तैयारी खत्म कर लूँगा। तब मैं अपनी पाठ्यपुस्तकों को दुहराऊँगा।

मेरे शिक्षक को उम्मीद है कि मैं बोर्ड परीक्षा में अच्छा स्थान प्राप्त करूँगा। मैं आशा करता हूँ कि मेरा परीक्षाफल उनकी उम्मीद के अनुसार होगा।

कृपया माताजी को मेरा प्रणाम कह देंगे।

आपका स्नेही,

अशोक

पता- श्री विनोद कुमार शर्मा

स्टेशन रोड,

दरभंगा

♦ **आपपरीक्षासमाप्त होने के बादएक मित्रकेघरजाना चाहते हैं। इसकेलिए अनुमति माँगने केलिए अपनेपिताकोएक पत्रलिखिए।**

गर्दनीबाग,

पटना-1

22 फरवरी, 1998

पूज्यवर पिताजी,

मुझे आपका पत्र अभी मिला है। आपने मुझे परीक्षा के बाद घर आने को कहा है। मुझे आपको यह कहने में दुःख है कि मैं तुरन्त ही घर जाना नहीं चाहता।

मेरे एक मित्र ने मुझे परीक्षा के बाद अपने घर जाने को कहा है। उनके पिता बरौनी में रहते है। मैं अपने मित्र के घर जाना चाहता हूँ। मैं कभी भी बरौनी नहीं गया हूँ। मैं तेलशोधक कारखाना देखना चाहता हूँ। मेरे मित्र ने मुझे विश्र्वास दिलाया है कि वह मुझे तेलशोधक कारखाना दिखलाएगा।

परीक्षा समाप्त होने के बाद मैं बहुत थका रहूँगा। मैं सोचता हूँ कि अपने मित्र के घर जाने से मेरा मनोरंजन होगा। मैं अपने मित्र के घर पर तीन या चार दिनों तक रहूँगा। तब मैं घर जाऊँगा।

कृपया परीक्षा समाप्त होने के बाद मुझे अपने मित्र के घर जाने की अनुमति अवश्य दें। यदि आप मुझे अपनी अनुमति नहीं देंगे तो मेरा मित्र निराश हो जाएगा।

आपका प्रिय पुत्र,

योगेंद्र

पता- श्री महेंद्र शर्मा

15 सिविल लाइंस

गया

♦ एक पत्रमेंअपनेपिताको बताइएकिआपमाध्यमिक विद्यालय परीक्षा मेंउत्तीर्ण होनेकेबादक्या करनाचाहतेहैं।

राजेंद्रनगर,
पटना- 16
2 मार्च, 1998

पूज्यवर पिताजी,

मुझे आपका पत्र अभी मिला है। आपने मुझे यह बतलाने को कहा है कि मैं माध्यमिक विद्यालय परीक्षा में उत्तीर्ण होने के बाद क्या करना चाहता हूँ।

अब बोर्ड परीक्षा होने में आधा महीना ही बाकी है। मैं परीक्षा के लिए कठिन परिश्रम कर रहा हूँ। आप चाहते है कि मैं बोर्ड परीक्षा में अच्छा करूँ और मैं सोचता हूँ कि मेरा परीक्षाफल आपकी उम्मीद के अनुकूल होगा। मैं जानता हूँ कि इस परीक्षा में मेरी सफलता पर ही मेरा भविष्य निर्भर करता है। इसलिए मैं लगातार परिश्रम कर रहा हूँ।

मैं माध्यमिक विद्यालय परीक्षा में उत्तीर्ण होने के बाद पटना विज्ञान महाविद्यालय में प्रवेश करना चाहता हूँ। आप जानते है कि यह हमारे राज्य में सबसे अच्छा महाविद्यालय है। मैंने अपने एक मित्र से सुना है कि इसमें अच्छी प्रयोगशालाएँ हैं। इस महाविद्यालय में अनेक विख्यात प्राध्यापक हैं। मैं जानता हूँ कि इस महाविद्यालय में केवल तेज छात्रों का ही नाम लिखा जाता है। मुझे उम्मीद है कि इस महाविद्यालय में मेरा नाम लिखा जाएगा।

आप जानते है कि मैंने माध्यमिक विद्यालय परीक्षा में जीवविज्ञान लिया है। मैं डॉक्टर बनना चाहता हूँ, लेकिन मेडिकल कॉलेज में प्रवेश करने के पहले मुझे आई० एस० सी० की परीक्षा में उत्तीर्ण होना पड़ेगा। मैं सोचता हूँ कि माध्यमिक विद्यालय परीक्षा में उत्तीर्ण होने के बाद पटना विज्ञान महाविद्यालय में प्रवेश करना मेरे लिए अच्छा होगा।

क्या आप मेरे विचार को पसंद करते हैं ? यदि आप इसे पसंद नहीं करते तो कृपया लिखें।

आपका स्त्रेही,
अजय
पता- श्री अजय कुमार बोस,
तातारपुर,
भागलपुर-2

♦ आपकीपरीक्षाकुछ ही दिनोंमें होनेवालीहै, लेकिनआपकी तैयारीअच्छीनहीं है।अपनेपिताकोएक पत्रलिखिएजिसमेअगलेवर्षपरीक्षामेंशरीकहोने की अनुमति केलिए उनसे अनुरोधकीजिए।

मीठापुर,
पटना-1
5 मार्च, 1988

पूज्यवर पिताजी,

मेरी बोर्ड परीक्षा 9 मार्च से शुरू होगी। आपको यह जानकर अत्यंत दुःख होगा कि परीक्षा के लिए मेरी तैयारी अच्छी नहीं है।

यद्यपि परीक्षा के लिए मैं कठिन परिश्रम करता रहा हूँ, फिर भी मैंने सभी विषयों को अच्छी तरह तैयार नहीं किया है। मैं अँगरेजी और भौतिक विज्ञान में बहुत कमजोर हूँ। मुझे भय है कि यदि परीक्षा में शरीक होऊँगा तो इन विषयों में अवश्य असफल हो जाऊँगा। यदि मैं इस वर्ष परीक्षा में नहीं बैठूँगा तो अच्छा होगा।

इस दुःखद समाचार से आप तथा माँ अवश्य चिंतित होंगे, लेकिन मैं बिलकुल मजबूर हूँ। आपको यह कहने में मुझे अत्यंत दुःख हो रहा है कि मैं परीक्षा में सफल नहीं हो सकता। कृपया मुझे अगले वर्ष परीक्षा में शरीक होने की अनुमति दें। मैं आपको विश्र्वास दिलाता हूँ कि मैं कठिन परिश्रम करूँगा और कमजोरी को पूरा कर लूँगा। मुझे सभी विषयों को अच्छी तरह तैयार करने के लिए काफी समय मिलेगा।

अत्यंत आदर के साथ,
आपका स्त्रेही,
गिरींद्र
पता- श्री सुरेंद्र प्रसाद,
न्यू एरिया
आरा

♦ अपनेबड़ेभाईकोएक पत्र लिखिए जो अब कॉलेज में हैं।उनसेपूछिए कि आपकोइसपरीक्षा में उत्तीर्णहोने के बाद क्याकरनाचाहिए।

जिला स्कूल छात्रावास,
भागलपुर
9 फरवरी, 1988

पूज्यवर भैया,

मुझे एक महीने से आपका कोई पत्र नहीं मिला है। मुझे लगता है कि आप अपने अध्ययन में इतने व्यस्त हैं कि आप मुझे पत्र नहीं लिख पाते। मेरी बोर्ड परीक्षा 9 मार्च से शुरू होगी। आप चाहते हैं कि मैं परीक्षा में अच्छा करूँ और मुझे उम्मीद है कि मेरा परीक्षाफल आपकी आशा के अनुकूल होगा। मैंने सभी विषयों को अच्छी तरह तैयार कर लिया है। अब मैं उनमें से अधिकतर विषयों को दुहरा रहा हूँ। मुझे बोर्ड परीक्षा में अच्छे अंक अवश्य आएँगे।

मैंने निश्चय नहीं किया है कि मुझे बोर्ड परीक्षा में उत्तीर्ण होने के बाद क्या करना चाहिए। आप जानते है कि मैंने विज्ञान लिया है। मुझे जीवविज्ञान में बहुत रूचि है। मैं डॉक्टर बनना पसंद करूँगा।

कृपया मुझे बतलाइए कि मुझे बोर्ड परीक्षा में उत्तीर्ण होने के बाद क्या करना चाहिए।

आपका स्नेहभाजन,
सुशील

पता- श्री मोहन बनर्जी,
कमरा न० 5,
न्यूटन छात्रावास,
पटना-5

♦ अपने छोटे भाईकोएक पत्र लिखिए जिसमेंअध्ययनकी उपेक्षाकरने केलिएउसेडाँटिए।

जिला स्कूल छात्रावास,
राँची
7 जनवरी, 1988

प्रिय अजय,

मुझे अभी पिताजी का एक पत्र मिला है। उनके पत्र से यह जानकर कि तुम गत वार्षिक परीक्षा में असफल हो गए हो मुझे बहुत दुःख है। मैंने तुम्हें दुर्गापूजा की छुट्टी में कहा था कि तुम्हें कठिन परिश्रम करना चाहिए। तुमने मेरी राय पर ध्यान नहीं दिया। तुमने अध्ययन की उपेक्षा की है। इसलिए तुम परीक्षा में असफल हो गए हो।

तुम्हें स्कूल में पढ़ने के लिए भेजा गया है। अब तुम बच्चे नहीं हो। तुम्हें यह जानना चाहिए कि तुम्हें क्या करना है। यदि तुम इस प्रकार अध्ययन की उपेक्षा करोगे तो बाद में तुम्हें दुखी होना पड़ेगा, जब तुम कुछ नहीं कर सकोगे। अपना समय बरबाद नहीं करो। तुम एक वर्ष खो चुके हो, क्योंकि तुमने अध्ययन की उपेक्षा की है। परीक्षा में असफल होना तुम्हारे लिए लज्जाजनक हैं। यदि तुम पढ़ाई पर ध्यान नहीं दोगे तो तुम्हें भविष्य में पछताना पड़ेगा।

तुम्हारी असफलता से पिताजी और माताजी दोनों को अत्यंत दुःख है। तुम्हें अपना सुधार अवश्य करना चाहिए। अच्छा लड़का बनो और पढ़ने में लग जाओ। आशा है, तुम अपनी गलती महसूस करोगे।

शुभकामनाओं के साथ-
तुम्हारा प्रिय भाई,
उमेश

पता- श्री अजय कुमार,
नवम वर्ग,
एस० एच० ई० स्कूल, सुरसंड,
पो० ऑ०- सुरसंड,
जिला- सीतामढ़ी

♦ एक पत्रमेंअपने चचेरे भाईसेअनुरोधकीजिए किवे छुट्टीमें आपकोअपनाकैमरादें।

कदमकुआँ,
पटना -3
15 दिसंबर, 1988

पूज्यवर भ्राताजी,

बहुत दिनों से आपका कोई पत्र मुझे नहीं मिला है। मेरी वार्षिक परीक्षा खत्म हो गई है और मैं बड़े दिन की छुट्टी का इंतजार कर रहा हूँ। मैंने छुट्टी में दिल्ली और आगरा जाने का निश्र्चय किया है।

मैं आपको कुछ कष्ट देना चाहता हूँ। मैं छुट्टी में आपका कैमरा लेना चाहूँगा। यदि मुझे आपका कैमरा मिल जाए तो मैं दिल्ली और आगरे की अपनी यात्रा में कुछ मनोरंजक फोटो खीचूँगा। आप जानते है कि मैं आपके कैमरे का प्रयोग अच्छी तरह कर सकता हूँ।

कृपया अपना कैमरा मुझे एक सप्ताह के लिए दें। मुझे उम्मीद है कि आप मुझे निराश नहीं करेंगे। मैं आपको विश्र्वास दिला सकता हूँ कि आपके कैमरे को अच्छी तरह रखूँगा। ज्योंही मैं यहाँ लौटकर आऊँगा, त्योंही मैं आपको यह लौटा दूँगा।

कृपया मेरा प्रणाम चाचाजी और चाचाजी को कह देंगे।

आपका स्नेह भाजन

उदय

पता- श्री श्याम कुमार,

कोर्ट रोड, बाढ़

जिला-पटना

♦ **अपनेमित्रको एकपत्रलिखिएजिसमेंमेला देखनेका वर्णनकीजिए।**

बाँकीपुर,

पटना-4

15 नवंबर, 1987

प्रिय शेखर,

पिछले कई दिनों से मैं तुम्हें पत्र लिखने के लिए सोच रहा था। पर, मुझे सोनपुर मेला देखने की इच्छा थी। इसलिए मैंने जान-बूझकर पत्र लिखने में देर की। मैंने सोचा कि सोनपुर मेले से लौटकर पत्र देना अच्छा होगा ताकि मैं वहाँ के अनुभव का वर्णन कर सकूँ।

सोनपुर का मेला एक बहुत बड़े क्षेत्र में लगता है। मैं समझता हूँ कि यह दुनिया का सबसे बड़ा मेला है। यहाँ सभी तरह के पशु और पक्षी- सबसे छोटे से लेकर सबसे बड़े तक- बेचे जाते है। यहाँ पर अनगिनत दूकानें रहती है और चीजों की अत्यधिक खरीद-बिक्री होती है। सबसे बड़ा बाजार जानवरों का है जहाँ गाय, भैंस, घोड़ा, ऊँट, हाथी इत्यादि बिकते हैं। मेले में बहुत-से होटल, नाटक-मंडली, सर्कस-मंडली इत्यादि रहते है। मेले में बहुत अधिक भीड़ रहती है और हरिहरनाथ के मंदिर में सबसे अधिक भीड़ रहती है।

मेले में संध्या का समय बड़ा दुःखदायी रहता है। बहुत-से लोग एक साथ भोजन बनाते है, इसलिए धुआँ बहुत उठता है। खासकर मैंने पक्षियों के बाजार का अधिक आनंद उठाया; क्योंकि एक ही जगह मैंने हजारों तरह के पक्षियों को देखा। उनमें से बहुतों का मिलना दुर्लभ था और वे बहुत दूर से लाए गए थे।

मेला जाने से मुझे बहुत आनंद हुआ, लेकिन तुम्हारी अनुपस्थिति से दुःख हुआ।

तुम्हारा शुभचिंतक,

रामानुज

पता- श्री शेखर प्रसाद,

मारफत: बाबू नंदकिशोर लाल, वकील

महाजनटोली, आरा।

11

दोहे

कबीर

कवि परिचय

पूरा नाम -कबीरदास

अन्य नाम-कबीरा

जन्म-सन् 1398 (लगभग)

जन्म स्थान-लहरतारा ताल, काशी

मृत्यु-सन् 1518 (लगभग)

मृत्यु स्थान-मगहर, उत्तर प्रदेश

वास्तविक माता - पिता-यह माना जाता है कि कबीरदास एक विधवा ब्राह्मणी की संतान थे, जिसने लोक लाज के भय से उन्हें लहरतारा में एक तालाब के निकट छोड़ दिया था।

पालक माता-पिता-नीरु और नीमा

पत्नी-लोई

संतान-कमाल (पुत्र), कमाली (पुत्री)

शिक्षा-निरक्षर

रचनाएँ-कबीर दास की एकमात्र प्रमाणिक रचना है- 'बीजक' इसके तीन भाग है – 'साखी', 'सबद' और 'रमैनी' इनके कुछ पद गुरु ग्रंथ साहिब में भी संकलित है।

गोस्वामी तुलसीदास

कवि परिचय

गोस्वामी तुलसीदास

पूरा नाम-गोस्वामी तुलसीदास

अन्य नाम-रामबोला, तुलसी

जन्म-सन् 1532

जन्म स्थान-राजापुर, उत्तर प्रदेश

मृत्यु-सन् 1623

मृत्यु स्थान-काशी

पिता-आत्माराम दुबे

माता-हुलसी

पालक माता-पिता-मुनिया नामक दासी

पत्नी-रत्नावली

संतान- ----

पुरस्कार-उपाधि

गोस्वामी,अभिनववाल्मीकि

रचनाएँ

तुलसीदास की कुल बारह रचनाओं को प्रमाणिक माना गया है । रामलला नहछू, रामाज्ञाप्रश्न, जानकीमंगल, रामचरित मानस, पार्वती मंगल, गीतावली, कृष्ण गीतावली, विनय पत्रिका, बरबै, दोहावली, कवितावली, हनुमान बाहुक

अन्य जानकारी

तुलसीदास जी को वाल्मीकि का भी अवतार माना जाता है, जो मूल आदिकाव्य रामायण के रचयिता थे।

तुलसीदास

बध्यो बधिक पर्यो पुन्य जल उलटि उठाई चोंच ।

तुलसी चातक प्रेमपट मरतहुँ लगी न खोंच ।।

शब्दार्थ :बधिक = बहेलिया,शिकारी । **पुण्य जल** = गंगा का जल । **उलटि** = उल्टा । **प्रेमपट** = पवित्र प्रेम । **मरतहुँ** = मृत्यु का समय

संदर्भ :प्रस्तुत दोहा हमारे संकलित पाठ **'तुलसीदास'** शीर्षक से अवतरित है। इसके रचयिता तुलसीदास जी है। यह दोहा उनकी रचना **'तुलसीदोहावली'** से उद्‌धृत है।

प्रसंग :प्रस्तुत दोहे में तुलसीदास ने अपने भक्ति के दृढ़ता को व्यक्त करते हुए चातक से तुलना की है।

व्याख्या : चातक स्वाति जल के प्रति निष्ठावान है। उसी के लिए वह जीता है। स्वाति जल के अतिरिक्त वह अन्य जल ग्रहण नहीं करता है। कवि तुलसीदास दास जी कहते हैं कि चातक को बहेलिये ने घायल किया और चातक घायल होकर गंगा जल में गिर पड़ता है और वह गिरते ही अपनी चोच को ऊपर उठा लेता है। जिससे की गंगा जल उसके मुँह में ना जा सके। यदि गंगा जल उसके मुँह में चला जाता तो उसके स्वाति जल के प्रति प्रेम कलंकित हो जाता।

कवि चातक के प्रेम भक्ति के उत्कृष्ट को बताते हुए उसके प्रति उसकी निष्ठा की ओर संकेत करते है कि मरते हुए भी उसने गंगा जल को ग्रहण नहीं किया। मान्यता है कि गंगा जल समस्त पापों को धो डालता है और अंतिम अवस्था में यदि गंगा जल ग्रहण किया जाता है तो पाप से मुक्ति मिल जाती है। कवि यही कहना चाहता है कि मेरी भक्ति भी चातक की भांति है। चाहे अन्य की भक्ति से मुक्ति क्यों ना मिल जाए परंतु उन्हें तो राम भक्ति ही प्रिय है। मरते दम तक वह राम भक्ति छोड़ अन्य भक्ति को नहीं अपना सकते।

विशेष : १) भक्ति की दृढ़ता का प्रकाशन हुआ है।

२) अनुप्रास अलंकार का प्रयोग किया गया है।

३) अवधी भाषा का प्रयोग दोहे में दृष्टव्य है।

४) भाषा में लयात्मकता और गीतात्मकता है।

५) दोहा छंद का प्रयोग हुआ है।

हमलखिलखहिहमारलखिहमहमारकेबीच।

तुलसीअलखहिकालखहिरामनामजपनीच।।

शब्दार्थ :लखि= देखना । **लखहि**= दिखाई देना । **अलखहि**= एक साधु

संदर्भ : प्रस्तुत दोहा हमारे संकलित पाठ '**तुलसीदास**' शीर्षक से अवतरित है। इसके रचयिता तुलसीदास जी है। यह दोहा उनकी रचना '**तुलसीदोहावली**' से उद्धृत है।

प्रसंग: प्रस्तुत दोहे के माध्यम से कवि तुलसी ने सच्चे मन से ईश्वर भक्ति करने का संदेश दिया है।

व्याख्या : प्रस्तुत दोहे में तुलसीदास जी एक साधनहीन 'अलखिया' साधु जो केवल 'अलख-अलख' चलाया करता था, उसे धिक्कारते हुए कहते हैं कि तू पहले स्वयं को जान, फिर अपने अर्थात 'अपने' ब्रह्म के स्वरूप का अनुभव कर। उसके पश्चात अपने और ब्रह्म के बीच में रहने वाली माया को पहचान।

अरे नीच!इन तीनों को समझे बिना तू उस अलख परमात्मा को क्या समझ सकता है ? अतः 'अलख-अलख' चिल्लाना छोड़कर प्रभु के रामनाम का जाप कर।

विशेष: १)ईश्वर भक्ति के महत्व को उजागर किया गया है।

२)अनुप्रास अलंकार का प्रयोग किया गया है।

३) अवधी भाषा का प्रयोग दोहे में दृष्टव्य है।

४) भाषा में लयात्मकता और गीतात्मकता है।

५) दोहा छंद का प्रयोग हुआ है।

जड़चेतनगुनदोषमयबिस्वकीन्हकरतार।

संतहंसगुनगहहिंपयपरिहरिबारिबिकार।।

शब्दार्थ :करतार = ईश्वर, सृष्टि कर्ता । **संतहंस** = संत रूपी हंस (वैसे ही संत भोग - वासना छोड़कर सन्मार्ग पर चलता है। कहते हैं हंस दूध पी जाता है पानी छोड़ देता है।) । **गहहिं** = ग्रहण करना । **पय** = दूध । **परिहरि** = छोड़कर

संदर्भ : प्रस्तुत दोहा हमारे संकलित पाठ '**तुलसीदास**' शीर्षक से अवतरित है। इसके रचयिता तुलसीदास जी है। यह दोहा उनकी रचना '**तुलसीदोहावली**' दोहावली से उद्धृत है।

प्रसंग: प्रस्तुत दोहे के माध्यम से कवि तुलसी ने संसार के गुण और अवगुण से परिचय करवाया है।

व्याख्या : विधाता ने इस जड़-चेतन विश्व को गुण-दोषमय रचा है, किन्तु संत रूपी हंस दोष रूपी जल को छोड़कर गुण रूपी दूध को ही ग्रहण करते हैं।

तुलसीदास कहते है कि परम पिता परमेश्वर द्वारा गुण-दोष के साथ ही जड़ एवं चेतन(स्थिर एवं चलायमान)को सम्मिलित कर इस संसार की रचना की गयी है। अर्थात इस संसार में जो भी सजीव अथवा निर्जीव हैं सभी में गुण एंव दोष विद्यमान हैं। बुद्धिमान

वही है जो दोषों पर ध्यान न देते हुए केवल गुण ही ग्रहण करता है।

अतः जिस प्रकार हंस को दूध पिलाने पर वह केवल दूध रूपी गुण को ग्रहण कर लेता है जबकि दोषरुपी जल को छोड़ देता है उसी प्रकार हमें भी दोषों को छोड़ते हुए केवल गुण ग्रहण करना चाहिए। इसी में हमारी भलाई है।

विशेष: १) संसार की बाधा से बचने के लिए संतों का गुण अपनाना चाहिए।

२)अनुप्रास अलंकार का प्रयोग किया गया है।

३) अवधी भाषा का प्रयोग दोहे में दृष्टव्य है।

४) भाषा में लयात्मकता और गीतात्मकता है।

५) दोहा छंद का प्रयोग हुआ है।

नहिंजाचतनहिंसंग्रहीसीसनाइनहिंलेइ।

ऐसेमानीमांगनेहिकोबारिदबिनदेइ।।

शब्दार्थ :जाचत = याचना करना । **संग्रही**= संग्रह करना, इकट्ठा करना । **मांगनेहि** = मांगना । **बारिद** = बादल । **बिन** = बिना

संदर्भ: प्रस्तुत दोहा हमारे संकलित पाठ **'तुलसीदास'** शीर्षक से अवतरित है। इसके रचयिता तुलसीदास जी है। यह दोहा उनकी रचना **'तुलसीदोहावली'** से उद्धृत है।

प्रसंग : प्रस्तुत दोहे के माध्यम से तुलसीदास ने चातक पक्षी के माध्यम से स्वाभिमानी और एकनिष्ठ भक्तों के गुणों पर प्रकाश डाला है।

व्याख्या : तुलसीदास जी कहते हैं कि स्वाभिमानी भक्त को परमात्मा के अतिरिक्त कौन दे सकता है।

चातक अपने मुख से तो माँगता नहीं और यदि कोई देता है तो आवश्यकता से अधिक ग्रहण नहीं करता। यह कभी इकट्ठा करके नहीं रखता और कभी सिर झुकाकर भी नहीं लेता। ऐसे स्वाभिमानी चातक को बादल के बिना कौन दे सकता है? अर्थात अनन्त जल से परिपूर्ण बादल ही उसकी मौन याचना को समझता है और उसे पूर्ण करता है। इसका दूसरा अर्थ यह है कि प्रभु का सच्चा भक्त पहले तो कुछ माँगता ही नहीं, फिर यदि प्रभु की कृपा से उसे सांसारिक सुख-सम्पदा प्राप्त हो भी जाती है तो वह उसे स्वाभिमान के साथ ग्रहण करता है।

विशेष: १) भक्ति के क्षेत्र में संग्रह भावना अनुचित है।

२)अनुप्रास अलंकार का प्रयोग किया गया है।

३) अवधी भाषा का प्रयोग दोहे में दृष्टव्य है।

४) भाषा में लयात्मकता और गीतात्मकता है।

५) दोहा छंद का प्रयोग हुआ है।

परीक्षा के दृष्टिकोण से महत्वपूर्ण प्रश्न

प्रश्न : तुलसीदासकीकाव्यगतविशेषताओंकावर्णनकरों?

उत्तरः तुलसीदास जी राम भक्ति शाखा के सर्वश्रेष्ठ कवि माने जाते हैं। उनके सामान राम भक्त कवि और कोई नहीं। वह राम के अनन्य भक्त हैं। उन्होंने अपने साहित्य के माध्यम से आदर्श समाज गठित करने का प्रयास किया। उनके काव्य की निम्नलिखित विशेषताएँ हैं।

भावपक्षकीविशेषता

क)सगुणभक्तिभावना : तुलसीदास जी के साहित्य की सबसे प्रमुख विशेषता इनकी भक्ति भावना है। यह ईश्वर के सगुण रूप में विश्वास रखते हैं। दशरथ पुत्र राम को यह अपने आराध्य मानते हैं और उनको ही सृष्टि के रचनाकर्ता, पालनकर्ता और संहारक मानते हैं। यद्यपि उनकी भक्ति में नवधा भक्ति के दर्शन होते हैं। परंतु फिर भी उनके काव्य में दास्य भक्ति की प्रधानता है। यथा : -

हमलखिलखहिहमारलखिहमहमारकेबीच।

तुलसीअलखहिकालखहिरामनामजपनीच।।

ख)प्रेमकीअनन्यनता : तुलसीदास ने चातक प्रेम के आदर्श को अपनाया है। वह तो एक राम-घनश्याम के लिए पपीहा बने हुए हैं। यथा : -

एकभरोसोएकबलएकआसविश्वास।

एकरामघनश्यामहितचातकतुलसीदास।।

ग)विषयकीव्यापकता : तुलसीदास के काव्य में विषय की व्यापकता मिलती है। आदिकालीन कवियों ने केवल वीर एवं श्रृंगार प्रधान रचनाएँ लिखी थी। कृष्ण कवियों ने कृष्ण के लोकरंजन रूप को ही ग्रहण किया। इसके बाद रीतिकालीन कवियों की दृष्टि भी केवल श्रृंगार पक्ष तक ही सीमित रही। किंतु तुलसीदास ने जीवन के सभी पक्षों को अपने काव्य में स्थान दिया। उनके काव्य में धर्म, भक्ति, दर्शन ,समाज, संस्कृति आदि सभी का सुंदर समन्वय मिलता है। वस्तुतः जीवन का कोई भी पक्ष उनके काव्य से अछूता नहीं रहा। यथा : -

बध्योबधिकपरयोपुन्यजलउल्टीउठाईचोंच।

तुलसीचातकप्रेमपटमरतहूँलगीखोंच।।

घ)समन्वयभावना : तुलसीदास जी एक समान्यवादी राम-भक्त कवि थे। उनका संपूर्ण काव्य आदर्श मानव समाज की स्थापना करना चाहता है। रामचरित्रमानस में राम को आदर्श पुत्र, सीता को आदर्श पत्नी, भरत और लक्ष्मण को आदर्श भाई, कौशल्या को आदर्श माता तथा हनुमान को आदर्श सेवक के रूप में प्रस्तुत किया गया है। उन्होंने निर्गुण और सगुण, शैव और वैष्णव, गृहस्थ और वैराग्य, भक्ति और ज्ञान, लोक और शस्त्र, लोक भाषा और संस्कृत भाषा का समन्वय करने का प्रयास किया है। निर्गुण और सगुण को एक मानते हुए उन्होंने कहा है : -

अगुनहिंसगुनहिंनहींकछुभेदा।

गावहिंमुनिपुरानबुधबेदा।।

इसी प्रकार का ज्ञान और भक्ति को एक मानते हुए उन्होंने लिखा है : -

ज्ञानहिंभगतिरहिंनहिंकछुभेदा।

उभयहरहिंभवसंभवखेदा।।

कलापक्षकीविशेषता

क)भाषा : तुलसीदास ने ब्रज एवं अवधि दोनों ही भाषाओं में रचना की। उनका महाकाव्य 'श्रीरामचरितमानस' अवधी भाषा में लिखा गया है। 'विनयपत्रिका', 'गीतावली' और 'कवितावली' में ब्रज भाषा का प्रयोग हुआ है। मुहावरों और लोकोक्तियों के प्रयोग से भाषा के प्रभाव में विशेष वृद्धि हुई हैं।

ख)शैली : तुलसी ने अपने समय में प्रचलित सभी काव्य-शैलियों को अपनाया है। 'श्रीरामचरितमानस' में प्रबंध शैली, 'विनयपत्रिका' में मुक्तक शैली तथा 'दोहावली' में कबीर के समान प्रयुक्त की गई साखी की शैली स्पष्ट देखी जा सकती है। यत्र-तत्र अन्य शैलियों का प्रयोग भी किया गया है।

ग)छंद : तुलसी ने चौपाया छंद, सोगठा, कवित्त, सवैया, बरवै, छप्पय आदि अनेक छन्दों का प्रयोग किया है।

घ)अलंकार : तुलसी के काव्य में अलंकारों का प्रयोग सहज स्वाभाविक रूप में किया गया है। इन्होंने अनुप्रास, रूपक, उपमा, उत्प्रेक्षा, प्रतीक,अनन्वय, श्लेश, संदेह, असंगति एवं दृष्टांत अलंकारों के प्रयोग सर्वाधिक मात्रा में किए हैं।

गृहकार्य

(क) तुलसीदास की भक्ति की मूल विशेषताओं पर प्रकाश डालिए ?

(ख) तुलसी के काव्य के आदर्श कौन है ? इससे संबंधित एक दोहा लिखिए ?

(ग) तुलसीदास के काव्य भाषा पर संक्षिप्त टिप्पणी लिखिए ?

रहीम

कवि परिचय

अब्दुर्रहीम ख़ानख़ाना

पूरा नाम-अब्दुर्रहीम ख़ानख़ाना

अन्य नाम-रहीम, रहिमन

जन्म-17 दिसम्बर 1556 ई.

जन्म स्थान-लाहौर (पाकिस्तान)

मृत्यु-1 अक्टूबर 1627 ई.

मृत्यु स्थान-आगरा

पिता-बैरम ख़ाँ

माता-सुल्ताना बेगम

पत्नी-माहबानू बेगम

संतान-शाहनवाज़, दाराब, रहमानदाद

पुरस्कार-उपाधि- ख़ानख़ानाँ

प्रसिद्धि- अकबर के नवरत्नों में से एक

रचनाएँ- श्रृंगार सतसई, रहीम सतसई, मदनाष्टक, रहीम रत्नावली, बरवै नायिका-भेद, रास पंचाध्यायी, रहिमन विनोद, रहिमन शतक, रहीम विलास, रहीम कवितावली, रहिमन चंद्रिका

रहीम

रहिमननिजमनकीव्यथा, मनहीराखोगोय।

सुनिअठिलैहैंलोगसब, बांटिनलैहैंकोय।।

शब्दार्थ : निज= अपना । **व्यथा** = दुःख , वेदना ।**गोय** = छिपाकर । **सुनि**= सुनकर ।**अठिलैहैं** = इठलाना, मज़ाक उड़ाना ।

संदर्भः प्रस्तुत दोहा हमारे संकलित पाठ 'रहीम' शीर्षक से अवतरित है। इसके कवि रहीमदास जी है। यह दोहा उनकी रचना **'रहीमग्रंथावली'** से लिया गया है।

प्रसंग : प्रस्तुत दोहे में कवि रहीम ने मन की पीड़ा दूसरे को ना बताने का उपदेश दिया है।

व्याख्या : कवि रहीम कहते हैं, यह तो सच है कि सच्चा मित्र वही होता है जो दुख-दर्द में काम आता है। यह भी कहा जाता है कि दुख-दर्द बाँटने से पीड़ा कम हो जाती है। किंतु प्रायः देखा जाता है कि लोग दूसरे को अपना दुख-दर्द सुनाते हैं, लेकिन सुनने वाले सामने तो सहानुभूति का प्रदर्शन करते हैं, किंतु पीठ पीछे उसका परिहास करते हैं।

ऐसी स्थिति को देखते हुए रहीम कहते हैं, मन में चाहे कितनी भी पीड़ा क्यों ना हो, उसे मन में ही रखना चाहिए किसी के सामने उसे प्रकट नहीं करना चाहिए। क्योंकि लोग दूसरे का कष्ट सुनकर पीठ-पीछे उसका उपहास उड़ाते हैं। यहाँ कोई भी दूसरे के दुखों को बाँटना नहीं चाहता। अतः हमें धैर्यमना होकर पीड़ा को सहने की शक्ति अर्जित करनी चाहिए।

विशेष :१)कवि रहीम ने मन के दुःख को मन में ही छिपाकर रखने का जो परामर्श दिया है। वह बड़ा व्यावहारिक है। स्वाभिमानी व्यक्ति को दुःख के दिन गम्भीरता और धैर्य के साथ चुपचाप बिता लेने चाहिए।

२)उदाहरण अलंकार का प्रयोग हुआ है।

३)ब्रज भाषा का प्रयोग दोहा में दृष्टव्य है।

४)दोहा छंद का प्रयोग हुआ है।

५)भाषा में लयात्मकता व गीतात्मकता है।

रहिमनधागाप्रेमका, मततोड़ोचटकाय।

टूटेसेफिरनाजुरे, जुरैगांठपरिजाय।।

शब्दार्थ : धागा = डोर । **चटकाय**= झटका देकर । **जुरै** = जुड़ने पर

संदर्भः प्रस्तुत दोहा हमारे संकलित पाठ 'रहीम' शीर्षक से अवतरित है। इसके कवि रहीमदास जी है। यह दोहा उनकी रचना **'रहीमग्रंथावली'** से लिया गया है।

प्रसंग : प्रस्तुत दोहे में कवि रहीम ने प्रेम की निरंतरता और अखंडता के महत्व को बहुत ही सुंदर युक्ति से समझाया है।

व्याख्या : प्रेम की माया अपरम्पार है। प्रेम से किसी का भी हृदय जीता जा सकता हैं। प्रेम का बंधन अटूट होता हैं। कवि रहीम कहते हैं कि प्रेमरूपी नाजुक धागों को क्षणिक आवेश में आकर कभी नहीं तोड़ना चाहिए। जिस प्रकार धागा एक बार टूट जाने पर फिर नहीं जुड़ता और यदि जुड़ भी जाता है तो उसमें गाँठ पड़ जाती हैं। उसी प्रकार प्रेम-संबंध यदि एक बार टूट जाए तो फिर उसका जोड़ना कठिन होता है। इसको जोड़ने की कोशिश करने पर उस में दरार अवश्य पड़ जाती है। पहले जैसी बात नहीं रहती क्योंकि संबंध सामान्य होने पर भी व्यक्ति को पुरानी याद आती है।

विशेष: १)कवि रहीम ने प्रेम के महत्व को उजागर किया है।

२)उदाहरण, श्लेष व रूपक अलंकार का प्रयोग हुआ है।

३)ब्रज भाषा का प्रयोग दोहा में दृष्टव्य है।

४)दोहा छंद का प्रयोग हुआ हैं।

५)भाषा में लयात्मकता व गीतात्मकता हैं।

रहिमनपानीराखिये, बिनुपानीसबसून ।

पानीगएनऊबरै, मोती, मानुष, चून।।

शब्दार्थ : पानी = चमक,इज्जत, जल । **बिनु**= बिना,बगैर । **सून** = शून्य, व्यर्थ, । **मानुष**= मनुष्य, इंसान । **चून**= चूना

संदर्भ: प्रस्तुत दोहा हमारे संकलित पाठ **'रहीम'** शीर्षक से अवतरित है। इसके कवि रहीमदास जी है। यह दोहा उनकी रचना **'रहीमग्रंथावली'** से लिया गया है।

प्रसंग : प्रस्तुत दोहे में कवि रहीम ने मान सम्मान की रक्षा करने के विषय में बताया है।

व्याख्या : निसंदेह जल का बहुत महत्व है, बल्कि यह कहा जाए कि जल ही सर्वस्व है तो अतिशयोक्ति न होगी। जल के अभाव में सृष्टि का कल्पना करना व्यर्थ है। इसके अतिरिक्त जल का सामाजिक अर्थ भी है। पानी को सम्मान का पर्यायवाची माना जाता है।

इस दोहे में रहीम ने पानी को तीन अर्थ में प्रयोग किया है। पानी का पहला अर्थ मोती के चमक के संदर्भ में है। पानी का दूसरा अर्थ मनुष्य के सम्मान के संदर्भ में है। तथा पानी का तीसरा अर्थ चूने के साथ जल के संदर्भ में है।

रहीम इस दोहे के माध्यम से कहना चाहते हैं कि जिस प्रकार जल के अभाव में मनुष्य के प्राण कंठ में आ जाते हैं। जल के बिना मोती का कोई मोल नहीं होता तथा चूना अनुपयोगी रह जाता है। ठीक उसी प्रकार मनुष्य का पानी(सम्मान)के बगैर कोई मोल नहीं। इसके बिना उसका मूल्याह्रास होता है। इसलिए मनुष्य को अपने जीवन में हमेशा पानी रखना चाहिए।

विशेष : १)समाज में मनुष्य का सम्मान है तो सब कुछ है अन्यथा जीवन दूभर हो जाता है।

२)उदाहरण तथा श्लेष अलंकार का प्रयोग किया गया है।

३)ब्रज भाषा का प्रयोग दोहा में दृष्टव्य है।

४) दोहा छंद का प्रयोग हुआ है।

५)भाषा में लयात्मकता व गीतात्मकता है।

कदली, सीप, भुजंग-मुख, स्वातिएकगुनतीन।

जैसीसंगतिबैठिए, तैसोईफलदीन ।।

शब्दार्थ :कदली = केले का वृक्ष । **सीप** = जल के कीट द्वारा निर्मित कठोर खोल, जिसमें मोती बनता है । **भुजंग** = सर्प । **स्वाति** = ज्योतिष में मान्य एक नक्षत्र । **तैसोई** = वैसा ही । **दीन** = प्राप्त होता है

संदर्भ : प्रस्तुत दोहा हमारे संकलित पाठ **'रहीम'** शीर्षक से अवतरित है। इसके कवि रहीमदास जी है। यह दोहा उनकी रचना **'रहीमग्रंथावली'** से लिया गया है।

प्रसंग : प्रस्तुत दोहे में कवि रहीम ने संगति के प्रभाव को बताया है की व्यक्ति जैसी संगति में रहता है वैसा ही उस पर प्रभाव होता है।

व्याख्या : मनुष्य जिस वातावरण में पलता बढ़ता है, उसी से प्रभावित होकर उसके चरित्र का निर्माण होता है। संगति ही मनुष्य के विचारों को निर्मल अथवा मलिन बनाती है। लाठी एक है किंतु यदि वह रक्षक के हाथ लगे तो रक्षा करती है, हत्यारें के हाथ लगे तो हत्या।

रहीम कहते हैं स्वाति नक्षत्र की वर्षा की बूँदे तो एक ही है, किंतु वे जिसकी संगति में पड़ती हैं, वैसी ही गुण धारण करती है। यदि वह कदली(केले के वृक्ष)पर पड़ती है तो कपूर बन जाती हैं। यदि सीप पर पड़ती है तो मोती का रूप ले लेती है जबकि साँप के मुँह में जाकर विष बन जाती है। इससे सिद्ध होता है कि जो जैसी संगति में बैठेगा, वैसा ही आचरण करेगा।

विशेष : १)संगति के प्रभाव को रहीम ने बड़े प्रभावशाली ढंग से समझाया है। उनका संदेश है कि सदा सत्संगति ही करना चाहिए।

२)उदाहरण तथा दृष्टांत अलंकार का प्रयोग किया गया है।

३)ब्रज भाषा का प्रयोग दोहा में दृष्टव्य है।

४)दोहा छंद का प्रयोग हुआ है।

५)भाषा में लयात्मकता व गीतात्मकता है।

परीक्षा के दृष्टिकोण से महत्वपूर्ण प्रश्न

प्रश्न : रहिमकीकाव्यभाषापरसंक्षिप्तटिप्पणीलिखिए ?

उत्तर : रहीम की भाषा अवधि और ब्रज दोनों है। **'बरवैनायिका-भेद'** की भाषा अवधि और **'रहीमदोहावली'** की भाषा ब्रज है। अरबी संस्कृत आदि कई भाषाओं में मर्मज्ञ होने के कारण इनकी रचनाओं में उक्त भाषाओं के शब्द प्रयुक्त हुए हैं। उनकी भाषा सरल, स्वभाविक एवं महत्वपूर्ण है।

रहीम की शैली वर्णनात्मक शैली है। वह सरस, सरल और बोधगम्य है। उनमें हृदय को छू लेने की अद्भुत शक्ति है। रचना की दृष्टि से उन्होंने मुक्तक शैली को अपनाया है।

रहीम के काव्य में श्रृंगार, शांत और हास्य रस का समावेश है। उन्होंने श्रृंगार में संयोग और वियोग दोनों का वर्णन किया है।

रहीम के प्रिय छंदो में सोरठा,बरवै, सवैया प्रमुख है। काव्य में प्राय: दृष्टांत, रूपक, उत्पेक्षा, श्लेष, यमक आदि अलंकारों का प्रयोग हुआ है।

गृहकार्य

(क) रहीम के नीतिपरक दोहों का वैशिष्ट्य स्पष्ट कीजिए ?

(ख) रहीम की काव्यगत विशेषताओं का सोदाहरण परिचय दीजिए ?

बिहारीलाल चौबे

कवि परिचय

कवि परिचय

बिहारीलाल चौबेबिहारीलाल चौबे

पूरा नाम-बिहारीलाल चौबे

अन्य नाम-बिहारी

जन्म-सन् 1595

जन्म स्थान-वसुवा गोविंदपुर, ग्वालियर, मध्यप्रदेश

मृत्यु-सन् 1663

मृत्यु स्थान-वृंदावन

पिता-केशवराय

माता-सम्बन्ध में कोई साक्ष्य – प्रमाण प्राप्त नही

पत्नी- बिहारी का विवाह मथुरा के किसी बाहमण की कन्या से हुआ था।

संतान------

रचनाएँ- बिहारी की एकमात्र रचना 'बिहारी सतसई' है। इसमें बिहारी ने कुल 719 दोहे लिखे हैं। 'सतसई' में नीति, भक्ति और श्रृंगार सम्बन्धी दोहे हैं।

अन्य जानकारी- हारी बारे में कहा जाता है कि वो अपनी दोहो के माध्यम से गागर में सागर भरने में कुशल थे। यहाँ गागर में सागर से तात्पर्य है कि वो एक ही दोहे में पूरी कहानी कहने में समर्थ थे।

बिहारी

जपमालाछापातिलक, सरैनएकौकाम।

मन-काँचेनाचैवृथा, साँचैराँचैराम ।।

शब्दार्थ : **जपमाला**= माला जपना ।छापा = छापना, अंकित करना । **तिलक** = टीका । **सरैन** = सिद्ध् न होना । **एकौ**= एक भी काम । **काँचै** = कच्चा ।

नाचै= नाचना । **वृथा** = बेकार । **साँचै**= सच्चा । **राँचै**= प्रसन्न होना (रीझना) । **राम** = भगवान राम, ईश्वर

संदर्भ: प्रस्तुत दोहा हमारे संकलित पाठ **'बिहारी'** शीर्षक से अवतरित है। इसके रचयिता बिहारी लाल जी है। यह दोहा उनकी रचना **'बिहारीसतसई'** से लिया गया है।

प्रसंग : प्रस्तुत दोहे के माध्यम से बिहारी जी ने ढोंग के स्थान पर सच्चे मन से ईश्वर भक्ति करने का संदेश दिया है।

व्याख्या : बिहारी जी का मानना है कि बाहरी आडम्बरों से ईश्वर नहीं मिलते। वह कहते हैं माला जपने, शरीर पर मुद्रा अंकित करवाने, हल्दी चंदन का तिलक लगाने या छापा लगाने से इन सब से तेरा एक भी काम पूरा नहीं होगा। जब तक तेरा मन कच्चा है(भक्ति के लिए परिपक्व नहीं हुआ)तब तक तेरा यह सारा नाच अर्थात पाखंड व्यर्थ है!क्योंकि राम अर्थात भगवान तो सच्ची भावना से रीझते हैं।

विशेष : १)व्यर्थ की आडंबरों से ईश्वर की प्राप्ति नहीं होती। ईश्वर की प्राप्ति के लिए निर्मल मन तथा सच्ची भक्ति की आवश्यकता है।

२)अनुप्रास अलंकार का प्रयोग किया गया है।

३)साहित्यिक ब्रजभाषा का सफल एवं सुंदर प्रयोग है।

4) दोहा छंद का प्रयोग हुआ है।

५)भाषा में लयात्मकता व गीतात्मकता हैं।

तंत्री-नादकवित्त-रस, सरस-रागरति-रंग।

अनबूड़ेबूड़े तिरे,जेबूड़ेसबअंग।।

शब्दार्थ : **तंत्री - नाद** = वीणा की झंकार । **कवित्त- रस**= कविता का रस, **सरस - राग** = मधुर गीत । **रति - रंग** = प्रेम का रंग । **अनबूड़े** = आधे या उचटे मन से । **बूड़े**= डुबकी लगाते हैं, ध्यान मग्न होकर रस लेते हैं । **तिरे**= तर गए ,पार हो गए

संदर्भ : प्रस्तुत दोहा हमारे संकलित पाठ **'बिहारी'** शीर्षक से अवतरित है। इसके रचयिता बिहारी लाल जी है। यह दोहा उनकी रचना **'बिहारीसतसई'** से लिया गया है।

प्रसंग : प्रस्तुत दोहे में कवि बिहारी ने ललित कलाओं का महत्व बताकर उन्हें जीवन का सार-तत्व माना है।

व्याख्या : कवि बिहारी कला के महत्व को स्पष्ट करते हुए कहते हैं चाहे वीणा की स्वर लहरी हो या किसी कविता की रस तरंगिणी हो अथवा प्रेम की अनुभूति हो। जो इनके रंग में भंग जाता है अथवा इनके आनंद में सराबोर हो जाता है अथवा इसमें पूर्ण रूपेण डूब जाता है। वे अपनी संपूर्ण सांसारिक बाधाओं को आसानी से पार कर जाते हैं अर्थात उनका जीवन आनंदमय बन जाता है। किंतु जो लोग इसके आनंद रंग में नहीं डूबे हैं अर्थात उनका सतही ज्ञान प्राप्त करते हैं। वे संसार सागर में फंसकर ही डूबे हुए हैं।

मधुर संगीत, काव्य का रसानन्द और सुंदर स्त्री के प्रेमपास में जो व्यक्ति नहीं डूबे हैं या उनका पूर्ण आनंद प्राप्ति नहीं किया है, उनका जीवन निष्फल माना जाता है। वे तो एक प्रकार से इस भवसागर में डूबे हुए के समान है। किंतु जिन लोगों ने अंग-प्रत्यंग इन आनंददायक आस्वादन कर चुके है, सरस अनुभूति प्राप्त कर चुके है समझो कि वे संसार में डूबे हुए होने पर भी संसार से तर गए हैं।

विशेषः १)कला प्रेम में निमग्न रहकर ही ईश्वरीय आनंद की अनुभूति की जा सकती है।

२)विरोधाभास अलंकार का प्रयोग किया गया है।

३)साहित्यिक ब्रजभाषा का सफल एवं सुंदर प्रयोग है।

4) दोहा छंद का प्रयोग हुआ है।

५)भाषा में लयात्मकता व गीतात्मकता हैं।

कहलानेएकतबसत,अहि मयूर मृग बाघ।

जगहतपोवनसोकियो, दीरघ दाघ निदाघ।।

शब्दार्थ : **एकत** = एकत्र ।**अहि** = साँप । **मयूर** = मोर । **मृग**= हिरण । **बाघ**= शेर । **तपोवन**= पवित्र वन । **दीरघदाघ** = कठोर गर्मी । **निदाघ** = गीष्म

संदर्भः प्रस्तुत दोहा हमारे संकलित पाठ **'बिहारी'** शीर्षक से अवतरित है। इसके रचयिता बिहारी लाल जी है। यह दोहा उनकी रचना **'बिहारीसतसई'** से लिया गया है।

प्रसंगः प्रस्तुत दोहे में कवि बिहारी ने ग्रीष्म ऋतु के विषमता का सुंदर वर्णन किया है।

व्याख्याः कवि बिहारी कहते हैं कि भीषण गर्मी पड़ रही है। इस गर्मी के कारण आपस में शत्रुता का भाव रखने वाले जीव भी एक स्थान पर बैठे हैं। मोर और साँप एक साथ बैठे हैं, हिरण और शेर एक साथ बैठे हैं। उन्होंने वैर-वमैनस्य भावना भुला दी है। कवि कहते हैं कि गर्मी के कारण जंगल तपोवन की तरह हो गया है जैसे तपोवन में सारे लोग आपसी द्वेष को भुला कर एक साथ बैठे हैं। उसी तरह गर्मी से बेहाल ये जानवर भी आपसी द्वेष को बुलाकर एक साथ बैठे हैं।

ऐसा कहा जाता है कि तपोवन में ऋषियों के प्रभाव से एक दूसरे के शत्रु प्राणी भी वैर त्याग कर आस-पास रहते थे।

विशेषः १)ग्रीष्म ऋतु का जीव-जंतुओं पर पड़ने वाला अनुभव प्रभाव दर्शाया गया है।

२)अनुप्रास अलंकार का प्रयोग हुआ है।

३)साहित्यिक ब्रजभाषा का सफल एवं सुंदर प्रयोग है।

4) दोहा छंद का प्रयोग हुआ है।

५)भाषा में लयात्मकता व गीतात्मकता हैं।

कहतनटतरीझतखीझत, मिलतखिलतलजियात।

भरेभौनमेंकरतहैं, नैननुहीसोबात।।

शब्दार्थ :कहत = कहना ।**नटत** = इंकार करना । **रीझत** = रीझना, प्रसन्न होना । **खिझत** = खीजना । **मिलत** = मिलना । **खिलत**= खिल जाना । **लजियात** = शर्माना । **भौन** = भवन । **नैननु**= आँखों से ही

संदर्भ: प्रस्तुत दोहा हमारे संकलित पाठ 'बिहारी' शीर्षक से अवतरित है। इसके रचयिता बिहारी लाल जी है। यह दोहा उनकी रचना **'बिहारीसतसई'** से लिया गया है।

प्रसंग: प्रस्तुत दोहे में कवि बिहारी ने ऐसी स्थिति का वर्णन किया है जहाँ नायक और नायिका ऐसे स्थल पर है जहाँ वह बहुत से लोगों से घिरे हुए हैं। तब ऐसी स्थिति में वे आँखों के इशारों से एक दूसरे से बातचीत करते हैं।

व्याख्या: कवि बिहारी कहते हैं कि नायक आँखों के संकेत से कुछ कहता है!परंतु आँखों के संकेत से नायिका निषेध करती है!इस पर नायक मुग्ध हो जाता है, जिसे देखकर नायिका अपना खींच प्रकट करती है। आँखों ही आँखों में दोनों आपस में मिलते हैं, प्रफुल्लित होते और अंत में लजा जाते हैं। इस प्रकार नायक और नायिका दोनों लोगों से भरे भवन में आँखों ही आँखों में सारी बातें कर लेते हैं।

विशेष : १)लोगों की भीड़ भरे भवन में नायक-नायिका के द्वारा नेत्रों के माध्यम से किए गए सांकेतिक वार्तालाप का आकर्षक शब्द चित्र प्रस्तुत किया गया है।

२)अनुप्रास अलंकार का प्रयोग हुआ है।

३)साहित्यिक ब्रजभाषा का सफल एवं सुंदर प्रयोग है।

4) दोहा छंद का प्रयोग हुआ है।

५)भाषा में लयात्मकता व गीतात्मकता है।

परीक्षाकेदृष्टिकोणसेमहत्वपूर्णप्रश्न

प्रश्न : बिहारीकीकाव्यगतविशेषताओंकावर्णनकरों?

उत्तर : कवि बिहारी लाल रीतिकाल के सर्वश्रेष्ठ कवि माने जाते हैं। उनके काव्य में रीतिमुक्त, रीतिबद्ध तथा रीतीसिद्ध तीनों प्रकार की विशेषताएँ देखने को मिलती है। भक्ति, नीति, श्रृंगार आदि सभी उनके वर्णय हैं। उनके काव्य की निम्नलिखित विशेषताएँ हैं।

भावपक्षकीविशेषता

क)श्रृंगारिकभावोंकावर्णन : बिहारी ने श्रृंगार रस के दोनों पक्षों संयोग और वियोग का सुंदर चित्रण प्रस्तुत किया है। इन्होंने संयोग श्रृंगार के अंतर्गत किसी भी स्थिति को नहीं छोड़ा है। इस पक्ष के अंतर्गत आलंबन और उद्दीपन को सुंदर चित्रित करते हुए अधिकांश राधा और कृष्ण का आधार बनाया गया है। इन्होंने नायिका के नख़शिख सौंदर्य का वर्णन, दूत एवं दूतिका को नायक एवं नायिका के पास भेजना, नायक एवं नायिका को हँसी मजाक, नायिका के कटाक्ष पतंग बाजी, आँख मिचौली नायक और नायिका के प्रेम इत्यादि का सुंदर वर्णन किया हैं। यथा : -

बतरस लालच लाल की, मुरली धरी लुकाय ।

सौंह करै, भौंहन हँसै, देन कहै नटि जाय ।।

ख)भक्तिभावना: बिहारी मूलतः श्रृंगारी कवि है। उनकी भक्ति भावना राधा कृष्ण के प्रति है और वह जहाँ तहाँ ही प्रकट हुई है। ‘बिहारी सतसई’ के आरंभ में मंगल-चरण का यह दोहा राधा के प्रति उनके भक्ति भाव का ही परिचायक है। यथा : -

मेरीभवबाधाहरौ, राधानगरिसोच।

जातनकीझाईपरै, श्यामहरितदुतिहोय।।

ग)रस: बिहारी के काव्य में शांत, हास्य करुण, आदि रसों के भी उदाहरण मिल जाते हैं, किंतु मुख्य रस श्रृंगार ही है।

घ)प्रकृतिवर्णन: अन्य रीतिकालीन कवियों की भांति बिहारी के काव्य में भी सुंदर प्रकृति वर्णन मिलता है। उनकी रचना ‘ बिहारी सतसई’ में प्रकृति वर्णन से संबंधित अनेक दोहे मिलते हैं। उनके काव्य में प्रकृति के आलंबनगत और उद्दीपनगत दोनों रूपों का वर्णन मिलता है। जेठ माह की दुपहरी का वर्णन करते हुए वे लिखते हैं : -

बैठीरहीअतिसघनबन, बैठीसदनतनमाहँ।

देखीदुपहरीजेठकी, छाँहौंचाहतिछाँह।।

एक अन्य स्थान पर ग्रीष्म ऋतु की भयंकरता का वर्णन करते हुए वह लिखते हैं : -

कहलानेएकतबसत, अहिमयूरमृगबाघ।

जगततपोवनसोकियो, दीरघ-दाघ-निदाघ।।

कलापक्षकीविशेषता

क)भाषा: बिहारी की भाषा साहित्यिक ब्रजभाषा है। इसमें सूर की चलती ब्रज भाषा का विकसित रूप मिलता है। पूर्वी हिंदी, बुंदेलखंडी, उर्दू आदि के शब्द भी इसमें आए हैं, किंतु वह लटकते नहीं है। बिहारी का शब्द चयन बड़ा सुंदर और सार्थक है । शब्द का प्रयोग भावों के अनुकूल ही हुआ हैं। यथा : -

जपमालाछापातिलक, सरैनएकौकाम।

मन-काँचेनाचैवृथा, साँचेराँचेराम।।

ख)छंद: बिहारी ने केवल दो ही छंद अपनाए है, दोहा और सोरठा। दोहा छंद की प्रधानता है। बिहारी के दोहे समाज-शैली के उत्कृष्ट नमूने है। दोहे जैसे छोटे छंद में कई-कई भाव भर देना बिहारी जैसे कवि का ही काम था।

ग)अलंकार : अलंकारों की कारीगरी दिखाने में बिहारी बड़े पटु है। उनके प्रत्येक दोहे में कोई ना कोई अलंकार अवश्य आ गया है। किसी-किसी दोहे में तो एक साथ कई-कई अलंकारों को स्थान मिला है। अतिशयोक्ति, अन्योक्ति और सांगरूपक बिहारी की विशेष प्रिय अलंकार है। यथा : -

मेरीभावबाधाहरो, राधानागरीसोइ।

जातनकीझाईपारे, श्याम-हरित-दुतिहोई।।

घ)शैली: मुख्य रूप से बिहारी की शैली मुक्तक शैली है। मुक्तक शैली के अन्तर्गत इन्होंने भिन्न -भिन्न शैलियों का प्रयोग किया। विषय के अनुसार बिहारी की शैली तीन प्रकार की है :-

१)माधुर्य पूर्ण व्यंजना प्रधानशैली - वियोग के दोहें में।

२)प्रसादगुण से संयुक्त सरस शैली - भक्ति तथा नीति के दोहे में।

३)चमत्कार पूर्ण शैली - दर्शन, ज्योतिष, गणित आदि विषयक दोहे में।

इनकी सभी शैलियों में भाव व्यंजकता एवं प्रभावोत्पादकता है। चित्रात्मकता एवं उक्ति वैचित्र्य इनकी शैली के प्राण हैं। सूक्तियों के प्रयोग ने शैली को और भी आकर्षक बना दिया है।

गृहकार्य

(क) बिहारी के नीतिपरक दोहों की विशेषताएँ लिखिए ?

(ख) बिहारी ने गागर में सागर भर दिया है इस कथन को प्रमाणित करते हुए एक उदाहरण लिखिए ?

(ग) बिहारी के काव्य भाषा पर संक्षिप्त टिप्पणी लिखिए ?

12
आधुनिक कविता

जयशंकर प्रसाद

कवि परिचय

जयशंकर प्रसाद

पूरा नाम-जयशंकर प्रसाद

अन्य नाम-झारखण्डी

जन्म-30 जनवरी, 1889 ई.

जन्म स्थान-वाराणसी, उत्तर प्रदेश

मृत्यु-15 नवम्बर, 1937 ई.

मृत्यु स्थान-वाराणसी, उत्तर प्रदेश

पिता-देवीप्रसाद साहु

माता-मुन्नी देवी

पत्नी-विंध्यवाटिनी देवी (पहली पत्नी)

सरस्वती देवी (दुसरी पत्नी)

कमला देवी (तीसरी पत्नी)

संतान-रत्न शंकर (कमला देवी से)

प्रसिद्धि-छायावाद के चार प्रमुख स्तंभों में से एक

रचनाएँ

काव्य-कृतियाँ = चित्राधार, कानन कुसुम, प्रेमपथिक (ब्रजभाषा), प्रेमपथिक (खड़ी बोली हिंदी), महाराणा का महत्त्व, झरना,आँसू, लहर, कामायनी

नाट्य-कृतियाँ = उर्वशी, सज्जन, वभ्रुवाहन, कल्याणी परिणय, करुणालय, प्रायश्चित, राज्यश्री , विशाख, अजातशत्रु, जन्मेजय का नाग यज्ञ, कामना एक घूँट, स्कन्दगुप्त,

चन्द्रगुप्त, ध्रुव स्वामिनी, अग्निमित्र (अपूर्ण)

कहानी-संग्रह = छाया, प्रतिध्वनि, आकाशदीप, आँधी, इन्द्रजाल

कथाप्रबन्ध = ब्रह्मर्षि, पंचायत

उपन्यास= कंकाल, तितली, इरावती (अपूर्ण, मरणोपरांत प्रकाशित)

निबन्ध = काव्य और कला तथा अन्य निबन्ध (मरणोपरांत प्रकाशित)

हिमाद्रितुंगशृंगसे

जयशंकरप्रसाद

हिमाद्रितुंगश्रृंगसे,

प्रबुद्धशुद्धभारती।

स्वयंप्रभासमुज्ज्वला,

स्वतंत्रतापुकारती॥

अमर्त्यवीरपुत्रहो, दृढ़प्रतिज्ञसोचलो।

प्रशस्तपुण्यपंथहै, बढ़ेचलोबढ़ेचलो॥

असंख्यकीर्तिरश्मियाँ,

विकीर्णदिव्यदाह-सी।

सपूतमातृभूमिके,

रुकोनशूरसाहसी॥

अरातिसैन्यसिन्धुमें, सुवाड़वाग्निसेजलो।

प्रवीरहोजयीबनो, बढ़ेचलोबढ़ेचलो॥

शब्दार्थ :हिमाद्रि = हिमालय पर्वत । **तुंग** = ऊँचीं । **शृंग** = चोटी । **प्रबुद्ध** = बोध और विद्या से युक्त । **शुद्ध** = निर्मल । **भारती** = विद्या की चेतना ,अविद्या का नाश करनेवाली चेतना,देवी सरस्वती । **स्वयंप्रभा** = अपनी विद्या के आलोक से युक्त । **समुज्ज्वला** = उज्ज्वलता से परिपूर्ण । **स्वतंत्रता पुकारती** = स्वतंत्रता की पुकार लगा रही है वह सरस्वती । **अमर्त्य** = अमर । **वीरपुत्र** = बहादुर संतान हो तुम । **दृढ़ - प्रतिज्ञ** = जो अपने इरादे पर अडिग हो । **प्रशस्त** = विस्तृत और भविष्यगामी । **पुण्य पन्थ** = अच्छे कामों का रास्ता

व्याख्या : यह कविता 'चन्द्रगुप्त' (1931) नाटक के चतुर्थ अंक के षष्ठ दृश्य से ली गयी है।

तक्षशिला के राजकुमार आम्भीक के द्वारा विदेशी आक्रान्ता सिकंदर को समर्थन देने के कारण जनता में असंतोष उत्पन्न हुआ। आम्भीक की बहन अलका जनता को नेतृत्व देते हुए यह गीत गाती है। वह चाहती है कि तक्षशिला के लोग एकजुट होकर विदेशी आक्रमणकारियों का मुकाबला करे। इसके लिए वह अपने भाई की अवसरवादी राजनीति का विरोध करती है और जनता से आह्वान करती है कि विदेशी आक्रमण का मुकाबला करके अपने गौरव को बढाएँ।

अलका तक्षशिला के नागरिकों को सम्बोधित करते हुए कहती है कि हिमालय की ऊँची चोटियों से मानो स्वतंत्रता की पुकार आ रही है। ऐसा लगता है मानो अपनी ही प्रभा से उज्ज्वल विद्या की अधिष्ठात्री देवी सरस्वती स्वतंत्रता की पुकार लगा रही हैं। अविद्या को दूर कर विद्या की चेतना फैलानेवाली सरस्वती प्रबुद्धता और शुद्धता का प्रतीक है। उनके आह्वान को सुनो। ये तुमसे कुछ कह रही हैं।

विद्या की चेतना का प्रतीक वह भारती तुमसे कह रही हैं कि तुम अमर वीरों की संतान हो और स्वयं भी अमरत्व के गुणों से विभूषित हो। देश की रक्षा के लिए दृढ़तापूर्वक प्रतिज्ञा लेने के बारे में सोच लो यह पुण्य का रास्ता है और पुण्य का रास्ता हमेशा विस्तृत होता है। इसलिए इस रास्ते पर तुम बढ़ते चलो।

तुम्हारे पूर्वजों के अनंत यश हैं। उनके यश असंख्य किरणों की तरह फैले हैं। ऐसा लगता है मानो अलौकिक अग्नि चारों तरफ फैली हुई है। तुम अपनी मातृभूमि की सुयोग्य संतान हो। तुम वीर और साहसी हो, इसलिए अपने रास्ते पर बिना रुके चलते रहो। यद्यपि शत्रुओं की सेना समुद्र की तरह विराट है, मगर तुम समुद्री आग की तरह जल उठो और शत्रु सेना का नाश करो। तुम श्रेष्ठ वीर हो, विजयी बनो, अपने रास्ते पर बढ़ते चलो।

अलका चाहती है कि उसकी तक्षशिला के नागरिक अपने राजा की गलत राजनीति में साथ न दें। वे तक्षशिला पर लगनेवाले कलंक को धो डालें। वे इतिहास में देशभक्त के रूप में दर्ज हों, भले उन्हें राजद्रोह करना पड़े।

परीक्षाकेदृष्टिकोणसेमहत्वपूर्णप्रश्न

प्रश्न : 'हिमाद्रि तुंग श्रृंग से' कविता की सप्रसंग व्याख्या कीजिए ?

या

निम्नलिखितपद्यांश की सप्रसंग व्याख्या कीजिए ?

हिमाद्रितुंगश्रृंगसे,

प्रबुद्धशुद्धभारती।

स्वयंप्रभासमुज्ज्वला,

स्वतंत्रतापुकारती॥

अमर्त्यवीरपुत्रहो, दृढ़प्रतिज्ञसोचलो।

प्रशस्तपुण्यपंथहै, बढ़ेचलोबढ़ेचलो॥

संदर्भ :प्रस्तुत काव्यांश हमारी संकलित पाठ **'हिमाद्रितुंगश्रृंगसे'** शीर्षक कविता से अवतरित है। इसके रचनाकार जयशंकर प्रसाद है। यह कविता उनके नाटक **'चंद्रगुप्त'** से उद्धृत है।

प्रसंग : गंधार के समवेत सैनिकों को उद्बोधित करते हुए राजकुमारी अलका जिसमें देश और जाति के लिए बलिदान का भाव प्रबल है, प्रस्तुत गीत गाती है और कर्तव्य का बोध कराते हुए समयानुसार उनका मनोबल ऊँचा करती हुई, उन्हें प्रोत्साहित करती है।

व्याख्या :गंधार की राजकुमारी अलका वीरता का संचार के लिए बताती है कि हिमालय के ऊँचे शिखरों से ज्ञान और पवित्रता की मूर्ति देवी सरस्वती, जो अपने प्रकाश से स्वयं, प्रत्येक भारतवासी से पुकार कर कहती है कि तुम न केवल साहसी, वीर और अमरों की संतान हो, देवजाति के रक्त से उत्पन्न वीर हो। वीर पुरुष मृत्यु पर विजय प्राप्त करते हैं। दृढ़संकल्प के साथ बढ़ने वाले न तो अपने मार्ग से विचलित होते हैं और न तो पाँव पीछे की ओर रखते हैं। भारतीय पाँव बढ़ाकर पीछे नहीं हटते, इतिहास इसका साक्षी है। कर्तव्य का पवित्र मार्ग मुक्त रूप में तुम्हारे सामने स्वागत के लिए फैला हुआ है। एक बार सोच लो ! पूर्व पुरुषों की परंपरा से अपने को मिलाकर यदि तुम अपने जातीय गौरवपूर्ण इतिहास को अस्थाई रखना चाहते हो तो अपने समायोजित त्याग और बलिदान के मार्ग पर बढ़ो और बढ़कर सफलता का सम्मान का अर्जन करो ! अन्यथा तुम किसी भी निर्णय के लिए स्वतंत्र हो।

विशेष : १) नाद सौंदर्य एवं ओजपूर्ण संपन्न इन पंक्तियों में जातीय गौरव का प्रस्तार है।

२) यहाँ संस्कृत निष्ठ हिंदी भाषा है।

३) अनुप्रास अलंकार का प्रयोग हुआ है।

असंख्यकीर्तिरश्मियाँ,

विकीर्णदिव्यदाह-सी।

सपूतमातृभूमिके,

रुकोनशूरसाहसी॥

अरातिसैन्यसिन्धुमें, सुवाड़वाग्निसेजलो।

प्रवीरहोजयीबनो, बढ़ेचलोबढ़ेचलो॥

संदर्भ : प्रस्तुत काव्यांश हमारी संकलित पाठ **'हिमाद्रितुंगश्रृंगसे'** शीर्षक कविता से अवतरित है। इसके रचनाकार जयशंकर प्रसाद है। यह कविता उनके नाटक **'चंद्रगुप्त'** से उद्धृत है ।

प्रसंग : गंधार की राजकुमारी अलका जिसमें देश और जाति का प्रेम पूर्णता को प्राप्त करता है,अपने समेत सैनिकों को उद्बोधित करते हुए प्रस्तुत गीत गा रही है।

व्याख्या : तुम जिन पूर्वजों की संतान हो उनकी यश गाथाएँ अपने दिव्य प्रकाश से आज भी मानव जाति का मार्ग निर्देशन कर रही है। तुम उनके यश के दिव्य मार्ग पर बढ़ो और नित्य प्रकाशित यश अर्जन करो। तुम देश के सच्चे सपूत हो, तुममें शौर्य, साहस, पौरुष, पराक्रम और रणकौशल है। तुम वीरों में श्रेष्ठ हो, सच्चे योद्धा हो। रुकना और विचारों में खोना तुम्हारे लिए अशोभनीय है। कर्तव्य का निश्चय हो चुका है। पूर्वजों के कर्तव्य पथ पर बढ़ो और अक्षय कृति अर्जित करो। शत्रु की विशाल वाहिनी से विचलित होना तुम्हारा स्वभाव नहीं है। तुम बाडव ज्वाला के समान जलकर अपने रंग कौशल से, पौरुष और पराक्रम से, उन्हें मत डालो। वे स्वयं समाप्त हो जायेंगे और तुम सकुशल विजई बनकर एक श्रेष्ठ और कौशल योद्धा के रूप में मान पाकर निखरोगे। अतः कर्तव्य के पद पर अविलंब बढ़ो और अपनी जातीय परंपरा की रक्षा करो।

विशेष :१) कवि ने ऐतिहासिक नाटक के संदर्भ में संघर्षरत अपने देश के राष्ट्रीय सेनानियों को उद्बोधित किया है।

२) यहाँ संस्कृत निष्ट हिंदी भाषा का प्रयोग हुआ है।

३) उपमा अलंकार का प्रयोग हुआ है।

प्रश्न : 'हिमाद्रितुंगश्रृंगसे 'कविताकामूलसंवेदनास्पष्टकीजिए ?

या

'हिमाद्रितुंगश्रृंगसे' कविताकाभावस्पष्टकीजिए ?

या

'हिमाद्रितुंगश्रृंगसे' कविताकामूलप्रतिपाद्य स्पष्टकीजिए ?

उत्तर : नाटकसम्राट जयशंकर प्रसाद जी भारतीय स्वतंत्रता के समर्थक हैं। उन्हें अपने पूर्वजों के शौर्य और पराक्रम तथा त्याग और बलिदान पर गर्व है। सिल्यूकस की विशाल वाहिनी सेना भारत को पराजित करने के उद्देश्य से देश की पश्चिमोत्तर सीमा का पर पड़ाव डाले हुए हैं। गंधार के राजकुमार आम्भिक को मित्रता पसंद है, पर राजकुमारी अलका को मातृभूमि की पूर्ण स्वतंत्रता प्रिय है। वह नारी जाति के त्याग का प्रतिनिधित्व करती है और समवेत सैनियों को समयोचित कर्तव्य पालन के लिए उद्बोधित और उत्साहित करती हैं।

नाटक के कथावृत में प्रस्तुत गीत त्याग और बलिदान का मूल मंत्र देता है। शब्दों में ध्वनि मैत्री और नाद सौंदर्य के साथ गीत और प्रवाह का सनुदरी है, अर्थ की दृष्टि से गंभीरता और गरिमा है। आज देश स्वाधीन है। जिस समय गीत लिखा गया था, उस समय अंग्रेजों का शासन था, देश परतंत्र था। देशवासियों में स्वतंत्रता की भावना बलववी हो उठी थी। आंदोलन चल रहा था। स्वतंत्रता के लिए प्रत्यन्न किया जा रहा था। कवि और कलाकार समाज के लिए सजग प्रहरी और मार्गदर्शन हुआ करते थे। प्रसाद जी के अंतर में राष्ट्रीयता की भावना प्रबल है, उनमें जातीय अभियान है। पूर्वजों की यशगाथा को सामने रखकर कवि देशवासियों को त्याग और बलिदान के लिए प्रस्तुत करता है। उनकी दृष्टि में उत्सर्ग ही सर्वोत्तम कर्म है। देश और जाति के लिए बलिदान होने वाले का जीवन ही सार्थक हैं। कर्तव्य का जीवन पथ त्याग पूर्ण है और प्रत्येक व्यक्ति को इस पथ का पथिक होना चाहिए।

आज देश के स्वतंत्र होने पर भी प्रस्तुत कविता का महत्व बना हुआ है। राजनीतिक स्वतंत्रता तब तक अपूर्ण है। जब तक आर्थिक, सामाजिक और सांस्कृतिक स्वतंत्रता प्राप्त नहीं हो जाती हैं। प्रसाद जी परंपरावादी आदर्श के समर्थक प्रबुद्ध रचनाकार हैं। उनकी दृष्टि में समाज और देश को प्राणशक्ति के रूप में बराबर त्याग और बलिदान करने वालों की आवश्यकता बनी रहती है। निर्भय व्यक्ति ही सफल होता है। साहस और शक्ति के साथ प्राणों का मोह त्याग कर संघर्ष करने वाला ही सच्चा वीर होता है। ऐसा व्यक्ति ही सफल होता है, विजयी होता है। देश और जाति को ऐसे वीर पुरुष गौरव प्रदान किया करते हैं।

प्रश्न : जयशंकरप्रसादकीकाव्यगतविशेषताओंपरचर्चाकीजिए?

उत्तर : जयशंकर प्रसाद हिंदी साहित्य में एक बहुमुखी प्रतिभा संपन्न साहित्यकार है। वे हिन्दी साहित्य में नाटक सम्राट के नाम से जाने जाते हैं। काव्य के क्षेत्र में उनका आगमन छायावादी युग में होता है। उनके साहित्य में प्राकृतिक, सामाजिक, राजनैतिक एवं राष्ट्रीय भावना स्पष्ट रूप से देखने को मिलती है। जयशंकर प्रसाद के काव्य की निम्नलिखित विशेषताएँ है।

भावपक्षकीविशेषता

क)प्रेमऔरसौंदर्यकावर्णन : प्रसाद जी की काव्य का मुख्य तत्व प्रेम और सौन्दर्य की अनुभूति है। प्रेम अनुभूति की दिशा मानव, प्रकृति तथा ईश्वर तक फैली हुई है। इसी कारण से प्रसाद जी ने मानव, प्रकृति और ईश्वर तीनों के सौंदर्य का आकर्षक चित्रण किया है। उनकी सौंदर्य चेतना परिष्कृत, उदात्त एवं सूक्ष्म है। यथा : -

शशिमुखपरघूँघटडालेअंचलमेंदीपछिपाए,

जीवनकीगोधूलीमेंकौतूहलसेतुमआये।

ख)वेदनाकीअभिव्यक्ति : प्रसाद जी के काव्य में अनेक ऐसे स्थल हैं, जो पाठक के हृदय को छू लेते हैं। उनका 'आँसू' काव्य कवि की हृदय की वेदना को व्यक्त करता है। इसी प्रकार से 'लहर' काव्य ग्रंथ की 'प्रलय की छाया' कविता भी मार्मिक है। कामायनी में भी इस प्रकार के स्थलों की कमी नहीं है, जो पाठक के हृदय को आत्मविभोर न कर देते हो। यथा : -

इसकरुणाकलितहृदयमें,

अबविकलरागिनीबजती।

क्योंहाहाकारस्वरोंमें,

वेदनाअसीमगरजती?

ग)प्रकृतिवर्णन : प्रसाद के काव्य में अनेक स्थलों पर प्रकृति का स्वाभाविक चित्रण किया गया है। 'लहर' की अनेक कविताएँ प्रकृति वर्णन से संबंधित हैं। प्राकृतिक स्थानों पर मानवीय भावों का आरोप करना उनके प्रकृति चित्रण की अनूठी विशेषता है। छायावादी कवि होने के नाते उनके काव्य में प्रकृति का मानवीकरण देखने योग्य है। यथा : -

खग-कुलकुल-कुल-साबोलरहा,

किसलयकाअंचलडोलरहा।

घ)मानवतावादीदृष्टिकोण : मानवतावाद छायावादी कवियों की उल्लेखनीय प्रवृत्ति है। अनेक स्थलों पर कवि राष्ट्रीयता की भावना से ऊपर उठकर मानव कल्याण की चर्चा करता हुआ दिखाई देता है। प्रसाद जी के काव्य में सास्वत मानवीय भावों और मानवतावाद को प्रचुर बल मिला है। कामायनी में कवि ने मनुष्य के प्रतीकों के माध्यम से मानवता के विकास की कहानी कही है। यथा : -

जोधनीभूतपीड़ाथी, मस्तकमेंस्मृति-सीछाई,

दुर्दिनमेंआँसूबनकर, वहआजबरसनेआए।

ङ)नारीभावना : छायावादी कवि होने के कारण प्रसाद जी ने नारी को अशरीरी सौंदर्य प्रदान करके उसे लोक की मानवी न बना कर परलोक की ऐसी काल्पनिक देवी बना दिया जिसमें प्रेम, सौंदर्य, यौवन और उच्च भावनाएँ हैं। लेकिन ऐसे गुण मृत्युलोक की नारी में देखने को नहीं मिलते। 'कामायनी' की नायिका इसी प्रकार की नारी है। वह काल्पनिक जगत की ऐसी सुंदर अशरीरी सौंदर्य की अलौकिक देवी है जो नित्य छवि से दीप्त है। विश्व की करुणा का मूर्ति है। प्रसाद जी की यह नारी भावना छायावादी काव्य के सर्वथा

अनुकूल है, लेकिन यह नवयुग बोध से मेल नहीं खाती। यथा : -

नारी! तुमकेवलश्रद्धाहो

विश्वास-रजत-नगपगतलमें

पीयूष-स्रोत-सीबहाकरो

जीवनकेसुंदरसमतलमें।

च)राष्ट्रीयभावना : प्रसाद सांस्कृतिक और धार्मिक चेतना के कवि हैं। यह सांस्कृतिक चेतना उनके राष्ट्रीय भावों की प्रेरक है। उनके नाटकों में कवि का देशानुराग तथा राष्ट्रप्रेम अधिक मुखरित हुआ है। उनकी काव्य रचनाओं में यह राष्ट्र प्रेम संस्कृति प्रेम के रूप में प्रकट हुआ है। कवि ने अतीत के संदर्भ में वर्तमान का भी चित्रण किया है। चंद्रगुप्त, स्कंदगुप्त, ध्रुवस्वामिनी, जन्मजेय का नागयज्ञ आदि नाटकों में भी इसी दृष्टिकोण को व्यक्त किया गया है। यथा : -

हिमाद्रितुंगश्रृंगसे

प्रबुद्धशुद्धभारती

स्वयंप्रभासमुज्ज्वला

स्वतंत्रतापुकारती।

कलापक्षकीविशेषता

क)भाषा : प्रसाद जी की भाषा के कई रूप और उनके काव्य की विकास यात्रा में दिखाई पड़ते हैं। उन्होंने आरंभ ब्रजभाषा से किया और फिर खड़ी बोली को अपनाकर उसे परिष्कृत, प्रभावमयी, संस्कृतनिष्ठ भाषा के रूप में अपनी काव्य भाषा बना लिया। यथा : -

नीलपरिधानबीचसुकुमार, खुलरहामृदुलअधखुलाअंग,

खिलाहोज्योंबिजलीकाफूल, मेघ-वनबीचगुलाबीरंग।

ख)शैली : प्रसाद जी की काव्य शैली में परंपरागत तथा नव्य अभिव्यक्ति कौशल का सुंदर समन्वय है। उनमें ओज, माधुर्य और प्रसाद तीनों गुणों की सुसंगती है। विषय और भाव के अनुकूल विविध शैलियों का प्रौढ़ प्रयोग उनके काव्य में प्राप्त होता है। वर्णनात्मक, भावनात्मक, अलंकारिक, सूक्तिपरक, प्रतीकात्मक आदि शैली - रूप उनकी अभिव्यक्ति को पूर्णता प्रदान करते हैं। वर्णनात्मक शैली में शब्द चित्रांकन की कुशलता दर्शनीय होती है।

ग)अलंकारः प्रसाद जी की दृष्टि साम्यमुल्क अलंकारों पर ही रही है। रूपक, रूपक, अतिशयोक्ति, उपमा, उत्प्रेक्षा, प्रतीक आदि उनके प्रिय अलंकार हैं।

घ) छन्दयोजना : प्रसाद जी की छन्द योजना भी अत्यन्त सुन्दर और आकर्षक है। प्रसाद जी ने विविध छन्दों में काव्य रचना की है। इन्होंने संस्कृत छन्दों का भी प्रयोग किया है।

गृहकार्य

(क) 'हिमाद्रि तुंग श्रृंग से' कविता में अमर्त्य वीर पुत्र का क्या तात्पर्य है ?

(ख) 'हिमाद्रि' कविता में प्रशस्त पुण्य पंथ का आशय स्पष्ट करों ?

(ग) जयशंकर प्रसाद की कविता 'हिमाद्रि तुंग श्रृंग से' में वीर पुत्र कहकर किसे संबोधित किया गया है ?

(घ) 'हिमाद्रि' कविता में प्रबुद्ध शुद्ध भारती का अर्थ लिखिए ?

(ङ) जयशंकर प्रसाद की राष्ट्रीय - चेतना पर प्रकाश डालिए ?

(च) जयशंकर प्रसाद के काव्य भाषा पर संक्षिप्त टिप्पणी लिखें ?

गृहकार्य

(क) 'हिमाद्रि तुंग श्रृंग से' कविता में अमर्त्य वीर पुत्र का क्या तात्पर्य है ?

(ख) 'हिमाद्रि' कविता में प्रशस्त पुण्य पंथ का आशय स्पष्ट करों ?

(ग) जयशंकर प्रसाद की कविता 'हिमाद्रि तुंग श्रृंग से' में वीर पुत्र कहकर किसे संबोधित किया गया है ?

(घ) 'हिमाद्रि' कविता में प्रबुद्ध शुद्ध भारती का अर्थ लिखिए ?

(ङ) जयशंकर प्रसाद की राष्ट्रीय - चेतना पर प्रकाश डालिए ?

(च) जयशंकर प्रसाद के काव्य भाषा पर संक्षिप्त टिप्पणी लिखें ?

सूर्यकान्त त्रिपाठी ‘निराला’

कवि परिचय

सूर्यकान्त त्रिपाठी ‘निराला’

पूरा नाम -सूर्यकान्त त्रिपाठी ‘निराला’

अन्य नाम -सूर्यकुमार

जन्म -21 फरवरी 1899

जन्म स्थान -मेदनीपुर ज़िला, बंगाल (पश्चिम बंगाल)

मृत्यु -15 अक्टूबर,1961

मृत्यु स्थान -प्रयाग, भारत

पिता-पंडित रामसहाय त्रिपाठी

माता-सम्बन्ध में कोई साक्ष्य – प्रमाण प्राप्त नही

पत्नी -मनोहरा देवी

संतान -सरोज (पुत्री)

पुरस्कार-उपाधि -विशिष्ट सेवा पदक, पद्म भूषण (मरणोपरांत)

प्रसिद्धि-छायावाद के चार प्रमुख स्तंभों में से एक

रचनाएँ

काव्य-संग्रह = अनामिका,परिमल, गीतिका, द्वितीय अनामिका, तुलसीदास, कुकुरमुत्ता, अणिमा, बेला, नये पत्ते, अर्चना, आराधना, गीत कुंज, जन्मभूमि, अपरा, दो शरण, राग-विराग, साध्य काकली, (मरणोपरांत में प्रकाशित)

कहानी-संग्रह =लिली, चतुरी चमार, सुकुल की बीवी, देवी

लम्बी रचनाएँ =राम की शक्ति पूजा, सरोज स्मृति, बादल राग, तुलसीदास

कविताएँ = गर्म पकौड़ी, गहन है यह अंधकारा, गीत गाने दो मुझे, जूही की कली, कुकुरमुत्ता, तोड़ती पत्थर, दलित जन पर करो करुणा, बाँधो न नाव इस ठाँव; बंधु, बापू, तुम मुर्गी खाते यदि, भारती वन्दना, भिक्षुक,मरा हूँ हज़ार मरण, वर दे वीणावादिनी वर दे, संध्या सुन्दरी, स्नेह-निर्झर बह गया है

उपन्यास = अप्सरा, अलका, निरुपमा, प्रभावती, चमेली, चोटी की पकड़, काले कारनामे, उच्छृंखलता,दीवानों की हस्ती, चमेली (अपूर्ण), इन्दुलेखा (अपूर्ण), चोटी की पकड़ (अपूर्ण), काले कारनामे (अपूर्ण)

संस्मरण = कुल्ली भाट, बिल्लेसुर बकरिहा

अनुवाद = आनन्द मठ, विश्व-विकर्ष, कृष्ण कान्त का विल, कपाल कुण्डला, दुर्गेश नन्दिनी, राज सिंह, राज रानी, युगलंगुलिया, चन्द्रशेखर, रजनी, श्री रामकृष्णा वचनामृत, भारत में विवेकानन्द, राजयोग

निबन्ध = प्रबन्ध- प्रतिमा, प्रबन्ध-पद्म, रवीन्द्र- कविता- कानन, रस-अलंकार, चाबुक, चयन, संग्रह

आलोचना = रवींद्र कविता कानन,

पन्तजी और पल्लव

ध्वनि

सूर्यकांतत्रिपाठी "निराला"

अभीनहोगामेराअन्त

अभी-अभीहीतोआयाहै

मेरेवनमेंमृदुलवसन्त-

अभीनहोगामेराअन्त

हरे-हरेयेपात,

डालियाँ, कलियाँकोमलगात!

मैंहीअपनास्वप्न-मृदुल-कर

फेरूँगानिद्रितकलियोंपर

जगाएकप्रत्यूषमनोहर

पुष्प-पुष्पसेतन्द्रालसलालसाखींचलूँगामैं,

अपनेनवजीवनकाअमृतसहर्षसींचदूँगामैं,

द्वारदिखादूँगाफिरउनको

हैमेरेवेजहाँअनन्त-

अभीनहोगामेराअन्त।

मेरेजीवनकायहहैजबप्रथमचरण,

इसमेंकहाँमृत्यु ?

हैजीवनहीजीवन

अभीपड़ाहैआगेसारायौवन

स्वर्ण-किरणकल्लोलोंपरबहतारे, बालक-मन,

मेरेहीअविकसितरागसे

विकसितहोगाबन्धु, दिगन्त;

अभीनहोगामेराअन्त।

शब्दार्थ : मृदुल = कोमल । **वसंत** = युवावस्था, उत्साहमय समय । **पात** = पत्ते । **गात** = शरीर । **कर** = हाथ । **निद्रित** = सोई हुई । **प्रत्यूष** = प्रात: काले । **मनोहर** = मन को वश में करने वाला, आनन्ददायक । **पुष्प** = फूल । **तन्द्रालस** = शिथिलता और आलस्य । **लालसा** = तीव्र इच्छा । **खींच लँगा** = दूर कर दूंगा । **नव** = नया । **अमृत** = उत्साह, प्रेरणा । **सींच दूंगा** = भर दूंगा । **अनन्त** = जिसका अन्त न हो, परमात्मा । **प्रथम चरण** = जीवन का आरम्भिक समय । **स्वर्ण-किरण** = सुनहली किरणें, काल का समय । **कल्लोल** = लहर । **बालक-मन** = भोला हृदय । **अविकसित** = अनुभवहीन, अपूर्ण । **राग** = संगीत, काव्य रचना । **दिगन्त** = सारा आकाश, क्षितिज

व्याख्या : 'ध्वनि' कविता सूर्यकांत त्रिपाठी 'निराला' द्वारा रचित एक उत्साहवर्धक कविता है। इस कविता के माध्यम से उन्होंने अंतर मन की आवाज को दर्शाया है। निराला जी के बचपन का नाम सूर्यकुमार था। उनका बचपन अभावों की पीड़ा को झेलते हुए व्यतीत हुआ परंतु फिर भी निराला जी ने हिम्मत नहीं हारी और अपने जीवन में संघर्ष करते हुए आगे बढ़े। इस कविता में उन्होंने जीवन के प्रति आस्था का सकारात्मक दृष्टिकोण दिखाया है। उनका मानना है कि हमें जीवन के प्रति आशावादी रहना चाहिए तथा अपने उम्मीद को नहीं छोड़ना चाहिए और पूरी सकारात्मकता के साथ और पूरे जोश और उत्साह के साथ जीवन का आनंद उठाना चाहिए।

कवि आत्मविश्वास के साथ अपने आलोचकों को, जो ये मानते हैं कि कवि का कवित्व अब प्रभावशाली नहीं रहा है और उनका कवि जीवन अब समाप्त होने वाला है, प्रत्युत्तर देते हुए कहते हैं कि उनके जीवनरूपी उपवन में अभी भावनाओं और कल्पनाओं रूपी वसंत का आगमन हुआ है। जिस प्रकार वसंत के आगमन से प्रकृति का वातावरण संगीतमय हो उठता है, चारों ओर मनमोहक और परिवर्तित प्रकृति दिखाई देती है, ठीक उसी प्रकार उसके मन में भी आशा और उमंग का संचार हुआ है, जो उनकी कविताओं के

माध्यम से प्रकट होगा, जिसका अंत कभी भी संभव नहीं है। यथा : -

अभीनाहोगामेरा

अंतअभीअभीतोआयाहै

मेरेवनमेंमृदुलवसंत

अभीनहोगामेराअंत।

प्रकृति का बहुत ही सुन्दर चित्रण करते हुए कवि कहते हैं कि चारो तरफ हरे-भरे पेड़ हैं और खिली हुई कलियाँ अलसाई सी, सोती हुई प्रतीत हो रही हैं। कवि कहते हैं कि मैं सूरज को खींच लाऊँगा और इन सोई कलियों को जगाऊँगा। यहाँ कवि ने हारे हुए और निराश लोगों की तुलना सोई हुई कलियों से किया है। जिस प्रकार सूरज के आ जाने से सभी पेड़ पौधों और कलियों में ताजगी और स्फूर्ति आ जाती है, ठीक उसी प्रकार कवि अपने प्रेरणा रुपी सूर्य से निराश लोगों के मन में उत्साह और उमंग भरना चाहते हैं। यहाँ कवि जीवन से हार मान चुके लोगों को नया जीवन देना चाहते हैं। यथा : -

हरे-हरेयेपात,

डालियाँ, कलियाँकोमलगात!

मैंहीअपनास्वप्न-मृदुल-कर

फेरूँगानिद्रितकलियोंपर

जगाएकप्रत्यूषमनोहर

कवि के जीवन में वसंत उम्मीद बनकर आया है, जिससे वे सोये, अलसाये फूलों रुपी उदास लोगों के आलस और उदासी बाहर निकाल लेने की बात कर रहे हैं। वे सभी लोगों को एक नया जीवन देना चाहते हैं इसलिए उन्होंने कहा है कि मैं हर पुष्प से आलस व उदासी खींचकर, उसमें नए जीवन का अमृत भर दूँगा। वे आगे कहते हैं कि मैं सोये हुए फूलों यानि निराश लोगों को जीवन जीने की कला सिखा दूँगा। फिर उनका जीवन सुखमय हो जाएगा। कवि का मानना है कि अगर युवा पीढ़ी परिश्रम करेगी, तो उसे मनचाहे लक्ष्य की प्राप्ति होगी और उसके आनंद का अंत कभी नहीं होगा। इस प्रकार कवि कहते हैं कि जब तक वे युवा पीढ़ी को सही राह नहीं दिखा देंगे, तब तक उनका अंत होना असंभव है। यथा : -

पुष्प-पुष्पसेतन्द्रालसलालसाखींचलूँगामैं,

अपनेनवजीवनकाअमृतसहर्षसींचदूँगामैं,

द्वारदिखादूँगाफिरउनको

हैमेरेवेजहाँअनन्त-

अभीनहोगामेराअन्त।

अंत में कवि स्वयं को संबोधित करते हुए प्रतीत होते हैं। मृत्यु के प्रहारों से सशंकित अपने मन को आश्वासन देते हुए कहते हैं अभी तो मेरे जीवन का आरंभ है। इसमें मृत्यु के लिए स्थान नहीं है। इसमें तो जीवन ही जीवन है, अर्थात कर्मठता के प्रति जागरूक उत्साह है और काम करने के लिए अभी तो सारी जवानी पड़ी है। इसी कारण मेरा बालक को जैसा भोला मन सदृश स्वर्ण चमकती हुई किरणों की चंचल लहरों के प्रति आकर्षित होता हैं। हे बंधु ! मुझे पूर्ण विश्वास है कि मेरे उन गीतों द्वारा, जिनका पूर्ण विकास

होने वाला है - समस्त दिशाओं में पूर्ण विकास होगा। अभी मेरा जीवन समाप्त होने वाला नहीं है। यथा : -

मेरेजीवनकायहहैजबप्रथमचरण,

इसमेंकहाँमृत्यु ?

हैजीवनहीजीवन

अभीपड़ाहैआगेसारायौवन

स्वर्ण-किरणकल्लोलोंपरबहतारे, बालक-मन,

मेरेहीअविकसितरागसे

विकसितहोगाबन्धु, दिगन्त;

अभीनहोगामेराअन्त।

कविता के अंत में कवि इस निष्कर्ष पर पहुँचते हैं कि चाहे जीवन में परिस्थितियाँ कितनी भी विपरीत क्यों न हों, हमें अपने हौसले व हिम्मत को बनाए रखना चाहिए। और विपरीत परिस्थितियों का डटकर मुकाबला करना चाहिए। हमें अपने मन में हमेशा आशा की किरण को जगाए रखना चाहिए और अपने जीवन के लक्ष्य को पाने तक बिना रुके लगातार आगे बढ़ते रहना चाहिए।

परीक्षाकेदृष्टिकोणसेमहत्वपूर्णप्रश्न

प्रश्न :'ध्वनि' कविताकीसप्रसंगव्याख्याकीजिए ?

या

निम्नलिखितपद्यांश की सप्रसंग व्याख्या कीजिए ?

अभीनहोगामेराअन्त

अभी-अभीहीतोआयाहै।

मेरेजीवनमेंमृदुलवसंत

अभीनहोगामेराअन्त।

हरे-हरेयेपति।

डालियाँकलियाँकोमलगात!

मैंहीअपनास्वप्न-मृदुल-कर

फेसँगानिद्रितकलियोंपर

जगाएकप्रत्यूषमनोहर।

संदर्भ : प्रस्तुत काव्यांश हमारी संकलित पाठ **'ध्वनि'** शीर्षक कविता से अवतरित है। इसके रचनाकार सूर्यकांत त्रिपाठी 'निराला' है। यह कविता उनके काव्य संग्रह **'परिमल'** से उद्धृत है।

प्रसंग : प्रस्तुत पंक्तियों में कवि अपने हृदय के उदगार प्रकट करते हुए कलियों एवं पुष्पों के माध्यम से देश के युवाओं को चुस्त एवं जागरूक बनाना चाहता हैं।

व्याख्या : कवि आशावादी हैं और जीवन आने वाली कठिन परिस्थितियों कभी हार नहीं मानता है। कवि घोषित कर रहा है कि अभी उसका साहित्य-सृजन थमने वाला नहीं है। अभी तो उसके कवि जीवन का आरम्भ ही हुआ है। जैसे वसंत ऋतु आने पर प्रकृति में उल्लास और उत्साह भरा वातावरण दिखाई देने लगता है, उसी प्रकार उसके जीवन का यह युवाकाल है। वह उत्साह से भरा हुआ है। अभी अंत के बारे में तो सोचना भी व्यर्थ है। कवि के मन और जीवन में हरियाली छाई हुई है। वह हरे-हरे कोमल शरीर वाले वृक्षों और पौधों को देखकर हर्षित हो रहा है। अपनी सपने जैसी कोमल कल्पनाओं द्वारा रचित काव्यरूपी हाथ को फेरकर वह आलस्य में पड़े जीवनों को जगाएगा। जैसे वसंत कलियों को खिलाता है, वह भी अपनी कविताओं से एक मनमोहक सवेरा लाएगा और अपने आस-पास स्थित अलसाये जीवनों में उत्साह जगाएगा।

विशेष : (१) कवि के अनुसार उसके जीवन में प्रथम बार वसंत जैसे उल्लास और उत्साहमय समय का आगमन हुआ है। वह निरन्तर कर्मशील रहकर समाज के निराश और हताश लोगों में आत्मविश्वास का संचार करेगा।

(२) तत्सम व तद्भव शब्दों का मिला-जुला प्रयोग हुआ है। भाषा सरल, सहज एवं भाव के अनुरूप है।

(३) अनुप्रास, उपमा तथा मानवीकरण अलंकार का प्रयोग किया गया है।

पुष्प-पुष्पसेतन्द्रालसलालसाखींचलँगामैं

अपनेनवजीवनकाअमृतसहर्षसींचदूंगामैं

द्वारदिखादूंगाफिरउनको

हैमेरेवेजहाँअनन्त

अभीनहोगामेराअंत।

संदर्भ : प्रस्तुत काव्यांश हमारी संकलित पाठ **'ध्वनि'** शीर्षक कविता से अवतरित है। इसके रचनाकार सूर्यकांत त्रिपाठी 'निराला' है। यह कविता उनके काव्य संग्रह **'परिमल'** से उद्धृत है।

प्रसंग : प्रस्तुत पंक्तियों में कवि हर शिथिल और आलस में पड़े जीवन में जागरूकता और उत्साह भरने का संकल्प कर रहा है।

व्याख्या : कवि के जीवन में वसंत उम्मीद बनकर आया है, जिससे वह सोये, अलसाये फूल रूपी उदास लोगों के आलस और उदासी को बाहर निकाल लेने की बात कर रहा है। कवि कहता है कि जैसे वसंत हर फूल को खिला देता है और प्रकृति में आनन्दमय वातावरण उत्पन्न कर देता है। उसी प्रकार वह भी शिथिलता और आलस में पड़े जीवनों को प्रसन्नता और जागरूकता प्रदान करेगा। अपने उत्साह भरे नवयौवन का आनन्द उनके हृदयों में भरकर उन सभी को निराशा से मुक्त कर देगा। अपनी रचनाओं से उनका मार्गदर्शन करते हुए अनन्त परमात्मा तक पहुँचने में उनकी सहायता करेगा।अभी कवि के सामने लम्बा जीवन पड़ा हुआ है अतः उसका अंत होना असंभव है।

विशेष : (१) कवि को विश्वास है कि उसकी सोतों को जगाने और हँसाने वाली काव्य रचना की यात्रा दूर तक जाएगी। कवि मृत्यु की चिंता से मुक्त है और जीवन का आनन्द लेने और देने में विश्वास करता है।

(२) तत्सम व तद्भव शब्दों का मिला-जुला प्रयोग हुआ है। भाषा सरल, सहज एवं भाव के अनुरूप है।

(३) पुनरुक्ति, अनुप्रास तथा रूपक अलंकार का प्रयोग किया गया है।

मेरेजीवनकायहहैजबप्रथमचरण

इसमेंकहाँमृत्यु ?

हैजीवनहीजीवन

अभीपड़ाहैआगेसारायौवन

स्वर्ण-किरणकल्लोलोंपरबहतारे, बालक-मन,

मेरेहीअविकसितरागसे

विकसितहोगाबन्धु, दिगन्त;

अभीनहोगामेराअन्त।

संदर्भ : प्रस्तुत काव्यांश हमारी संकलित पाठ **'ध्वनि'** शीर्षक कविता से अवतरित है। इसके रचनाकार सूर्यकांत त्रिपाठी 'निराला' है। यह कविता उनके काव्य संग्रह **'परिमल'** से उद्धृत है।

प्रसंग : प्रस्तुत पंक्तियों में कवि ने मृत्यु के प्रहारों से सशंकित अपने मन को आश्वासन दे रहे हैं कि अभी उनका जीवन समाप्त नहीं होने वाला है। उन्हें अभी जीवन में बहुत कुछ सीखना और करना बाकी है।

व्याख्या : कवि इस अंश में स्वयं को ही सम्बोधित करता हुआ प्रतीत हो रहा है। अतीत में अपने अनेक प्रियजनों की अकाल मृत्यु ने उसके बालमन को सशंकित कर दिया है। अतः वह अपने मन को आश्वस्त करना चाहता है कि अभी वह बहुत समय तक जीवित रहेगा, सक्रिय रहेगा। वह कहता है कि जब यह उसके जीवन का प्रथम चरण है तो अभी उसकी मृत्यु कैसे हो सकती है। अभी तो दूर-दूर तक उसे जीवन ही जीवन दिखाई दे रहा है। वह मन को समझाता है कि अभी तो उसकी सारी युवावस्था पड़ी हुई है।

कवि कहता है कि अभी तो उसका मन बालकों जैसा भोला और कल्पनाशील है। वह सुनहली किरणों की लहरों पर बह रहम है। अर्थात वह उल्लासपूर्ण जीवन की उज्ज्वल कल्पनाओं में मग्न है। धीरे-धीरे उसकी रचनाओं में प्रौढ़ता आएगी। उसकी काव्य रचना दूर-दूर तक लोगों को आत्म-विश्वास और उत्साह से भरने लगेगी।

विशेष : (१) कवि की जीवन में आस्था और उसका सकारात्मक दृष्टिकोण व्यक्त हुआ है।

(२) तत्सम व तद्भव शब्दों का मिला-जुला प्रयोग हुआ है। भाषा सरल, सहज एवं भाव के अनुरूप है।

(३) रूपक अलंकार का प्रयोग किया गया है।

प्रश्न : सूर्यकांतत्रिपाठी'निराला'कीकाव्यगतविशेषताओंपरचर्चाकरों?

उत्तर: सूर्यकांत त्रिपाठी 'निराला' हिंदी साहित्य के इतिहास में एक युगांतकारी कलाकार के रूप में प्रस्तुत हुए। वह हिंदी के महान कवि थे। उन्होंने भाव, भाषा, शैली छंद आदि सभी को नवीन दिशा प्रदान करने में योगदान दिया। वह नवीनता और स्वतंत्रता के गायक थे। उनकी काव्यगत विशेषताएँ निम्नलिखित है।

भावपक्षकीविशेषता

(क) राष्ट्रीयभावना : महाकवि निराला के काव्य में राष्ट्रप्रेम का स्वर्ण अत्यंत प्रखर है। उन्होंने भारत की महान परंपराओं को कविता में स्थान दिया और भारतीय इतिहास के स्वर्णिम पृष्ठ को काव्य में अंकित किया है। 'खून की होली जो खेली', 'जागो फिर एक बार', 'भारती वंदन', 'वीणावादिनी वर दे', आदि कविताओं में कवि ने बार-बार देश प्रेम की भावनाओं को व्यक्त किया हैं। यथा : -

भारतीजयविजयकरें

कनकशस्यकमलधरे

लंकापददलशतदल

गर्जितोर्मिसागरजल

होताशुचिचरणचूगल

धवलधाराहारगले।

(ख) प्रगतिशीलविचारधारा : निराला केवल छायावादी कवि ही नहीं थे। अपितु वे प्रगतिवादी कवि भी थे। उनका काव्य दलितों और कमजोर वर्गों के प्रति विशेष सहानुभूति रखता है। निराला के हृदय का करूण भाव समाज के उपेक्षित, कमजोर, पीड़ित एवं शोषित वर्गों की रक्षा को अर्पित है। 'विधवा'की पीड़ा उन्हें द्रवित करती है। तो 'भिखारी' की दीनता एवं भूख उन्हें करूणा से भर देती है। कड़कड़ाती धूप में इलाहाबाद के पथ पर पत्थर तोड़ती मजबूत नारी का करूण चित्रण पाठक के मन को अनायास ही छू जाता है। यथा : -

वहतोड़तीपत्थर

देखामैंनेउसेइलाहाबादकेपथपर

देखकरकोईनहीं

देखामुझेउसदृष्टिसे

जोमारखारोईनहीं।

(ग) व्यंग्यएवंहास्यकापुट : निराला ने समाज में फैली विकृतियों एवं विद्रूपताओं का व्यंगात्मक चित्रण किया है। 'कुकुरमुत्ता' कविता में उन्हें तीक्ष्ण व्यंग को देखा जा सकता है। 'कुकुरमुत्ता' निम्न एवं कमजोर वर्ग का प्रतिनिधि है और वह पूँजीवादी गुलाब को चुनौती देता हुआ कहता है। यथा : -

अबे, सुनबे, गुलाब,

भूलमतजोपायीखुशबु, रंग-ओ-आब,

खूनचूसाखादकातूनेअशिष्ट,

डालपरइतरारहाहैकेपीटलिस्ट!

(घ) सामाजिकचेतनाऔरविद्रोहकाकाव्य : निराला के काव्य की एक विशेषता यह भी है कि उनका संपूर्ण काव्य सामाजिक चेतना और विद्रोह का काव्य है। 'वीणा वादिनी वर दे' नामक कविता में कवि समाज में नवीन शक्ति का प्रादुर्भाव देखना चाहता है। वह समाज के शोषित और उपेक्षित की उपेक्षितों की कथा को व्यक्त करता है। यथा : -

काटअंधउरकेबंधनस्तर

बहाजननीज्योतिर्मयनिर्झर

कलुषभेदतमहरप्रकाशभर

जगमगजगकरदे !

कलापक्षकीविशेषता

(क) भाषा : निराला ने अपने काव्य में खड़ी बोली को ही मुख्य रूप से अपनाया। उनकी काव्य में तत्सम शब्दों की प्रधानता थी क्योंकि निराला पर बांग्ला संस्कार और संस्कृत भाषा का प्रभाव था। अतः इनकी भाषा में संगीतात्मक की बहुलता है। कहीं-कहीं भाषा समासान्त पदावली के कारण किलष्ट और दुरूह हो गई है। निराला की भाषा बोधगम्य है। जहाँ-तहाँ फारसी, अंग्रेजी, तथा उर्दू के शब्दों का भी प्रयोग किया है।

(ख) शैली : निराला की काव्य शैली बंगला से प्रभावी प्रतीत होती है। इन्होंने मुख्य रूप से अतुकांत गीत शैली को अपनाया है। इनकी शैली में उल्लेखनीय विशेषताएँ पदों से रहित, समासान्त पदों का प्रयोग है। निराला की शैली ओजपूर्ण एवं प्रभावपूर्ण है। निराला स्वयं ही शैलीकार थे। उनकी शैली संगीतात्मक से परिपूर्ण है।

(ग) रस,छंदतथाअलंकार : निराला के काव्य में विभिन्न रसों का परिपाक हुआ है। उनके काव्य में मुख्य रूप से श्रृंगार, वीर, रौद्र, शांत, करूण तथा भयानक रस का निरूपण हुआ है। छंद योजना में निराला वास्तव में निराला ही थे। उन्होंने अपने ढंग से नवीन छंदों का प्रयोग किया। उन्होंने तुकांत एवं अतुकांत दोनों प्रकार के मुक्तक छंदों को अपनाया। निराला के काव्य में अलंकार योजना भी स्वाभाविक रूप से प्रस्तुत हुई है। उन्हें उपमा, रूपक तथा संदेह अलंकार अधिक प्रिय थे। उन्होंने अनेक नवीन उपमाओं का सृजन भी किया था।

गृहकार्य

(क) कविता की मूल संवेदना स्पष्ट कीजिए ?

(ख) सूर्यकांत त्रिपाठी 'निराला' के काव्य भाषा पर संक्षिप्त टिप्पणी लिखें ?

वैद्यनाथ मिश्र

कवि परिचय

वैद्यनाथ मिश्र

पूरा नाम -वैद्यनाथ मिश्र

अन्य नाम -ठक्कन मिश्र, नागार्जुन, यात्री

जन्म -30 जून, 1911

जन्म स्थान -मधुबनी ज़िला, बिहार

मृत्यु-5 नवंबर, 1998

मृत्यु स्थान -दरभंगा ज़िला, बिहार

पिता-गोकुल मिश्र

माता-उमा देवी

पत्नी-अपराजिता देवी

संतान - -----

पुरस्कार-उपाधि- साहित्य अकादमी पुरस्कार, भारत भारती सम्मान, मैथिलीशरण गुप्त सम्मान, राजेन्द्र शिखर सम्मान, राहुल सांकृत्यायन सम्मान, साहित्य अकादमी फैलोशिप,

रचनाएँ

काव्य संग्रह =युगधारा, सतरंगे पंखों वाली, प्यासी पथराई आँखें, तालाब की मछलियाँ, तुमने कहा था, खिचडी विप्लव देखा हमने, हजार-हजार बाँहोंवाली,पुरानी जूतियों का कोरस , रत्नगर्भ, ऐसे भी हम क्या ऐसे भी तुम क्या, आखिर ऐसा क्या कह दिया मैंने, इस गुब्बारे की छाया में, भूल जाओ पुराने सपने, अपने खेत में

मैथिली काव्य संग्रह = चित्रा, पका है यह कटहल, पत्रहीन नग्न गाछ

बंगला काव्य संग्रह = मैं मिलिट्री का बूढ़ा घोड़ा

कहानी - संग्रह = आसमान में चंदा तेरे

निबंध = अन्नहीनम्, क्रियाहीनम्

अनुवाद = मेघदूत, गीत गोविंद, विद्यापति की पदावली

अन्य जानकारी

नागार्जुन ने मैथिली भाषा में 'यात्री' नाम से लेखन किया है।

अकाल और उसके बाद

नागार्जुन

कईदिनोंतकचूल्हारोया, चक्कीरहीउदास

कईदिनोंतककानीकुतियासोईउनकेपास

कईदिनोंतकलगीभीतपरछिपकलियोंकीगश्त

कईदिनोंतकचूहोंकीभीहालतरहीशिकस्त।

कईदिनोंतकचूल्हारोया, चक्कीरहीउदास

कईदिनोंतककानीकुतियासोईउनकेपास

कईदिनोंतकलगीभीतपरछिपकलियोंकीगश्त

कईदिनोंतकचूहोंकीभीहालतरहीशिकस्त।

शब्दार्थ : चक्की = जाँता, हाथ से अनाज पीसनेवाली चक्की । **भीत** = दीवार। **गश्त** = इधर से उधर कदमताल करना । **शिकस्त** = पराजय, हार जाना । **पाँखे** = पंख, डैना

व्याख्या : "अकाल और उसके बाद शीर्षक कविता **'सतरंगेपंखोंवाली'** (1959) काव्य संग्रह में संगृहीत है। इस कविता का प्रसंग अकाल की घटना से जुड़ा है। अकाल से बेबस ग्रामीण जीवन के सांकेतिक दृश्य इस कविता में व्यक्त हुए हैं। यहाँ मनुष्य को सामने

रखे बगैर अकाल की भयानकता को प्रस्तुत किया गया है।

नागार्जुन ने आठ पंक्तियों की इस कविता को दो हिस्से में संरचित किया है। चार-चार पंक्तियों के इन दो टुकड़ों में व्यवस्थित तरीके से बातें रखी गयी हैं। पहले टुकड़े में 'अकाल' है और दूसरे टुकड़े में 'उसके बाद' का चित्रण है। वैसे तो अकाल के अनेक आयाम हैं। इस कविता में 'दाने' अर्थात अनाज के माध्यम से अकाल और अकाल के बाद की स्थिति की, कुछ झौकियाँ हमारे सामने रखी गयी है। इस कविता के प्रतीक और संकेत महत्वपूर्ण हैं।

पहली चार पंक्तियों में नागार्जुन बताते हैं कि अकाल का हाल यह है कि कई दिनों तक उस घर में चूल्हा जलने की नौबत नहीं आयी। घर में पकाकर खाने लायक कुछ था ही नहीं ! चक्की भी कई दिनों तक उदास रही क्योंकि घर में पीसने के लिए अनाज था ही नहीं ! चूल्हा और चक्की को लक्ष्मी मानते हैं। उन्हें पवित्र मानते हैं। मगर अकाल ने ऐसी बेबसी दे दी है कि चूल्हे-चक्की के

पास कानी कुतिया रोज सोती रही, मगर उसे हटाने का ख्याल किसी के मन में नहीं आया। ऐसा पहले तो नहीं होता था ! जब घर में अनाज ही नहीं था, तब रात में दीया-बत्ती जलाने की नौबत भला कहाँ से आती। इसके लिए तेल की जरूरत थी। तेल की बारी तो अनाज के बाद आती है। दीया-बत्ती नहीं जली तो रात में कीड़े-फतिंगे भी नहीं आए। छिपकलियाँ दीवारों पर कई दिनों तक घूमती रहीं कि खाने के लिए कोई कीड़ा फतिंगा मिल जाए ! ऐसी ही स्थिति घर के चूहों की

भी रही। वे बार-बार तलाशते रहे कि कहीं कुछ मिल जाए, मगर उन्हें हार के सिवा कुछ न मिला।

अगली चार पंक्तियों में घर के अंदर अनाज आने के बाद के दृश्य हैं। कई दिनों के बाद घर में कुछ अनाज आया। चूल्हा जल उठा और आँगन से धुआँ उठा। नागार्जुन लिखते हैं कि घर-भर की आँखें चमक उठीं। ये आँखें किनकी है ? ये आँखें कुतिया, छिपकलियों और चूहों की तो है ही इन आँखों में वे आँखें भी शामिल हैं जो घर के मनुष्यों की है। पूरी कविता में मनुष्यों का जिक्र इन आँखों के माध्यम से ही आया है। सांकेतिकता की ऐसी क्षमता इस कविता को महत्वपूर्ण बनाती है। और अंत में नागार्जुन लिखते हैं कि कौए ने कई दिनों के बाद कुछ जूठन खाकर अपनी चाँच को पोंछने के लिए, अपने पंखों को खुजलाया है।

परीक्षाकेदृष्टिकोणसेमहत्वपूर्णप्रश्न

प्रश्न : 'अकाल और उसके बाद' कविता का सप्रसंग व्याख्या

कीजिए ?

या

निम्नलिखितपद्यांश की सप्रसंग व्याख्या कीजिए ?

कईदिनोंतकचूल्हारोया, चक्कीरहीउदास

कईदिनोंतककानीकुतियासोईउनकेपास

कईदिनोंतकलगीभीतपरछिपकलियोंकीगश्त

कईदिनोंतकचूहोंकीभीहालतरहीशिकस्त।

संदर्भ : प्रस्तुत काव्यांश हमारी संकलित पाठ **'अकालऔरउसकेबाद'** शीर्षक कविता से अवतरित है। इसके रचनाकार नागार्जुन जी है। यह कविता उनके काव्य संग्रह **'सतरंगेपंखोंवाली'** से उद्धृत है।

प्रसंग : प्रस्तुत काव्यांश में नागार्जुन ने अकाल के करुण दृश्य का चित्रण किया है। अकाल के समय लोग अन्न के अभाव में मरने लगते हैं। इस भुखमरी से केवल मनुष्य ही नहीं बल्कि घर के अन्य प्राणी भी प्रभावित होते हैं।

व्याख्या : अकाल से पीड़ित घर का दृश्य प्रस्तुत करते हुए कवि नागार्जुन जी लिखते हैं कि अकाल पड़ने की वजह से आम आदमी का जीवन बहुत ही कठिन हो गया। अनाज न होने की वजह से कई दिनों तक चूल्हा नहीं जला और न चक्की चली जिससे लोगों की दशा बहुत ही पतली हो गयी। भूख प्यास और अकाल की स्थिति वजह से कानी कुतिया खाना न मिलने की उम्मीद में वहीं पड़ी रही। यहाँ तक कि दीवारों पर छिपकलियाँ भी कीड़े मकोड़े की उम्मीद पर कई दिनों तक दीवारों पर पहरा दे रहे थे। कई दिनों तक वह छिपकली किसी कीड़े की उम्मीद करते हुए दीवारों पे रेंग रही थी और उसकी भी हालत बहुत खराब हो गयी थी भूक की वजह से। चूहे भी खाना न मिलने की वजह से बहुत ही परेशान हो गए थे और उनकी हालत खाना न मिलने की वजह से से पस्त होती जा रही थी।

विशेष : १) प्रस्तुत काव्यांश में अकाल ग्रस्त घर की अन्नविहिन व्यवस्था का करुण दृश्य प्रस्तुत किया गया है। घर में रहने वाले सभी प्राणियों का अकाल की स्थिति का सामना करना पड़ता है।

२) इसमें जनसामान्य की भाषा का प्रयोग किया गया है।

३) इसमें पुनरूक्ति प्रकाश अलंकार का प्रयोग किया गया है ।

४) यह मुक्तक छंद में रचित है।

कईदिनोंतकचूल्हारोया, चक्कीरहीउदास

कईदिनोंतककानीकुतियासोईउनकेपास

कईदिनोंतकलगीभीतपरछिपकलियोंकीगश्त

कईदिनोंतकचूहोंकीभीहालतरहीशिकस्त।

संदर्भ : प्रस्तुत काव्यांश हमारी संकलित पाठ **'अकालऔरउसकेबाद'** शीर्षक कविता से अवतरित है। इसके रचनाकार नागार्जुन जी हैं। यह कविता उनके काव्य संग्रह **'सतरंगेपंखोंवाली'** से उद्‌धृत है।

प्रसंग : प्रस्तुत अंश में नागार्जुन ने अकाल के बाद का दृश्य प्रस्तुत किया है। अकाल के बाद जब कहीं से अन्न के दाने का घर में आगमन होता है तो घर में रहने वाले प्राणियों में एक नवीन जीवन का संचार होता है।

व्याख्या: नागार्जुन लिखते हैं कि जब अकाल की विपत्ति गयी तो घर में अन्न के दाने आए और घर में खुशी का माहौल और हलचल प्रारंम्भ हो गया। ऐसा लगता है कि मानो कोई मृत इंसान वापस जिंदा हो गया हो। घर में कई दिनों के बाद चूल्हा जला और आँगन के ऊपर से धुआं उठता दिखाई देने लगा। धुंआ को देखकर घर में रहने वाले सभी सदस्यों के साथ-साथ कुत्तिया, छिपकलियाँ, चूहे सभी की आँखों में आशा की चमक दिखाई देने लगी। आज बहुत दिनों के बाद उन्हें भरपेट भोजन मिलेगा। यह सोचकर खुशी का अनुभव हो रहा था। घर मे धुंआ देख कर कौऐ को भी भोजन पाने की आशा हो गयी। वह भी प्रसन्ता से अपने पंख खुजलाने लगा और इसी तरह से से वातावरण में में खुशी का माहौल छा गया।

विशेष : १) प्रस्तुत काव्यांश में लंबी निराशा के बाद नवीन आशा का संचार देखने को मिलता है। कई दिनों तक अन्न का अभाव झेलने के बाद थोड़ा सा भी अन्न किस की प्रशंसा देता है,इसके दर्शन इस काव्यांश में होते हैं।

२) इसमें जनसामान्य की भाषा का प्रयोग किया गया है।

३) इसमें पुनरूक्ति प्रकाश अलंकार का प्रयोग किया गया है ।

४) यह मुक्तक छंद में रचित है।

प्रश्न : 'अकालऔरउसकेबाद' कविताकीसमीक्षाकरें ?

या

'अकालऔरउसकेबाद' कविताकीमूलसंवेदनास्पष्टकीजिए ?

या

'अकालऔरउसकेबाद' कवितामेंनिहितसंदेशोंकोउजागर

कीजिए ?

उत्तर : नागार्जुन के काव्य सामान्य जनजीवन से प्रेरित विद्रूपताओं तथा शब्दचित्रों के व्यंग्यात्मक प्रतीकों का ताना-बाना होता था। उन्होंने वीभत्स चित्रों को सामान्य यथार्थ के बैढंगे रूपों से सजाया है। और निसंदेह सहजता इतनी मारक है,जो हमें बाधित करती रहती है। सहज भावनाओं और सटीक शब्दावली से काव्य रोचक बन गए हैं, जो हमेशा चुभते रहते हैं।

'अकाल और उसके बाद' कविता का दृश्य दो भागों में विभाजित है। प्रथम चित्र में 'अकाल' के समय एक सामान्य कृषक परिवार के घर का दयनीय वातावरण है, जहाँ प्रत्येक वस्तु और प्रत्येक व्यवहार भूख की क्षुधा का बोध करा रहे हैं। वहीं दूसरी चित्र में, अन्य के आने के बाद घर और उसके वातावरण में जो परिवर्तन दिखलाई देते हैं, उसका आनंददायक चित्रण मिलता है।

प्रथम देश दृश्य में वीभत्स यथार्थ, 'अकाल' के आसपास के सामान चित्रों से इतनी सहजता के साथ सजाया है, जो गले में एक फाँस-सी अटकती है। अकाल की विभीषिका का वर्णन चूल्हे में, ठंडापन, उसके रुदन के साथ सुनाई देती है। जलता हुआ चूल्हा, घर में भोजन की उपस्थिति का प्रतीक है। मनुष्य का पेट भी एक चूल्हा ही है, जिसका ठंड पड़ जाना, रोना, उसके घर में अन्न का अभाव बतलाता है। अकाल के भीषण मार जब गरीब कृषकों पर पड़ती है, तो कई कई दिनों तक उनके घर में भोजन नहीं पकता। वे खाने के एक एक निवाले को तरस जाते हैं। 'चक्की' का उदास होना भी घर में अनाज की कमी को दिखलाती है। उसके लगातार चलने की, पिसाई की आवाज से घर का अन्न से भरा माना जाता है। चक्की की उदासी दूर करने के लिए, कनी कुतिया उसके पास बैठी है। यह दृश्य इतना द्रवित और हृदय विदारक है कि सहानुभूति का वातावरण निर्मित हो रहा है। भूखे पेटों की ज्वाला से छिपकलियाँ भी इस उद्विग्न होकर गस्त जगा रही है। भूख के मारे घर के कीड़े मकोड़े भी, घर के बाहर भाग गए हैं और छिपकलियों को अपना भोजन नहीं मिल पा रहा है। घरों के चूहे भी शिकार ना मिल पाने के कारण रोटी, अन्न आदि ना कुतरने के कारण बिल्कुल ही थक चुके हैं, मानों हार कर बैठ गए हैं। दिनभर उधम मचाने वाले चूहों ने भी अपनी हार मान ली है। यथा : -

" कईदिनोंतकचूल्हारोयाचक्कीरहीउदास

कईदिनोंतककानीकुतियासोहीउनकेपास "

दूसरे दृश्य में घर के भीतर अकाल के समाप्त हो जाने के बाद घर के अंदर अन्न के आ जाने का चित्रण है। जहाँ कई दिनों के बाद चूल्हा जलता है। जब चूल्हे में अग्नि प्रभावित होती है, जो उससे धुआँ उठता है। यह धुआँ खुशी का पर्याय बनकर, घर की छप्पड़ को फाड़कर, आंगन से निकल कर आकाश को छूने लगता है। घर से, आंगन से होकर धुआँ निकलना लोगों के हर्ष का, आनंद का प्रतीक है। वे खुश है, क्योंकि अब उन्हें भूखे पेट नहीं रहना पड़ेगा। चूल्हे को जलता देख कर घर के लोग ही नहीं, आसपास के परिंदे भी खुशी के मारे चहक उठते हैं। वे मारे खुशी के अपने पंखों को फड़फड़ाते हैं, मानो वे स्वयं को आमंत्रित कर रहे हैं। छप्पर के ऊपर बैठा कौआ भी टकटकी लगाकर अपने पंख खुजाते हुए अपने निमंत्रण की प्रतीक्षा कर रहा है। घर के सभी लोगों की आंखों में खुशी की चमक है, जिसे भूख मिटने की हर्ष का अभिप्राय मिलता है। यथा : -

"चमकउठीघरभरकीआँखें कईदिनोंकेबाद

कौएनेखुजलाईपाँखेंकईदिनोंकेबाद "

कविता में दो चित्रों का वर्णन-भूख और अनाज की कमी से उपजी मार्मिक स्थिति और दूसरी अकाल के बाद घर में अनाज आ जाने के बाद का उल्लसित वातावरण है। नागार्जुन जनवादी कवि है। सामान्य जीवन में 'भूख' की अतृप्ति के समक्ष सारे उपादान व्यर्थ है और 'पेट का भरा होना' ही एकमात्र सुख है। आज भी समाज का निम्न वर्ग केवल भूख की समस्या से ही जूझ रहा है। वंचित, शोषित निम्न वर्ग में 'भूख' कई विद्रूपता के साथ चित्रित हुआ है।

इस काव्य की भाष सहज, सरल आमबोलचाल की भाषा है। विभिन्न दृश्यों के आधार पर काव्य का चित्रात्मक एवं बिम्बात्मक वर्णन मिलता है। नागार्जुन के काव्य में निष्ठा अधिक, व्यंग अधिक है, जो सटीक बिंबो के माध्यम से और अधिक पैना हो गया है। लोकसंस्कृति के चित्र, उनके आम दैनंदिन के दृश्य हैं, जिनसे उनका साक्षात्कार होता हैं।

प्रश्न : नागार्जुन की काव्यगत विशेषताओं पर चर्चा कीजिए ?

उत्तर : नागार्जुन प्रगतिवादी विचारधारा के प्रमुख साहित्यकार थे। उन्होंने अपनी रचनाओं द्वारा सामाजिक विषमताओं को दूर करने का प्रयास किया है। उनकी लेखनी में मुख्य रूप से इस देश की शोषित पीड़ित जनता के संघर्षों की तमाम-तमाम कथाएँ उनके सुख-दुःख, सत्ता वर्ग के लोलूप भ्रष्टाचारी चेहरों की नंगी सूरतें, भ्रष्ट राजनेताओं पर तीखी टिप्पणियाँ विभिन्न काव्य शैलियों व रूपों में अभिव्यक्त हुई है। उनकी काव्य के निम्नलिखित विशेषताएँ हैं।

भावपक्षकीविशेषता

(क) व्यंग्यात्मकता : नागार्जुन के काव्य की विशेषता व्यंग्यात्मकता है। उनका व्यंग्य तीखा, धारदार और चुभता हुआ है। उन्हें व्यंग्य करते समय राजनीतिक, दार्शनिक, समाज सुधारक तथा कलाकार किसी को भी नहीं छोड़ा। उन्होंने सम-सामयिक समस्याओं का अपनी रचना में निर्भीकता से चित्रण किया है। 'प्रेत का बयान', 'विज्ञापन सुंदरी', 'तालाब की मछलियाँ' आदि कविताओं में उन्होंने खुलकर व्यंग्य किया है। 'प्रेत का बयान' कविता की इन पंक्तियों में कितना गहरा और तीखा व्यंग्य छिपा है : -

पेशा से प्राइमरी स्कूल का मास्टर था

तनखा थी तीस रूपया, सो भी नहीं मिली

मुश्किल से काटे हैं

एक नहीं, दो नहीं, नौ नौ महीने।

(ख) विद्रोह और क्रांति का स्वर : नागार्जुन के मन में उस व्यवस्था के प्रति विद्रोह की भावना है जो जनता का शोषण करती है या शोषण को बढ़ावा देती है। वे वर्तमान शासन व्यवस्था से असंतुष्ट हैं और ऐसी व्यवस्था को बदल देना चाहते हैं। अतः उनके काव्य में विद्रोह और क्रांति का स्वरूप तय हुआ है। वे वर्तमान समाज में व्याप्त भ्रष्टाचार, पाखंड, भाई-भतीजावाद से घृणा करते हैं। वर्तमान प्रजातंत्र के विरोधी हैं जिसमें अमीर और गरीब की खाई बढ़ती जा रही है। यथा : -

देश हमारा भूखा नंगा घायल है बीमारी से,

मिले ना रोजी-रोटी भर के दर-दर बने भिखारी से।

(ग) समाज में व्याप्त विषमता का चित्रण : नागार्जुन ने अपने काव्य में समाज में व्याप्त बुराइयों, विषमता, जातिगत भेदभाव, भ्रष्टाचार आदि का यर्थात चित्रण किया है। उन्हें अपने काव्य में गरीब, शोषित एवं पीड़ित जनता के दुखों का चित्रण किया है। 'अकाल और उसके बाद' कविता में अभाव की स्थिति का अत्यंत हृदय स्पर्शी चित्रण किया गया है : -

कई दिनों तक चूल्हा रोया, चक्की रही उदास

कई दिनों तक कानी कुतिया, सोई उनके पास

कई दिनों तक लगी भीत पर, छिपकलियों की गश्त,

कई दिनों तक चूहों की भी, हालत रही शिकस्त।

(घ) शोषकों के प्रति घृणा : नागार्जुन जी प्रगतिवादी कवि थे। उन्होंने अपने काव्य में जहाँ अभावग्रस्त लोगों के प्रति सहानुभूति का वर्णन किया है। वहीं शोषकों के प्रति घृणा भाव भी व्यक्त किया है। उन्होंने पूँजीपतियों और राजनीतिज्ञों के प्रति गहरा आक्रोश व्यक्त किया है। वे पूँजीवादी व्यवस्था को समाप्त करके समाजवादी व्यवस्था को स्थापित करना चाहते थे, इसलिए उनके काव्य में एक और जहाँ पूँजीपतियों के प्रति आक्रोश प्रकट किया गया है, वहीं दूसरी ओर शोषकों के प्रति सहानुभूति की भावना भी है। वे प्रशासन के निठल्लेपन की ओर संकेत करते हुए लिखते हैं : -

पुलिस और पलटन के हाथी, कितना चारा खाते हैं,

वही रंग है, वही ढंग है, पर कुछ नहीं पाते हैं।

(ङ) जनवादी दृष्टिकोण : नागार्जुन की कविताएँ समाज के ठोस धरातल पर चलती है। उनकी कविताएं कल्पना लोक में विचरण नहीं करती। उन्होंने अपने दुख के भीतर साधारण लोगों के दुखों को देखा है और उन्हें अपनी कविताओं में वाणी दी है। सर्वहारा वर्ग की व्यथा एवं पीड़ा को भी अपने काव्य में अभिव्यक्त किया है। जनसाधारण के प्रति सहानुभूति उनके काव्य की एक अन्य प्रमुख विशेषता है। नागार्जुन जी अभावग्रस्त लोगों के पक्षधर बनकर सामने आये। यही कारण है कि उन्होंने अपनी कविताओं में नगर और गाँव की गरीब जनता का चित्रण किया है। उन्होने उन्हें एक स्थान पर लिखा है : -

कैसे लिखूँ शांति की कविता,

अमन-चमन को कैसे कड़ियों में बाँधू।

कला पक्ष की विशेषता

(क) भाषा - शैली : नागार्जुन की भाषा सरल स्पष्ट तथा मार्मिक प्रभाव डालने वाली है। उन्होंने तत्सम शब्दावली प्रधान शुद्ध खड़ी बोली का प्रयोग किया है। बिम्बधर्मिता नागार्जुन की भाषा की प्रमुख विशेषता है, जिसके कारण उनकी भाषा अधिक संवेद्य हो गई है। नागार्जुन की भाषा में बिम्बधर्मिता ने रंग-रूप, ध्वनि, स्वाद, स्पर्श, गंद सबको साकार और संवेद्य बना दिया है। नागार्जुन ने अपनी रचनाओं में मुक्तक तथा प्रबंध शैली को अपनाया है। इनकी शैली प्रतीकात्मक और व्यंग्य प्रधान है। यथा : -

बहुत दिनों के बाद

अबकी मैंने जी भर तालमखाना खाया

गन्ने चूसे जी भर

—बहुत दिनों के बाद।

(ख) अलंकार : नागार्जुन की कविता में अलंकारों का स्वाभिक प्रयोग है। उन्होंने अपनी रचनाओं में अनुप्रास, उपमा, रूपक और अतिशयोक्ति आदि अलंकारों का प्रयोग किया है।

(ग) छंद - लय - तुकात्मकता : नागार्जुन ने छंदबद्ध और मुक्तछंद दोनों में अपनी कविताएँ रची। उनका छंदों की शास्त्रीयता से बंधे रहने का कोई पूर्वाग्रह भी है और न ही मुक्त छंद से उन्हें कोई परहेज है। उन्हें भाव के अनुरूप जहाँ जैसी जरूरत महसूस हुई, वहाँ उन्होंने वैसा ही प्रयोग किया। नागार्जुन के काव्य में हमें दोहा, बरवै, हरिगीतिका, मंदाक्रांता, कवित्त, सवैया आदि पारंपारिक छंदों का लयात्मक विधान देखने को मिलता है। उनकी आवेग- प्रधान कविताओं में मुक्त छंद की प्रवाहमयता लक्षित होती है।

गृहकार्य

(क) नागार्जुन के काव्य भाषा पर संक्षिप्त टिप्पणी लिखें ?

केदारनाथ सिंह

कवि परिचय

केदारनाथ सिंह

पूरा नाम -केदारनाथ सिंह

अन्य नाम - ----

जन्म - 7 जुलाई, 1934

जन्म स्थान -चकिया गाँव, बलिया (उत्तर प्रदेश)

मृत्यु- 19 मार्च, 2018

मृत्यु स्थान - नई दिल्ली

पिता- डोमन सिंह

माता- लालझरी देवी

पत्नी- सम्बन्ध में कोई साक्ष्य – प्रमाण प्राप्त नही

संतान- सम्बन्ध में कोई साक्ष्य – प्रमाण प्राप्त नही

पुरस्कार-उपाधि- ज्ञानपीठ पुरस्कार, मैथिलीशरण गुप्त सम्मान, कुमारन आशान पुरस्कार, जीवन भारती सम्मान, दिनकर पुरस्कार, साहित्य अकादमी पुरस्कार, व्यास सम्मान (1997)

रचनाएँ

कविता-संग्रह = अभी बिलकुल अभी, जमीन पक रही है, यहाँ से देखो, अकाल में सारस, टॉल्सटॉय और साइकिल, बाघ, जीने के लिए कुछ शर्ते, प्रक्रिया, सूर्य, एक प्रेम-कविता को पढ़कर, आधी रात, 'बादल ओ, रात, अनागत, माँझी का पुल, फर्क नहीं पड़ता, एवं तीसरा सप्तक में संकलित प्रकाशित कविताएँ

निबन्धऔरकहानियाँ = मेरे समय के शब्द, कल्पना और छायावाद, हिन्दी कविता में बिम्ब-विधान, कब्रिस्तान में पंचायत

अन्य जानकारी

केदारनाथ सिंह चर्चित कविता संकलन 'तीसरा सप्तक' के सहयोगी कवियों में से एक हैं। इनकी कविताओं के अनुवाद लगभग सभी प्रमुख भारतीय भाषाओं के अलावा अंग्रेज़ी, स्पेनिश, रूसी, जर्मन और हंगेरियन आदि विदेशी भाषाओं में भी हुए हैं।

एक पारिवारिक प्रश्न

केदारनाथ सिंह

छोटे-से आँगन में

माँ ने लगाए हैं

तुलसी के बिरवे दो

पिता ने उगाया है

बरगद छतनार

मैं अपना नन्हा गुलाब

कहाँ रोप दूँ!

मुट्ठी में प्रश्न लिए

दौड़ रहा हूँ वन-वन

पर्वत-पर्वत

रेती-रेती...

बेकार!

गृहकार्य

(क) केदारनाथ सिंह की काव्यगत विशेषताओं का सोदाहरण परिचय दीजिए ?

(ख) 'एक पारिवारिक प्रश्न' कविता की सप्रसंग व्याख्या कीजिए ?

(ग) 'एक परिवारिक प्रश्न' कविता की मूल संवेदना स्पष्ट कीजिए ?

(घ) केदारनाथ सिंह की काव्य भाषा पर संक्षिप्त टिप्पणी लिखें ?

गद्य साहित्य

13

गद्य साहित्य

दो बैलों की कथा-मुंशी प्रेमचंद

पूरा नाम-मुंशी प्रेमचंद

अन्य नाम-धनपत राय श्रीवास्तव, नवाब राय

जन्म-31 जुलाई, 1880

जन्म स्थान- लमही गाँव, वाराणसी, उत्तर प्रदेश

मृत्यु- 8 अक्तूबर 1936

मृत्यु स्थान- वाराणसी, उत्तर प्रदेश

पिता- मुंशी अजायब लाल

माता- आनन्दी देवी

पत्नी- शिवरानी देवी

संतान- श्रीपत राय (पुत्र),अमृत राय (पुत्र), कमला देवी श्रीवास्तव (पुत्री)

प्रसिद्धि - उपन्यास सम्राट, कलम का जादूगर

रचनाएँ

उपन्यास = गोदान, सेवासदन, कर्मभूमि, रंगभूमि, गबन, प्रेमाश्रम, निर्मला, वरदान, कायाकल्प, मंगलसूत्र (अपूर्ण)

कहानी संग्रह = सप्त सरोज, नवनिधि, प्रेम पूर्णिमा, प्रेम पच्चीसी, समर यात्रा, प्रेम प्रतिमा प्रेम द्वादश, मानसरोवर

प्रसिद्ध कहानियाँ = बड़े घर की बेटी, बूढ़ी काकी, अलग्योझा, ईदगाह, सद्गति, गुल्ली-डण्डा, दूध का दाम, नया विवाह, मुफ्त का यश, निमंत्रण, पूस की रात, शतरंज के खिलाड़ी, कफ़न, गिला, रानी सारंधा, सभ्यता के रहस्य

नाटक = संग्राम, प्रेम की वेदी,

कर्बला और रूठी रानी

निबन्ध = शहीदे आजम, आवशारे न्याग्रा, पद्म सिंह शर्मा के साथ तीन दिन, जॉन ऑफ आर्क, कलामे सुरूर, अहदे अकबर में हिन्दुस्तान की ताकत, इत्तिफाक ताकत है, पुराना जमाना नया जमाना, स्वराज के फायदे, कहानी कला (1,2,3), कौमी भाषा के विषय में कुछ विचार, हिंदी - उर्दू की एकता, महाजनी सभ्यता, जीवन में साहित्य का स्थान

बाल-साहित्य =कुत्ते की कहानी, जंगल की कहानियाँ, स्वराज के फायदे,

पागल हाथी, सैलानी बंदर, दुर्गादास, रामचर्चा, मनमोदक, नादान दोस्त, मिट्ठू

संस्मरण = एक शांत एवं नास्तिक संत-प्रेमचंद

जीवनी = शेख सादी

अन्य जानकारी- प्रेमचंद उनका साहित्यिक नाम था और बहुत वर्षों बाद उन्होंने यह नाम अपनाया था। उनका वास्तविक नाम धनपत राय श्रीवास्तव था। जब उन्होंने सरकारी सेवा करते हुए कहानी लिखना आरम्भ किया, तब उन्होंने नवाब राय नाम अपनाया। बहुत से मित्र उन्हें जीवन-पर्यन्त नवाब के नाम से ही सम्बोधित करते रहे।

दोबैलोंकीकथा

प्रेमचंद

जानवरों में गधा सबसे ज्यादा बुद्धिहीन समझा जाता है। हम जब किसी आदमी को पल्ले दरजे का बेवकूफ कहना चाहते हैं, तो उसे गधा कहते हैं। गधा सचमुच बेवकूफ है, या उसके सीधेपन, उसकी निरापद सहिष्णुता ने उसे यह पदवी दे दी है, इसका निश्चय नहीं किया जा सकता। गायें सींग मारती हैं, ब्याई हुई गाय तो अनायास ही सिंहनी का रूप धारण कर लेती है। कुत्ता भी बहुत गरीब जानवर है, लेकिन कभी-कभी उसे भी क्रोध आ ही जाता है; किन्तु गधे को कभी क्रोध करते नहीं सुना, न देखा। जितना चाहो गरीब को मारो, चाहे जैसी खराब, सड़ी हुई घास सामने डाल दो, उसके चेहरे पर कभी असन्तोष की छाया भी न दिखाई देगी। बैसाख में चाहे एकाध बार कुलेल कर लेता हो; पर हमने तो उसे कभी खुश होते नहीं देखा। उसके चेहरे पर एक स्थाई विषाद स्थाई रूप से छाया रहता है। सुख-दुख, हानि-लाभ, किसी भी दशा में उसे बदलते नहीं देखा। ऋषियों-मुनियों के जितने गुण हैं, वे सभी उसमें पराकाष्ठा को पहुँच गए हैं; पर आदमी उसे बेवकूफ कहता है। सद्गुणों का इतना अनादर कहीं नहीं देखा। कदाचित सीधापन संसार के लिए उपयुक्त नहीं है। देखिए न, भारतवासियों की अफ्रीका में क्यों दुर्दशा हो रही है ? क्यों अमरीका में उन्हें घुसने नहीं दिया जाता ? बेचारे शराब नहीं पीते, चार पैसे कुसमय के लिए बचाकर रखते हैं, जी तोड़कर काम करते हैं, किसी से लड़ाई-झगड़ा नहीं करते, चार बातें सुनकर गम खा जाते हैं फिर भी बदनाम हैं। कहा जाता है, वे जीवन के आदर्श को नीचा करते हैं। अगर वे भी ईंट का जवाब पत्थर से देना सीख जाते, तो शायद सभ्य कहलाने लगते। जापान की मिसाल सामने है। एक ही विजय ने उसे संसार की सभ्य जातियों में गण्य बना दिया।

लेकिन गधे का छोटा भाई और भी है, जो उससे कम ही गधा है, और वह है 'बैल'। जिस अर्थ में हम गधा का प्रयोग करते हैं, कुछ उसी से मिलते-जुलते अर्थ में 'बछिया के ताऊ' का भी प्रयोग करते हैं। कुछ लोग बैल को शायद बेवकूफों में सर्वश्रेष्ठ कहेंगे; मगर हमारा विचार ऐसा नहीं है। बैल कभी-कभी मारता भी है, कभी-कभी अड़ियल बैल भी देखने में आता है। और भी कई रीतियों से अपना असन्तोष प्रकट कर देता है; अतएव उसका स्थान गधे से नीचा है।

झूरी काछी के दोनों बैलों के नाम थे हीरा और मोती। दोनों पछाईं जाति के थे - देखने में सुन्दर, काम में चौकस, डील में ऊँचे। बहुत दिनों साथ रहते-रहते दोनों में भाईचारा हो गया था। दोनों आमने-सामने या आस-पास बैठे हुए एक-दूसरे से मूक-भाषा में विचार-विनिमय करते थे। एक-दूसरे के मन की बात कैसे समझ जाता था, हम नहीं कह सकते। अवश्य ही उनमें कोई ऐसी गुप्त शक्ति थी, जिससे जीवों में श्रेष्ठता का दावा करने वाला मनुष्य वंचित है। दोनों एक-दूसरे को चाटकर और सूँघकर अपना प्रेम प्रकट करते, कभी-कभी दोनों सींग भी मिला लिया करते थे – विग्रह के नाते से नहीं केवल विनोद के भाव से, आत्मीयता के भाव से, जैसे दोस्तों में घनिष्ठता होते ही धौल-धप्पा होने लगता है। इसके बिना दोस्ती कुछ फुसफुसी, कुछ हल्की-सी रहती है, जिस पर ज्यादा विश्वास नहीं किया जा सकता ।

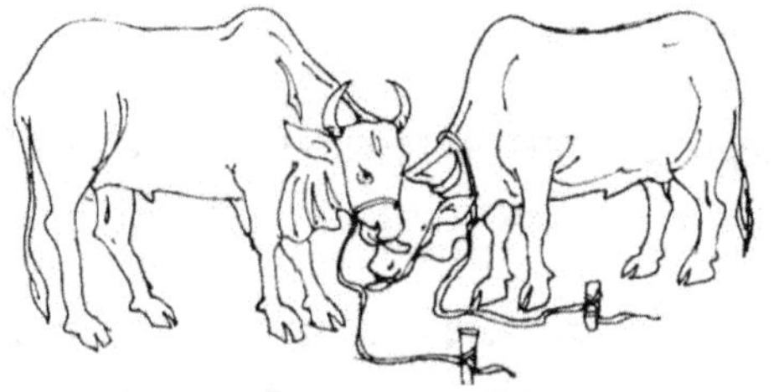

जिस वक्त ये दोनों बैल हल या गाड़ी में जोत दिए जाते और गरदन हिला हिलाकर चलते, उस वक्त हर एक की यही चेष्टा होती थी कि ज्यादा-से-ज्यादा बोझ मेरी ही गरदन पर रहे। दिनभर के बाद दोपहर या संध्या को दोनों खुलते, तो एक-दूसरे को चाट-चाटकर अपनी थकान मिटा लिया करते। नाँद में खली-भूसा पड़ जाने के बाद दोनों साथ उठते, साथ नाँद में मुँह डालते और साथ ही बैठते थे। एक मुँह हटा लेता, तो दूसरा भी हटा लेता था।

संयोग की बात, झूरी ने एक बार गोईं को ससुराल भेज दिया। बैलों को क्या मालूम, वे क्यों भेजे जा रहे हैं; समझे, मालिक ने हमें बेच दिया। अपने यों बेचा जाना उन्हें अच्छा लगा या बुरा, कौन जाने, पर झूरी के साले गया के घर तक गोई ले जाने में दाँतों पसीना आ गया। पीछे से हाँकता तो दोनों दाएँ-बाएँ भागते; पगहिया पकड़कर आगे से खींचता, तो दोनों पीछे को जोर लगाते। मारता तो दोनों सींग नीचे करके हुँकारते। अगर ईश्वर ने उन्हें वाणी दी होती, तो झूरी से पूछते - तुम हम गरीबों को क्यों निकाल रहे हो ? हमने तो तुम्हारी सेवा करने में कोई कसर नहीं उठा रखी। अगर इतनी मेहनत से काम न चलता था और काम ले लेते। हमें तो तुम्हारी चाकरी में मर जाना कबूल था। हमने कभी दाने-चारे की शिकायत नहीं की। तुमने जो कुछ खिलाया, वह सिर झुकाकर खा लिया, फिर तुमने हमें इस जालिम के हाथ क्यों बेच दिया ?

संध्या-समय दोनों बैल अपने नए स्थान पर पहुँचे। दिन-भर के भूखे थे लेकिन जब नाँद में लगाए गए, तो एक ने भी उसमें मुँह न डाला। दिल भारी हो रहा था। जिसे उन्होंने अपना घर समझ रखा था, वह आज उनसे छूट गया था। वह नया घर, नया गाँव, नए आदमी, उन्हें बेगानों-से लगते थे।

दोनों ने अपनी मूक-भाषा में सलाह की, एक-दूसरे को कनखियों से देखा और लेट गए। जब गाँव में सोता पड़ गया, तो दोनों ने जोर मारकर पगहे तुड़ा डाले और घर की तरफ चले। पगहे बहुत मजबूत थे। अनुमान नहीं हो सकता था कि कोई बैल उन्हें तोड़ सकेगा; पर इन दोनों में इस समय दूनी शक्ति आ गई थी। एक-एक झटके में रस्सियाँ टूट गईं।

झूरी प्रातः काल सोकर उठा, तो देखा कि दोनों बैल चरनी पर खड़े हैं। दोनों की गरदन में आधा-आधा गराँव लटक रहा है। घुटने तक पाँव कीचड़ से भरे हैं और दोनों की आँखों में विद्रोहमय स्नेह झलक रहा है।

झूरी बैलों को देखकर स्नेह से गद्‌गद हो गया। दौड़कर उन्हें गले लगा लिया। प्रेमालिंगन और चुम्बन का वह दृश्य बड़ा ही मनोहर था।

घर और गाँवों के लड़के जमा हो गए और तालियाँ बजा बजाकर उनका स्वागत करने लगे। गाँव के इतिहास में यह घटना अभूतपूर्व न होने पर भी महत्वपूर्ण थी। बाल-सभा ने निश्चय किया, दोनों पशु-वीरों को अभिनन्दन पत्र देना चाहिए। कोई अपने घर से रोटियाँ लाया, कोई गुड़, कोई चोकर, कोई भूसी।

एक बालक ने कहा - ऐसे बैल किसी के पास न होंगे।

दूसरे ने समर्थन किया - इतनी दूर से दोनों अकेले चले आए।

तीसरा बोला - बैल नहीं हैं वे, उस जनम के आदमी हैं।

इसका प्रतिवाद करने का किसी को साहस न हुआ।

झूरी की स्त्री ने बैलों को द्‌वार पर देखा, तो जल उठी। बोली- कैसे नमकहराम बैल हैं कि एक दिन वहाँ काम न किया; भाग खड़े हुए।

झूरी अपने बैलों पर यह आक्षेप न सुन सका - नमकहराम क्यों हैं? चारा-दाना न दिया होगा, तो क्या करते ?

स्त्री ने रोब के साथ कहा - बस, तुम्हीं तो बैलों को खिलाना जानते हो और तो सभी पानी पिला-पिलाकर रखते हैं।

झूरी ने चिढ़ाया - चारा मिलता तो क्यों भागते ?

स्त्री चिढ़ी–भागे इसलिए कि वे लोग तुम-जैसे बुद्‌धओं की तरह बैलों को सहलाते नहीं। खिलाते हैं, तो रगड़कर जोतते भी हैं। ये दोनों ठहरे कामचोर, भाग निकले। अब देखूँ ? कहाँ से खली और चोकर मिलता है ! सूखे भूसे के सिवा कुछ न दूँगी, खाएँ चाहे मरें।

वही हुआ। मजूर को बड़ी ताकीद कर दी गई कि बैलों को खाली सूखा भूसा दिया जाए।

बैलों ने नाँद में मुँह डाला, तो फीका- फीका। न कोई चिकनाहट, न कोई रस ! क्या खाएँ ? आशा-भरी आँखों से द्‌वार की ओर ताकने लगे।

झूरी ने मजूर से कहा - थोड़ी-सी खली क्यों नहीं डाल देता बे ?

'मालकिन मुझे मार ही डालेंगी।'

'चुराकर डाल आ।'

'ना दादा, पीछे से तुम भी उन्हीं की-सी कहोगे।'

2

दूसरे दिन झूरी का साला फिर आया और बैलों को ले चला। अब की उसने दोनों को गाड़ी में जोता।

दो-चार बार मोती ने गाड़ी को सड़क की खाई में गिराना चाहा; पर हीरा ने सम्भाल लिया। वह ज्यादा सहनशील था।

संध्या-समय घर पहुँचकर उसने दोनों को मोटी रस्सियों से बाँधा और कल की शरारत का मजा चखाया। फिर वही सूखा भूसा डाल दिया। अपने दोनों बैलों को खली, चूनी सबकुछ दी।

दोनों बैलों का ऐसा अपमान कभी न हुआ था। झूरी इन्हें फूल की छड़ी से भी न छूता था। उसकी टिटकार पर दोनों उड़ने लगते थे। यहाँ मार पड़ी। आहत-सम्मान की व्यथा तो थी ही, उस पर मिला सूखा भूसा!

नाँद की तरफ आँखें तक न उठाई।

दूसरे दिन गया ने बैलों को हल में जोता, पर इन दोनों ने जैसे पाँव न उठाने की कसम खा ली थी। वह मारते-मारते थक गया; पर दोनों ने पाँव न उठाया। एक बार जब उस निर्दयी ने हीरा की नाक पर खूब डण्डे जमाए, तो मोती का गुस्सा काबू के बाहर हो गया। हल लेकर भागा। हल, रस्सी, जुआ, जोत, सब टूट-टाटकर बराबर हो गया। गले में बड़ी-बड़ी रस्स्याँ न होतीं, तो दोनों पकड़ाई में न आते।

हीरा ने मूक - भाषा में कहा-भागना व्यर्थ है।

मोती ने उत्तर दिया - तुम्हारी तो इसने जान ही ले ली थी।

'अबकी बड़ी मार पड़ेगी।'

'पड़ने दो, बैल का जन्म लिया है, तो मार से कहाँ तक बचेंगे?' गया दो आदमियों के साथ दौड़ा आ रहा है। दोनों के हाथों में लाठियाँ हैं। मोती बोला - कहो तो दिखा दूँ कुछ मजा मैं भी। लाठी लेकर आ रहा है। हीरा ने समझाया - नहीं भाई ! खड़े हो जाओ।

'मुझे मारेगा, तो मैं भी एक-दो को गिरा दूँगा' ! 'नहीं। हमारी जाति का यह धर्म नहीं है।'

मोती दिल में ऐंठकर रह गया। गया आ पहुँचा और दोनों को पकड़कर ले चला। कुशल हुई कि उसने इस वक्त मारपीट न की, नहीं तो मोती भी पलट पड़ता। उसके तेवर देखकर गया और उसके सहायक समझ गए कि इस वक्त टाल जाना ही मसलहत है।

आज दोनों के सामने फिर वही सूखा भूसा लाया गया। दोनों चुपचाप खड़े रहे। घर के लोग भोजन करने लगे। उस वक्त छोटी-सी लड़की दो रोटियाँ लिए निकली, और दोनों के मुँह में देकर चली गई। उस एक रोटी से इनकी भूख तो क्या शान्त होती; पर दोनों के हृदय को मानो भोजन मिल गया। यहाँ भी किसी सज्जन का वास है। लड़की भैरों की थी। उसकी माँ मर चुकी थी। सौतेली माँ उसे मारती रहती थी, इसलिए इन बैलों से उसे एक प्रकार की आत्मीयता हो गई थी।

दोनों दिन-भर जोते जाते, डण्डे खाते, अड़ते। शाम को थान पर बाँध दिए जाते और रात को वही बालिका उन्हें दो रोटियाँ खिला जाती। प्रेम के इस प्रसाद की यह बरकत थी कि दो-दो गाल भूसा खाकर भी दोनों दुर्बल न होते थे, मगर दोनों की आँखों में, रोम-रोम में विद्रोह भरा हुआ था।

एक दिन मोती ने मूक - भाषा में कहा - अब तो नहीं सहा जाता, हीरा !

'क्या करना चाहते हो ?'

'एकाध को सींगों पर उठाकर फेंक दूंगा।'

'लेकिन जानते हो, वह प्यारी लड़की, जो हमें रोटियाँ खिलाती है उसी की लड़की है, जो इस घर का मालिक है। यह बेचारी अनाथ न हो जाएगी?'

'तो मालकिन को न फेंक दूं। वही तो उस लड़की को मारती है।'

'लेकिन औरत जात पर सींग चलाना मना है, यह भूले जाते हो।'

तुम तो किसी तरह निकलने ही नहीं देते। बताओ, तुड़ाकर भाग चलें ।'

'हाँ, यह मैं स्वीकार करता, लेकिन इतनी मोटी रस्सी टूटेगी कैसे?'

'इसका एक उपाय है। पहले रस्सी को थोड़ा-सा चबा लो। फिर एक झटके में जाती है।'

रात को जब बालिका रोटियाँ खिलाकर चली गई, दोनों रस्सियाँ चबाने लगे, पर मोटी रस्सी मुँह में न आती थी। बेचारे बार-बार जोर लगाकर रह जाते थे।

सहसा घर का द्वार खुला और वही लड़की निकली। दोनों सिर झुकाकर उसका हाथ चाटने लगे। दोनों की पूँछें खड़ी हो गईं। उसने उनके माथे सहलाए और बोली - खोले देती हूँ। चुपके से भाग जाओ, नहीं तो यहाँ लोग मार डालेंगे। आज घर में सलाह हो रही है कि इनकी नाकों में नाथ डाल दी जाएँ।

उसने गराँव खोल दिया, पर दोनों चुपचाप खड़े रहे।

मोती ने अपनी भाषा में पूछा - अब चलते क्यों नहीं । हीरा ने कहा- चलें तो लेकिन कल इस अनाथ पर आफत आएगी। सब इसी पर सन्देह करेंगे। सहसा बालिका चिल्लाई - दोनों फूफावाले बैलं भागे जा रहे हैं। ओ दादा! दादा! दोनों बैल भागे जा रहे हैं, जल्दी दौड़ो ।

गया हड़बड़ाकर भीतर से निकला और बैलों को पकड़ने चला। वे दोनों भागे। गया ने पीछा किया। और भी तेज हुए। गया ने शोर मचाया। फिर गांव के कुछ आदमियों को भी साथ लेने के लिए लौटा। दोनों मित्रों को भागने का मौका मिल गया। सीधे दौड़ते चले गए। यहाँ तक कि मार्ग का ज्ञान न रहा। जिस परिचित मार्ग से आए थे, उसका यहाँ पता न था। नए-नए गाँव मिलने लगे। तब दोनों एक खेत के किनारे खड़े होकर सोचने लगे, अब क्या चाहिए।

'हीरा ने कहा - 'मालूम होता है, राह भूल गए ।'

'तुम भी बेतहाशा भागे। वहीं उसे मार गिराना था।'

'उसे मार गिराते, तो दुनिया क्या कहती ? वह अपना धर्म छोड़ दे, लेकिन हम अपना धर्म क्यों छोड़ें ?'

दोनों भूख से व्याकुल हो रहे थे। खेत में मटर खड़ी थी। चरने लगे, रह-रहकर आहट ले लेते थे, कोई आता तो नहीं है।

जब पेट भर गया, दोनों ने आजादी का अनुभव किया, तो मस्त होकर उछलने-कूदने लगे। पहले दोनों ने डकार ली। फिर सींग मिलाए और एक दूसरे को ठेलने लगे। मोती ने हीरा को कई कदम पीछे हटा दिया, यहाँ तक कि वह खाई में गिर गया। तब उसे भी क्रोध आया। सम्भलकर उठा और फिर मोती से भिड़ गया। मोती ने देखा-खेल में झगड़ा हुआ चाहता है, तो किनारे हट गया।

3

अरे! यह क्या ? कोई साँड़ डौंकता चला आ रहा है। हाँ, साँड़ ही है। वह सामने आ पहुँचा। दोनों मित्र बगलें झाँक रहे हैं। साँड़ पूरा हाथी है। उससे भिड़ना जान से हाथ धोना है; लेकिन न भिड़ने पर भी जान बचती नहीं नजर आती। इन्हीं की तरफ आ भी रहा है। कितनी भयंकर सूरत है!

मोती ने मूक भाषा में कहा - बुरे फँसे। जान बचेगी ? कोई उपाय सोचो।

हीरा ने चिन्तित स्वर में कहा - अपने घमण्ड में भूला हुआ है। आरजू - विनती न सुनेगा।

'भाग क्यों न चलें ?'

'भागना कायरता है।'

'तो फिर यहीं मरो। बन्दा तो नौ-दो-ग्यारह होता है।'

'और जो दौड़ाए ?'

'तो फिर कोई उपाय सोचो जल्द !'

'उपाय यही है कि उस पर दोनों जनें एक साथ चोट करें। मैं आगे से रगेदता हूँ, तुम पीछे से रगेदो, दोहरी मार पड़ेगी, तो भाग खड़ा होगा। मेरी ओर झपटे तो तुम बगल से उसके पेट में सींग घुसेड़ देना। जान जोखिम है; पर दूसरा उपाय नहीं है।'

दोनों मित्र जान हथेलियों पर लेकर लपके साँड़ को भी संगठित शत्रुओं से लड़ने का तजुरबा न था। वह तो एक शत्रु से मल्लयुद्ध करने का आदी था। ज्यों ही हीरा पर झपटा, मोती ने पीछे से दौड़ाया। साँड़ उसकी तरफ मुड़ा, तो हीरा ने रगेदा। साँड़ चाहता था कि एक-एक करके दोनों को गिरा ले; पर ये दोनों भी उस्ताद थे। उसे वह अवसर न देते थे। एक बार साँड़ झल्लाकर हीरा का अन्त कर देने के लिए चला कि मोती ने बगल से आकर पेट में सींग भोंक दी। साँड़ क्रोध में आकर पीछे फिरा तो हीरा ने दूसरे पहलू में सींग चुभा दिया। आखिर बेचारा जख्मी होकर भागा और दोनों मित्रों ने दूर तक उसका पीछा किया। यहाँ तक कि साँड़ बेदम होकर गिर पड़ा। तब दोनों ने उसे छोड़ दिया।

दोनों मित्र विजय के नशे में झूमते चले जाते थे।

मोती ने अपनी सांकेतिक भाषा में कहा - 'मेरा जी तो चाहता था कि बच्चा को मार ही डालूँ।'

हीरा ने तिरस्कार किया — 'गिरे हुए बैरी पर सींग न चलाना चाहिए।'

'यह सब ढोंग है। बैरी को ऐसा मारना चाहिए कि फिर न उठे।'

'अब घर कैसे पहुँचेंगे, वह सोचो।'

'पहले कुछ खा लें, तो सोचें।'

सामने मटर का खेत था ही। मोती उसमें घुस गया। हीरा मना करता रहा, पर उसने एक न सुनी। अभी दो ही चार ग्रास खाए थे कि दो आदमी लाठियाँ लिए दौड़ पड़े, और दोनों मित्रों को घेर लिया। हीरा तो मेड़ पर था, निकल गया। मोती सींचे हुए खेत में था। उसके खुर कीचड़ में धँसने लगे। न भाग सका। पकड़ लिया। हीरा ने देखा, संगी संकट में है, तो लौट पड़ा। फँसेंगे तो दोनों फँसेंगे। रखवालों ने उसे भी पकड़ लिया।

प्रातःकाल दोनों मित्र काँजीहौस में बन्द कर दिए गए।

4

दोनों मित्रों को जीवन में पहली बार ऐसा साबिका पड़ा कि सारा दिन बीत गया और खाने को एक तिनका भी न मिला। समझ ही में न आता था, यह कैसा स्वामी हैं। इससे तो गया फिर भी अच्छा था । यहाँ कई भैंसें थीं, कई बकरियाँ, कई घोड़े, कई गधे; पर किसी के सामने चारा न था, सब जमीन पर मुरदों की तरह पड़े थे। कई तो इतने कमजोर हो गए थे कि खड़े भी न हो सकते थे। सारा दिन दोनों मित्र फाटक की ओर टकटकी लगाए ताकते रहे; पर कोई चारा लेकर आता न दिखाई दिया। तब दोनों ने दीवार की नमकीन मिट्टी चाटनी शुरू की, पर इससे क्या तृप्ति होती ?

रात को भी जब कुछ भोजन न मिला, तो हीरा के दिल में विद्रोह की ज्वाला दहक उठी। मोती से बोला - अब तो नहीं रहा जाता मोती!

मोती ने सिर लटकाए हुए जवाब दिया - 'मुझे तो मालूम होता है, प्राण निकल रहे हैं।'

'इतनी जल्द हिम्मत न हारो भाई! यहाँ से भागने का कोई उपाय निकालना चाहिए।'

'आओ दीवार तोड़ डालें।'

'मुझसे तो अब कुछ नहीं होगा।'

'बस इसी बूते पर अकड़ते थे!'

'सारी अकड़ निकल गई।'

बाड़े की दीवार कच्ची थी। हीरा मजबूत तो था ही, अपने नुकीले सींग दीवार में गड़ा दिए और जोर मारा, तो मिट्टी का एक चिप्पड़ निकल आया। फिर तो उसका साहस बढ़ा। इसने दौड़-दौड़कर दीवार पर चोटें की और हर चोट में थोड़ी-थोड़ी मिट्टी गिराने लगा।

उसी समय काँजीहौस का चौकीदार लालटेन लेकर जानवरों की हाजिरी लेने आ निकला! हीरा का उजड्डपन देखकर उसने उसे कई डण्डे रसीद किए और मोटी-सी रस्सी से बाँध दिया।

मोती ने पड़े-पड़े कहा - 'आखिर मार खाई, क्या मिला ?'

'अपने बूते - भर जोर तो मार दिया।'

'ऐसा जोर मारना किस काम का कि और बँधन में पड़ गए।'

'जोर तो मारता ही जाऊँगा, चाहे कितने ही बँधन पड़ते जाएँ।'

'जान से हाथ धोना पड़ेगा।'

'कुछ परवाह नहीं। यों भी तो मरना ही है। सोचो, दीवार खुद जाती, तो कितनी जानें बच जातीं। इतने भाई यहाँ बन्द हैं। किसी के देह में जान नहीं है। दो-चार दिन और यही हाल रहा, तो सब मर जाएँगे।'

'हाँ, यह बात तो है। अच्छा, तो ले लो, फिर मैं भी जोर लगाता हूँ।'

मोती ने भी दीवार में उसी जगह सींग मारा। थोड़ी-सी मिट्टी गिरी और हिम्मत बढ़ी। फिर तो वह दीवार में सींग लगाकर इस तरह जोर करने लगा, मानो किसी प्रतिद्वन्द्वी से लड़ रहा है। आखिर कोई दो घण्टे की जोर आजमाई के बाद दीवार ऊपर से लगभग एक हाथ गिर गई। उसने दूनी शक्ति से दूसरा धक्का मारा, तो आधी दीवार गिर पड़ी।

दीवार का गिरना था कि अधमरे से पड़े हुए सभी जानवर चेत उठे। तीनों घोड़ियाँ सरपट भाग निकलीं। फिर बकरियाँ निकलीं। इसके बाद भैंसें भी खिसक गईं, पर गधे अभी तक ज्यों-के-त्यों खड़े थे।

हीरा ने पूछा - तुम दोनों क्यों नहीं भाग जाते ?

एक गधे ने कहा - जो कहीं फिर पकड़ लिए जाएँ।

'तो क्या हरज है। अभी तो भागने का अवसर है।'

'हमें तो डर लगता है। हम यहीं पड़े रहेंगे।'

आधी रात से ऊपर जा चुकी थी। दोनों गधे अभी तक खड़े सोच रहे थे कि भागें या न भागें, और मोती अपने मित्र की रस्सी तोड़ने में लगा हुआ था, जब वह हार गया, जाए।' तो हीरा ने कहा- 'तुम जाओ, मुझे यहीं पड़ा रहने दो। शायद कहीं भेंट हो जाए।'

मोती ने आँखों में आँसू लाकर कहा - 'तुम मुझे इतना स्वार्थी समझते हो, हीरा ? हम और तुम इतने दिनों एक साथ रहे हैं। आज तुम विपत्ति में पड़ गए, तो मैं तुम्हें छोड़कर अलग हो जाऊँ।'

'हीरा ने कहा – 'बहुत मार पड़ेगी। लोग समझ जाएँगे, यह तुम्हारी शरारत है।'

मोती गर्व से बोला –'जिस अपराध के लिए तुम्हारे गले में बँधन पड़ा, उसके लिए अगर मुझ पर मार पड़े, तो क्या चिन्ता । इतना तो हो ही गया कि नौ-दस प्राणियों की जान बच गई। वे सब तो आशीर्वाद देंगे।'

यह कहते हुए मोती ने दोनों गधों को सींगों से मार-मारकर बाड़े के बाहर निकाला और तब अपने बन्धु के पास आकर सो रहा।

भोर होते ही मुंशी और चौकीदार तथा अन्य कर्मचारियों में कैसी खलबली मची, इसके लिखने की जरूरत नहीं। बस, इतना ही काफी है कि मोती की खूब मरम्मत हुई और उसे भी मोटी रस्सी से बाँध दिया गया।

5

एक सप्ताह तक दोनों मित्र वहाँ बँधे पड़े रहे। किसी ने चारे का एक तृण भी न डाला। हाँ, एक बार पानी दिखा दिया जाता था। यही उनका आधार था। दोनों इतने दुर्बल हो गए थे कि उठा तक न जाता था; ठठरियाँ निकल आई थीं।

एक दिन बाड़े के सामने डुग्गी बजने लगी और दोपहर होते-होते वहाँ पचास-साठ आदमी जमा गए। तब दोनों मित्र निकाले गए और उनकी देखभाल होने लगी। लोग आ-आकर उनकी सूरत देखते और मन फीका करके चले जाते। ऐसे मृतक बैलों का कौन खरीदार होता ?

सहसा, एक दुढ़ियल आदमी, जिसकी आँखें लाल थीं और मुद्रा अत्यन्त कठोर, आया और दोनों मित्रों के कूल्हों में ऊँगली गोदकर मुंशी जी से बातें करने लगा। उसका चेहरा देखकर अन्तर्ज्ञान से दोनों मित्रों के दिल काँप उठे। वह कौन है और उन्हें क्यों टटोल रहा है, इस विषय में उन्हें कोई सन्देह न हुआ। दोनों ने एक दूसरे को भीत नेत्रों से देखा और सिर झुका लिया।

हीरा ने कहा- 'गया के घर से नाहक भागे। अब जान न बचेगी।

मोती ने अश्रद्धा के भाव से उत्तर दिया - 'कहते हैं, भगवान सबके ऊपर दया करते हैं। उन्हें हमारे ऊपर क्यों दया नहीं आती ?'

'भगवान के लिए हमारा मरना - जीना दोनों बराबर है। चलो, अच्छा ही है, कुछ दिन उसके पास तो रहेंगे। एक बार भगवान ने उस लड़की के रूप में हमें बचाया था। क्या अब न बचाएँगे ?'

'यह आदमी छुरी चलाएगा। देख लेना।'

'तो क्या चिन्ता है ? मांस, खाल, सींग, हड्डी सब किसी न किसी काम आ जाएँगी।'

नीलाम हो जाने के बाद दोनों मित्र उस दढ़ियल के साथ चले। दोनों की बोटी-बोटी काँप रही थी। बेचारे पाँव न उठा सकते थे, पर भय के मारे गिरते-पड़ते भागे जाते थे; क्योंकि वह ज़रा भी चाल धीमी हो जाने पर जोर से डण्डा जमा दे था।

राह में गाय-बैलों का एक रेवड़ हरे-हरे हार में चरता नजर आया। सभी जानवर प्रसन्न थे, चिकने, चपल। कोई उछलता था, कोई आनन्द से बैठा पागुर करता था। कितना सुखी जीवन था इनका; पर कितने स्वार्थी हैं। सब किसी को चिन्ता नहीं कि उनके दो भाई बधिक के हाथ पड़े कैसे दु:खी हैं।

सहसा दोनों को ऐसा मालूम हुआ कि यह परिचित राह है। हाँ, इसी रास्ते से गया उन्हें ले गया था। वही खेत, वही बाग, वही गाँव मिलने लगे। प्रतिक्षण उनकी चाल तेज होने लगी। सारी थकान, सारी दुर्बलता गायब हो गई। आह ! यह लो ! अपना ही हार आ गया। इसी कुएँ पर हम पुर चलाने आया करते थे; यही कुआँ है ।

मोती ने कहा - 'हमारा घर नगीच आ गया।'

हीरा बोला –'भगवान की दया है।'

'मैं तो अब घर भागता हूँ।'

'यह जाने देगा ?'

'इसे मैं मार गिराता हूँ।'

'नहीं-नहीं, दौड़कर थान पर चलो। वहाँ से हम आगे न जाएँगे।'

दोनों उन्मत्त होकर बछड़ों की भाँति कुलेलें करते हुए घर की ओर दौड़े। वह हमारा थान है। दोनों दौड़कर अपने थान पर आए और खड़े हो गए। दढ़ियल भी पीछे-पीछे दौड़ा चला आता था।

झूरी द्वार पर बैठा धूप खा रहा था। बैलों को देखते ही दौड़ा और उन्हें बारी-बारी से गले लगाने लगा। मित्रों की आँखों से आनन्द के आँसू बहने लगे। एक झूरी का हाथ चाट रहा था।

दढ़ियल ने जाकर बैलों की रस्सियाँ पकड़ लीं।

'झूरी ने कहा- 'मेरे बैल हैं।'

'तुम्हारे बैल कैसे ? मैं मवेशीखाने से नीलाम लिए आता हूँ।'

'मैं तो समझता हूँ चुराए लिए आते हो ! चुपके से चले जाओ। मेरे बैल हैं। मैं बेचूँगा तो बिकेंगे। किसी को मेरे बैल नीलाम करने का क्या अख्तियार है ?'

'जाकर थाने में रपट कर दूँगा।'

'मेरे बैल हैं। इसका सबूत यह है कि मेरे द्वार पर खड़े हैं।'

दढ़ियल झल्लाकर बैलों को जबरदस्ती पकड़ ले जाने के लिए बढ़ा। उसी वक्त मोती ने सींग चलाया। दढ़ियल पीछे हटा। मोती ने पीछा किया। दढ़ियल भागा। मोती पीछे दौड़ा। गाँव के बाहर निकल जाने पर वह रुका; पर खड़ा दढ़ियल का रास्ता देख रहा था। दढ़ियल दूर खड़ा धमकियाँ दे रहा था, गालियाँ निकाल रहा था, पत्थर फेंक रहा था। और मोती विजयी शूर की भाँति उसका रास्ता रोके खड़ा था। गाँव के लोग यह तमाशा देखते थे और हँसते थेजब दढ़ियल हारकर चला गया, तो मोती अकड़ता हुआ लौटा।

हीरा ने कहा- 'मैं डर रहा था कि कहीं तुम गुस्से में आकर मार न बैठो।'

'अगर वह मुझे पकड़ता, तो मैं बे-मारे न छोड़ता।'

'अब न आएगा।'

'आएगा तो दूर ही से खबर लूँगा। देखूँ, कैसे ले जाता है।'

'जो गोली मरवा दे ?'

'मर जाऊँगा; पर उसके काम तो न आऊँगा।'

'हमारी जान को कोई जान ही नहीं समझता।'

'इसीलिए कि हम इतने सीधे हैं।'

ज़रा देर में नाँदों में खली, भूसा, चोकर और दाना भर दिया गया और दोनों मित्र खाने लगे। झूरी खड़ा दोनों को सहला रहा था और बीसों लड़के तमाशा देख रहे थे। सारे गाँव में उछाह-सा मालूम होता था।

उसी समय मालकिन ने आकर दोनों के माथे चूम लिए।

गृहकार्य

(क) 'दो बैलों की कथा' कहानी के शीर्षक की सार्थकता बताइए ?

(ख) 'दो बैलों की कथा' कहानी की मूल संवेदना स्पष्ट कीजिए ?

(ग) हीरा - मोती का चरित्र चित्रण कीजिए ?

महादेवी वर्मा

कवि परिचय

महादेवी वर्मा

पूरा नाम -महादेवी वर्मा

अन्य नाम- -----

जन्म - 26 मार्च, 1907

जन्म स्थान- फ़र्रुख़ाबाद, उत्तर प्रदेश

मृत्यु- 11 सितम्बर, 1987

मृत्यु स्थान- प्रयाग, उत्तर प्रदेश

पिता- गोविन्द प्रसाद वर्मा

माता- हेमरानी देवी

पति- डॉ. स्वरूप नरेन वर्मा

संतान- -----

प्रसिद्धि - आधुनिक युग की मीरा ,छायावाद के चार प्रमुख स्तंभों में से एक

पुरस्कार-उपाधि- सेकसरिया पुरस्कार, द्विवेदी पदक, भारत भारती पुरस्कार, मंगला प्रसाद पुरस्कार, पद्म भूषण, साहित्य अकादेमी फेल्लोशिप, ज्ञानपीठ पुरस्कार, पद्म विभूषण (मरणोपरांत)

रचनाएँ

काव्य-कृतियाँ = नीहार, रश्मि नीरजा, साध्यगीत, दीपशिखा,

हिमालय, सप्तपर्णा, प्रथम आयाम, अग्निरेखा

गद्य-कृतियाँ = अतीत के चलचित्र (रखाचित्र), शृंखला की कड़ियाँ (नारी-विषयक सामाजिक

निबंध), स्मृति की रेखाएँ (रेखाचित्र), पथ के साथी (संस्मरण), क्षणदा (ललित निबंध) साहित्यकार की आस्था तथा अन्य निबंध (आलोचनात्मक), संकल्पिता (आलोचनात्मक), मेरा परिवार (पशु-पक्षियों के संस्मरण), चिंतन के क्षण

संकलन =यामा (नीहार, रश्मि, नीरजा, सांध्यगीत का संग्रह), संधिनी (कविता-संग्रह), स्मृतिचित्र (गद्य-संग्रह), महादेवी साहित्य (भाग 1), महादेवी

साहित्य (भाग 2) महादेवी साहित्य (भाग 3), गीतपर्व (कविता संग्रह), परिक्रमा (कविता संग्रह),सम्भाषण (कविता- संग्रह), मेरे प्रिय निबंध (निबंध-संग्रह) आत्मिका (कविता संग्रह), नीलाम्बरा (कविता संग्रह), दीपगीत (कविता-संग्रह)

अन्य जानकारी

स्वाधीनता प्राप्ति के बाद 1952 में महादेवी वर्मा उत्तर प्रदेश विधान परिषद की सदस्या मनोनीत की गईं।

गिल्लू

महादेवीवर्मा

सोनजुही में आज एक पीली कली लगी है। इसे देख कर अनायास ही उस छोटे जीव का स्मरण हो आया जो इस लता की सघन हरीतिमा में छिप कर बैठता था और फिर मेरे निकट पहुँचते ही कंधे पर कूद कर मुझे चौंका देता था। तब मुझे कली की खोज रहती थी, पर आज उस लघुप्राण की खोज है।

परंतु वह तो अब तक इस सोनजुही की जड़ में मिट्टी होकर मिल गया होगा। कौन जाने स्वर्णिम कली के बहाने वही मुझे चौंकाने ऊपर आ गया हो।

अचानक एक दिन सबेरे कमरे से बरामदे में आकर मैंने देखा दो कौवे एक गमले के चारों ओर चोंचों से छुआ-छुऔवल जैसा खेल खेल रहे हैं।

यह काकभुशुंडि भी विचित्र पक्षी है - एक साथ समादरित, अनादरित,

अति सम्मानित, अति अवमानित।

हमारे बेचारे पुरखे न गरुड़ के रूप में आ सकते हैं, न मयूर के न हंस के, उन्हें पितरपक्ष में हमसे कुछ पाने के लिए काक बनकर ही अवतीर्ण होना पड़ता है। इतना ही नहीं, हमारे दूरस्थ प्रियजनों को भी अपने आने का मधु संदेश इनके कर्कश स्वर में ही देना पड़ता है। दूसरी ओर हम कौवा और काँव- काँव करने को अवमानना के अर्थ में ही प्रयुक्त करते हैं।

मेरे काकपुराण के विवेचन में अचानक बाधा आ पड़ी, क्योंकि गमले और दीवार की संधि में छिपे एक छोटे-से जीव पर मेरी दृष्टि रुक गई। निकट जाकर देखा, गिलहरी का छोटा-सा बच्चा है, जो संभवतः घोंसले से गिर पड़ा है और अब कौवे जिसमें सुलभ आहार खोज रहे हैं।

काकद्वय की चोंचों के दो घाव उस लघुप्राण के लिए बहुत थे । अतः वह निश्चेष्ट-सा गमले से चिपका पड़ा था।

सबने कहा, कौवे की चोंच का घाव लगने के बाद यह बच नहीं सकता, अतः इसे ऐसे ही रहने दिया जावे।

परंतु मन नहीं माना - उसे हौले से उठाकर अपने कमरे में लाई, फिर रुई से रक्त पोंछकर घावों पर पेन्सिलिन का मरहम लगाया। रुई की पतली बती दूध में भिगोकर जैसे-तैसे उसके नन्हे से मुँह में लगाई, पर मुँह खुल न सका और दूध की बूँदें दोनों ओर दुलक गईं।

कई घंटे के उपचार के उपरांत उसके मुँह में एक बूँद पानी टपकाया जा सका। तीसरे दिन वह इतना अच्छा और आश्वस्त हो गया कि मेरी उँगली अपने दो नन्हे पंजों से पकड़ कर, नीले काँच के मोतियों जैसी आँखों से इधर-उधर देखने लगा।

तीन-चार मास में उसके स्निग्ध रोएँ, झब्बेदार पूँछ और चंचल चमकीली आँखें सबको विस्मित करने लगीं।

हमने उसकी जातिवाचक संज्ञा को व्यक्तिवाचक का रूप दे दिया और इस प्रकार हम उसे गिल्लू कहकर बुलाने लगे। मैंने फूल रखने की एक हल्की डलिया में रुई बिछा कर उसे तार से खिड़की पर लटका दिया। वही दो वर्ष गिल्लू का घर रहा। वह स्वयं हिला कर अपने घर में झूलता और अपनी काँच के मनकों- सी आँखों में से कमरे के भीतर और खिड़की से बाहर न जाने क्या देखता समझता रहता था। परंतु उसकी समझदारी और कार्यकलाप पर सबको आश्चर्य होता था।

जब मैं लिखने बैठती, तब अपनी ओर मेरा ध्यान आकर्षित करने की उसे इतनी तीव्र इच्छा होती थी कि उसने एक अच्छा उपाय खोज निकाला।

वह मेरे पैर तक आकर सर्र से परदे पर चढ़ जाता और फिर उसी तेज़ी से उतरता। उसका यह दौड़ने का क्रम तब तक चलता, जब तक मैं उसे पकड़ने के लिए न उठती।

कभी मैं गिल्लू को पकड़ कर एक लंबे लिफाफे में इस प्रकार रख देती कि उसके अगले दो पंजों और सिर के अतिरिक्त सारा लघुगात लिफ़ाफ़े के भीतर बंद रहता। इस अद्‌भुत स्थिति में कभी-कभी घंटों मेज़ पर दीवार के सहारे खड़ा रहकर वह अपनी चमकीली आँखों

में मेरा कार्यकलाप देखा करता।

भूख लगने पर चिक्-चिक् करके मानो वह मुझे सूचना देता और काजू या बिस्कुट मिल जाने पर उसी स्थिति में लिफाफे से बाहर वाले पंजों से पकड़ कर उसे कुतरता रहता। फिर गिल्लू के जीवन का प्रथम बसंत आया। नीम चमेली की गंध मेरे कमरे में हौले-हौले आने लगी। बाहर की गिलहरियाँ खिड़की की जाली के पास आकर चिक्-चिक् करके न जाने क्या कहने लगीं।

गिल्लू को जाली के पास बैठकर अपनेपन से बाहर झाँकते देख कर मुझे लगा कि इसे मुक्त करना आवश्यक है। मैंने कीलें निकालकर जाली का एक कोना खोल दिया और | इस मार्ग से गिल्लू ने बाहर जाने पर सचमुच ही मुक्ति की साँस ली। इतने छोटे जीव को घर में पले कुत्ते बिल्लियों से बचाना भी एक समस्या ही थी।

आवश्यक कागज़ पत्रों के कारण मेरे बाहर जाने पर कमरा बंद ही रहता है। मेरे कॉलेज से लौटने पर जैसे ही कमरा खोला गया और मैंने भीतर पैर रखा, वैसे ही गिल्लू अपने जाली के द्वार से भीतर आकर मेरे पैर से सिर और सिर से पैर तक दौड़ लगाने लगा। तब से यह नित्य का क्रम हो गया।

मेरे कमरे से बाहर जाने पर वह भी खिड़की की खुली जाली की राह बाहर चला जाता और दिन भर गिलहरियों के झुंड का नेता बना, हर डाल पर उछलता-कूदता रहता और ठीक चार बजे वह खिड़की से भीतर आकर अपने झूले में झूलने लगता।

मुझे चौंकाने की इच्छा उसमें न जाने कब और कैसे उत्पन्न हो गई थी। कभी फूलदान के फूलों में छिप जाता, कभी परदे की चुन्नट में और कभी सोनजुही की पत्तियों में।

मेरे पास बहुत से पशु-पक्षी हैं और उनका मुझसे लगाव भी कम नहीं है,

परंतु उनमें से किसी को मेरे साथ मेरी थाली में खाने की हिम्मत हुई है,

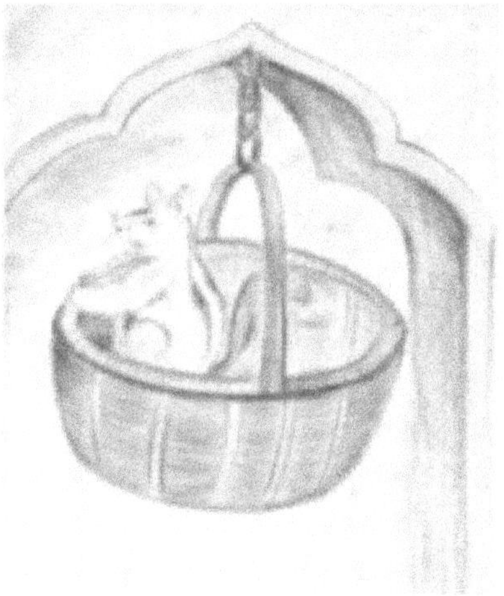

ऐसा मुझे स्मरण नहीं आता।

गिल्लू इनमें अपवाद था। मैं जैसे ही खाने के कमरे में पहुँचती, वह खिड़की से निकलकर आँगन की दीवार, बरामदा पार करके मेज़ पर पहुँच जाता और मेरी थाली में बैठ जाना चाहता। बड़ी कठिनाई से मैंने उसे थाली के पास बैठना सिखाया, जहाँ बैठकर वह मेरी

थाली में से एक-एक चावल उठाकर बड़ी सफाई से खाता रहता। काजू उसका प्रिय खाद्‌य था और कई दिन काजू न मिलने पर वह अन्य खाने की चीजें या तो लेना बंद कर देता था या झूले से नीचे फेंक देता था।

उसी बीच मुझे मोटर दुर्घटना में आहत होकर कुछ दिन अस्पताल में रहना पड़ा। उन दिनों जब मेरे कमरे का दरवाजा खोला जाता, गिल्लू अपने झूले से उतर कर दौड़ता और फिर किसी दूसरे को देख कर तेज़ी से अपने घोंसले में जा बैठता। सब उसे काजू दे जाते, परंतु अस्पताल से लौटकर जब मैंने उसके झूले की सफाई की तो उसमें काजू भरे मिले, जिनसे ज्ञात होता था कि वह उन दिनों अपना प्रिय खाद्‌य कितना कम खाता रहा।

मेरी अस्वस्थता में वह तकिये पर सिरहाने बैठकर अपने नन्हे-नन्हे पंजों से मेरे सिर और बालों को इतने हौले हौले सहलाता रहता कि उसका हटना एक परिचारिका के हटने के समान लगता।

गर्मियों में जब मैं दोपहर में काम करती रहती तो गिल्लू न बाहर जाता, न अपने झूले में बैठता। उसने मेरे निकट रहने के साथ गर्मी से बचने का सर्वथा नया उपाय खोज निकाला था। वह मेरे पास रखी सुराही पर लेट जाता और इस प्रकार समीप भी रहता और ठंडक में भी रहता।

गिलहरियों के जीवन की अवधि दो वर्ष से अधिक नहीं होती, अतः गिल्लू की जीवन यात्रा का अंत आ ही गया। दिन भर उसने न कुछ खाया और न बाहर गया । रात में अंत की यातना में भी वह मेरी वही उँगली पकड़कर हाथ से चिपक गया, जिसे उसने अपने बचपन की मरणासन्न स्थिति में पकड़ा था ।

पंजे इतने ठंडे हो रहे थे कि मैंने जाग कर हीटर जलाया और उसे उष्णता देने का प्रयत्न किया। परंतु प्रभात की प्रथम किरण के स्पर्श के साथ ही वह किसी और जीवन में जागने के लिए सो गया ।

उसका झूला उतार कर रख दिया गया और खिड़की की जाली बंद कर दी गई है, परंतु गिलहरियों की नयी पीढ़ी जाली के उस पार चिक-चिक करती ही रहती है और सोनजुही पर बसंत आता ही रहता है।

सोनजुही की लता के नीचे गिल्लू को समाधि दी गई है - इसलिए भी कि उसे वह लता सबसे अधिक प्रिय थी- इसलिए भी कि उस लघुगात का, किसी वासंती दिन, जुही के पीताभ छोटे फूल में खिल जाने का विश्वास मुझे संतोष देता है ।

गृहकार्य

(क) 'गिल्लू' कहानी की मूल संवेदना पर विचार प्रकट करें ?

(ख) गिल्लू कौन है ? उसके दैनिक क्रियाकलापों पर प्रकाश डालिए ?

(ग) गिल्लू का चरित्र चित्रण कीजिए ?

ठेस- फणीश्वरनाथ रेणु

पूरा नाम- फणीश्वरनाथ रेणु

अन्य नाम- फणीश्वरनाथ मंडल

जन्म - 4 मार्च, 1921

जन्म स्थान - पूर्णिया ज़िला, बिहार

मृत्यु-11 अप्रैल, 1977

मृत्यु स्थान- पटना

पित- शिलानाथ मंडल

माता- सम्बन्ध में कोई साक्ष्य – प्रमाण प्राप्त नही

पत्नी- रेखा रेणु

पद्मा रेणु

लतिका रेणु

संतान- कविता रॉय ,पद्म पराग वेणु रॉय, नवनीता, अपरजीत रॉय, दक्षिणेश्वर प्रसाद रॉय, वहीदा रॉय

पुरस्कार-उपाधि- पद्मश्री

रचनाएँ

उपन्यास : मैला आंचल, दीर्घतपा, जुलूस, कितने चौराहे, पलटू बाबू रोड, परती परिकाथा, कलंक मुक्ति

कहानी संग्रह : ठुमरी,अग्नि खोर,आदिम रात्रि की महक, एक श्रावणी दोपहरी की धूप, अच्छे आदमी

प्रसिद्ध कहानियाँ : पार्टी का भूत,

मारे गए गुलफाम (तीसरी कसम), एक आदिम रात्रि की महक, लाल पान की बेगम, पंचलाइट, तबे एकला चलो रे, ठेस, संवदिया,

रस प्रिया

संस्मरण : ऋण जल,वन तुलसी की गंध, श्रुत-अश्रुत पर्व

रिपोर्ताज : नेपाली क्रांति कथा

रेणु रचनावली : पाँच खंडों में समग्र

अन्य जानकारी

एक स्वतंत्रता सेनानी के रूप में भी अपनी पहचान बनाई और सत्ता के दमन और शोषण के विरुद्ध आजीवन संघर्षरत रहे।

ठेस

फणीश्वरनाथरेणु

खेती-बारी के समय, गाँव के किसान सिरचन की गिनती नहीं करते। लोग उसको बेकार ही नहीं, 'बेगार' समझते हैं। इसलिए खेत-खलिहान की मजदूरी के लिए कोई नहीं बुलाने जाता है सिरचन को। क्या होगा, उसको बुलाकर ? दूसरे

मजदुर खेत पहुँचकर एक-तिहाई काम कर चूकेंगे ,तब कहीं सिरचन राय हाथ में खुरपी डुलाता हुआ दिखाई पड़ेगा- पगडंडी पर तौल-तौलकर पाँव रखता हुआ, धीरे-धीरे। मुफ्त में मजदूरी देनी हो तो और बात है।

आज सिरचन को मुफ्तखोर, कामचोर या चटोर कह ले कोई। एक समय था, जब उसकी मड़ैया के पास बाबू लोगों की सवारियाँ बँधी रहती थीं। उसे लोग पूछते ही नहीं थे, उसकी खुशामद भी करते थे।..... "अरे, सिरचन भाई! अब तो तुम्हारे ही हाथ में यह कारीगरी रह गई है सारे इलाके में। एक दिन का समय निकालकर चलो। कल बड़े भैया की चिट्ठी आई है शहर से- सिरचन से एक जोड़ा चिक बनाकर भेज दो।"

मुझे याद है.... मेरी माँ जब कभी सिरचन को बुलाने के लिए कहती, मैं पहले ही पूछ लेता, "भोग क्या-क्या लगेगा?"

माँ हँसकर कहतीं, "जा जा बेचारा मेरे काम में पूजाभोग की बात नहीं उठाता कभी।"

ब्राहमण टोली के पंचानंद चौधरी के छोटे लड़के को एक बार मेरे सामने ही बेपानी कर दिया था, सिरचन ने- "तुम्हारी भाभी नाखून से काँटकर तरकारी परोसती है। और इमली का रस डालकर कढ़ी तो हम मामूली लोगों की घरवालियाँ बनाती हैं। तुम्हारी भाभी ने कहाँ सीखा ? "

इसलिए, सिरचन को बुलाने के पहले मैं माँ से पूछ लेता... ।

सिरचन को देखते ही माँ हुलसकर कहती, "आओ सिरचन! आज नेनु मथ रही थी, तो तुम्हारी याद आई। घी की (खखोरन) डाड़ी के साथ चूड़ा तुमको बहुत पसंद है न..... ! और बेटी ने ससुराल से संवाद भेजा है, उनकी ननद रूठी हुई है, मोथी की शीतलपाटी के लिए।"

सिरचन अपनी पनियायी जीभ को सँभालकर हँसता- "घी की सोंधी सुगंध सूँघकर ही आ रहा हूँ, काकी नहीं तो इस शादी-ब्याह के मौसम में दम मारने की भी छुट्टी कहाँ मिलती है ?"

सिरचन जाति का कारीगर है। मैंने घंटो बैठकर उसके काम करने के ढंग को देखा है। एक-एक मोथी और पटेर को हाथ में लेकर बड़े जतन से उसकी कुच्ची बनाता। फिर , कुच्चियों को रँगने से लेकर सुतली सुलझाने में पूरा दिन समाप्त...। काम करते समय उसकी तन्मयता में जरा भी बाधा पड़ी कि गेहुँअन साँप की तरह फुफकार उठता- "फिर किसी दूसरे से करावा लीजिए काम सिरचन मुँहजोर है, कामचोर नहीं।"

Description: C:\Users\hp\Desktop\WhatsApp Image 2022-02-02 at 6.37.04 PM.jpeg

बिना मजदूरी के पेट-भर भात पर काम करने वाला कारीगर ! दूध में कोई मिठाई न मिले तो कोई बात नहीं किंतु बात में जरा भी झाल वह नहीं बरदाश्त कर सकता।

सिरचन को लोग चटोर भी समझते हैं.... तली-बघारी हुई तरकारी, दही की कढ़ी, मलाईवाला दूध, इन सबका प्रबंध पहले कर लो, तब सिरचन को बुलाओ दुम हिलाता हुआ हाजिर हो जाएगा। खाने-पीने में चिकनाई की कमी हुई कि काम की सारी चिकनाई ख़त्म! काम अधूरा रखकर उठ खड़ा होगा -"आज तो अब अधकपाली दर्द से माथा टनटना रहा है। थोड़ा-सा रह गया है, किसी दिन आकर पूरा कर दूँगा।" ..... 'किसी दिन' - माने कभी नहीं।

मोथी घास और पटेर की रंगीन शीतलपाटी, बाँस की तीलियों की झिलमिलाती चिक, सतरंगे डोर के मोढ़े, भूसी -चुन्नी रखने के लिए मूँज की रस्सी के बड़े-बड़े जाले, हलवाहों के लिए ताल के सूखे पत्तों की छतरी टोपी तथा इसी तरह के बहुत-से काम हैं जिन्हें सिरचन के सिवा गाँव में और कोई नहीं जनता। यह दूसरी बात है कि अब गाँव में के ऐसे कामों को बेकाम का काम समझते हैं लोग बेकाम का काम, जिसकी मजदूरी में अनाज या पैसे देने की कोई जरुरत नहीं। पेट भर खिला दो काम पूरा होने पर एकाधा पुराना-धुराना कपड़ा देकर विदा करो। वह कुछ भी नहीं बोलेगा।

कुछ भी नहीं बोलेगा, ऐसी बात नहीं। सिरचन को बुलाने वाले जानते हैं, सिरचन बात करने में भी कारीगर है। महाजन टोले के भज्जू महाजन की बेटी सिरचन की बात सुनकर तिलमिला उठी थी- "ठहरो! मैं माँ से जाकर कहती हूँ। इतनी बड़ी बात!"

"बड़ी बात ही है बिटिया। बड़े लोगों की बस बात ही बड़ी होती है। नहीं तो दो- दो पटेर की पाटियों का काम सिर्फ खेसारी का सत्तू खिलाकर कोई करवाए भला ? यह तुम्हारी माँ ही कर सकती है बबुनी।" सिरचन ने मुस्कराकर जवाब दिया था।

उस बार मेरी सबसे छोटी बहन पहली बार ससुराल जा रही थी। मानू के दूल्हे ने पहले ही बड़ी भाभी को लिखकर चेतावनी दे दी है- "मानू के साथ मिठाई की पतीली न आए, कोई बात नहीं। तीन जोड़ी फैशनेबल चिक और पटेर की दो शीतलपाटियों के बिना आएगी मानू तो....!" भाभी ने हँसकर कहा, "बैरंग वापस!" इसलिए, एक सप्ताह पहले से ही सिरचन को बुलाकर काम पर तैनात करवा दिया था माँ ने- "देखो सिरचन! इस बार नई धोती दूँगी,असली मोहर छापवाली धोती। मन लगाकर ऐसा काम करो कि देखने वाले देखते ही रह जायें ।"

पान- जैसी पतली छुरी से बाँस की तीलियाँ और कमानियों को चिकनाता हुआ सिरचन अपने काम में लग गया। रंगीन सुतलियों में झब्बे डालकर वह चिक बुनने बैठा। डेढ़ हाथ की बिनाई देखकर ही लोग समझ गए की इस बार एकदम नए फैशन की चीज बन रही है, जो पहले कभी नहीं बनी ।

मँझली भाभी से नहीं रहा गया, परदे की आड़ से बोली, "पहले ऐसा जानती कि मोहर छापवाली धोती देने से ही अच्छी चीज बनती है तो भैया को खबर भेज देती ।

काम में व्यस्त सिरचन के कानों में बात पड़ गई| बोला "मोहर छापवाली धोती के साथ रेशमी कुरता देन पर भी ऐसी चीज नहीं बनती बहुरिया। मानू दीदी काकी की सबसे छोटी बेटी है..... मानू दीदी का दूल्हा अफसर आदमी है।"

मँझली भाभी का मुँह लटक गया। मेरी चाची ने फुस-फुसाकर कहा, "किससे बात करती है बहू? मोहर छापवाली धोती नहीं, मुँगिया-लड्डू । बेटी की विदाई के समय रोज मिठाई जो खाने को मिलेगी। देखती है ना!"

दूसरे दिन चिक की पहली पाँति में सात तारे जगमगा उठे, सात रंग के । सतभैया तारा ! सिरचन जब काम में मगन रहता है तो उसकी जीभ जरा बाहर निकल आती है,होंठ पर। अपने काम में मगन सिरचन को खाने-पीने की सुध नहीं रहती। चिक में सुतली के फंदे डालकर उसने पास पड़े सूप पर निगाह डाली-चिउरा और गुड़ का एक सूखा ढेला। मैंने लक्ष्य किया, सिरचन की नाक के पास दो रेखाएँ उभर आईं। मैं दौड़कर माँ के पास गया। "माँ, आज सिरचन को कलेवा किसने दिया है, सिर्फ चिउरा और गुड़ ?

माँ रसोईघर के अंदर पकवान आदि बनाने में व्यस्त थी। बोली, 'मैं अकेली कहाँ-कहाँ क्या क्या देखूँ!....."अरी मँझली, सिरचन को बुँदिया क्यों नहीं देती?"

"बुँदिया मैं नहीं खाता, काकी!" सिरचन के मुँह में चिउरा भरा हुआ था। गुड़ का ढेला सूप में एक किनारे पर पड़ा रहा, अछूता।

माँ की बोली सुनते ही मँझली भाभी की भौहें तन गई। मुट्ठी भर बुँदिया सूप में फेंककर चली गई।

सिरचन ने पानी पीकर कहा, "मँझली बहुरानी अपने मैके से आई हुई मिठाई भी इसी तरह हाथ खोलकर बाँटती हैं क्या?"

बस, मँझली भाभी अपन कमरे में बैठकर रोने लगी। चाची ने माँ के पास जाकर कहा- "छोटी जाती के आदमी का मुँह भी छोटा होता है। मुँह लगाने से सिर पर चढ़ेगा ही। ...... किसी के नैहर-ससुराल की बात क्यों करेगा वह?

मँझली भाभी माँ की दुलारी बहु है। माँ तमककर बाहर आई- "सिरचन, तुम काम करने आए हो,अपना काम करो।बहुओं से बतकुट्टी करने की क्या जरुरत? जिस चीज की जरुरत हो, मुझसे कहो।"

सिरचन का मुँह लाल हो गया। उसने कोई जवाब नहीं दिया। बाँस में टँगे हुए अधूरे चिक में फंदे डालने लगा।

मानू पान सजाकर बाहर बैठकखाने में भेज रही थी। चुपके से पान का एक बीड़ा सिरचन को देती हुई बोली, इधर-उधर देखकर -"सिरचन दादा, काम-काज का घर! पाँच तरह के लोग पाँच किस्म की बात करेंगे। तुम किसी की बात पर कान मत दो।"

सिरचन ने मुस्कराकर पान का बीड़ा मुँह में ले लिया। चाची अपने कमरे से निकल रही थी। सिरचन को पान खाते देखकर अवाक् हो गई। सिरचन ने चाची को अपनी ओर अचरज से घूरते देखकर कहा, "छोटी चाची, जरा अपनी डिबिया का गमकौआ जर्दा खिलाना, बहुत दिन हुए......।

चाची कई कारणों से जली-भुनी रहती थी, सिरचन से गुस्सा उतारने का ऐसा मौका फिर नहीं मिल सकता। झनकती हुई बोली,"तुम्हारी बढ़ी हुई जीभ में आग लगे, घर में भी पान और गमकौआ जर्दा खाते हो ..... चटोर कहीं के!" मेरा कलेजा धड़क उठा ......यत्परो नास्ति!

बस, सिरचन की उँगलियों में सुतली के फंदे पड़ गये। मानो, कुछ देर तक वह चुपचाप बैठा पान को मुँह में घुलाता रहा, फिर अचानक उठकर पिछवाड़े पीक थूक आया। अपनी छुरी, हँसिया वगैरह समेत -सँभालकर झोले में रखें। टँगी हुई अधूरी चिक पर एक निगाह डाली और हनहनाता हुआ आँगन से बाहर निकल गया।

चाची बड़बड़ायी-'अरे बाप रे बाप! इतनी तेजी! कोई मुफ्त में तो काम नहीं

करता। आठ रुपये में मोहर छापवाला धोती आती है।...... इस मुँहझौंसे के मुँह में में लगाम है, न आँख में शील। पैसा खर्च करने पर सैकड़ों चिकें मिलेंगी।

बाँतरटोली की औरते सिर पर गट्टर लेकर गली-गली मारी फिरती हैं।

मानू कुछ नहीं बोली। चुपचाप अधूरी चिक को देखती रही। ....सातों तारे मंद पड़ गए।

माँ बोलीं, "जाने दे बेटी! जी छोटा मत कर, मानू! मेले से खरीदकर भेज दूंगी।"

मानू को याद आयी, विवाह में सिरचन के हाथ की शीतलपाटी दी थी माँ ने।

ससुरालुवालों ने न जाने कितनी बार खोलकर दिखलाया था पटना और कलकत्ता के मेहमानों को। वह उठकर बड़ी भाभी के कमरे में चली गयी।

मैं सिरचन को मनाने गया। देखा, एक फटी हुई शीतलपाटी पर लेटकर वह कुछ सोच रहा है। मुझे देखते ही बोला, "बबुआ जी अब नहीं। कान पकड़ता हूँ, अब नहीं। मोहर छाप वाली धोती लेकर क्या करूँगा?कौन पहनेगा... ससुरी खुद मरी, बेटे-बेटियों को ले गई अपने साथ बबुआ जी, मेरी घरवाली जिंदा रहती तो मैं ऐसी दुर्दशा भोगता? यह शीतलपाटी उसी की बुनी हुई है। इस शीतलपाटी को छूकर कहता ,अब यह काम नहीं करूँगा।..... गाँव- भर में तुम्हारी हवेली में मेरी कदर होती थी। अब क्या?" मैं चुपचाप वापस लौट आया। समझ गया, कलाकार के दिल में ठेस लगी है। वह नहीं आ सकता।

बड़ी भाभी अधूरी चिक में रंगीन छींट का झालर लगाने लगी- "यह भी बेजा नहीं दिखलाई पड़ता, क्यों मानू?"

मानू कुछ नहीं बोली । ... बेचारी! किंतु मैं चुप नहीं रह सका- "चाची और मँझली भाभी की नजर न लग जाए इसमें भी।"

मानू को ससुराल पहुँचाने मैं ही जा रहा था।

स्टेशन पर सामान मिलाते समय देखा, मानू बड़े जतन से अधूरी चिक मोड़कर लिए जा रही है अपने साथ। मन ही-मन सिरचन पर गुस्सा हो आया। चाची के सुर-में-सुर मिलाकर कोसने को जी हुआ। .... कामचोर, चटोर!"

गाड़ी आई। सामान चढ़ाकर मैं दरवाजा बंद कर रहा था कि प्लेटफॉर्म पर दौड़ते हुए सिरचन पर नजर पड़ी- "बबुआ जी" उसने दरवाजे के पास आकर पुकारा।

"क्या है?" मैंने खिड़की से गरदन निकालकर झिड़की के स्वर में कहा।

सिरचन ने पीठ पर लदे हुए बोझ को उतारकर मेरी और देखा- "दौड़कर आया हूँ। .... दरवाजा खोलिए! मानू दीदी कहाँ हैं? एक बार देखूँ।"

मैंने दरवाजा खोल दिया।

"सिरचन दादा।" मानु इतना ही बोल सकी।

खिड़की के पास खड़े होकर सिरचन ने हकलाते हुए कहा, "यह मेरी ओर से है। सब चीजें हैं दीदी! शीतलपाटी, चिक और एक जोड़ी आसनी कुश की।" गाड़ी चल पड़ी।

मानू मोहर छापवाली धोती का दाम निकालकर देने लगी। सिरचन ने जीभ को दाँत से काटकर, दोनों हाथ जोड़ दिए ।

मानू फूट-फूटकर रो रही थी। मैं बंडल को खोलकर देखने लगा- ऐसी कारीगरी, ऐसी बारीकी, रंगीन सुतलियों के फंदों का ऐसा काम, पहली बार देख रहा था ।

परीक्षा के दृष्टिकोण से महत्वपूर्ण प्रश्न

प्रश्न : सिरचनकाचरित्रचित्रणकीजिए?

या

ठेसकहानीकेनायककाचरित्रचित्रणकीजिए?

उत्तर:फणीश्वरनाथ रेणु द्वारा रचित ठेस शीर्षक कहानी एक चरित्र प्रधान कहानी है। इस कहानी का केंद्रीय पात्र सिरचन है। शेष सभी पात्र सिरचन के चरित्र के भिन्न-भिन्न भावों को उजागर करने में सहायक मात्र है। उसके चरित्र में हमें निम्नलिखित विशेषताएँ देखने को मिलती है।

क) निर्धनव्यक्ति: एक जमाने में कुशल कारीगर समझा जाने वाला सिरचन आज निर्धन जीवन यापन करने के लिए बाध्य है। कहानीकार के अनुसार चिक और शीतल पाटी बनाने के काम को आज बेकार का काम समझा जाने लगा है। यही कारण है कि सिरचन काम के अभाव में निर्धन दीन-हीन जीवन व्यतीत कर रहा है।

ख) चटोरव्यक्ति: सिरचन अपने इलाके में चटोर व्यक्ति के नाम से भी प्रसिद्ध है। कहानीकार के अनुसार ब्राह्मण टोली के पंचानंद चौधरी के छोटे लड़के को एक बार मेरे सामने ही बेपानी कर दिया था, सिरचन ने–"तुम्हारी भाभी नाखून से काँटकर तरकारी परोसती है।''

ग) मुहजोरव्यक्ति : सिरचन बात करने में भी कारीगर है। इसी कारण वह मुहजोरी भी कर बैठता है। एक बार महाजन टोले की भज्जू महाजन की बेटी सिरचन बात सुनकर तिलमिला उठी थी। इतना ही नहीं वह तो लेखक की भाभी से मुहजोरी करता हुआ कहता है ''मँझली बहूरानी अपने मैके से आई हुई मिठाई भी इसी तरह हाथ खोल कर बाँटती है क्या?''

घ) वचनकापक्का : सिरचन एक वचन बध्य व्यक्ति भी है। लेखक की छोटी बहन को देने के लिए उसने लेखक की माँ को चिक और शीतल पाटी देने का वचन दिया था। घर में चाची और मँझली भाभी से बहस हो जाने पर वह आधा काम छोड़कर ही चला जाता है। परंतु विदाई के दिन वह सारा सामान मानू को देने के लिए स्टेशन पर पहुँच जाता है और कहता है-'' यह मेरी ओर से है। सब चीज है दीदी ! शीतलपाटी, चिक और एक जोड़ी आसनी, कुश की।''

ङ) कर्तव्यनिष्ठ: सिरचन एक कर्तव्यनिष्ठ व्यक्ति है। कहानीकार के अनुसार सिरचन जब काम में मगन रहता है तो उसकी जीभ जरा बाहर निकल आती है। अपने काम में मगन सिरचन को खाने-पीने की सुध भी नहीं रहती लेखक ने स्वयं कहा-''मैंने घंटों बैठकर उसके काम करने के ढंग को देखा है।''

च) कुशलकारीगर : सिरचन अपने इलाके का एक निपुण कारीगर है। उसके जैसी मोथी घास और पटेर की शीतलपाटी, बाँस की तीलियों की झिलमिलाती चिक, सतरंगे डोर के मोढ़े, मूँज की रस्सी के बड़े-बड़े जाले, ताल के सूखे पत्तों की छतरी-टोपी कोई नहीं बना सकता। वह एक प्रतिभाशाली कलाकार है। लेखक के अनुसार-''एक समय था, जब उसके मड़ैया के पास बड़े-बड़े बाबू लोगों की सवारियाँ बँधी रहती थी। उसे लोग पूछते ही नहीं थे, उसकी खुशामद भी करते थे-अरे,सिरचन भाई!अब तो तुम्हारे ही हाथ में यह कारीगरी रह गई है सारे इलाके में। ''

छ) स्वाभिमानी : सिरचन एक स्वाभिमानी कलाकार है। वह भले ही गरीब ही हो, लेकिन किसी का तिरस्कार सहन नहीं कर सकता। अपमानित होने की अपेक्षा वह भूखा रहना पसंद करता है। वह लेखक की मँझली भाभी और मानू की चाची के द्वारा तिरस्कृत होने के पर काम अधूरा छोड़ कर चला जाता है। लेखक के अनुसार-''काम करते समय उसकी तन्मयता में जरा भी बाधा पड़ी कि गेंहुवन

साँप की तरह फुफकार उठता।"

छ) स्वादिष्टभोजनकाशौकीन : सिरचन स्वादिष्ट भोजन का शौकीन है यदि उसे स्वादिष्ट भोजन ना मिले तो वह काम नहीं करता। उसे तली बखारी हुई तरकारी, दही की कढ़ी, मलाई वाला दूध पसंद है। मनोकूल भोजन ना मिलने पर वह कोई ना कोई बहाना बनाकर खिसक जाता है। यथा : - ''खाने-पीने में चिकनाई की कमी हुई कि काम की सारी चिकनाई खत्म।"

प्रश्न : ठेसकहानीकासारांशलिखें ?

या

ठेसकहानीकीमूलसंवेदनापरविचारप्रकटकरें ?

या

ठेसकहानीकीसमीक्षाकरें ?

या

ठेसशीर्षकपरविचारकरतेहुएइसकहानीकाउद्देश्यस्पष्टकीजिए ?

उत्तर : 'ठेस' शीर्षक कहानी फणीश्वर नाथ रेणु द्वारा रचित एक मार्मिक बहुचर्चित कहानी है। यह लेखक के गाँव में रहने वाले एक निर्धन कुशल कारीगर के स्वाभिमान पर केंद्रित है। स्वभाव से चटोर व मुहजोर होने पर भी उसका एक आत्मसम्मान है। लेखक के घर में चिक और शीतलपाटी बनाने समय लेखक की मँझली भाभी और चाची द्वारा कहे गए वचनों से उसके आत्मसम्मान को ठेस लगती है। इसके उपरांत व अधूरा कार्य छोड़ कर चला जाता है। परंतु वचन बध्य होने के कारण वह सारा सामान तैयार करके मानू को देने के लिए स्टेशन पर पहुँच जाता है। अतः कहानी का शीर्षक मेरी दृष्टि में पूर्ण रूप से सार्थक एवं उचित है।

सिरचन चिक और शीतल पाटी बनाने वाला कारीगर है। वह सिर्फ इतना चाहता है कि जिस घर में भी वह काम करने जाए उस घर के लोग उसकी अच्छी खातिरदारी करें क्योंकि वह बिना मजूरी के पेट भर काम करने वाला कारीगर है। गाँव के लोग उसकी इस चाहत को स्वीकार कर लेते हैं क्योंकि सिरचन जैसे चिक और शीतल पाटी बनाने वाला कारीगर दूर-दूर तक नहीं था।

कहानी के आरंभ में बताया गया है कि वह चिक और शीतलपाटी की कारीगरी छोड़कर बेगारी और मजदूरी करता है। उसके कारीगरी को छोड़ने का कारण बताते हुए लेखक अपने घर की घटना का वर्णन प्रस्तुत कर रहे हैं।

लेखक की छोटी बहन मानू की विदाई होने वाली है। इस कारण लेखक की माँ ने सिरचन को बुलवाया है। मानू के ससुराल वालों ने यह माँग रखी है कि मानू के साथ मिठाई की पतीली आए या ना आए लेकिन तीन जोड़ी फैशनेबल चिक और पटेर की दो शीतल पाटी जरूर होनी चाहिए। इसलिए लेखक की माँ ने सप्ताह भर पहले ही सिरचन को काम पर लगवा दिया है। मानू के परिवारवालों से सिरचन का पुराना व गहरा संबंध है। इसलिए वह खुशी-खुशी बड़ी बारीकी से नए और सुंदर डिजाइन के चिक और शीतलपाटी बनाने में जुट जाता है। इस काम के लिए लेखक की माँ ने मोहर छाप वाली धोती देने का वायदा किया । लेखक की मँझली भाभी कह देती है कि मोहर छाप वाली धोती देने से ऐसा काम होता है, यह मुझे पता नहीं था नहीं तो मैं भी भैया से कहलवा देती। सिरचन तुरंत इस बात की प्रतिक्रिया देता हुआ कहता है कि - ''मुहर छाप वाली धोती के साथ रेशमी कुर्ता देने पर भी ऐसी चीज नहीं बनती बहुरिया ।" इस बात से मँझली भाभी और चाची का मन दुखः जाता है। जब मानू सिरचन को पान खिलाती है तो सिरचन चाची से गमकौआ जर्दा मांगता है बस। चाची

सिरचन पर बरस पड़ती है और उसका भारी अपमान कर देती है। यही कलाकार के मन को ठेस लगती है और वह मन ही मन कारीगरी छोड़ देने का प्रण लेता है और अधूरा काम छोड़कर चल जाता है ।

मानू बहुत दुखीः है। इस बात से लेखक को भी कष्ट होता है। वह तुरंत लेखक को मनाने उसके घर जाता है। और देखता है कि सिरचन फटी पुरानी शीतलपाटी पर लेटा हुआ है। लेखक को देखते ही सिरचन कहता है " बबुआजी ! अब नहीं कान पकड़ता हूँ,अब नहीं।" लेखक समझ जाता है कि कलाकार के हृदय में गहरी ठेस लगी है। विदाई के दिन लेखक मानू को पहुँचाने जा रहा है। मानू दुखी मन से वह अधूरी चिक लेए जा रही है । तभी अचानक प्लेटफार्म पर सिरचन एक गठरी लिए हुए आता है। वह गठरी देता हुआ मानू से कहता है ''यह मेरी ओर से है। सब चीज है दीदी ! शीतलपाटी, चिक और एक जोड़ी आसनी कुश की।"

अतः स्पष्ट कि 'ठेस' शीर्षक कहानी एक कलाकार के संवेदनाओं को समेटे हुए हैं ।

अधिकार का रक्षक उपेन्द्रनाथ 'अश्क'

पूरा नाम

उपेन्द्रनाथ अश्क

अन्य नाम

जन्म

14 दिसम्बर, 1910

जन्म स्थान

जालंधर, पंजाब

मृत्यु

19 जनवरी, 1996

मृत्यु स्थान

भारत

पिता

पण्डित माधोराम

माता

सम्बन्ध में कोई साक्ष्य – प्रमाण प्राप्त नही

पत्नी

शीला देवी

कौशल्या अश्क

संतान

सम्बन्ध में कोई साक्ष्य – प्रमाण प्राप्त नही

पुरस्कार-उपाधि

सोवियत लैन्ड नेहरू पुरस्कार, संगीत नाटक अकादमी पुरस्कार

रचनाएँ

एकांकी संग्रह =अन्धी गली, मुखड़ा बदल गया, चरवाहे

एकांकी = पर्दा उठाओ : पर्दा गिराओं,

चरवाहे, तौलिए, चिलमन, कइसा साबः

कइसी आया, कस्बे का क्रिकेट, क्लब का उद्घाटन, सूखी डाली, चुम्बक, तूफान से पहले, लक्ष्मी का स्वागत, किसकी बात, पापी, दो कैप्टन, नानक इस संसार में

उपन्यास = गिरती दीवारें, शहर में घूमता आइना, गर्म राख, नीला, मुझे माफ कर दो, चन्द्रा, सितारों का खेल

कहानीसंग्रह = सत्तर श्रेष्ठ कहानियाँ, काले साहब, पिंजरा, दूरदशी लोग, जुदाई की शाम के गीत

नाटक = लौटता हुआ दिन, जय-पराजय, अलग-अलग रास्ते, स्वर्ग की झलक, बड़े खिलाड़ी, अंजो दीदी, आदि स्वर्ग, पैंतरे, छठा बेटा, अंधी गली, मेरा नाम विएट्रिस है, भंवर

काव्य = एक दिन आकाश ने कहा, प्रातःप्रदीप, दीप जलेगा, बरगद की बेटी, उर्म्मियाँ

संस्मरण = मण्टो मेरा दुश्मन, फिल्मी जीवन की झलकियाँ, रेखाएँ और चित्र

आलोचना = अन्वेषण की सहयात्रा, हिन्दी कहानी: एक अन्तरंग परिचय

अनुवाद = रंग साज, हिज एक्सेलेन्सी, ये आदमी ये चूहे

अन्य जानकारी

उर्दू के सफल लेखक उपेन्द्रनाथ 'अश्क' ने मुंशी प्रेमचंद की सलाह पर हिन्दी में लिखना आरम्भ किया। 1933 में प्रकाशित उनके दूसरे कहानी संग्रह 'औरत की फितरत' की भूमिका मुंशी प्रेमचन्द ने ही लिखी थी।

अधिकार का रक्षक

उपेन्द्रनाथ 'अश्क'

पात्र

सेठ घनश्यामदास रामलखन

सेठानी भगवती

नन्हा बलराम संपादक

कॉलेज के दो लड़के इत्यादि

समय : आठ बजे सुबह

स्थान : सेठ घनश्यामदास के मकान का ड्राइंग - रूम

सामने दीवार में बायीं ओर को एक बड़ी मेज और इधर को एक गद्देदार कुर्सी लगी है। दायीं ओर एक तख्त बिछा है। मेज और तख्त के बीच एक ऊँचे स्टूल पर टेलीफोन इस तरह रखा हुआ है कि कुर्सी और तख्त दोनों से उसे सुगमता के साथ उठाया जा सके।

मेज पर दीवार के साथ एक छोटा-सा तिकोना बुक-रैक है, जिसमें पुस्तकें करीने से रखी हैं। दायें-बायें लोहे की दो ट्रे पड़ी हैं, जिनमें से एक में कागज-पत्र और दूसरी में अखबार पड़े हैं। बीचों-बीच शीशे का एक चौकोर टुकड़ा है, जिसके नीचे जरूरी कागज दबे हैं। शीशे के टुकड़े और किताबों के रैक के मध्य एक सुंदर कलमदान रखा है और दो-एक कलम शीशे पर बिखरे हैं।

तख्त के पास एक आराम-कुर्सी पड़ी है।

बाय दीवार के साथ काउच का एक सेट लगा है। इस दीवार में दो खिड़कियाँ भी हैं, जिनके बीच दीवार में एक कैलेंडर लटक रहा है। दायीं दीवार में एक दरवाजा है, जो घर के बरामदे में खुलता है।

पर्दा उठने पर सेठजी कुर्सी पर बैठ कोई समाचार पत्र देखते नजर आते हैं।

टेलीफोन की घंटी बजती है। सेठजी समाचार पत्र ट्रे में फेंककर चोंगा उठाते हैं।

सेठजी : हेलो... (जरा और ऊँचे) हेलो !...हाँ, हाँ, मैं ही बोल रहा हूँ। घनश्यामदास आप...अच्छा अच्छा, रलारामजी, मंत्री हरिजन-सभा हैं ! नमस्ते, नमस्ते। (जरा हँसते हैं) सुनाइये महाराज, कल के जलसे की कैसी रही ?... अच्छा ? आपके भाषण के बाद हवा पलट गयी ! सब हरिजन मेरे पक्ष में प्रचार करने को तैयार हो गये। शुक्रिया, शुक्रिया ! हिं हिं...हिं हिं... ठीक ठीक ! आपने खूब कहा, खूब कहा आपने ! हिं हिं...हिं... असल में अपना सारा जीवन मैंने पीड़ितों, पददलितों और गिरे हुओं को ऊपर उठाने में लगा दिया है। बच्चों को ही लीजिये ! हमारे घरों में उनकी दशा कैसी भयानक है। उनके लालन-पालन और पठन-पाठन का ढंग कितना पुराना,ऊल-जलूल और दकियानूसी है। उनके स्वास्थ्य की ओर कितना कम ध्यान दिया जाता है और अनुचित दबाव में रखकर उन्हें कितना डरपोक और भीरु बना दिया जाता है ! उनका स्वाभाविक विकास...

छोटा बच्चा बलराम भीतर आता है।

बलराम : बाबूजी, बाबूजी, हमें मेले...

सेठजी : (पूर्ववत टेलीफोन पर बातें कर रहे हैं, पर आवाज तनिक ऊँची हो जाती है) हाँ, हाँ, मैं यही कह रहा था कि बच्चों का स्वाभाविक विकास हमारे यहाँ नहीं हो पाता। लेकिन शिक्षा-दीक्षा के लिए, उनके स्वास्थ्य...

बलराम : (और समीप आकर कुर्ते का छोर पकड़कर) बाबूजी...

सेठजी : (चोंग से मुँह हटाकर, क्रोध से) ठहर कम्बख्त ! देखता नहीं, मैं

टेलीफोन पर...

बच्चा रोने लगता है।

सेठजी : (टेलीफोन पर) मैं आपसे अभी एक सेकेंड में बात करता हूँ, इधर जरा शोर हो रहा है। (चोंगा खट से मेज पर रख देते हैं। बच्चे से) चल, निकल यहाँ से। सूअर ! कम्बख्त !!

कान पकड़कर उसे दरवाजे की तरफ घसीटते हैं, बच्चा रोता हुआ बैठ जाता है।

: (नौकर को आवाज देते हैं) ओ रामलखन, ओ रामलखन रामलखन : (बाहर से) आय रहे हैं बाबूजी ! भागता हुआ भीतर आता है। साँस फूली हुई है।

: जी बाबूजी।

सेठजी : (नौकर को पीटते हुए) सूअर ! पाजी ! हरामखोर ! क्यों इसे इधर आने दिया? क्यों इधर आने दिया इसे ?

रामलखन : अब बाबू काहे मारत हो ? लिए तो जाय रहे हैं ! लड़के का बाजू थामकर उसे बाहर ले जाता है।

सेठजी : और सुनो, किसी को इधर मत आने दो ! कोई बाहर से आये तो पहले आकर खबर दो ! समझे !! नहीं तो मार-मारकर खाल उधेड़ दूँगा। (नौकर और लड़के को बाहर निकालकर जोर से किवाड़ लगा देते हैं।) हुँह ! अहमक ! मुफ्त में इतना समय बर्बाद कर दिया। (चोंगा उठाते हैं।) (किंचित कर्कश स्वर में) हेलो !... (स्वर में तनिक विनम्रता लाकर) अच्छा, अच्छा आप अभी हैं। (स्वर को कुछ और संयत करके) तो मैं कह रहा था कि प्रांत में मैं ही ऐसा व्यक्ति हूँ, जिसने उस अत्याचार के विरुद्ध आंदोलन किया, जो घरों और स्कूलों में छोटे-छोटे बच्चों पर ढाया जाता है और फिर वह मैं ही हूँ, जिसने पाठशालाओं में शारीरिक दंड को तत्काल बंद कर देने पर जोर दिया। दूसरे अत्याचार पीड़ित लोग घरों में काम करने वाले भोले-भाले निरीह - नौकर हैं, जो क्रूर मालिकों के जुल्म का शिकार बनते हैं। इस अत्याचार और अन्याय को जड़ से उखाड़ने के लिए मैंने नौकर - यूनियन स्थापित की। इसके अलावा अग्रवाल होते हुए भी मैंने हरिजनों का पक्ष लिया, उनके स्वत्वों की, उनके अधिकारों की रक्षा के लिए मैंने दिन-रात एक कर दिया है और अब भी यदि परमात्मा ने चाहा और यदि मैं विधान सभा में गया तो...

(दरवाजा खुलता है।)

रामलखन : (दरवाजे से झाँककर) बाबूजी जमादारिन...

सेठजी : (टेलीफोन पर बात जारी रखते हुए) मैं वहाँ पर भी हरिजनों की सेवा करूँगा। आप अपनी हरिजन सभा में इस बात की घोषणा कर दें।

रामलखन : (जरा अंदर आकर) बाबू जी...

सेठजी : (क्रोध से) ठहर पाजी ! (टेलीफोन में) नहीं नहीं, मैं नौकर से कह रहा था (खिसियाने से होकर हँसते हैं) हाँ, तो आप घोषित कर दें कि मैं असेम्बली में हरिजनों के पक्ष की हिमायत करूँगा और वे मेरे हक में प्रोपेगेंडा करें... हैं... क्या ?...अच्छा अच्छा... मैं अवश्य ही जलसे में शामिल होने का प्रयास करूँगा । क्या करूँ अवकाश नहीं मिलता...हिं हिं... हिं... हिं... (हँसते हैं) अच्छा नमस्कार ! (टेलीफोन का चोंगा रख देते हैं। नौकर से) तुझे तो कहा था, इधर मत आना !

रामलखन : आपै तो कहे रहेन कि केऊ आये तो इत्तला कर देई, मुदा अब ई जमादारिन आपन मजूरी माँगत...

सेठजी : (गुस्से से) कह दे उससे, अगले महीने आये। मेरे पास समय नहीं जा । और किसी को मत आने दे !

भंगिन : (दरवाजे के बाहर से विनीत स्वर में) महाराज, जुग जुग जिओ तरक्की करो। दो महीने हो गये हैं।

सेठजी : कह जो दिया, फिर आना। जाओ ! अब समय नहीं।

भगवती प्रवेश करता है।

भगवती : जयरामजी की बाबूजी !

सेठजी : तुम इस समय क्यों आये हो भगवती ?

भगवती : बाबूजी, हमारा हिसाब कर दो।

सेठजी : (बेपरवाही से) तुम देखते हो, आजकल चुनाव के कारण कुछ नहीं सूझता। कुछ दिन ठहर जाओ।

भगवती : बाबूजी, अब एक घड़ी भी नहीं ठहर सकते। आप हमारा हिसाब चुका ही दीजिए।

सेठजी : (जरा ऊँचे स्वर में) कहा जो है, कुछ दिन ठहर जाओ ! यहाँ अपना तो होश नहीं और तुम हिसाब-हिसाब चिल्ला रहे हो !

भगवती : जब आपकी नौकरी करते हैं तो खाने के लिए और कहाँ माँगने जायँ ?

सेठजी : अभी चार दिन हुए, दो रुपये ले गये थे।

भगवती : वो कहाँ रहे ? एक तो रास्ते ही में बनिये की भेंट हो गया, दूसरे से किसी तरह आज तक का काम चला है।

सेठजी : (जेब से रुपया निकाल कर फर्श पर फेंकते हुए) तो लो। अभी यह एक रुपया ले जाओ।

भगवती : नहीं बाबूजी, एक-एक नहीं। आप मेरा हिसाब चुकता कर दीजिये। तनखाह मिले तीन-तीन महीने हो गये हैं। एक-एक, दो-दो से कितने दिन काम चलेगा ? हमारे भी आखिर बीबी बच्चे हैं; उन्हें भी खाने-ओढ़ने को चाहिए। आप एक-एक के चाय-पानी में जितना खर्च कर देते हैं, उतना हमारे एक महीने...

सेठजी : (क्रोध से) क्या बक बक कर रहे हो ! कह जो दिया, अभी यह ले जाओ, बाकी फिर ले जाना।

भगवती : हम तो आज ही सब लेकर जाएँगे।

सेठजी : (उठकर, और भी क्रोध से) - क्या कहा ! आज ही लेगा ! अभी लेगा ! जा नहीं देते। एक कौड़ी भी नहीं देते। निकल जा यहाँ से,जाकर पुलिस में रिपोर्ट कर दे। पाजी, हरामखोर, सूअर, आज तक, सब्जी में, दाल में, सौदा-सुलुफ में, यहाँ तक कि बाजार से आने वाली हर चीज में पैसे रखता रहा, हमने कभी न कहा। अब यों अकड़ता है। जा निकल जा । जाकर अदालत में मामला चला दे। चोरी के जुर्म में छह महीने के लिए जेल न भिजवा दूँ तो घनश्यामदास नाम नहीं।

भगवती : सच है बाबूजी, गरीब लाख ईमानदार हो तो चोर है, डाकू है और अमीर यदि आँखों में धूल झोंककर लाखों पर हाथ साफ कर जाय, चंदे के नाम पर हजारों...!

सेठजी : (क्रोध से पागल होकर) तू जायेगा या नहीं ! (नौकर को आवाज देते हैं) रामलखन, रामलखन !

रामलखन : जी बाबूजी, बाबूजी ! (भागता हुआ भीतर आता है)

सेठजी : इसको बाहर निकाल दो !

रामलखन : (भगवती के बलिष्ठ, चौड़े चकले शरीर को नख-से शिख तक देखकर) एका बाहर निकारि दें, ई हम सों कब निकरि सकत हैं। ई तो हमैं निकारि दे....

भगवती : मार लें, और मार लें ! हमारे चार पैसे रखकर आप लखपती न हो जाएँगे।

सेठजी उसे बाहर निकालकर जोर से दरवाजा बंद कर देते हैं।

सेठजी : (रामलखन से) तुम यहाँ क्या देख रहे हो ? जाओ !

रामलखन डरकर चला जाता है। सेठजी तख्त पर लेट जाते हैं।

: बेवकूफ, नामाकूल ! (फिर उठकर कमरे में इधर-उधर घूमते हैं, फिर सीटी बजाते हैं और घूमते हैं, फिर नौकर को आवाज देते हैं।) रामलखन, रामलखन !

रामलखन : (बाहर से) आय रहे बाबूजी ! (प्रवेश करता है।)

सेठजी : अखबार अभी आया है कि नहीं ?

रामलखन : आय गया बाबूजी, बड़े काका पढ़ि रहे हन, अभी लाये देइत है।

सेठजी : पहले इधर क्यों नहीं लाया? कितनी बार तुझे कहा है, अखबार पहले इधर लाया कर । ला भागकर ।

रामलखन भागता हुआ जाता है।

सेठजी : (घूमते हुए अपने-आप) मेरा वक्तव्य कितना जोरदार था, छात्रों में हलचल मच गयी होगी, सबकी हमदर्दी मेरे साथ हो जायेगी।... छात्रों को वोट का अधिकार चाहे न हो, लेकिन वोटरों पर असर तो डाल सकते हैं, आंदोलन करके मेरे हक में फिजा तो तैयार कर सकते हैं।

टेलीफोन की घंटी बजती है। सेठजी जल्दी से चोंगा उठाते हैं।

सेठजी : (टेलीफोन पर धीरे से) हेलो ! (जरा ऊँचे) हेलो !... कौन साहब ? मंत्री होजरी यूनियन ? अच्छा अच्छा, नमस्कार, नमस्कार। हिं हिं...हिं हिं... सुनाईये, आपके चुनाव क्षेत्र का क्या हाल है ?... क्या ?...सब मेरे पक्ष में वोट देने को तैयार हैं ! मैं कृतज्ञ हूँ। मैं आपका अत्यंत कृतज्ञ हूँ... इस ओर से आप बिलकुल निश्चित रहें। मैं उन लोगों में से नहीं, जो कहते कुछ हैं और करते कुछ हैं। मैं जो कहता हूँ वहीं करता हूँ और जो करता हूँ, वही कहता हूँ। आपने मेरी चुनाव- सम्बंधी घोषणा नहीं पढ़ी ? मैं असेम्बली में जाते ही मजदूरों की स्थिति सुधारने का प्रयास करूँगा । उनकी स्वास्थ्य-रक्षा, सुख-आराम, पठन-पाठन और दूसरी माँगों के संबंध में 'विशेष बिल' विधान सभा में पेश करूँगा !... क्या ? हाँ... हाँ, इस तरफ से भी मैं बेपरवाह नहीं। मैं जानता हूँ, इस सिलसिले में मजदूरों को किस मुसीबत का सामना करना पड़ता है। ये पूँजीपति गरीब श्रमिकों के कई-कई महीनों के वेतन रोककर उन्हें भूखें मरने पर मजबूर कर देते हैं। स्वयं मोटरों में सैर करते हैं, शानदार होटलों में खाना खाते हैं, और जब ये गरीब दिन-रात खून-पसीना एक कर देने के बाद, अपनी मजदूरी मांगते हैं तब हाथ तंग होने का ,कारोबार में हानि होने का या कोई ऐसा ही दूसरा बहाना बनाकर उन्हें टरका देते हैं। मैं असेम्बली में जाते ही एक ऐसा बिल पेश करूँगा, जिससे वेतन के बारे में मजदूरों की सब शिकायतें सरकारी तौर पर सुनी जायँ और जिन लोगों ने गरीब मजदूरों के वेतन तीन महीने से ज्यादा दबा रखे हों, उनके विरुद्ध मामला चलाकर उन्हें दंड दिया जाय। ...हाँ, आपकी यह माँग भी सोलहो-आने ठीक है। मैं असेम्बली में इस माँग का समर्थन करूँगा। हफ्ते में ४२ घंटे काम की माँग कोई अनुचित माँग नहीं। आखिर मनुष्य और पशु में कुछ तो अन्तर होना ही चाहिए। तेरह - तेरह घंटे की ड्यूटी ! भला काम की कुछ हद भी है !

धीरे-धीरे दरवाजा खुलता है और संपादक महोदय भीतर आते हैं-पतले दुबले- से, आँखों पर मोटे शीशे की ऐनक चढ़ी है। गाल पिचक गये हैं और ऐसा लगता है जैसे देर से अतिसार का रोग है। धीरे से दरवाजा बंद करके खड़े रहते हैं।

सेठजी : (संपादक से) आप बैठिये। (टेलीफोन पर) ये हमारे संपादक महोदय आये हैं। अच्छा तो फिर शाम को आपकी सभा हो रही है। मैं आने का प्रयास करूँगा । और कोई बात हो तो कहिये। नमस्कार ! (चोंगा रख देते हैं।) (संपादक से) बैठ जाइये। आप क्यों खड़े हैं ?

संपादक : नहीं, नहीं, कोई बात नहीं।

तकल्लुफ के साथ काउच पर बैठते हैं। रामलखन समाचार पत्र लिए आता है।

रामलखन : बड़े काका तो देत नहीं रहन, मुदा जबरजस्ती लेइ आये ।

सेठजी : (समाचार पत्र लेकर) जा, जा, बाहर बैठ ! (कुर्सी को तख्त-पोश के पास सरकाकर उस पर बैठते हैं, पाँव तख्त-पोश पर टिका लेते हैं और समाचार पत्र देखने लगते हैं।)

संपादक : मैं... मैं...

सेठजी : (पत्र बंद करके) हाँ, हाँ, पहले आप ही फरमाइये !

संपादक : (होठों पर जवान फेरते हुए) बात यह है कि मेरी... मेरा मतलब है... कि मेरी आँखें बहुत खराब हो रही हैं।

सेठजी : आपको डॉक्टर से राय लेनी चाहिए थी। कहिये डॉक्टर खन्ना के नाम रुक्का लिख दूँ ?

संपादक : नहीं, यह बात नहीं। (थूक निगल कर) बात यह है कि मेरी आँखें इतना बोझ नहीं बरदास कर सकतीं। आप जानते हैं, मुझे दिन के बारह बजे आना पड़ता है। बल्कि आज कल तो साढ़े ग्यारह ही बजे आता हूँ। शाम को छह-सात बजे जाता हूँ, फिर रात को नौ बजे आता हूँ। वापसी पर एक भी बज जाता है, दो भी बज जाते हैं, तीन भी बज जाते हैं।

सेठजी : तो आप इतनी देर न बैठा करें। बस, जल्दी काम निबटा दिया...

संपादक : मैं तो लाख चाहता हूँ, पर जल्दी कैसे निबट सकता है ? एक मैं हूँ और दो दूसरे आदमी हैं, जो न ठीक अनुवाद कर सकते हैं, न ठीक लेख लिख सकते हैं, और पत्र बड़े-बड़े आठ पृष्ठों का निकालना होता है। फिर भी शायद काम जल्द खत्म हो जाये, पर कोई समाचार रह गया तो आप नाराज...

सेठजी : हाँ, हाँ, समाचार तो नहीं रहना चाहिए।

संपादक : फिर यही नहीं, आपके भाषाओं की रिपोर्ट की भी प्रतीक्षा करनी होती है। उन्हें ठीक करते-करते डेढ़ बज जाता है। अब आप ही बताइये पहले कैसे जा सकते हैं!

सेठजी : (बेजारी से) तो आखिर आप चाहते क्या हैं ?

संपादक : मैंने पहले भी निवेदन किया था कि एक और आदमी का प्रबंध कर दें तो अच्छा हो। दिन को वह आ आया करे, रात को मैं, और फिर प्रति सप्ताह बदली भी हो सकती है। इससे...

सेठजी : मैं आपसे पहले भी कह चुका हूँ, यह असंभव है, बिलकुल असंभव है। पत्र कोई बहुत लाभ पर नहीं चल रहा है। इस पर एक और संपादक के वेतन का बोझ कैसे डाला जा सकता है ? अगले महीने पाँच रुपये मैं आपके बढ़ा दूँगा।

संपादक : मेरा स्वास्थ्य आज्ञा नहीं देता। आखिर आँखें कब तक बारह-बारह तेरह-तेरह घंटे काम कर सकती हैं ?

सेठजी : कैसी मूर्खों की बातें करते हो जी। छह महीने में पाँच रुपया वृद्धि तो सरकार के घर में भी नहीं मिलती। यों काम छोड़ना चाहें तो शौक से छोड़ दें। एक नहीं दस आदमी मिल जायेंगे, लेकिन...

रामलखन भीतर आता है।

रामलखन : बाहर दुई लरिका आप से मिलै चाहत हैं।

सेठजी : कौन हैं ?

रामलखन : कौनो सकटड़ी कहन रहेन...

सेठजी : जाओ बुला लाओ। (संपादक से) आज के पत्र में मेरा जो वक्तव्य प्रकाशित हुआ है, मालूम होता है, उसका कॉलेज के लड़कों पर अच्छा प्रभाव पड़ा है।

संपादक : (मुँह फुलाये हुए) जरूर पड़ा होगा।

सेठजी : मैंने छात्रों के अधिकारों की हिमायत भी तो खूब की है, छात्र संघ ने जो माँगें विश्वविद्यालय के सामने पेश की हैं, मैंने उन सबका समर्थन किया है।

दो लड़के प्रवेश करते हैं। दोनों सूट पहने हुए हैं, एक ने टाई लगा रखी है, दूसरे के गले में खुले कालर की कमीज है।

दोनों : नमस्ते ।

सेठजी : नमस्ते !

दोनों काउच पर बैठते हैं।

सेठजी : कहिये मैं आपकी क्या सेवा कर सकता हूँ?

खुले

कालर वाला : हमने आज आपका वक्तव्य पढ़ा है।

सेठजी : आपने उसे कैसा पसंद किया ?

वही लड़का : छात्रों में सब ओर उसी की चर्चा है। बड़ा जोश प्रकट किया जा रहा है।

सेठजी : आपके मित्र किसको बैक कर रहे हैं ?

वही लड़का : कल तक तो कुछ न पूछिये; लेकिन मैं आपको विश्वास दिलाता हूँ कि आज ७५ प्रतिशत आपकी ओर हो गये हैं। अभी हमारी सभा हुई थी। छात्रों का बहुमत आपकी ओर था।

सेठजी : (प्रसन्नता से) और मैंने गलत ही क्या लिखा है? जिन लोगों का मन बूढ़ा हो चुका हो, वे नवयुवकों का प्रतिनिधित्व क्या खाक करेंगे। युवकों को तो उस नेता की जरूरत है, जो शरीर से चाहे बूढ़ा हो चुका हो, पर जिसके विचार न बूढ़े हों, जो रिफार्म से खौफ न खाये, सुधारों से कन्नी न काटे।

वही लड़का : हम अपने कॉलेज के प्रबन्ध में भी कुछ परिवर्तन चाहते थे। लेकिन कॉलेज के सर्वे-सर्वाओं ने हमारी बात ही नहीं सुनी।

सेठजी : आपको प्रोटेस्ट करना चाहिए था।

वही लड़का : हमने हड़ताल कर दी है।

सेठजी : आपने क्या माँगें पेश की हैं ?

वही लड़का : हम वर्तमान प्रिंसिपल नहीं चाहते। न वह ठीक तरह पढ़ा सकता है, न ठीक प्रबंध कर सकता है। कोई छींके तो जुर्माना कर देता है, खाँसे तो बाहर निकाल देता है। छात्रों से उसका व्यवहार

सर्वथा अनुचित और उनके संबंधियों से निहायत अपमानजनक है।

सेठजी : (कुछ उत्साहहीन होकर) तो आप क्या चाहते हैं?

दोनों : हम योग्य प्रिंसिपल चाहते हैं।

सेठजी : (गिरी हुई आवाज में) आपकी माँग उचित है, पर अच्छा होता यदि आप हड़ताल करने के बदले कोई वैधानिक ढंग अपनाते, प्रबंधकों से मिल-जुलकर मामला ठीक करा लेते।

वही लड़का : हम सब कुछ करके देख चुके हैं।

सेठजी : हूँ !

टा०वा०ल० : बात यह है जनाब कि छात्र कई वर्षों से वर्तमान प्रिंसिपल से असंतुष्ट हैं। व्यवस्थापकों ने कभी परवाह नहीं की। कई बार आवेदन-पत्र कॉलेज की प्रबंध समिति के पास भेजे गये, पर समिति के कानों पर जूँ तक नहीं रेंगी। हारकर हमने हड़ताल कर दी है। मुश्किल यह है कि समिति काफी मजबूत है, प्रेस पर उसका अधिकार है। हमारे विरुद्‍ध सच्चे झूठे वक्तव्य प्रकाशित कराये जा रहे हैं, और हमारी खबर तक नहीं छापी जाती। आपने छात्रों की सहायता का, उनके अधिकारों की रक्षा का बीड़ा उठाया है। इसीलिए हम आपकी सेवा में आये हैं।

सेठजी : (अनमयस्कता से) मैं आपका सेवक हूँ। ये हमारे संपादक हैं, आप कल दफ्तर में जाकर इनको अपना बयान दे दें। ये जितना उचित समझेंगे, छाप देंगे।

दोनों : (उठते हुए) जी बहुत अच्छा, कल हम संपादकजी की सेवा में उपस्थित होंगे। नमस्कार !
सेठजी और

संपादक : नमस्कार !

दोनों का प्रस्थान

सेठजी : (संपादक से) ये कल आयें तो इनका वक्तव्य हरिगज न छापियेगा। प्रिंसिपल हमारे मेहरबान हैं और समिति के सदस्य हमारे मित्र !

संपादक : (मुँह फुलाये हुए) बहुत अच्छा।

सेठजी : आप घबरायें नहीं, यदि आपको कुछ दिन ज्यादा काम ही करना पड़ गया तो कौन-सी आफत आ गयी ? जब मैंने पत्र आरंभ किया था, मैं चौदह-चौदह, पंद्रह-पंद्रह घंटे काम किया करता था। यह महीना आप किसी-न-किसी तरह निकालिये, चुनाव हो ले, फिर कोई प्रबंध कर दूँगा।

संपादक : (दीर्घ निश्वास छोड़कर) बहुत अच्छा (मुँह फुलाकर) नमस्कार !

सेठजी केवल सिर हिलाते हैं। संपादक महोदय चले जाते हैं। सेठजी फिर समाचार पत्र पढ़ना आरंभ करते हैं। दरवाजा जोर से खुलता है और बलराम का बाजू थामे सेठानी बगुले की तरह प्रवेश करती हैं।

सेठानी : मैं कहती हूँ, आप बच्चों से कभी प्यार करना भी सीखेंगे ? जब देखो, घूरते, झिड़कते, डाँटते नजर आते हो, जैसे अपने न हों,पराये हों। भला आज इस बेचारे से क्या अपराध हो गया, जो पीटने लगे ? देखो तो सही, अभी तक कान कितना लाल है !

सेठजी : (पूर्ववत समाचार-पत्र पर दृष्टि जमाये हुए) तुम्हें कभी बात करने की तमीज भी आयेगी ? जाओ, इस वक्त मेरे पास समय नहीं है !

सेठानी : आपके पास हमारी बात सुनने के लिए कभी समय होता भी है ? मारने और पीटने के लिए जाने कहाँ से वक्त निकल आता है ! इतनी देर से ढूँढ़ रही थी इसे । नाश्ता कब से तैयार था, बीसों आवाजें दीं, घर का कोना-कोना छान मारा। जाकर देखा कि भूसे की कोठरी में बैठा सिसक रहा है। आखिर क्या बात हो गयी थी ?

सेठजी : (क्रोध से पत्र को तख्त पर पटककर) क्या बके जा रही हो ? बीस बार कहा है कि इन सबको सँभालकर रखा करो, आ जाते हैं सुबह दिमाग चाटने !

सेठानी बच्चे को दो थप्पड़ लगाती हैं, बच्चा रोता है।

सेठानी : (बच्चे को पीटते हुए) तुझे कितनी बार कहा है, इस कमरे में न आया कर ! ये बाप नहीं दुश्मन हैं। लोगों के बच्चों से प्रेम करेंगे, उनके सिर पर प्यार का हाथ फेरेंगे, उनके स्वास्थ्य के लिए बिल पास करायेंगे, उनकी उन्नति के लिए भाषण झाड़ते फिरेंगे और अपने बच्चों के लिए भूलकर भी प्यार का एक शब्द जबान पर न लायेंगे ! (बच्चे को एक और चपत लगाती हैं।) तुझसे कितनी बार कहा है, न आया कर इस कमरे में मैं तुझे नौकर के साथ मेला देखने भेज देती ! (आवाज ऊँची होते-होते रोने की हद को पहुँच जाती है) खुद जाकर दिखा आती। तू क्यों आया यहाँ मार खाने, कान तुड़वाने ?

सेठजी : (क्रोध से पागल होकर, पत्नी को धकेलते हुए) मैं कहता हूँ, इसे पीटना है तो उधर जाकर पीटो ! यहाँ इस कमरे में आकर क्यों शोर मचा दिया ? अभी कोई आ जाये तो क्या हो ? कितनी बार कहा है, इस कमरे में न आया करो। घर के अंदर जाकर बैठा करो।

सेठानी : (तुनककर खड़ी हो जाती हैं) आप कभी घर के अंदर आयें भी ! आपके लिए तो जैसे घर के अंदर आना पाप है। खाना इस कमरे में खाओ, टेलीफोन सिरहाने रखकर इसी कमरे में सोओ, सारा दिन मिलने वालों का ताँता लगा रहे। न हो तो कुछ लिखते रहो, लिखो न तो पढ़ते रहो, पढ़ो न तो बैठे सोचते रहो। आखिर हमें कुछ कहना हो तो किस समय कहें ?

सेठजी : कौन-सा मैंने उसका सिर फोड़ दिया है, जो कुछ कहने की नौबत आ गयी ? जरा-सा उसका कान पकड़ा था कि बस आसमान सिर पर उठा लिया।

सेठानी : सिर फोड़ने का अरमान रह गया हो तो वह भी निकाल डालिये ! कहो तो मैं ही उसका सिर फोड़ दूँ !

पागलों की भाँति बच्चे का सिर पकड़कर तख्त पर मारती है। सेठजी उन्हें तड़ातड़ पीटते हैं।

सेठजी : मैं कहता हूँ, तुम पागल हो गयी हो। निकल जाओ यहाँ से। इसे मारना है तो उधर जाकर मारो, पीटना है तो उधर जाकर पीटो, सिर फोड़ना है तो उधर जाकर फोड़ो। तुम्हारी रोज की बक-झक से तंग आकर मैं इधर एकांत में आ गया हूँ ! अब यहाँ भी आकर तुमने चीखना-चिल्लाना शुरू कर दिया है। क्या चाहती हो ? यहाँ से भी चला जाऊँ ?

सेठानी : (रोते हुए) आप क्यों चले जायँ ? हम ही चली जायेंगी ! (भराई हुई आवाज में नौकर को आवाज देती हैं) रामलखन, रामलखन !

रामलखन : जी बीबीजी ? (प्रवेश करता है)

सेठानी : जाओ जाकर ताँगा ले आओ। मैं पीहर जाऊँगी।

तेजी से बच्चे को लेकर चली जाती हैं। दरवाजा जोर से बंद होता है।

सेठजी : बेवकूफ, गँवार !

आरामकुर्सी पर बैठकर टाँगें तख्त-पोश पर रख लेते हैं और पीछे को लेटकर अखबार पढ़ने लगते हैं। टेलीफोन की घंटी बजती है।

सेठजी : (वहीं चोंगा उठाकर कर्कश स्वर में) हेलो ! हेलो !... नहीं, यह ३८१२ है, गलत नम्बर है। (बेजारी से चोंगा रख देते है।) ईडियट्स

टेलीफोन की घंटी फिर बजती है।

: (और भी कर्कश स्वर में) हेलो ! हेलो !... कौन ? श्रीमती सरला देवी ! (उठकर बैठते हैं। चेहरे पर मृदुलता और स्वर में माधुर्य आ जाता है) माफ कीजियेगा, मैं जरा परेशान हूँ। सुनाइये, तबीयत तो ठीक है?... (दीर्घ निःश्वास छोड़कर) आपकी कृपा से अच्छा हूँ। सुनाइये, आपके महिला समाज ने क्या पास किया है ? मैं भी कुछ आशा रखूँ या नहीं... मैं आपका अत्यंत आभारी हूँ, अत्यंत आभारी हूँ। आप विश्वास रखें। मैं जी-जान से स्त्रियों के अधिकारों की रक्षा करूँगा। महिलाओं के अधिकारों का मुझसे अच्छा रक्षक आपको वर्तमान उम्मीदवारों में कहीं नजर न आयेगा...

पर्दागिरताहै।

परीक्षा के दृष्टिकोण से महत्वपूर्ण प्रश्न

प्रश्न : 'अधिकारकारक्षक' एकांकीकेशीर्षककाऔचित्यस्पष्टकीजिए ?

या

'अधिकारकारक्षक' एकांकीकाउद्देश्यस्पष्टकीजिए?

या

'अधिकारकारक्षक' एकांकीकीमूलसंवेदनापरप्रकाशडालिए?

या

'अधिकारकारक्षक' एकांकीमेंव्यक्तव्यंग्यस्पष्टकीजिए ?

उत्तर : 'अधिकार का रक्षक' शीर्षक एकांकी उपेंद्रनाथ'अश्क' द्वारा रचित एक आधुनिक यथार्थवादी रचना है । प्रस्तुत एकांकी आधुनिक राजनीतिक एवं सामाजिक यथार्थ का जीवंत चित्रण करता है। सेठ घनश्याम इस एकांकी के केंद्रीय पात्र है। उनकी कथित और करनी में जमीन आसमान का फर्क है, जो आज के वर्तमान राजनेता के प्रतीक के रूप में है। इन जैसे राजनेता हमारे समाज के अधिकार के रक्षक बन बैठे हैं। परंतु में वास्तव में यह अधिकार के भक्षक हैं। अश्क जी ने इसी उद्देश्य से एकांकी की रचना की हैं।

सेठ घनश्याम दास को कथित तौर पर हरिजनों, छात्रों, मजदूरों और महिलाओं का हितैषी बताया गया है और वास्तव में वे सभी के साथ छल करते नज़र आते हैं। उनमें बर्बरता के अलावा कुछ नहीं है। वे केवल अपने स्वार्थ के लिए सभी के अधिकार का भक्षण करते है। अतः मेरी दृष्टि में एकांकी का शीर्षक व्यंग्यपूर्ण एवं उचित है।

प्रस्तुत एकांकी एक व्यंगात्मक रचना है। एकांकीकार अश्क जी ने बड़े से सुंदर ढंग से राजनीतिक और सामाजिक यथार्थ को प्रस्तुत किया है। सेठ घनश्याम दास आज के आधुनिक राजनेता के प्रतीक है। इन जैसे से अधिकार के भक्षण हमारे रक्षक बनने का स्वांग करते हैं। वास्तव में इन्हें केवल अपनी स्वार्थ सिद्धि की ही चिंता होती है। इसके लिए यह लोग किसी भी स्तर तक नीचे गिर सकते हैं।

एकांकी के आरंभ में सेठ घनश्याम दास फोन पर हरिजन सभा के मंत्री से बात करते हुए कहते हैं कि उन्होंने अपना सारा जीवन पीड़ितों और दलितों को ऊपर उठाने में लगा दिया है। बच्चों के लालन-पालन और पठन-पाठन की बात भी करते हैं। पाठशालाओं में बच्चों के शारीरिक दंड पर रोक लगाने की बात भी करते हैं। परंतु उसी समय हम देखते हैं कि वह अपने बेटे बलराम को कमरे आने पर उसे कान पकड़कर पीटते हैं और नौकर पर धौंस जमाते हैं। जब घर का जमादार भगवती वेतन माँगता है तो उसे मार-पीटकर घर से बाहर निकाल देते हैं।

उसके उपरांत टेलीफोन पर होजरी यूनियन के मंत्री से बताते हैं कि - 'मैं जो करता हूँ वही करता हूँ और जो करता हूँ वही करता हूँ।' असेंबली में जाते ही मजदूरों की स्थिति सुधारने की बात भी करते हैं। मजदूरों को हफ्ते में 42 घंटे काम करने की हिमायत भी करते हैं। वही दूसरी ओर अपने अखबार के संपादक महोदय से देर रात तक काम करवाते है और उनकी सहायता के लिए अन्य कर्मचारी को रखने से साफ मना करते हैं। उनका वेतन भी बिल्कुल नहीं के बराबर भी देते है।

सेठ जी अपने आपको छात्रों का हितैषी बताते हैं। छात्र- संघ के दो छात्रों के साथ बात करते समय भी वे अपने को छात्रों का हितैषी सिद्ध करते हैं। उनकी मांगों का पूरा कर आश्वासन भी देते हैं। उनके जाने के बाद संपादक महोदय से उनकी मांगों का अखबार में छापने से साफ मना कर देते हैं।

जब उनकी पत्नी रोते हुए बलराम को लेकर उनके पास आती है तो सेठ घनश्यामदास गुस्से में आग- बबूला हो जाते हैं। पत्नी उनसे बच्चे को पीटने का कारण पूछती है तो उल्टे उसे डाँटने लगते हैं। बहस करने पर वह अपनी पत्नी को पीटते भी हैं। इसके उपरांत उनकी पत्नी इस प्रताड़ना से तंग आकर मायके जाने को विवश हो जाती है। ठीक उसी समय महिला समिति की अध्यक्षता श्रीमती सरला देवी का फोन आता है। वे अपना स्वर बदलते हुए कहते हैं कि वह जी जान से स्त्रियों के अधिकार की रक्षा करेंगे।

इस प्रकार हम देखते हैं कि सेठ घनश्यामदास हर परिस्थिति में आकर अपने आप को अधिकार का रक्षक बताते हैं ,परंतु वास्तव में उनका जीवन उनके ठीक विपरीत है। वे हर परिस्थिति में अपना स्वार्थ सिद्ध करते ही नजर आते हैं। अतः एकांकीकार अपने उद्देश्य को स्पष्ट करने में पूर्ण रूप से सफल हैं।

गृहकार्य

(क) सेठ घनश्याम दास का चरित्र चित्रण कीजिए ?

14

Previous Year Questions Paper

UG/CBCS/B.Com./Programme/Ist Sem./Hindi/HINLCC1/2018

UNIVERSITY OF NORTH BENGAL

B.A/B.Com. Programme 1st Semester Examinations, 2018

LCC1-HINDI

Time Allotted: 2 Hours Full Marks: 60

The figures in the margin indicats full marks.

Candidates should answer in their own words and adhere to the word limit as practicable.

विभागक

1. किन्हीचारप्रश्नोंकेउत्तरदीजिए- 3x4=12

(क) 'हिन्दी' शब्द की व्युत्पत्ति कैसे हुई ?

(ख) लोकोक्तियों से क्या तात्पर्य है? सोदाहरण लिखिए ?

(ग) 'सतगुरु सवाँन को सगा'- यहाँ 'सवाँन' से क्या अर्थ है ?

(घ)' ठेस' कहानी में ठेस किसको और क्यों लगी ?

(ङ) "रहिमन पानी राखिए, बिन पानी सब सून ।
पानी गये न ऊबरे मोती मानुष चून ॥"
इस दोहे में पानी शब्द का प्रयोग किन-किन अर्थों में हुआ है ?

(च) जयशंकर प्रसाद की 'हिमाद्री' कविता में प्रबुद्ध शुद्ध भारती का अर्थ लिखिए ?

विभागख

2 . किन्हीचारप्रश्नोंकेउत्तरदीजिए- 6x4=24

(क) बिहारी की काव्य-भाषा पर सक्षिप्त टिप्पणी लिखिए ?

(ख) कबीर की कविता में गुरु का महत्व प्रतिपादित कीजिए ?

(ग) "कई दिनों तक कानी कुतिया सोई उसके पास"
इस काव्य- पंक्ति की ससंदर्भ व्याख्या कीजिए ?

(घ) "अभी न होगा मेरा अंत
अभी-अभी तो आया है मेरे जीवन में मृदुल वसंत"
इन काव्य-पंक्तियों की संसंदर्भ व्याख्या कीजिए ?

UG/CBCS/BA/B.Com./Programmer1st Sem/Hindi/HINLCC1/2018

(ङ) ठेस कहानी की मूल संवेदना क्या है ?

(च) 'अधिकार का रक्षक' एकांकी में व्यक्त व्यग्य स्पष्ट कीजिए ?

विभागग

3.किन्हींदोप्रश्नोंकेदीर्घउत्तरदीजिए 12x2=24

(क) तुलसीदास की काव्यगत विशेषताएँ लिखिए ?

(ख) रहीम के नीतिपरक दोहों का वैशिष्टय स्पष्ट कीजिए ?

(ग) गिल्लू कौन है ? उसके दैनिक क्रिया-कलापों पर प्रकाश डालिए ?

(घ) केदारनाथ सिंह की काव्यगत विशेषताओं का सोदाहरण परिचय दीजिए ?

Previous Year Questions paper

UG/CBCS/B.Com./Programme/Ist Sem./Hindi/HINLCC1/2019

UNIVERSITY OF NORTH BENGAL

B.A/B.Com. Programme 1st Semester Examinations, 2019

LCC1-HINDI

Time Allotted: 2 Hours Full Marks: 60

The figures in the margin indicats full marks.

Candidates should answer in their own words and adhere to the word limit as practicable.

विभागक

.

1.किन्हीचारप्रश्नोंकेउत्तरदीजिए-3x4=12

(क) स्वर वर्ण एवं व्यंजन वर्ण की सोदाहरण परिभाषा लिखिए ?

(ख) निम्नलिखित मुहावरों का अर्थ लिखिए- 'अपना उल्लू सीधा करना', 'लोहे के चने चबाना',

'घी के दीये जलाना' ?

(ग) कहत, नटत, रीझत, खिझत, मिलत, खिलत, लजियात इस दोहे के रचयिता का नाम

लिखते हुए बताइए कि इसमें कुल कितनी क्रियायें निहित है ?

(घ) सूर्यकांत त्रिपाठी निराला की किन्ही तीन लम्बी कविताओं के नाम लिखिए ?

(ङ) एकांकी की मुख्य विशेषताएँ लिखिए ?

विभागख

2. किन्हींचारप्रश्नोंकेउत्तरदीजिए- 6x4=24

(क) पुस्तकों का महत्व बताते हुए अपने छोटे भाई को एक पत्र लिखिए ?

(ख) कबीर की काव्य भाषा पर एक टिप्पणी लिखिए ?

(ग) निम्नलिखित दोहों की सप्रसंग व्याख्या लिखिए

"जड़ चेतन गुन दोषमय बिस्व कीन्ह करतार ।

संत हस गुन गहहिं पय परिहरि बारि बिकार ॥"

(घ) इस दोहे की व्याख्या कीजिए

"रहिमन धागा प्रेम का मत तोड़ों चटकाय।

टूटे पे फिर ना जुड़े जुड़े गाँठ परि जाय ॥"

UG/CBCS/B.Com./Programme/Ist Sem./Hindi/HINLCC1/2019

(ङ) हिंदी शब्द की व्युत्पत्रि पर एक टिप्पणी लिखिए ?

(च) स्वर वर्ण की परिभाषा लिखते हुए इनमें प्रकारों का सोदाहरण परिचय दीजिए ?

विभागग

3. किन्हींदोप्रश्नोंकेदीर्घउत्तरदीजिए- 12x2=24

(क) कबीर के अनुसार गुरु की क्या विशेषताएँ हैं ? सोदाहरण लिखिए ?

(ख) बिहारी के नीतिपरक दोहों की विशेषताएँ लिखिए ?

(ग) जयशंकर प्रसाद की राष्ट्रीय चेतना पर प्रकाश डालिए ?

(घ) 'अधिकार का रक्षक' एकांकी का उद्देश्य स्पष्ट कीजिए ?

Previous Year Questions Paper

UG/CBCS/B.Com./Programme/Ist Sem./Hindi/HINLCC1/2020

UNIVERSITY OF NORTH BENGAL

B.A/B.Com. Programme 1st Semester Examinations, 2020

LCC1-HINDI

ASSIGNMENT

Full Marks: 60

The figures in the margin indicats full marks.

Candidates should answer in their own words and adhere to the word limit as practicable.

खंड-क

निम्नलिखितमेंसेकिन्हींदोप्रश्नोंकेदीर्घउत्तरदीजिए-20x2=40

1. हिन्दी भाषा की वर्ण व्यवस्था पर प्रकाश डालिए ?

2. रहीम की काव्यगत विशेषताएँ लिखिए ?

3. कबीरदास की भाषा की विशेषताएँ लिखिए ?

4. "अधिकार का रक्षक" शीर्षक एकांकी की मूल संवेदना पर प्रकाश डालिए ?

खंड-ख

निम्नलिखितमेंसेकिन्हींदोप्रश्नोंकेउत्तरदीजिए- 10x2=20

5. 'दो बैलों की कथा' कहानी के शीर्षक की सार्थकता बताइए?

6. सर्वनाम से क्या तात्पर्य है? इसके भेदों का सोदाहरण परिचय दीजिए ?

7. जयशंकर प्रसाद की काव्यगत विशेषताएँ लिखिए ?

8. प्रस्तुत पंक्तियों की सप्रसंग व्याख्या कीजिए ?

"रहिमन धागा प्रेम का, मत तोडो चटकाय

टूटे पे फिर न जुड़े जुड़े गाँठ परि जाय॥"

www.ingramcontent.com/pod-product-compliance
Lightning Source LLC
LaVergne TN
LVHW082033051026
849532LV00011B/3341